사회철학대계 5

현대문화와 사회철학

사회철학대계 5

현대문화와 사회철학

백종현 외 지음

민음사

책을 펴내면서

우리의 불교·유교적 철학전통은 대체로 현실 사회운영 원리의 탐구에 중심을 둔 것이었는데, 19세기 말 서양철학이 유입된 후 우리나라가 정치적 어려움을 겪는 동안 그런 전통은 오히려 강화된 편이었다. 그러던 것이 광주 민주화 운동을 거쳐 제2기 군사정부가 들어선 1980년대에는 〈정의로운 사회〉에 대한 사람들의 관심이 더욱 증대되어——기억하겠지만, 당시 정부의 시정목표조차도 〈정의사회 구현〉이었다——일반사회뿐만 아니라 우리 철학계도 사회철학의 〈열풍〉에 휩싸였다. 이 열풍이 정상상태를 회복할 즈음에 우리는 저간의 논의의 결실을 함께 모으고 우리의 사회철학에 성숙도를 더할 의도로 『사회철학대계』를 연차적으로 발간하기로 뜻을 정하고, 〈사회철학대계 발간기획위원회〉(차인석, 백종현, 황경식, 이한구, 장은주)가 마련한 편집방침에 따라, 사계의 동학 47인과 힘을 합쳐 그 1차 작업결과를 1993년 말에 『사회철학대계 1: 고전적 사회철학 사상』, 『사회철학대계 2: 사회주의와 자유주의』, 『사회철학대계 3: 사회원리에 관한 새로운 모색들』에 담아 펴냈다.

그후 5년 사이 우리나라는 30여 년의 군사정부 시기를 마감하고, 그 잔재가 모두 청산된 깃은 아니지만 그래도 사람들은 시민의 정부를 세우고, 〈정의로운 사회〉를 현실화하기 위해 새로운 희망과 열의에 차 있다. 그러나 오늘날 우리 사회의 문제는 그 문화양식의 변천과 더불어 더욱 복잡다단해져 그 해결에 더 많은 사람의 지혜를 구하고 있다.

우리는 20세기를 마쳐가는 이 시점에서 그간 5년 사이에 새로이 심화된 사회철학적 문제들의 상황을 파악하고, 그 해결의 단서라도 찾으려 쉼 없이 노력한 우리 사회철학계의 결실을 묶어 이제 『사회철학대계』를 속간한다. 〈기획위원회〉(차인석, 백종현, 이남인, 이성백, 정윤석)의 편집방침에 따라 우리는 여기에 『사회철학대계 4: 기술시대와 사회철학』, 『사회철학대계 5: 현대문화와 사회철학』을 엮어내는데, 이 4권과 5권은, 5년 전의 1·2·3권이 그랬듯이, 각각 독자성을 가지고 있으면서도, 한 권으로 묶여져도 한 체계를 이룰 수 있을 만큼의 긴밀한 연관관계를 지니고 있다.

　제4권에서 우리는, 근대초의 기계기술 혁명에 버금간다고 할 만큼 인류의 생활방식과 자연을 크게 바꿔가고 있는 최근의 컴퓨터를 매개로 한 기술혁명이 불러일으킨 사회철학적 문제들을 검토한다. 우리는 제1장에서 우선 사이버네틱스의 현주소와 사회적 규범의 문제를, 제2장에서는 이른바 〈정보화 시대〉의 바람직한 사회문화 형태의 모색을, 제3장과 제4장에서는 현대기술이 낳고 있는 자연과 환경의 각종의 변이에 대한 여러 대응방안을 토론한다. 다만 제4장은 지난 1980/90년대 우리 철학계의 마르크스주의적 사회철학에 대한 비상한 관심을 감안하여 따로 구분한 것이다.

　이어서 제5권에서 우리는 새로운 시대, 새로운 문화양태에서 비롯하는 사회철학의 문제들을 토의한다. 먼저 제1장에서는, 제5권이 금세기 우리가 발간하는 『사회철학대계』의 마지막 권이 될 것임을 고려하여, 지난 한 세기간의 우리나라 정치사회 현실의 추이와 그에 조응한 우리 사회철학계의 사정, 그리고 새로이 도래하는 세기에 우리 앞에 놓일 사회철학의 과제를 소묘하고, 제2장에서는 이른바 포스트-모던 〈탈주체〉 속에서의 주체들의 모임인 사회의 문제를, 제3장에는 거꾸로 대중문화 속에서의 사회철학적 주제들을, 마지막으로 제4장에서는 〈개명된〉 시대에서도 여전히 논란거리가 되고 있는 성(性) 차이의 문제들을 다룬다. 여기서 제기되고 토론되는 모든 문제들은 그야말로 현재 우리 사회문화의 사회철학적 현안 문제들인 만큼, 우리는 오늘 우리의 모색과 결론이 최종적인 것이라고 말하지는 않는다. 그러나 우리는 여기서 개진한 우리의 견해들이 인류가 그리고 우리 사회가 더욱 더 〈사람다워〉지고, 〈사람다운 사람들이 모여 사는 장(場)〉이 되는데 한줄기 빛이 되기를 희망한다.

우리는 이 『사회철학대계』 4·5권을 발간하면서 또한 각별한 마음을 모아, 금년 8월에 정년을 맞아 30년간의 교수직을 뒤로 하고, 대학을 떠나는 차인석 박사의 학덕을 기리고 후학양성의 공에 감사를 표하고자 한다. 그는 지난 30년간 우리 정치·역사·문화·사회 철학계를 주도하면서 『사회인식론 —— 인식과 실천』(민음사, 1987), 『사회의 철학 —— 혁신자유주의와 사회주의』(민음사, 1992) 등 10권 이상의 저작과 "Democracy and Tolerance"(1994), "Strategies for the Promotion of Philosophy Education for Democracy in Asia and the Pacific"(1995), "Ontological Dimensions of Human Co-existence Towards a Culture of Peace"(1995) 등 20편 이상의 논문을 발표하여 국내외에서 우리 학문의 수준을 드높혔다. 이제 차인석 박사가 정년을 맞아 교수직을 떠난다 하나, 그 동안 쌓아놓은 토대가 워낙 단단하고 그의 지력과 건강 또한 여전히 활기차 앞으로의 학문적 업적이 어디에 이를 것인지 이 시점에서도 가늠하기조차 어렵다. 어쩌면 그의 학문적 진수를 우리는 이제부터 기대해도 좋을 것이다. 그러나 우리는 지금까지 그가 남긴 학덕과 후학양성의 공만으로도 그를 오래도록 기리고 기억하지 않을 수 없다.

끝으로 일찍이 유례가 없을 정도의 어려운 출판계의 사정에도 불구하고 『사회철학대계』의 속간을 맡아주신 민음사 박맹호 사장님과 한여름에 우리들의 거친 원고를 세련되게 다듬느라 노고를 아끼지 않은 민음사 편집부 여러분들께 깊은 감사의 마음을 표한다.

1998년 9월
관악산 서재에서
백종현

차례

책을 펴내면서 · 5

제1장 한국사회와 사회철학

20세기 한국사회와 사회철학 그리고 그 과제 — 백종현 · 13

제2장 〈탈주체〉 속의 사회철학

신뢰와 합리성 — 장춘익 · 105

알튀세르의 헤겔 주체개념 비판 — 문성원 · 133

근대 민주주의와 그것의 인간이해에 대한

　니체 사상과의 비판적 대결 — 박찬국 · 173

실천철학으로서의 현상학 — 이남인 · 201

제3장 〈대중문화〉와 사회철학

대중매체의 사회인식론 ─ 이기현 · 231

대중매체와 계몽 ─ 서도식 · 257

대중문화적 가치지평과 민주주의 ─ 장은주 · 283

가상(假象)과 초실상(超實相) ─ 홍윤기 · 325

제4장 성의 정치학

지배하는 이성과 배려하는 이성 ─ 김영숙 · 377

여성해방론에서 성차의 문제 ─ 이구슬 · 397

온라인 포르노그라피의 현황과 문제점 ─ 구영모 · 419

필자약력 · 437

제4권

계산적 사회기능주의를 넘어서 · 김영정

드라이푸스의 인공지능 비판 · 김성동

사이버네틱스와 철학 · 김광식

인식규범의 사회적 차원 · 김기현

뉴미디어 시대의 문화와 철학 · 이상훈

현실과 매체현실: 대중매체의 사회구성 · 정호근

정보사회론과 하버마스의 공론영역 · 김재현

정보화 시대의 해체론적 이해 · 김상환

자유주의의 환경철학적 가능성 · 박정순

생태학적 위기와 비판적 사회이론의 역할 · 선우현

기술시대〈정치〉의 부활 · 정윤석

장기이식의 윤리학적 기초 · 황경식

마르크스의 자연문제와 생태론 · 이성백

〈분석 마르크스주의〉의 실험: 그 의미와 과제 · 서유석

생산력 우위론에 기초한 역사적 유물론의 재구성 · 이한구

휴머니즘과 정치: 케이텁, 쾨슬러 그리고 메를로−퐁티 · 김홍우

제 1 장 20세기 한국사회와 사회철학

20세기 한국사회와 사회철학 그리고 그 과제

백종현

1 20세기 한국철학계 반성

5,000년 인류문화사에 동참하여 면면히 이어내려온 한국의 역사에서 최근 1세기의 체험은 따로 그 예를 찾기 어려울 만큼 격동적이었다. 내내 동아시아 문화권에 머물러 있던 한국은 19세기 말엽부터 세계사의 흐름에 편입되었고, 편입되자마자 일찍이 없었던 큰 패배와 상실을 떠안고 견뎌내야만 했으며, 큰 혼란을 겪으면서도 그 끝에 경탄할 만한 성공을 거두기도 하였다. 정치·군사적으로나 경제적으로나 국토의 크기로나 약소한 나라였던 한국은, 상대적으로 강한 인력을 바탕으로 그 〈약소함〉을 극복하였고, 세계사 구성의 한 축 내지는 어느 누구도 무시할 수 없는 변수로 기능하게 되었다. 이런 양상 변화에 대해서 쓰는 말이 〈괄목상대(刮目相對)〉라 했던가. —— 난일 민족국가인 한국은 지난 한 세기에 지옥에 떨어진 50년과 천국으로 솟구치는 50년을 연출해 내었다. 한 개인이나 한 집단이나 인고 속에서 얻은 체험을 어찌 쉽게 잃을 수가 있겠는가. 지난 한 세기 동안의 역사체험은 한국과 한 민족의 장구할 역사성장에 지속적인 자양분이 될 것이다.

수학적 자연과학을 한 발 앞서 터득한 유럽인들은 새로 갖춘 지식과 기술로 오랜 세월 굶주림의 질곡에서 헤어나지 못했던 인류를 구원하는 큰 사업을 성취가능하게 한 반면에, 기회만 있으면 싹을 틔우려는 인간의 끝을 모르는 욕망, 그중에서 무엇보다도 자기사랑의 욕망을 촉발하여 인간과 인간, 인간과 자연의 관계를 투쟁과 경쟁, 경영과 지배의 정식으로 이끌어가도록 조장하였다. 이때에 이르러 사람들은 빠른 시간 안에 적은 비용으로 감성적 욕구충족을 이루는 방책에 대해서 〈합리적〉이라는 평가어를 부여하였고, 이제 이 같은 이른바 〈효율성〉에 기반하는 합리성 개념이 주류를 형성하는 새로운 시대는 그 이전과 구분되어 〈근대〉라 불리었다. 그래서 자연과 인간에 대한 효율적인 관리체제를 갖춘 사회는 근대화된 합리적 사회로 간주되었다. 그리고 새로이 다가온 서양문명의 위세를 실감한 한국의 사람들도 지난 세기 이런 의미에서의 〈근대화〉를 지향하였다.

　〈근대화〉, 그것은 어디서나 유럽 근대 문화형태의 구현을 뜻하는 것이고, 그런 만큼 한국이 근대화의 길을 걸었다는 것은 정치・군사・경제 면에서의 제도변혁뿐만 아니라 사상・윤리, 심지어 종교의식에서까지 재래의 것과의 단절 내지 그것의 타파의 길에 들어섰다는 것을 의미한다. 그런 변화의 대세에 철학하는 사람들도 때로는 앞장서기도 하고, 때로는 후원하면서 합류하였다. 오늘날 한국의 내노라하는 철학자들 대부분이 플라톤이나 루소, 또는 마르크스나 롤즈의 철학서는 원전으로 읽을 수 있어도, 원효나 율곡 또는 다산의 서책 원문은 해독할 수 없다는 사실은 한국의 〈근대화〉가 한국의 철학전통을 얼마나 크게 바꿔놓았는가를 웅변해 준다.

　정치・군사・경제적으로 강한 족속들의 문화를 숭상하고, 그 문화생활의 척도에 자기 것을 맞추려 하는 의식형태를 〈사대주의〉라 일컫는다면, 최근 백년 한국의 철학사상의 큰 줄기는 사대주의에 이끌렸다 해도 과언이 아니다. 사대주의라는 것은 약소한 족속의 일반적인 행태이고 또 그 나름의 생존과 번영의 전략이라 할 수도 있겠다. 그러나 모든 약소한 자들이 사대주의적인 것은 아니고, 또 약소한 족속들에게 있어 사대주의적인 방식만이 삶의 질을 향상시키는 첩경인 것도 아니다. 한 집단의 문화형태를 사대주의가 관통할 때, 그리고 그 집단이 받들어 숭상하는 큰 문화중심이 바뀔 때, 그 문화양상을 관상하는 자를 당혹케 하는 것은 그 집단의 문화 안에서 자기정체성과 자기전개의 소이연(所以然)을 찾기가 어렵다는 것이다. 그래서 우리는 19세기의 한국 실학운동을 이전의 유교철학 전통과 조선의 멸망/일제 점령 기간부터 밀어닥친 서양철학 풍조를 매개하는 것으로 보아, 한국철학사상의 전개에 자기생명적인 맥락이 있다고 강변할 수 없는 것은 아니겠으나, 그런 설명은 아무래도 무리다. 그보다는 정치·경제분야에서의 서양문물의 탁월성에 감탄한 한국사람들이, 나라 멸망의 적어도 한 원인은 됐음직한 전통사상을 타기하고, 그렇게도 탁월해 보이는 서양문물의 융성에 일조했음직한 서양철학사상을 앞다투어 수입 수용한 것이 20세기가 깊어지면서 한국에서 점점 더 서양철학사상이 풍미하는 가장 큰 원인이라 해야 할 것이다.

1995년, 일제로부터의 해방 50년을 계기로 각 분야에서 일어난 활발한 반성작업의 결실과 수집되고 분석된 자료[1]를 토대로 지난 한 세기 동안의 한국철학계의 관심주제의 변화를 눈여겨보면 몇 가지 매우 흥미있는 사항을 발견한다. 첫째로, 일제 통치기간을 거쳐 그 여파가 미친 1960년대 초 제1차 군사정부 성립 시기까지만 하더라도 독일철학 연구 일색이던 것이 차츰 미국적 철학 경향을 띠고, 또 그러자 1980년대 초 제2차 군사정부 성립 전후 마르크스주의적 사회철학 연구 경향이 눈에 띨 만큼 증가했으나 이내 소련의 해체와 더불어 그 기세가 꺾이고, 다시 미국적 철학의 득세와 함께 바야흐로 백가쟁명의 판국이 전개되고 있다는 점이다. 둘째로, 1970년대 이후 한국철학계는 미국-유럽 철학계의 만물상 내지는 잡화점 같다는 점이다. 그 연구대상의

---

1) 대표적인 예로는 서울대학교 철학사상연구소의 「서구 철학 사상의 유입과 그 평가」 작업(이 연구소의 기관지 ≪철학사상≫, 제4호(1994)·제5호(1995)·제6호(1996)·제7호(1997) 참조) 및 철학연구회 편,『해방 50년의 한국철학』(1996).

잡다함을 보면, 한국철학계는 미국철학계보다도, 독일철학계보다도, 프랑스철학계보다도, 영국철학계보다도, 러시아철학계보다도, 아니 세계 어느 나라 철학계보다도 다양하다. 셋째로, 이런 다양성에도 불구하고, 한국에서 철학을 공부하는 사람들은 서아시아[아라비아]나 아프리카, 남미 지역의 철학사상에는 아무런 관심도 보이지 않고 있다는 점이다. 이들 지역과 한국의 경제적 관계가 이미 무시할 수 없을 만큼 긴밀해졌는데도 말이다. 고쳐 말하면, 한국철학계는 한국에 정치·군사적 힘을 강하게 미치고, 경제적으로 한국보다 확실히 우월하다고 간주되는 미국-유럽 지역 문화 내지 그 사상에 대한 연구와 수용에 경도되어 있다는 점이다.

방금 지적한 두번째, 세번째 점은 서로 연관이 되어 있고, 바로 이런 점 때문에 우리는 한국철학계가 사대주의적이라 하지 않을 수 없는 것이다. 또한 첫번째 지적한 점에서도 충분히 간파할 수 있듯이, 한국철학계는 외세와도 관련된 정치적 변화에 상당히 민감한 반응을 보였다. 그것은 우리가 지난 세기 한국철학계의 동향을 19세기말-해방기(1945), 해방기-4.19혁명기(1960), 제1차 군사정부 기간(1961-1979), 제2차 군사정부 기간(1980-1992)과 그 이후 등으로 나누어 살펴보면서 시기별로 그 특징을 꽤나 잘 말할 수 있다는 것이 좋은 증거이기도 하다. 그러나 이런 성격들은 어쩌면 단지 한국철학계에 고유한 것이라기보다는 한국의 문화계 전반에 공통적인 것이라 볼 수 있는 것이긴 하다.

우리 학계뿐만 아니라 문화계의 만물상적 특징을 말할 것 같으면, 우리는 여러 가지 예를 들 수 있다. 우선 시민들의 기본적인 품성을 기르고 생활에 긴요하고 적당한 지식교육을 위한 각급 학교의 교과과정을 보자. 초등학교는 초등학교대로, 중·고등학교는 또 중·고등학교대로 균형잡힌 소양교육이 필요하다는 명분 아래 모든 학생이 전 교과를 골고루 잘 해야 함을 강요하고 있다. 수십 년 그렇게 교육해 본 결과 그렇게 하면 어느 것 하나도, 심지어 사회생활에 절실한 예의범절 하나도 제대로 교육할 수 없음이 여실히 드러났는데도 말이다. 대학은 어떠한가. 우리나라의 대학들처럼 그만한 규모에 그렇게나 많은 학과와 전공분열을 가지고 있는 대학이 세계 어디에 또 있을까? 어느 한 분야 세계 학계에 이렇다 할 업적을 내지 못하는 대학이 무엇 때문에 그렇게 힘을 분산시켜야 하는가? 학과나 전공 설치의 이유란, 각기 저 세계의 모모한 유수 대학을 보면 그런 것이 있다는 식인데 그렇게 해서 우리나라의 웬만한 대학에는 전세계의 유수한 대학에서 각기 특성적으로 진흥하는 학문영역이 모두 함께 있다. 모두 함께 도토리 키 재기하면서. 이런 사정에 비추어볼 때, 한국철학계는 이런 양상의 또 다른 예일 뿐이라고 말할 수 있을지도 모르겠다.

철학함의 목적은 진리추구인 바, 지금까지의 철학사를 돌이켜보건대, 어느 한 학파, 어느 한 학설을 통해서 진리에 도달한다는 보장이 없는 만큼, 되도록 이면 다양한 연구를 한다는 것은 바람직하다고 생각할 수도 있는 일이다. 물론 그러하다. 그렇다면 왜 이슬람 정신 연구는 전무한가? 연구해 보나마나 거기에는 구할 것이 없음을 직각적으로 알기라도 했다는 말인가? 그렇다면, 거기에서 혼을 얻어 살고 있는 서아시아·북아프리카 사람들은 정신 없는 사람들이란 말인가? 이런 사례를 고려할 때, 최근 백 년 동안 한국에서 급속도로 신장되고 있는 기독교 문화는, 한국사람들이 오랫동안 신앙하고 삶의 지주로 여겨 왔던 불교나 유교가 그랬던 것처럼, 당대의 한국사회에 정치적으로 군사적으로 강한 영향을 미쳤던 세력의 도래와 함께 이식된 것이라 봄이 합당하다. 그리고 20세기 한국의 서양철학 수용 확산도 거의 같은 방식으로 설명함이 옳을 것이다.

원인이야 이외에도 여러 가지가 있겠지만 그 결과만 놓고 보면, 이렇게 해서 1990년대에 이르러 한국철학계에는 미국·영국에서 논의되는 주제들, 프랑스의 이름난 작가 철학자들, 독일철학의 명맥을 이어가는 저술들이 거의 시차 없이 또한 거의 변색 없이 토론되고 주석 해설되고 있다. 그래서 한국철학계는 미·독·불 철학계의 지부 같기도 하고, 한국에 철학하는 사람이 많다고는——1998년 현재 한국철학회 회원 수가 1,000명을 헤아리니까 —— 하지만 〈철학자〉는 참으로 드물고, 대부분 철학사 교사이거나 미국-유럽 철학 중개상인 같은 모습을 보이고 있다. 철학이라는 것이 전자공학이나 무기화학과 같은 학문적 성격을 가지고 있는 것이라면, 한국의 철학은 20세기말에 이르러 이런 식으로나마 세계 최고수준과 어깨를 나란히 했다고 자찬할 만하다. 그러나 한국의 수많은 철학도들이 대개 그러한 바, 〈○○○에서 ○○개념에 대한 ○○연구〉 등속의 논저를 통해 어떤 철학적 진리에 접근해 갈 수 있었을까? 물론 아리스토텔레스나 칸트의 문헌을 천착하는 것도 〈행복〉이나 〈자유〉개념의 진정한 의미를 얻는 좋은 방편이 될 수 있다. 그러나 그 문헌연구의 자세에 따라 그것은 철학적인 연구가 될 수도 있고, 단지 글귀풀이에 그칠 수도 있다. 철학적인 연구과제는 〈행복〉이나 〈자유〉가 무엇을 의미하는가이지, 아리스토텔레스나 칸트가 그것에 대해서 일찍이 어떤 생각을 표명했는가가 아니다. 이런 정신에서 옛적에 율곡은 유학의 한 주제인 〈이승기발(理乘氣發)〉을 논하면서도 〈성인이 다시 나도 내 말은 고치지 못할 것이다〉라고 의연했던 것이다. 이런 기백을 우리는 20세기 후반의 한국 서양철학 수용연구 현장에서 찾아보기 어려웠다. 옛부터 우리 상층문화 주도층의 대외(對外) 자세를 사대주의적이라 지적해 왔는데, 이즈음에 와서 그것이 개선되기는커녕 더 심화되지나 않았는가 반성해 볼 일이다.

　물론 외래사상의 유입과 수용도 백년이 지나 3세대에 이르면, 그것은 이미 자기사상이고, 사실 현금에 와서 서양사상은 더 이상 외국의 사상이 아니라, 우리 자신의 사상이다. 우리는 서양사상에 기초한 법률과 정치체제 속에서, 서양에서 유래한 경제정의의 개념을 가지고, 서양식 집에서 서양식 옷을 입고 산지 오래다. 유교예절과 불교풍습이 낯설고, 오히려 기독교의식이 친숙하며, 전래음악이 귀설고, 오히려 서양음악이 친숙한 지가 제법 오래 되었다. 그럼에도 더 오랜 전통과 더 오랜 역사적 퇴적물은 쉽게 씻겨져 사라지는 것이 아니다. 그래서 사상도 철학도 지역이나 시대별로 특성을 가질 수 있는 것이다. 같은 시대 독일의 칸트와 헤겔의 철학도 구별되고, 심지어 칸트의 철학만 해도 전(前)비판기의 사상과 비판기의 사상을 분별해서 이야기할 수 있는데, 어찌 한국철학과 독일철학, 미국철학을 나눠볼 수 없겠는가? 그래서 우리는 〈한국의 철학〉이라는 것을 〈한국사람이 한국에서 통용되는 언어로 한국 사회문화 제 영역의 최고원리와 제 영역의 통합원리를 반성적으로 탐구하는 지적 활동 또는 그 결실〉이라 규정할 수 있다. 그리고 만약 학문적인 문젯거리에는 인류문화에 공통적인 것 이외에 으레 지역문화적으로 특성적인 것이 또한 있는 것이고 보면, 한국에서 사색되고 설파되고 있는 〈철학〉이 미·독·불 철학계 흐름의 단순한 복제일 때, 그것은 한국문화와 적지않게 유리되어 있다고 평가할 수밖에 없다.

한국의 철학계가 다분히 미국-유럽 철학의 시장터처럼 되어간 데는, 이 세계에서 영역문화 사이의 힘의 관계, 힘 있는 문화집단의 약한 집단에 대한 문화식민지 전략, 한국에서 철학하는 사람들의 역량부족, 게다가 영세한 한국 출판업계의 어설픈 자본주의적 서적매출 상업주의 ─1980년대 사회주의적 사회철학 서적의 범람과 1990년대의 〈포스트모더니즘〉 상표를 부착한 서책의 남발에는 출판 상업주의가─ 분명 큰 몫을 차지했다가 어느 정도 어우러져 있다. 이런저런 사유로 20세기가 진행되면서 점점 심화되어간 한국에서의 미국-유럽적 철학주제에 대한 의존도 그러나 내일의 한국철학 형성에 밑거름이 될 수도 있다. 우리는 적어도 두 가지 사실에서 그 징후를 엿볼 수 있다. 하나는, 서양철학적 주제·서양철학 서책·서양철학자들에 대한 논변·주석·해설이라 하더라도, 그것들이 이제는 다년간 정규적인 수련기간을 거쳐 양성된 전문가들의 손에 의해서 정치하게 이루어지고 있다는 사실이다. 다른 하나는, 이렇게 엄선하여 모은 타산지석을 토대로 한국사회문화의 문젯거리를 철두철미 반성하려는 시도들이 하나 둘 등장하고 있다는 사실이다. ─이래서 남이 쏜 화살도 잘 모으면 내 화살이 되고, 삶의 역정에서 얻은 것은 무엇이라도 제대로만 쓰면 버릴 게 하나

19

도 없다고들 하는가.

이런 반성의 자세로, 한국사회가 서양 문화사회의 맥락에 편입되기 시작한 이래의 우리 사회철학자들의 번뇌와 탐구역정을 되돌아보며, 앞으로의 과제를 생각해 본다.

2 현실사회의 변동과 한국 사회철학계의 동향

이른바 철학자들은 철학이 제반문화를 선도해야 한다고, 그리고 할 수 있다고 자부하나, 사실은 여타 문화영역을 뒤따라가는 경우가 더 많다. 금세기 들어 우리나라 사람들이 서양철학적 사상의 줄거리와 접근방식으로 사회철학적 주제를 논하기 시작한 것도 당대 한국인들의 철학적 자각과 모색으로부터 그렇게 되었다기보다는 서양의 제반 문물이 세계 정세의 흐름에 따라 우리에게 밀어닥침과 더불어 서양적 철학의 영향이 우리의 재래의 것을 압도한 탓이라 보아야 할 것이다. 거기다가 철학의 학문적 성격과 역할이 제 과학의 맨 뒤에 오면서도 제 과학의 단초와 원리를 추궁하는 것인 만큼, 한국의 제반 학문세계가, 다시 말하면 표층문화를 주도하는 물리학, 지리학, 생물학, 법학, 정치학, 사회학 등의 세계가 이미 서양적 흐름에 합류했는데〔휩쓸려들어 갔는데〕, 철학이 여전히 성리학적인·실학적인 전통만을 이어간다면, 그렇지 않아도 현대에 와서 신통치 않아진 이른바 분과학의 근본학으로서의 철학의 역할은 더욱더 공허하게 될 터이다. 현대 한국사회의 질서와 정의의 골간을 이루는 헌법체계가 어느덧 유교원리나 『경국대전(經國大典)』의 정신을 떠나 미국 헌법, 프랑스 인권선언, 독일 헌법정신과 그 맥을 같이 하는데, 재래의 법철학, 정치철학, 사회철학으로 어떤 법원리나 정치원리, 그리고 사회운영 원리를 설명할 수 있겠는가?

한국에서 당초에 서양철학의 접수가 자발적이 아니었음은 거의 틀림없는 사실이다. 그러나 철학이라는 것이 인간의 현실생활과는 전혀 무관하고 철학자가 사회생활에서 완전히 떠나 있다면 몰라도, 이미 사회 근간이 서양식으로 재편되어 가는 마당에 철학한다는 사람이, 그가 순전히 과거 한국철학의 역사 연구가이길 지향하는 경우가 아니라면, 그 재편되어 가는 문화양상의 근거를 탐구하지 않을 수는 없는 것이다. 우리는 오늘날 우리 사회운영의 토대인 〈자유〉와 〈평등〉, 그리고 〈정의〉의 원리를 이해하기 위해 정삼봉이나 이율곡 혹은 정다산의 사상보다는 로크나 루소 또는 하버마스의 사상에 대한 이해를 더 필요로 한다.

물론 문화양상은 중층적인 만큼 표피층에는 새로운 물결이 일어도 심층에는 여전히 옛 물이 두텁게 남아 있을 수 있다. 바로 그 만큼은 우리가 한국에서 서양적 철학을 한다고 해도, 그것은 한국식 서양철학, 바꿔 말해 화제는 서양에서 발원했으나 그러나 이미 우리 자신의 문제를 다루는 우리의 철학, 곧 한국(적) 철학의 일환이라 할 것이다. 그러니까 우리가 서양철학을 수용했고 그리고 수용한다고 하더라도 바로 그로 인해서 우리의 철학적 작업이 순전히 〈서양적〉이 된다고 볼 수는 없다. 이런 얘기가 예컨대 삼국시대에 불교사상을 수용한 것에 대해서도, 여말선초(麗末鮮初)에 성리학을 수용한 것에 대해서도 그대로 적용될 수 있음도 같은 이치에서이다.

2-1 일제시대부터 한국전쟁 직후까지

이런 사정으로 인해 한국에 근대적 대학이 설립되고, 거기서 근대적 학문, 그러니까 서양식 학문을 익히고 나서부터는 서양식 사회철학도들이 학계의 표면을 주도했는데, 그 가운데서도 최초의 중요한 인물로 우리는 신남철(申南澈, 1906-1957)을 꼽을 수 있다. 신남철의 활약상은 1931년 경성제대 철학과를 졸업한 직후부터 해방 후 대한민국 수립 때까지 매우 두드러졌다. 1929년부터 졸업생을 배출한 경성제대 출신들

의 동인지라고 볼 수 있는 ≪신흥(新興)≫(창간호, 1929. 7)의 제5호
(1931)에 「헤겔 백년제(百年祭)와 헤겔 부흥」을, 제6호(1931)에 「신헤
겔주의와 기비판(其批判)」, 제9호(1935)에 「인식·신체 및 역사——'문
화의 논리학'의 기초론 I」을 잇따라 발표하고, 1933년 결성된 〈철학연
구회〉의 학회지 ≪철학(哲學)≫, 제1호(1933)에 「헤라클레토스의 단편
어(斷片語)」, 그리고 제2호(1934)에 「현대철학의 Existenz에의 전향과
그것에서 生하는 당면의 과제」 등을 발표한 신남철은, 일제 하에서 그
리고 해방되자마자 남북분단을 맞아야 했던 민족의 비극적 상황에서
당면의 문제에 철학적으로 대처하고자 했다. 그는 후에 그의 시대가
철학자에게 요구한 바에 대한 그의 응답을 정리하여 단행본『역사철
학』(서울출판사, 1948. 1. 30/228쪽)을 출간하였다. 그런데 이를 통해 밝
힌 그의 역사철학의 기초는 마르크스주의였다.

1870년대 이후 유럽 여러 나라에서 그러했듯이 1930년대 일본에서
그리고 식민지 조선에서 마르크스주의 사상은 기존의 국가·사회질서
를 위협하고 부정하는 불온사상이었다. 신남철은 1931년 마침 독일에
서 헤겔 百周忌年에 나치즘과 더불어 부흥의 기미를 보인 〈헤겔 부
흥〉이 전혀 잘못된 방향으로 나가고 있음을 비판함으로써 파시즘의 형
태를 띠고 있는 일본 제국주의를 공격하고 있다.

독일에서 헤겔 부흥은 딜타이 W. Dilthey가 베를린에서 발간한 『헤겔
의 청년시대전(靑年時代傳) *Jugendgeschichte Hegels*』과 빈델반트 W.
Windelband가 1910년 주창한 〈헤겔주의의 재흥(再興) Die Erneuerung
des Hegelianismus〉에서 비롯했다고 신남철은 진단하고,[2] 그러나 헤겔
이 죽은 지 100년이나 지난 당대에 와서 헤겔 부흥의 참뜻은 단지 헤
겔 체계의 정신 내용을 일반적으로 이해하는 데 있는 것이 아니라 〈헤
겔 정신 —— 변증법적 발전의 필연적 일 과정으로서의 —— 에 의한 현

---

2) 신남철, 『역사철학』, 140쪽 참조. 신남철의 글들은 최초 발표지에서 인용하는 대
   신에, 후에 단행본으로 발간한 이 책에서 인용함.

실적 출발이라야 할 것)[3]이라고 주장한다. 이 말은 사회적 〈모순의 부정적 해결〉[4]을 도외시하고 기존의 보수적 제국주의 편에 서 있는 신헤겔주의는 헤겔적 정신의 정로(正路)를 벗어난 것으로 〈사실 신헤겔주의자들은 대개 신파시스트가 되고 말았다〉[5]는 비판으로 이어진다. 신남철에게는 포이어바흐의 말마따나 〈혁명하는 심장과 개혁하는 두뇌〉[6]가 결합해 있는 헤겔 좌파—변증법적 유물론의 방향이 헤겔적 정신을 참으로 부흥시키는 길이었다. 신남철은 〈헤겔에 있어서 다소 천재적 또는 우연한 추측이었던 것이 마르크스에 와서는 과학적 연구가 된 것〉[7]이라고 보았다.

이렇게 싹튼 신남철의 사상은 차츰 신체적 인식론의 형태를 갖는다. 일체 인간의 역사는 개개 인간의 생존에 바탕을 두고 있고, 개개 인간의 현실적 생존은 신체적 삶의 방식을 취한다. 그리고 신체적인 인간의 정신적 활동이 다름아닌 인식이다. 그래서 인식에서는 〈무엇보다도 먼저 자연의 세계가 문제가 된다〉.[8] 그러나 우리에게 중요한 인식은 자연에 대한 사변적 인식이 아니라 〈실천적 인식〉이다. 그리고 인간에게서 실천은 실천을 매개로 한 행위이므로, 실천적 인식은 다름아닌 〈신체적 인식〉이어야 한다.[9]

신남철의 반성에 따르면, 신체적 인식은 3단계로 전개된다. 즉 (1) 수용 Aufnehmen (2) 가공 Verarbeiten (3) 표현 Entäußern이 그것이다.[10] 인간의 육체에게는 대상의 〈모사가능성이 부여되어 abbildungs-fähigkeitbegabt 있고, 이 때문에 대상의 촉발이 있으면 감관적 감성은

---

3) 같은 책, 141쪽.
4) 같은 책, 149쪽.
5) 같은 책, 151쪽.
6) 같은 책, 141쪽.
7) 같은 책, 163쪽.
8) 같은 책, 1쪽.
9) 같은 책, 1-2쪽.
10) 같은 책, 17쪽.

이를 수용하고, 수용작용이 일어나면 곧바로 가공작용이 뒤따른다〉. 〈가공작용이라는 것은 자기가 수용한 것에 내용을 주어 가지고 그것을 해석 beschreiben하는 것이다.〉[11] 인식의 가공단계에서, 의식의 내용은 더욱더 풍부해지는데, 가공작용은 단순한 수용의 구성적 작용이 아니라, 〈'개념의 자발성'이라고 하는 오성능력의 자발성〉에 의존할 뿐만 아니라 〈자기의 출생(사회적 환경, 신분, 계급관계 등을 포함한)이라든가 육체적 상태(체질 및 성격의 문제) 등에〉[12] 영향을 받기도 한다. 이 가공작용은 판단의 형태, 즉 이론적 형태를 갖는다. 그러나 우리의 현실적 활동은 〈자기가 판단한 것을 외부에 표현하지 않을 수 없게 한다〉.[13] 그 표현방식이 〈신체화 Verkörpern〉이고, 〈이 신체화라는 것은 이론적 소신의 외부화, 구체화이다〉.[14] 이 단계에 이르러서 〈사유와 존재, 이론과 실천은 통일된다. 그리하여 이론은 구체성을 획득하고 구체적인 마테리의 세계는 법칙적 자유가 지배하게 된다〉.[15] 이런 생각으로부터 신남철의 역사 문화 철학은 그 형태를 얻고 있다.

실천적인 인식은 역사적 인식이다. 그것은 동시에 문화 인식의 문제가 된다. 실천적인 행위의 담지자는 개인 인간이고 그 행위의 소산으로서 역사는 만들어진다. 우리는 현실적인 제 관계로부터 이러한 것을 추상할 수가 있다. 그러나 이때에 우리는 개인 인간의 사회적 규정을 망각하여서는 안 된다.

실천적 행위는 무엇보다도 먼저 노동이 아니면 안 된다. 노동은 창조이고 생산이다. 이때 손, 도구 및 기계는 중요한 역할을 맡아본다. 개인은 노동을 매개로 하여 사회적 관계에 몰입한다. 그러나 자기를 보존하면서 역사

---

11) 같은 책, 같은 곳.
12) 같은 책, 17-18쪽 참조.
13) 같은 책, 18쪽.
14) 같은 책, 같은 곳.
15) 같은 책, 19쪽.

적 실천에로 자각하여 간다. 그리하여 정치적 실천에서 자기의 노동·창조
를 완성한다. 이러한 의미의 인간은 〈창조의 최후목적〉(Kant, *Kritik der
Urteilskraft*, Reclam Ausgabe, 317)이다. 신체적 존재로서의 인간이 그의
본연의 성질을 발전시킨 극치로서의 〈종극목적〉(같은 책, 321)이다. 생물적
존재로서 전제되고 사회적 존재로서 역사를 만든다. 전자는 신체적 인간이
고 후자는 노동·생산의 관계 속에 있는 인간이다. 이 양자는 하나이며 동
일한 것이다.[16]

  인용한 신남철 글의 이 대목은 1937년 《신흥(新興)》 9호에 「인
식·신체 및 역사——'문화의 논리학'의 기초론 I」이라는 제목으로 발
표했다가, 1948년 단행본 『역사철학』을 묶어낼 때에 제1장 〈역사철학
의 기초론——인식과 신체〉라는 제목으로 바꿔낸 글의 도입부이다. 여
기서나 이어지는 그의 논변이 상당히 거칠기는 하지만, 그러나 그가
주장하고 싶어하는 바는 신체적 존재로서의 인간은 그의 실천활동, 즉
문화·역사 속에서 완성된다는 사실이며, 이런 주장을 그는 칸트·헤
겔·포이어바흐·마르크스 등의 독일사상가의 사변을 고려하면서 펴
고 있다는 것을 우리는 알 수 있다.
  신남철과 더불어 이 시기 활발하게 실천철학 활동을 한 인물 가운
데 박종홍(朴鍾鴻)과 박치우(朴致祐)는 또한 특별히 언급할 만하다.
  박종홍(1903-1976)과 박치우(1907-1953)는 1932년 같은 해에 경성제
국대학 철학과를 졸업한 후부터 그들이 세상을 떠나던 날까지 우리 철
학계에 가장 큰 영향력을 미치는 활동을 했다는 공통점을 가지고 있
다. 두 사람 모두 그들의 연구활동 초기에 서양철학을 주 소재로 삼았
으면서도 서양 어느 곳의 유학생이 아니었고, 그러면서도 서양 문헌연
구에서도 그 연구연륜으로는 도저히 믿을 수 없을 만큼의 높은 수준
——어떻게 보면 유학생보다도 더 높은 수준——을 보여주었다는 공통

---

16) 같은 책, 2쪽.

점을 가지고 있다. 그것은 벌써 이들 대에 와서 막 유입·수용된 서양 철학 사상의 토착화·한국화가 진행되기 시작했다는 것도 함의한다. 뿐만 아니라 이들은 그것이 개인적 성향에서 기인한 것이었든 식민지 지성인으로서 자각과 절박한 상황의 요구로부터 자신들의 사명을 발견해서였든 〈실천하는 데 철학의 참 뜻이 있다〉고 외치면서 철학활동을 했다는 점을 공유하고 있다.

1930년대 초에 박종홍과 박치우는 똑같이 현실에 기반을 둔 철학을 지향했지만, 오늘날 우리의 눈으로 보면, 박종홍은 우파적이고 박치우는 좌파적인 이론을 세우고 실천의 모습을 보여주었다. 누구는 현실을 제대로 보고 누구는 잘못 보았다기보다는 그들은 〈현실을 서로 다르게 보았다〉고 평가하는 편이 합당할 터이다.

박치우는 1934년 논문 「위기의 철학」(≪철학≫, 제2호)에서 위기란 〈객체적인 모순이 주체적으로 파악되는 특정의 시기〉[17]이며, 당시야말로 진실로 〈위기〉라고 파악한다. 당시에 식민 치하에서 일제 침략자와 조선 식민지 백성 사이의 모순, 조선사회의 계층·신분 사이의 모순, 남녀차별의 전통관습에서 비롯하는 사회적 모순뿐만 아니라 세계적인 경제공황과 베르사이유 조약에서 비롯한 유럽 국가간의 모순, 천황주의 일본과 아시아 제국 사이의 모순, 바야흐로 도래하는 산업사회와 미처 대응하지 못하는 시민의식 사이의 모순이 편만한 당시에서 굳이 〈격화된 모순〉의 예를 나열할 필요가 없어서였든, 표현의 자유의 제약상 그 예를 적시한다는 것이 난처해서였든 박치우는 〈객체적인 모순〉을 열거하지는 않았다. 그럼에도 그는 당시야말로 우리가 이제까지 체험한 바가 없는 〈격화된 모순으로 포화된 시대〉[18]라고 규정한다. 그리고 사람들은 그 모순을 이미 주체적으로 파악하고 있으므로 그 시기는 단지 〈변화기 또는 과도기〉가 아니라 〈위기〉라는 것이다.[19]

---

17) 철학연구회 편, ≪철학≫, 제2호, 3쪽.
18) 같은 책, 1쪽.
19) 같은 책, 3쪽 참조

박치우에 따르면 〈주체적 파악이란 사물을 신명(身命)을 던져서 정열적으로 파악함〉을 말한다. 〈사물을 로고스 logos 적으로가 아니라 파토스 pathos 적으로 파악하는 것, 이성적으로가 아니라 정열적으로 파악함〉, 〈사물을 학적인 인식의 대상으로 죽은 대체(對體)로서가 아니라, 생활적인 교섭의 대상으로 산 대자(對者)로서 파악함〉, 더 나아가 〈단순한 대자로서뿐만 아니라 저항, 위협으로서의 적, 원수인 대자로서 파악함〉, 한걸음 더 나아가 〈단순히 적으로 바라봄에 그치지 않고, 좀더 적극적으로 사물과의 긴장된 대립 —— 즉 사물과의 〈모순〉을 깨뜨리고 사물 그것을 향하여 단적으로 돌입하여 이것과 피투성이 되도록 싸워서 이것을 완전히 내 것으로 극복하는 이런 정열적인 모험〉이 다름아닌 주체적인 파악이다. 요컨대 주체적 파악이란 〈사물과의 모순을 적극적으로 깨뜨리고 돌입하여 싸움으로써 이것을 극복하는 것 —— 이것은 곧 사물을 행동을 통하여 또는 실천에 있어서 파악하는 것〉이외의 다른 것이 아니다.[20]

이처럼 피끓는 청년 철학도 박치우가 볼 때 당대의 격화된 모순에 대한 주체적 파악, 곧 〈절박한 위기를 극복하려는 노력〉[21]으로서의 〈위기의 철학〉으로는 두 가지가 있는데, 그것은 〈볼셰비키즘과 파시즘〉[22]이다. 박치우는 그의 논설문의 말미에서 〈양자〔볼셰비키즘과 파시즘〕공히 현대의 위기는 실천에 의하여서만 극복된다는 점을 강조하는 데 있어서는 공통일 것이다. 다만 우리들이 주의하여야만 할 점은, 이 두 가지의 실천 중 어느 편이 참이며 어느 편이 거짓인가를 알아내야 한다는 점이다〉[23]고만 말하며, 그 판정을 독자에게 맡기고 있지만, 그에게 있어서 참다운 위기의 철학은 볼셰비키즘이있음에 틀림이 없다. 이것은 그가 해방 후에 묶어낸 책 『사상과 현실』(白楊堂, 1946/230쪽)의

---

20) 같은 책, 3쪽.
21) 같은 책, 17쪽.
22) 같은 책, 같은 곳.
23) 같은 책, 같은 곳.

논조로 볼 때나 그의 행적으로 볼 때나 분명하다.

박종홍도 그의 논문 「'철학하는 것'의 출발점에 관한 一疑問」[24]에서 〈우리의 '철학하는 것'의 출발점은 이 시대의, 이 사회의, 이 땅의, 이 현실적 존재 자체〉라고 천명하고, 〈이 현실적 지반을 떠나 그의 출발점을 찾는 철학은 결국 그 시대 사회에 대하여 하등의 현실적 의미를 가질 수 없을 뿐만 아니라 철학 자체에 있어서도 새로운 경지를 개척하기가 곤란할 것〉[25]이라고 힘주어 말한다. 그리고 그가 이러한 그의 초기의 생각을 말년까지 일관되게 견지했음을 해방 후 새 나라 건설과 새 시민 계몽과 관련해 기회가 주어질 때마다 적극 동참함으로써 보여주었다. 박종홍은 학문이 성숙해 감에 따라 자신의 철학——〈성(誠)의 철학〉이라고 불러도 좋을—— 을 세우고, 한국 철학사상사 연구에서도 불멸의 업적을 남겼지만, 그러나 그의 철학공부는 서양철학 수용으로 시작되었다고 볼 수 있다. 사실 서양철학 수용기에 철학의 거의 모든 부문을 우리 학계에 소개하고 우리의 전통철학과 새로이 유입된 철학의 맥락을 잇고저 부단히 반성적 노력을 기울이면서, 우리의 철학연구 수준을 현재에 이르게 한 최대의 인물은 다름아닌 박종홍이다. 후년으로 갈수록 〈한국〉철학을 강조한 박종홍이지만, 초년에 그는 분명 〈새로운〉 사상, 곧 서양적 철학사상으로부터 철학함을 배웠다. 방금 인용된 논문의 내용도 들여다보면, 제목부터가 독일어 번역으로 그 자신이 〈철학하는 것 das Philosophieren〉[26]이라고 적고 있을 뿐만 아니라, 자기 생각을 그에 기대어 표현하려고 끌어들인 철학자가 아리스토텔레스, 피히테, 후설, 헤겔, 하이데거 등 모두 〈서양〉철학자 일색이다.

1934년 1월 1일자 매일신보에 게재된 박종홍의 글 〈현대철학의 동향〉을 보면 당시 그의 공부의 시야를 엿볼 수 있다. 박종홍은 이 글에

---

24) 철학연구회 편, ≪철학≫, 제1호(1933)에 게재.
25) 『박종홍 전집』, I, 35쪽. 박종홍의 글은 모두 그의 『전집』(열암기념사업회 전집 편찬위원회 편, 형설출판사, 1980)에서 인용한다.
26) 『전집』, I권 313쪽.

서 당대의 유럽 각국의 철학사상 제 유파를 〈현대의 주류철학〉이라는 이름 아래 나열 소개하는데, 첫째가 소위 〈헤겔 재흥(再興)〉이요, 둘째가 〈존재론적 경향〉으로서 후설 현상학 경향, 하르트만·하이데거의 존재론이고, 셋째가 〈유물론의 발전〉으로서 변증법적 유물론의 향방과 헤겔·마르크스·레닌의 관계, 넷째는 〈'초인'적 사상의 대두〉로서 이탈리아 〈파쇼〉 운동의 철학정신, 독일 〈나치스〉의 사상적 배경, 니체의 초인사상의 현실태, 하이데거 사상과의 관련성이다. 또 마무리 말에서는 프래그머티즘과 베르크손의 생명철학을 뭉뚱그려 언급하고 있다. 그리고 박종홍은 또한 몇 해 뒤의 글 〈현대철학의 제 문제〉(조선일보, 1938. 4. 15)에서 하이데거·딜타이·하르트만·막스 셸러의 철학적 문제를 검토하고, 「이해와 사유」(≪문예(文藝)≫, 京城, 1942. 9)에서는 하이데거와 야스퍼스의 실존철학의 특징과 방법적 차이점을 집중적으로 거론한다.

  해방 전까지 박종홍의 서양철학 연구의 중심은 하이데거 철학이었고 박종홍은 또한 하이데거 사상 속에서 자기철학을 세우기 위한 발판 같은 것이 찾아지기를 기대하고 있었다고 보는 것이 온당할 터인데, 이 하이데거 사상은 당시에 명백히 독일 나치즘과 맥락을 같이 하고 있었고, 박종홍도 그것을 익히 알고 있었으며,[27] 또 일본 제국주의 노선의 편에 서있던 일본의 주류 철학자들의 호의적인 연구대상이었다는 것도 역사적 사실이라 해야 할 것이다. 이 두 사실은 식민지 조선의 젊은 철학도 박종홍을 오늘날의 관점에서 명예롭지 못하다고 평가하도록 만들 수도 있다. 그러나 우리는 그 뒤에도 30년이나 더 한국철학계를 대표했고 또한 철학의 국가사회에 대한 기여를 역설했던 그의 생애에서 그가 순진하다 할 정도의 〈민족주의자〉·〈국가주의자〉요, 그의 식민지체험이 그로 하여금 부국강병책(富國强兵策)에 기울게 했었을 것임을 추정함으로써 당시 그의 철학함의 태도와 현실에 대한 인식

---

  27) 『전집』, I권, 346쪽. 「현대철학의 동향」 참조.

방식을 이해할 수는 있다.

이상에서 이미 언급했듯이, 식민지상태에서도 몇몇 치열한 철학도를 가졌던 우리나라는 1945년 8월 15일 일제통치를 벗어났다. 그러나 그 〈해방〉이라는 것은 완전한 의미의 해방은 아니었고 사회 운영원리와 세계 경영전략이 다른 두 강대국 미국과 소련의 분할지배를 전제한 것이었다. 이런 정세는 우리 철학계에도 결정적인 영향을 미쳤다. 더구나 철학사상과 같은 문화형식은 외부영향을 급속하게 받으면서도 그 잔영이 오래가는 게 보통이다. 일제의 질곡으로부터 정치적으로는 벗어났으나 한 번 배워 익힌 지식과 성향은 그대로 남아 있었고, 조국이 양분됨으로 해서 서양철학——일제시기에 그것은 사실상 독일철학을 의미했지만——을 연구하고 수용한 철학자들도 마르크스주의적 성향을 가진 사람들과 비마르크스주의——독일 이상주의, 신칸트학파, 실존주의, 그리고 실용주의, 공리주의 등——적인 성향을 가진 사람들로 나뉘어 새 나라 건설과 새 사회 운영에 관한 철학적 원리를 탐구하고 서로 다른 주장을 내놓았으며, 끝내는 서로 다른 조국을 택하게 되었다.

1945년 해방되고 미·소 군정을 거쳐 1948년 대한민국 수립 후 1960년 제2공화국(민주당 정부)때까지 15년간에 한국 정치사에 있었던 한 민족 두 국가 수립(1948), 한국전쟁(1950-1953), 4.19 혁명(1960)이라는 세 차례의 굴절은 우리 철학계의 사회철학 연구동향에도 적지않은 영향을 미쳤다.

해방 직후부터 1948년 8월 15일 대한민국이 수립되기까지의 3년간은 일제 치하에서 반제국주의·반파쇼·민족독립 운동의 성격을 드러냈던 마르크스주의 철학도들이 당당하게 그리고 활발하게 활동하였다. 박치우는『사상과 현실』(白楊堂, 1946)을, 신남철은『역사철학』(서울출판사, 1948)과『전환기의 이론』(白楊堂, 1948)을 단행본으로 냈고, 전원배는 엥겔스 F. Engels의『반(反)듀링론——철학편』(大成出版社, 1948)을 번역해 냈다. 그러나 이후부터〈반공이 국시(國是)〉로 천명되는 상

황의 남한지역에서는 마르크스 사상에 대한 적극적인 연구나 주장은
철학계의 표면에서는 사라졌다. 그러나 일제시대에 양성된 서양철학
전문인들은 거의 모두가 독일철학도들이었던 탓인지, 안호상(安浩相,
1902-)처럼 학계를 떠난 몇몇을 제외하고는 그들의 취향에 따라 마르
크스주의를 비켜가는 여러 유파를 적극적으로 연구하였고, 그 성과도
적지않았다. 다만 이 성과는 사상에 대한 연구와 표현의 자유가 제한
되어 있는 상황에서 나온 것이었기 때문에 부자연스러운 면이 없지 않
았다. 바야흐로 미국적 문물이 한국사회의 중심에 다가서면서 가령
〈자유민주주의〉가 소리높이 내세워졌지만, 그 근본정신의 생활화보다
는 반공산주의의 배경으로서의 효용가치가 전면에 부각되었다.

2-2 1960/70년대 한국사회와 철학자의 사회참여 행태

대한민국 수립 후 한국전쟁의 와중을 지나면서도 이남 지역의 학교
교육은 적어도 표면적으로는 자유민주주의 시민정신에 의해 주도되었
다. 그것은 정치·사회·경제·문화의 제 측면이 미국의 강한 영향을
받은 탓이라 보아도 좋을 것이다. 그러나 실상은 그 표면적 현상과 일
치하지 않는다.

사회 각계 지도층이 그다지 자유민주주의적인 성향이 아니었을 뿐
만 아니라, 조선시대 왕정과 일제 식민 치하의 생활체험이 정치경험의
대부분을 이루고, 오랫동안 유교적인 사회질서를 사회운영의 척도로
여겨왔던 일반 시민들에게도 미국식 자유민주주의 사회운영 방식은
쉽게 익숙해지지 않았기 때문이다 1948년 정부수립 후 심화해 온 표
면적인 신식 교육내용과 일반적인 구식 생활방식의 모순, 정치지도자
들의 구호와 현실 정치상황의 괴리는 마침내 1960년 4월 19일 학생-시
민 혁명으로 분출하였고, 정치 주도능력과 조직은 갖추지 못했지만 정
치적 영향력은 큰 학생-시민 세력을 배경으로 석달 후 새로 수립된 정
부는 이미 표출된 이상(理想)을 실현시킬 방도도 채 모색하지 못한 채,

1961년 5월 16일 군부 구테타에 의해 무너졌다. 이후 18년간 외형상으로는 자유민주주의적인 정치형태를 유지하고 있었지만 그 근본정신에서는 거리가 먼, 오히려 가부장적 전제통치가 지속되었다. 그리고 이러한 통치방식을 정당화하는 근거가 여러 형태의 외세의 위협으로부터의 국가보위였으며, 그 수단으로 제시된 것이 부국강병이었고, 그 방책이 계획경제, 민족주체성 확립, 국가조직과 구성원의 단일화였다. 이러한 한국사회의 현실에서 철학은 무엇을 할 수 있었고 무엇을 해야 했으며, 그러나 실제로 무엇을 했던가?

일제 치하에서의 뼈저린 경험, 세계 2차대전과 한국전쟁을 겪으면서 형성된 전쟁에 대한 두려움, 끼니 이어가기도 어려운 가난은 상당히 많은 사람들로 하여금 〈조국 근대화〉라는 명목을 내건 〈부국강병〉의 기치 아래 합세토록 하였다. 〈우리도 한번 잘살아 보세!〉라는 절규에 가까운 정치적 구호에 철학계에 몸담고 있는 몇몇 사람은 〈신바람〉이데올로기 제시로 화답하였다. 〈잘산다〉는 것이 무엇을 의미하는가라는 물음은 철학의 가장 오래된 물음이자 핵심적인 물음이고 반복해서 묻고 답을 구해도 그 의의가 조금도 줄지 않는 물음이다. 그러나 1960/70년대 한국사회의 사람들에게서 〈잘산다〉는 것은 다의적인 개념이 아니었다. 그것은 분명히 〈경제적으로 윤택하게 산다〉는 것을 의미했고, 이를 위해서는 다른 의미에서 〈잘사는〉 것은 유보하거나 포기해도 좋다는 것이 주류 의식이었다. 그리고 개인이 〈잘살기〉 위해서는 먼저 나라가 잘 돼야 한다는 국가우위, 사회우선의 이념이 강력하고 광범위하게 유포되었다. 이런 생각은 1968년에 제정 공포된 〈국민교육헌장〉에 문자적으로 표현되었고, 1972년의 이른바 10월 유신의 정치이데올로기로 구체화되었다.

10월 유신의 〈유신〉이라는 표현도 그렇고 국민교육헌장의 공포방식도 그렇고, 그런 일련의 정책의 지향목표였던 〈조국 근대화〉라는 것도 그렇고, 일본의 명치유신의 상황을 연상시키는 발상들이 현실화하는 양상을 보였다. 그러면서도 일본이 그 핵심요소 중의 하나를 이루는 외래문화나 외세의 침탈과 이북정부와의 군사적 긴장관계를 염두에 두고 〈자주국방〉과 〈민족주체성〉을 표어로 삼았으니, 그것은 일본을 이겨내자는 전략의 하나로서 일본의 부국강병책을 차용한 셈이었다.

〈국민교육헌장〉의 작성에는 당시 철학계를 대표하는 박종홍과 이인기(李寅基) 그리고 옛 철학교수 안호상도 참여한 것으로 알려졌는데, 이 헌장의 내용이 당시의 국가철학이었다고 평가해도 좋을 것이다. 헌장의 전문을 읽으면서 잠시 그 내용을 추고해 보자.[28]

우리는 민족 중흥의 역사적 사명을 띠고 이 땅에 태어났다. 조상의 빛난 얼을 오늘에 되살려, 안으로 자주 독립의 자세를 확립하고, 밖으로 인류 공영에 이바지할 때다. 이에, 우리의 나아갈 바를 밝혀 교육의 지표로 삼는다. 성실한 마음과 튼튼한 몸으로, 학문과 기술을 배우고 익히며, 타고난 저마다의 소질을 계발하고, 우리의 처지를 약진의 발판으로 삼아, 창조의 힘과 개척의 정신을 기른다. 공익과 질서를 앞세우며 능률과 실질을 숭상하고, 경애와 신의에 뿌리박은 상부 상조의 전통을 이어 받아, 명랑하고 따뜻한 협동 정신을 북돋운다. 우리의 창의와 협력을 바탕으로 나라가 발전하며, 나라의 융성이 나의 발전의 근본임을 깨달아, 자유와 권리에 따르는 책임과 의무를 다하며, 스스로 국가 건설에 참여하고 봉사하는 국민 정신을 드높인다.

반공 민주 정신에 투철한 애국 애족이 우리의 삶의 길이며, 자유세계의 이상을 실현하는 기반이다. 길이 후손에 물려줄 영광된 통일 조국의 앞날을

---

28) 이 자리에서 〈국민교육헌장〉을 거론하는 것은, 그것이 당대 한국철학계를 대표하는 철학자들의 이론과 현실참여의 중요한 공동작업의 결과물로 보이기 때문이다. 어떤 글에 따르면 박종홍이 〈국민교육헌장을 기초한 것도 그의 철학과 필연적인 관계가 있다〉(장일조, 「박종홍 철학에 있어서의 '현실'의 문제」, 《신학연구》, 한국신학대학, 1971, 161-162쪽)는 것이고, 이 글을 읽고 박종홍은 〈내가 하고 싶으면서도 참고 있는 말을 나 대신 해준 대목이 더러 있다〉고 토로했다는 보고가 있다(송상옥, 「박종홍은 박정희에게서 무엇을 발견하였나?」, 《월간 조선》, 1996년 1월호, 573쪽 참조).

내다보며, 신념과 긍지를 지닌 근면한 국민으로서, 민족의 슬기를 모아 줄 기찬 노력으로, 새 역사를 창조하자〈국민교육헌장〉, 1968. 12. 5).

국민교육헌장은 우리나라의 밝은 앞날에 대한 희망과 확신 그리고 대단한 결의를 표명하고 있다. 그러나 그것은 당시의 우리 상태가 전혀 만족스럽지 못함을 고백하고 있다. 〈중흥〉을 기획한다는 것은 현재가 쇠퇴한 국면임을 말하고, 〈우리의 처지를 약진의 발판으로 삼는다〉는 것이나 〈새 역사를 창조하자〉는 것도 보통은 그 〈처지〉가 딱할 때 쓰는 표현이니 말이다. 그리고 또한 실상이 그러하였다. 이러한 실상을 타개하고 획기적인 발전을 도모하려는 의지표명과 원론적인 방안제시는 누군가가 다시 고안한다 하더라도 더 나은 것이 있을 것이라 생각할 수 없을 만큼 짜임새가 있다. 그러나 소위 이 헌장을 바탕정신으로 한 전후의 사회운영 실상은 이 헌장이 국가주의·전체주의·경제〔물질〕제일주의를 선언하고 있음을 간파케 한다.

민주공화(民主共和)의 국가에서 〈공익과 질서를 앞세우며〉, 〈협동정신을 북돋우고〉, 〈나라의 융성이 나의 발전의 근본임을 깨달아, 자유와 권리에 따르는 책임과 의무를 다하며, 스스로 국가 건설에 참여하고 봉사하는 국민 정신을 드높인다〉는 것은 공화정신의 강조라고 볼 수도 있을 것이다. 그러나 이 헌장에는 자유민주주의 국가에서 개인이 마땅히 보장받아야 할 개성의 발양과, 다양한 개성의 발양으로써만 사회 전체가 풍부해진다는 이념을 끼워넣어 볼 만한 구절을 찾을 수가 없다. 〈우리의 창의〉를 말하면서도 그 〈창의〉가 독창성 나아가 독자성으로 해석될까봐 바로 이어서 〈협력〉을 강조하며, 개인의 자유와 권리의 신장과 개개인의 존엄성에 대해서는 한마디 언급도 하지 않은 채 혹시라도 자유와 권리가 정도(正道)를 벗어날까봐 〈자유와 권리〉라는 말을 쓰자마자 그에 따르는 〈책임과 의무〉만을 부각시킨다. 그것은 〈자유세계의 이상〉의 내용은 아무것도 제시하지 않은 채, 그 〈이상을 실현하는 기반〉으로서 〈반공〉을 내세우는 것으로 이어간다. 이로 미뤄

볼 때, 헌장에서 비록 〈민주〉를 말하고는 있으나, 그 〈민(民)〉은 개개인을 뜻한다기보다는 〈국민 전체〉, 나아가서 〈전체 사회〉·〈국가〉를 뜻하는 것으로 보인다. 다시 말하면 헌장은 〈국민 전체〉 내지 〈국가〉가 개개인에 우선하며, 개개인의 개성과 다양한 삶의 방식은 국가에 봉사하는 방식으로만 허용될 수 있다는 것을 함축한다. 그러나 이것은 더 이상 자유민주주의 정신의 표명이 아니며, 그래서 그에 걸맞게 당시의 국가주의 이론가들에 의해 〈한국적 민주주의〉의 창달이 주창되었다. 그것은 이북에서 주장된 〈우리식 사회주의〉나 〈사회주의 인민민주주의〉가 과연 〈사회주의〉이며 〈민주주의〉인가를 반문케 하는 것처럼, 〈한국적 민주주의〉가 과연 〈민주주의〉인가를 되묻게 한다. 당시에 철학계가 살아 있었다면, 이것이 담론의 주제였어야 했을 것이다. 그러나 많은 철학계 〈인사〉들은 그들의 신념 탓이었는지 아니면 인세가 탐나서였는지 각급 학교의 전 교육과정과 모든 시민교육현장에서 필수 교재로 지정된 『국민윤리』 교과서의 저자가 기꺼이 되었고, 그들은 거기서 〈한국적 민주주의〉가 우리 한국사람에게 알맞는 진짜 민주주의임을 역설하였다. 이 일에는 심지어 유럽에 유학하여 불란서권의 〈후기구조주의〉를 연구하고, 독일에서 프랑크푸르트학파의 비판이론을 공부하고 귀국하여 우리 학계에 그것을 소개하고 유포시킨 사람들까지도 동참하였으니, 그들이 현지에서 철학을 공부한 사람인지 현지 사람들이 하고 있는 철학을 취재해 온 기자들인지 분간하기가 어려웠다.

또 하나 헌장이 제정 공포된 지 한 세대가 지난 오늘에 와서 반성 음미해야 할 대목은 〈능률과 실질을 숭상한다〉는 구절이다. 가운데 문단의 〈공익과 질서를 앞세우며 능률과 실질을 숭상하고, 경애와 신의에 뿌리박은 상부 상조의 전통을 이어받아, 명랑하고 따뜻한 협동 정신을 북돋운다〉는 문장에서 〈능률과 실질을 숭상하고〉라는 구절은 우선 문맥에 어울리지 않는다. 〈명랑한 협동 정신〉——협동 정신이 명랑하다(?)——이라는 게 있는지는 의문이지만, 어쨌든 이런 정신을 북돋우기 위한 조건으로 왜 느닷없이 능률과 실질의 숭상이 끼여드는가?

〈공익과 질서를 앞세우며, 상부상조의 전통을 이어받아 따뜻한 협동 정신을 북돋운다〉는 게 제대로 된 글의 흐름일 터이다. 이게 아니라면 〈공익과 질서를 앞세우며 능률과 실질을 숭상한다〉로 한 문장을 맺고, 이어지는 문장이 와야 할 것이다. 그러나 써 있는 대로 받아들이기로 하고, 그러면 왜 이 대목에서 〈능률과 실질〉을 강조하고 있을까?

대체 〈능률과 실질〉이란 무엇을 겨냥하며 지향하는 말일까? 당시 우리의 딱한 처지의 큰 원인 가운데 하나는 〈능률과 실질〉과는 거리가 먼 생활방식이라는 것이 암시되어 있다. 그것은 바로 우리 재래의 유교적 예법이나 민속적 풍속이 또는 해방 이후 새롭게 퍼져가는 민주주의적 생활방식이 허례허식이고 부국강병하는 데는 비능률적이라는 것을 말하고 있는 것이다. 그렇다면 재래의 유교적 예의범절이나 민주적 절차를 내세우는 새로운 사고방식이 능률과 실질의 추구에 방해되니, 차제에 예의범절 일체를 버리자는 말인가, 아니면 능률과 실질의 추구와 조화를 이룰 수 있는 새로운 예법과 사고방식·생활방식을 창안하자는 말인가? 그런 도덕규범과 생활방식은 어떤 것일까? 대체 그런 것이 어디에 따로 있기나 한 것인가?

이른바 〈국민교육헌장〉은 개개 국민이 국가의 구성요소이기 이전에, 국가건설의 요원이나 도구이기 이전에 한 시민으로서, 한 인간으로서의 체신과 존엄성을 유지하기 위해 마땅히 지켜야 할 도덕적 법도에 대해서는 한마디 언급도 없다.

〈국민교육헌장〉은 그 자체로서 가치를 가지는 개개인이 자신의 삶을 영위하고 자기세계를 추구해 나갈 수 있는 소양을 키우면서 다른 방식의 삶을 가꾸는 타인들과 화합하여 동시에 공동체적 삶을 꾸려갈 수 있는 역량을 배양해 나가야 할 시민을 대상으로 삼고 있는 것이 아니라, 자신의 삶은 뒤로 하고 우선 국가사회의 융성을 위해 자신이 무엇을 해야 할 것인가를 생각해야 하고, 또 그런 방면에 기여하고 봉사해야 마땅한 국가의 구성요소로서의 국민만을 시야에 두고 있다. 그리고 그런 국민이 준수해야 할 규범 중의 하나가 〈능률과 실질의 숭상〉

이다.

이익을 추구하는 행위에서 그것이 〈능률적〉이어야 함은 이의가 있을 수 없다. 그러나 사람이 주체가 되는 일이 〈이익-손해〉의 관점에서만 다루어지고, 따라서 〈능률-비능률〉이 주요척도로 기능할 때, 개인의 개성과 존엄성 그리고 개개인의 다양한 사고와 생활방식은 자칫 무시될 우려가 크다. 더구나 이 〈능률〉추구에 따르기 마련인 영악한 계산·계량적 사고는 인간문화 자체를 단순화하고 일양화(一樣化)한다. 그리고 여기에 〈실질〉숭상이 추가되면, 그 사회는 속물화하기가 십상이다. 〈능률과 실질의 숭상〉은 부국강병의 길이기도 하지만, 독재와 천민자본주의의 길이기도 하다. 그리고 우리는 그 길이 하나임을 1960/70년대 한국에서 확인하였고 그 여파가 오늘에도 그대로 미치고 있음을 보고 있다.

사회는 여러 사람이 더불어 사는 현장이건만, 토론은 비능률적이고 소모적이라는 평가 아래 생략되고 〈현자(賢者)〉인 지도자의 지시가 전달되고 통용되었다. 의회제도조차도 그 본질이 훼손되었고, 사법권도 유린되었다. 2,500년 한국문화사에서 유례가 없을 뿐만 아니라 세계가 깜짝 놀랄 만한 급속한 고도의 경제성장 속에서도 노약자와 장애인은 〈쓸모〉가 적다는 이유로 관심 밖에 놓였고, 매우 제한된 범위 내에서만 노동조합 활동이 허용되고 노동력은 헐값으로 평가되었다. 고도 경제성장을 꾀하는 데는 자본의 집중이 능률적이라 생각되었고, 그런 정책기조 위에서 소수 재벌이 형성되어 국부(國富)팽창을 주도하였다. 〈근대화=산업화〉는 주민의 도시집중과 도농(都農)분리 현상을 일으켰고, 대대적인 〈국토개발〉 과정에서 개발이익의 수혜자와 비수혜자 사이에는 현저한 재산의 차이가 생기게 되었다. 이런 여러 가지 이유로 말미암아 우리 사회에도 서양 여러 나라에서 볼 수 있었던 것과 같은 유산자-무산자를 가르는 계급의식이 형성되었다. 이것은 산업화과정에서 어느 사회나 겪는 일일 터이지만, 후발 자본주의 국가로서 우리는 과거의 여러 모형들을 알고 있기에, 그 마찰의 정도를 완화시킬 수 있는 방도도 모색해 봄직했는데, 그 모두가 〈능률〉을 증대시키는 데 〈장애가 되는〉 토론이 필요한 일이었으니, 〈능률숭상〉이 교육헌장에까지 명시되어 있는 마당에서 있을 수 있는 일이 아니었다.

그렇지 않아도 보통 사람들은 예법과 같은 형식보다도 실질을 추구하기 마련이다. 보통 사람에게 있어 〈양반은 곁불을 쬐지 않는다〉는 기개는 〈수염이 석자라도 먹어야 양반이다〉는 기본적 욕구 앞에서 그다지 위력이 없다. 그래서 사람들은 기회만 주어지면 예법을 벗어나려 하며, 그것이 허례허식임을 들어 그들의 예법탈피를 정당화하려 한다. 옛 사람들은 그 때문에 일상적인 생활에서 준수해야 할 예법조차도 종교적 의식으로 묶었고, 신의 계명으로 그 위엄을 갖추도록 하였다.

계몽 이성의 이름으로 종교적 의식과 신의 권위가 심대하게 훼손된 현대 산업사회에 와서 그렇지 않아도 그런 경향을 가지고 있는 시민들에게 〈능률과 실질의 숭상〉을 가르치면 어떤 결과가 나올까? 자본주의 경쟁논리와 밀착한 공리주의 이론이 판치고, 오로지 표면적 수효에 따른 다수가 전체를 대표하는 것처럼 행세하다가 종래에는 그 권위도 상실하고 상대주의 가치관이 횡행하게 된다. 그러나 결국 상대주의 가치관은 일체의 가치, 따라서 도덕적 가치도 상대적임을 인정함으로써, 보편적 도덕의 부재를 천명한다. 그리고 그것은 도덕 일반의 부재를 받아들일 수밖에 없게 된다. 이른바 〈상대주의적 도덕〉이란 도덕 가치는 시대에 따라 지역에 따라 역사적 상황에 따라 인종적 조건에 따라 개인적 취향이나 판단에 따라 다르다는 것인데, 그 상대성, 즉 차이 대립을 보편 이성이 부인된 마당에 무엇으로써 화해 조정할 수 있겠는가!

그러나 역설적이게도, 보편 이성이 부인되면 수많은 가치관이 공존할 것 같지만, 실상은 인간에게 보편적으로 심어져 있는 동물적 욕구 감각이 이성적 가치를 대신한다. 보편적 이성 도덕이 권위를 상실하게 되면, 금력과 권력·미모 등이 최상의 추구 목표가 되는 것이다. 〈선량하다〉는 말이 애매모호해지고 마침내 무의미해진 판국에서는, 〈돈 있으면 최고〉고 〈권세 있으면 최고〉고, 〈예쁘면 최고〉가 된다. 이 셋이 합해지면 〈최고 중의 최고〉가 된다. 1960/70년대 한국은 세계 각국이 주목하는 비약적인 경제 발전국이 된 대신에, 도덕부재 현상을 떠안아야만 했다.

이 상황에서 철학자들의 사회비판이 절실했지만, 그 소리는 너무도 미미하였다. 아니 오히려 대부분의 철학자들은 〈국민교육헌장〉 정신에 기반한 〈국민윤리〉의 교사로 봉사하였다.

〈국민교육헌장〉은 마무리 문단에서 〈반공 민주 정신에 투철한 애국 애족이 우리의 삶의 길이며, 자유세계의 이상을 실현하는 기반이다〉고 언명하고 있다. 문자 그대로만 읽으면, 반공 민주 정신에 기초한 애국 애족의 자세를 우리는 갖추어야 하고, 그 이유[목표]는 자유세계를 구현하는 것이 우리의 바람이기 때문이라는 것이다. 그러나 1960/70년대 우리의 반공교육은 민주정신의 함양이나 자유세계 실현을 위한 수단이었다기보다는 그러한 움직임을 통제하는 수단이었다. 〈헌장〉은 자유세계의 이상 실현을 교육의 궁극목표로 제시한 것으로 보이지만, 당시 상황을 회고해 보면, 그것은 반공이데올로기를 정당화하기 위한 허사였고, 반공이데올로기의 주입은 공산주의 주변국의 침략가능성을 끊임없이 유포함으로써 나라의 존폐가 위협을 받고 있음을 실감나게 하고, 그런 난국을 타개하기 위해서는 어쩔 수 없이 비민주적 독재정치를 당분간 납득할 수밖에 없다는 합리화 작업의 일환이었다는 혐의를 떨쳐버릴 수 없다. 반공 민주 정신을 투철히 할 것을 시민교육의 지표로 내걸었지만, 당시의 정치형태는 민주적인 의사결정은 비능률적인 것이고, 자유로운 시장경제 제도는 공익을 저해하는 것으로 긴주하는 것이 거의 분명하였다.

그리고 철학하는 사람 대부분은 이런 상황을 잘 알고 있었다. 이때 이른바 사회철학 연구가들은 주로 무슨 일을 하였던가?

당시 공산주의나 마르크스 사상에 대한 본격적 연구논저가 한 편도 없는 상황에서 그에 대한 비판서적들만 무수히 발간되는 이상한 현상이 한동안 지속되었다. 어떤 것의 내용도 제대로 모르면서 비판하고, 비판하는 법을 가르치는, 학문이나 교육의 이치상 납득하기 어려운 현상이 전개되었던 것이다. 이에는 공산주의 종주국인 소련과 세계 주도권을 다투는 미국의 영향권 내에 있는 사람들이 앞장 섰지만, 독일관념론 연구가들도 그에 못지않은 활약을 하였다.

1968년에 공포된 〈국민교육헌장〉이 표명하는 국가철학과 보수적으로 해석된 헤겔의 국가철학은 상당히 가까운 사이임이 분명하고, 이것은 또한 1930/40년대 일본 군국주의와 독일 나치즘과도 먼 거리에 있지 않다. 독일 이상주의자들의 국가철학이 독일에서도 전시에는 ─ 세계 1·2차 대전 시기가 그 좋은 예이거니와 ─ 국민교육의 필수교재가 되었던 사실을 상기할 때, 열악한 처지에서 부국강병을 국가의 최우선 과제로 생각하는 사람들이 독일 이상주의 국가철학이 내보이는 정조(情操)에 젖어들 수 있음은 이해하기 어려운 일이 아니다. 이런 맥락에서 일제 치하에서부터 해방 후까지도 줄곧 가장 많은 사람들이 독일철학 가운데서도 헤겔의 사회·정치·법·역사 철학을 중심 연구 주제로 삼았다는 사실이 이해될 수 있다.

1960/70년대 한국이 경제적으로 비약적인 발전을 거듭했고, 그것이 우리 사회와 문화의 진정한 진보를 이루는 데 물질적 토대가 됨이 분명하고, 그렇게 경제를 발전시켰던 원동력의 하나가 국민 총동원 체제였다면, 그런 체제를 형성하는 데 독일 이상주의적 국가철학이 일조하였음을 부인할 수 없다.

거시적으로 보면 시기마다 지역마다 민족마다 크고 작은 다양성 속에서도 사람들의 대체적인 지향(志向)이 있다. 그것과의 상응성을 기준으로 우리는 주류철학과 비주류철학을 어느 정도 구분할 수 있다면, 1960/70년대 한국사람들의 의식에 있던 철학사조 가운데 당대 한국사람들의 정서에 가장 접근해 있던 것은 독일 이상주의였다고 비교 평가할 수 있다. 그러나 당시의 국가철학을 대변할 만했던 독일 이상주의적 사고방식도 1980년 정치적 유혈사태와 더불어 새로이 〈민중〉의 개넘이 등장하면서, 마르크스·사회주의적 경향과 맞닥뜨려야 했고, 우리 철학계는 새로운 열기에 휩싸이게 되었다. 강한 상대를 만나면 또하나의 상대도 더욱 긴장하는 법이다. 우리 철학계는 1980년을 넘어서면서 이상주의와 현실주의, 관념론과 실재론 내지는 유물론의 이론적 대결의 장(場)이 되었다.

3 1980/90년대 한국의 사회철학 동향

3-1 1980/90년대 한국의 시대 정치 상황과 철학계의 추이

한국의 1980년대는 경제적 안정과 정치적 불안정이라는 부조화 속에서 시작되었다. 1961년 5·16 군사 쿠테타를 통해 정부를 장악한 박정희는 전제군주정에 가까운 권위주의적 통치로 정권을 유지하였지만, 그런 통치가 오래 지속될 수 있었던 것은 전체 국민을 향한 민족 자존심의 고취와 비약적 경제발전이라는 뚜렷한 공적에 힘입은 바 컸다. 2,000년 이상의 국가역사를 가진 한반도의 민중은 이 시기에 비로소 굶주림으로부터 벗어났다. 〈가난은 나랏님도 어쩔 수 없다〉는 서민들의 체념은 〈우리도 한 번 잘살아 보자〉는 결의로 바뀌었고, 국가존립의 첫째 조건이자 국가의 국민에 대한 일차적 의무가 〈세상을 가지런히 다스려 민중의 간난 고초를 구제함〔經世濟民〕〉, 곧 경제문제 해결에 있음이 폭넓게 재인식되었다. 경제제도는 상당한 정도의 기획과 통제를 행시히는 정부의 개입이 있긴 했시만 근산은 자본수의 체제로서 그것은 이북의 사회주의 체제와 뚜렷한 차이를 보였다.

자본주의 체제는 경쟁의 원리를 구성요소로 갖고, 경쟁에서는 앞서는 자와 뒤쳐지는 자가 있기 마련이다. 더구나 그 경쟁의 규칙이나 여건이 엄정하지 못할 때 그 결과는 매우 불공평할 수밖에 없는 것이 상례이다. 그래서 경제성장의 폭이 커지는 만큼 부의 분배격차도 커졌고,

이를 흔히들 〈부익부 빈익빈〉이라 표현, 이 시기의 경제상을 평가하기도 했다. 그러나 〈부익부 빈익빈〉은 부의 상대적인 격차가 점점 커졌음을 표현한 것으로 보아야지 가난한 자가 문자 그대로 더욱더 가난해졌다고 보기는 어렵다. 굳이 바꿔 말하자면 기왕의 부자는 빠른 속도로 더 부자가 됐고, 기왕의 가난한 자는 비교적 더딘 속도로 가난을 벗어나는 상황이었다. 그러니까 가난한 사람들의 상대적인 빈곤감은 더 커졌을지라도 절대적으로는 모든 사람들의 삶의 질이 매우 빠른 속도로 향상되었다. 이런 상황 속에서 한국의 경제규모의 외형은 세계 10위권에 올랐고, 어떤 중요한 산업부문에서는 세계 1·2위에 이를 만큼 커졌다. 몇 해 못 가 조정국면을 맞기는 했지만 1996년에는 국민 개인 연평균소득이 10,000달러를 넘어섰으며, 지하경제 규모까지를 고려할 때나 외국인들로부터 〈샴페인을 너무 빨리 터뜨린 한국인〉이라는 비아냥을 들을 만큼의 소비지출 양상으로 볼 때나 당시 실상의 개인소득은 이 통계상의 수치를 훨씬 넘어서는 것으로 추산될 정도였다.

이런 경제성장과 함께 그리고 해방 후 미국 문물을 중심으로 한 서양문화의 영향도 커 국민의 정치의식은 상당히 민주적으로 됐지만 국가의 통치양태는 민주주의적 제도의 외형에도 불구하고 여전히 권위주의적이었다.

한국의 1980-1992년 시기는 제2기 군부통치 기간으로 정부의 정통성과 통치의 정당성이 계속 문젯거리가 되었다. 1961년 군사 구테타로 등장해 시민들의 강한 저항에도 불구하고 수차례의 헌법 변경을 통해 사실상 종신 대통령이 된 박정희는 1979년 10월 자신의 부하에게 살해되고 그 혼란기에 전두환, 노태우 등 이른바 신군부가 권력의 전면에 등장하였다. 이들 신군부는 1979년 12월 군사반란〔이른바 12·12 사건〕을 일으켜 군의 통수체계를 무너뜨리고, 저항하는 시민들과 정치인들을 통제하기 위해 1980년 5월 17일 전국에 확대 비상계엄 조치를 취했으나, 이를 계기로 1980년 5월 18일부터 27일까지 광주 지역에서 저항하는 시민과 계엄군 사이에 유혈사태〔이른바 〈광주 민주화 운동〉〕

가 발생, 200여 명의 시민이 피살되는 결과를 낳고 말았다.

1980년 5월의 광주 유혈사태는 이전 20년간의 정치적 갈등의 집약적 표출이자 적어도 이후 20년간 한국의 정치발전에 족쇄 역할을 했으며, 정치인들뿐만 아니라 일반 시민들이 합리적이고 균형잡힌 사고를 하는 데 큰 장애가 되었다. 이 사태 이후 전두환·노태우는 연이어 정권을 장악, 군부통치를 12년 이상 연장하였다. 그러나 이들 군인 정치인들은 권좌를 잃은 후 민간정부에 의해 피소 1996년 12월 고등법원에서 다음과 같은 요지의 판결을 받았다 : 〈피고인 전두환은 12·12 군사반란을 주도하여 하극상의 패역으로 군의 기강을 파괴하였고, 5·17 내란을 일으켜 힘으로 권력을 탈취하면서 많은 사람을 살상하고 군사통치의 종식을 기대하는 국민에게 큰 상처를 주었으며, 불법으로 조성한 막대한 자금으로 사람을 움직여 타락한 행태를 정치의 본령으로 만들었다. …… 피고인 노태우는 피고인 전두환의 참월(僭越)하는 뜻을 시종 추수(追隨)하여 영화를 나누고 그 업(業)을 이었다〉.[29]

이른바 민주국가에서 전직 두 대통령이 ── 간접선거에 의해 선출된 전두환은 그렇다 하더라도 국민들이 직접선거를 거쳐 그 직을 맡긴 노태우까지도 ── 집권과정에서의 정당성 문제로 사형 직전까지 가는 형사처벌을 받은 예는 세계사에서 그 예를 찾아보기 어려운 일이었다. 그러나 이 사실은 단지 드문 예라서 여기서 언급될 만한 것이 아니다. 그것은 당대 한국사회의 왜곡된 가치관의 모습을 반영한 대표적인 사례인 것이다.

인류사를 돌이켜볼 때 인간은 자신을 이성적이게 하고자 부단히 채찍질했음에도 번번히 감성적 욕구에 굴복하였다. 그러나 고급문화 사

─────────

29) 《조선일보》, 1996. 12. 17, 「12·12, 5·18 항소심 판결문 요지」 참조. 본 사건은 1997년 4월 17일 대법원 확정 판결에 의해 전두환은 무기(無期), 노태우는 17년형이 결정되었다. 그러나 이들은 1997년 12월 18일 대통령 선거에서 김대중이 당선된 후 각 정파가 앞다투어 〈화해〉를 외치면서 특별 사면 복권되었다. ── 인생살이 자체가 연극이라는데, 재판정이 잠시 희극무대가 됐다 해서 이치에 안 맞는 게 무에 있겠는가.

회와 저급문화 사회에는 여러 차이가 있어서 그것을 구별하게 해주는 데, 그 하나의 기준이 될 수 있는 것이 감성적 욕구충족을 얼마나 조심스럽게 하느냐, 뻔뻔스럽게 하느냐이다. 똑같이 옳지 못한 일을 한다 하더라도 숨겨가면서 하는 경우와 드러내놓고 하는 경우에는 큰 차이가 있는 것이다. 그리고 이런 차이를 갖게 하는 데는 대개 종교의 사회통제력이 큰 몫을 한다. 고급종교는 사회윤리의 원천임을 우리는 역사를 통해 익히 알고 있는 바다. 그러나 우리 사회에는 보편적 종교나 그를 대신할 수 있는 윤리규범의 힘이 약해서인지, 〈염치없는 짓〉이 너무 자주 일어난다. 목적이 달성되면 수단의 정당성을 가리는 일은 문제 밖에 놓이며, 그 결과 목적을 성취한 자는 성공한 자로 많은 사람의 부러움을 사고, 그 만큼 성취를 못 이룬 자는 그 앞에서 머리를 조아리는 수가 빈번하다. 전두환·노태우가 연이어 12년 이상 집권할 수 있었던 배경도 근원적으로는 이런 세태 탓이라 해야 할 것이다.

60년대 이래 한 세대만에 이루어낸 사회경제의 비약적 발전은 빈·부계층간의 괴리감을 심화시켰고 계층의식을 고착시켜 감으로써 차츰 계급의식마저 싹트게 했으면서도, 여전히 사회는 불안정하여 〈기회〉는 널려 있어서 사람들을 들뜨게 하고, 목적달성에 집착하여 수단 방법을 가리지 않는 분위기를 조성하였다. 게다가 30년 넘게 지속된 민주주의의 옷을 입은 권위주의적 군부통치는 정권유지를 위해 갖가지 의사(疑似)법률적 조치와 물리적 수단을 동원하는 한편 지역주민간의 적대감과 계층간의 이질감을 부추김으로써, 일반 시민들로 하여금 정치적인 이성, 균형감각을 상실토록 하였다. 그 결과 사회를 주도하는 것은 도덕적 이상도, 합리적 사고도 아니고 친구 사이에 기대되는 최소한의 의리도 아니고, 그때그때 눈앞에 아른거리는 이해관계와 원시적 지배욕구, 그리고 이익분배에서 성공한 과도한 성취감과 거기서 밀려난 상실감 내지는 맹목적인 적대감이었다.

경제적 번영의 안정기에 들어선 1980년대에도 정치는 불안정했으며, 사회문화 양상은 매우 거칠었다. 정치의 내적 불안정은 집권자가 바뀔

44

때마다 이른바 정당이 재편·신설되고, 그 정당이라는 것이 일관된 정치적 이념이나 정책의 내용에 따라 형성되는 것이 아니라, 그때그때 이해관계가 맞아 떨어지는 사람들끼리의 모임이어서 일종의 파당 내지는 붕당 혹은 패거리의 성격이 강했다. 집권당 계통이나 야당 계통의 주류는 변함이 없었음에도 1980년 이래 집권당은 민주정의당(전두환) → 민주자유당(노태우/김영삼·김종필) → 신한국당(김영삼) → 새정치국민회의(김대중)/자유민주연합(김종필)으로, 야당은 민한당, 신민당(김영삼·김대중), 통일민주당(김영삼), 평화민주당(김대중), 민주당(김대중·이기택), 국민당(정주영), 새정치국민회의(김대중), 자유민주연합(김종필), 한나라당 등의 간판 아래 이합집산이 잦았는데, 당수(黨首)는 곧 당주(黨主)로서 대체로 당명에는 〈민주〉가 박혔음에도 그 당운영조차도 전혀 —— 이 낱말의 온전한 의미를 강조해서 다시 한 번 말해, 전혀 —— 민주적이 아니었으니, 그 정당이 펼치는 정치에서 민주주의를 기대한다는 것은 연목구어(緣木求魚)에 다름아니었다. 이런 붕당에서 당주가 당주로서 행세할 수 있었던 힘의 원천은 유권자들의 지역이기심과 상호적대감을 이용한 지역할거주의와 정경유착과 권력배분을 대가로 받아들인 정치자금이었다. 그러니까 이런 바람직스럽지 못한 정치행태가 30년 이상 유지될 수 있었던 것은 이른바 정치인들과 〈민주정(民主政)〉의 의의와 이용법도 제대로 모르면서 밀려온 서양문물과 함께 그것을 선물로 받은 이른바 〈민주시민〉들의 수준이 비슷했고, 욕구충족 방식이 서로 맞은 탓이었다고 볼 수 있다. 정치인들은 유권자들의 염치없는 물욕(物慾)과 갈등심리, 허위적 애향심과 집단심리를 활용하여 그들의 성치생명력을 유지하였고, 유권자들은 정치인들을 앞세워 부분적으로는 현실적 이득을 취하고, 부분적으로는 대리만족을 누렸다. 이런 상황은 1993년 김영삼에 의한 군부적 정권에서 민간 정권에로의 이행과 1998년 김대중에 의한 여야간의 정권교체가 이루어진 후에도 쉽게 개선되고 있지 못하니, 그 병폐의 깊이를 가늠하기조차 어렵다.

1980년대 이래 이미 그럴듯 하게 형성된 산업사회 한국에서 노동조합 운동도 제법 조직과 체계를 갖추어 상당히 효과적인 활동을 벌였고 성과도 괄목할 만하였다. 심지어 어떤 항목, 가령 파업중에도 노임을 지불받고, 노동조합 전임 대표자들에게도 사용자가 노임을 지불해야 하는 대목에서는 〈노동자 천국〉이라는 평가를 받을 만도 하였다. 그러나 그렇게 치열한 노동운동 속에도 보편적인 노동자의식은 찾기 어려웠다. 전국적인 선거에서나 지방선거에서나 노동자 및 근로대중의 이익을 대변한다는 정당의 후보는 단 한 명도 당선된 일이 없을 뿐더러, 노동자와 그 가족들이 최대 유권자를 구성하는 신흥 공업도시에서조차도 사용자나 그의 혈족이 선량으로 당선되는 일은 있었어도 노동조합 대표가 당선되는 일은 거의 없었다. 1980년대 후반부터 노동조합 운동이 상당히 과격해졌고 단체행동도 빈번했지만, 그것은 근본적으로 노동자 한 사람 한 사람의 이익을 위한 것이었지 노동자계급을 위한 것은 아니었다. 노동자들은 많이 있었어도 아직 노동자계급은 없었던 것이다.

앞서도 잠시 언급했거니와 1980년대 정치흐름에서 결정적인 요소는 뭐니뭐니 해도 1980년 5월 계엄군과 시민·학생들의 충돌에서 야기된 유혈사태였다. 이 사건은 당시의 사회적 갈등을 집약적으로 노정하였다. 그것은 부당한 권력의 폭압에 대한 민주시민의 저항이었을 뿐만 아니라, 19년간의 군부통치 ── 그것은 결국 영남지역에 기반을 두고 영남출신들에 의해 주도되었는데 ── 에 대한 못 가진 자의 몸부림이었다. 또 하나 여기서 지적하지 않으면 안 될 것은, 당시 상당히 많은 사람들은 그런 정국을 초래한 신군부 ── 그 역시 전두환을 필두로 한 영남 출신 세력 ── 를 미국이 비호한다고 생각했고, 그 결과 1980년 5월 사건 이후 전국의 학생·시민들 사이에 반미감정이 매우 강하게 형성되었다는 점이다.

1979년 10월, 18여 년의 강권 통치자가 현직 중앙정보부장에게 피살된 후 사람들은 충격 속에서도 새로운 민주정치의 질서를 기대했지만,

1980년 5월 사건 이후 이 기대의 좌절과 함께 확인된 것은 시민들의 무기력과 정치적 무능뿐이었다. 다수의 시민들은 1980년 5월 대한민국 수립 이후 최대의 시민 유혈사태를 야기한 두 장본인 군인 전두환과 노태우를 그들의 대통령으로 선출하고 그들 주위를 맴도는 직업정치인들을 지원·지지했으며, 많은 지식인들은 그들의 통치를 돕고 대가로 나눠주는 힘이나마 더 많이 차지하기 위해 지혜를 뽐냈고, 많은 경제인들은 그들과의 뒷거래를 통하여 이익을 확대해 갔다. 사람들은 여전히 무엇이 옳은 일인가보다는 무엇이 나에게 유리한가를 먼저 생각하였던 것이다. 그로부터 정치·경제구조는 더욱 왜곡되어 갔다. 영남 대 호남의 지역대결 감정, 호남 대 비호남의 지역대결 감정, 영남·호남·충청 지역의 대결의식, 심지어는 북부 영남 대 남부 영남의 지역대결 의식이 전국의 정치상황을 결정하는 제1의 요건이 되고 말았다. 근면과 성실, 장기투자에 의한 기술개발보다는 정략적 정책결정, 뒷거래에 의한 갑작스런 부의 향유가 늘었으므로, 밀어닥친 부를 주체치 못하는 사람·형편이 그렇지도 못하면서 그를 본뜨려는 사람들을 상대로 한 이른바 향락산업이 폭발적으로 증가하였다.

가난이 마음을 여유롭게 할 수는 없겠지만, 그렇다고 경제적 부가 반드시 사람의 영혼까지를 풍요롭게 하는 것은 아니다. 그 부가 갑작스러운 것이거나 상응하는 노고 없이 획득되었을 때는 더욱 말할 것도 없다. 정통성에 자신이 없는 정부는 경제적 성공을 사실 이상으로 부풀려 선전했고 무리한 방법을 동원해서라도 성장속도를 지속하려 꾀했으며, 경제적 부를 온 국민이 느낄 수 있는 과시적 소비를 부추겼다. 그리고 일반 시민들은 그에 맞춰 5,000년 가난을 일시에 보상이나 받으려는 듯 신체적 욕구충족을 최우선의 가치로 내세웠다. 사람들은 어떻게 하면 돈을 많이 버느냐, 그리고 그것을 어떻게 남보란 듯이 쓰느냐에 온 관심을 기울였고, 그 과정에서 자연 사람들의 궁리거리는 어떻게 하면 자기를 잘 다스릴 수 있는가가 아니라, 어떻게 하면 내 몫을 조금이라도 더 챙길 수 있는가 하는 문제였다.

이런 사회적 상황에 철학계 또한 큰 영향을 받았으며, 무엇보다도 뚜렷한 징표는 〈사회철학도〉가 급증했다는 점이다. 1980년대 한국철학 은 가히 〈사회철학의 시대〉라 할 만했는데, 그 〈사회철학〉이라는 것은 마르크스주의 내지는 좌파적 사회철학을 뜻했다. 그러니까 〈사회철학〉 이란 〈사회·국가의 유래, 그것의 구성원리 내지는 운영원리를 탐구하 는 철학〉을 일컫기보다는 이 철학의 한 유파인 〈사회주의 철학〉과 거 의 동의어로 쓰일 정도였다. 이 〈사회철학〉은 일제시대에 민족주의자 들이 제국주의에 대한 대항으로 젖어들었던 사회주의의 전통을 잇는 다는 명분도 가지고 있었고, 1960년대 이후 급속한 경제발전이 야기한 사회적 갈등을 해소하고 소외된 사람들의 사람다울 권리를 대변한다 는 뜻도 담고 있었다. 또한 동시에 이 〈사회철학〉은 1945년 이래 미국 의 한반도에 대한 정치·군사·경제·문화적 영향력 행사는 제국주 적 행태이고, 당시 한국의 정치·경제의 지배세력은 미국과 결탁해 〈자본〉의 논리에 따라 서민을 수탈하고, 한민족의 통일을 암암리에 저 해하는 것으로 보는, 반미·반정부적 운동의 성격을 가지고 있었다. 그 리고 당시의 사회철학도들 상당수는 대단한 〈민주주의자〉임을 자처하 면서도, 전혀 민주주의적이지 않은 이북의 정부나, 소비에트연방공화 국, 중화인민공화국에 대해서 민족화해니 민족통일 여건조성이니 제국 주의의 대안이니 등의 명목 아래 우호적이거나 관대하였다.

당시의 이와 같은 〈사회철학도〉의 행태는 그들의 이론적 성찰과 실 천적 모색의 결과이기도 했겠지만, 적의 적은 동지라는 원초적인 편가 르기 심리에 지배받은 측면이 없지 않았다.

1980년대 사회철학의 융성은 대학의 학사 졸업논문, 석박사 학위논 문의 주제나 소재선택에서 그 몫이 철학의 여타 분야를 압도하는 것에 서부터 관련 교과목의 확대 편성, 수강자 폭증의 현상으로 나타났으며, 1970년 하반기부터 영미철학의 영향력 확대에 따라 뚜렷한 퇴조 기미 를 보이던 독일 이상주의 철학의 재부상을 가져왔다. 이 후자의 현상 은 특기할 만한 것이다. 독일 이상주의, 철학은 당시의 사회주의 사회철학의 최대의 비판대상으로, 사회철학도들은 비판의 대상을 제대로 알기 위해서, 그리고 어떤 배경 아래서 마르크스의 철학이 형성되었던 가를 이해하기 위해서 독일 이상주의 특히 헤겔 철학을 탐구하였고, 독일 이상주의 연구가들은 이미 큰 세력으로 자란 영미철학도들로부터의 비판과 새로이 부딪쳐오는 사회주의적 신비판세력을 의식해서 더욱더 연구에 매진한 탓이었다고 볼 수 있기 때문에 그러하다.

이 시기 사회철학의 열풍 —— 그것은 분명히 열풍이었다 —— 은 출판·독서계에도 지대한 영향을 미쳐, 이른바 〈이념서적〉들이 거침없이 번역, 편역, 저술, 출간되었고, 그것이 다수 학생운동 단체의 〈학습〉교재로서 사용되기도 했는데, 그 질에 비해 보급된 물량이 너무 많았던 탓에 그것의 나쁜 영향도 상당히 컸을 것으로 추정된다. 또 하나 이 시기 특히 대학가에 사회철학이 풍미하는 데 기여했던 것은, 1981년 5공화국 정부가 일반 국민들의 교육열에 부응한다는 명목으로 대학의 수와 학생수를 대폭 늘렸고, 대학의 철학과만 하더라도 20여 개이던 것이 몇 해 사이에 40여 개로 배가하였다는 사실이다. 신설 학교나 학생이 증가된 모든 대학들은 짧은 기간 내에 새로운 철학교수들을 충원하였는데, 그들은 대부분 갓 박사과정을 수료한 사람들로 사회철학적 정조에 젖어 있었다.

그러나 이 사회철학 운동도 —— 그것은 분명히 외세의 영향력에 대한 강한 반발심을 보이고 민족 자존심 회복을 주창했건만 —— 세계 정세의 흐름과 주변국의 변화에 그 함성이 차츰 묻히고 말았다. 이 사회철학 운동은 이북의 사회주의 기조 위의 독자노선, 소련과 중국에서 가시적으로 나타난 어느 정도의 현실사회주의의 성과에서 힘을 얻고 있었는데, 1985년부터는 그 기반이 급속도로 흔들리고 말았던 것이다.

1985년 초 소련의 공산당 서기장으로 선출된 미하일 고르바초프는 벽에 부딪힌 소련 사회의 활로를 찾기 위하여 이른바 〈페레스트로이카 Perestroika〉, 곧 대내적인 개혁과 대외적인 개방정책을 폈다. 그러나 그것은 지체 없이 사회주의 체제의 붕괴를 몰고 왔다.

고르바초프의 개혁정책은, 경색되어 있는 정치·경제체제를 개편하여 소련사회의 근본적인 변화를 추구하자는 것이었다. 경제면에서는 시장경제체제 요소와 다양한 형태의 소유권 개념을 도입하여 침체되어 있는 생산과 경제활동을 활성화하고, 정치면에서는 집권 공산당을 개혁하고, 국민이 선출한 대의기관과 집권 공산당이 상호견제하여 힘의 균형을 이루자는 것이 그 기본의도였다. 이 개혁정책을 뒷받침하기 위해 고르바초프는 동시에 〈글라스노스트 Glasnost〉 운동을 폈는데, 그것은 각 개인의 의견을 자유로이 발표하게 하여 자발성과 창의성을 고취시킴으로써 오랫동안 경직된 통제체제 아래서 가라앉은 사회분위기를 쇄신하고, 그로부터 사회개혁의 원동력을 찾자는 것이었다. 그러나 이와 같은 일련의 사회개혁개편 정책은 이내 사회주의 체제의 정당성의 위기를 더 빨리 맞게 하였다. 사회주의 체제를 정당화하고 유지시켜 왔던 기초는, 구성원들의 기본적인 물질적 〈필요〉충족에는 사회주의 체제가 무엇보다도 더 적합하다는 신념에 있었다. 사회 전체 구성원의 보편적인 물질적 필요충족에 대한 반대급부로서 개인의 정치적 자유가 유보되고 사회를 개인에 앞세울 수 있었던 것이다. 그러나 고르바초프의 개혁·개방정책은 사회주의 체제로써는 더 이상 사회구성원의 〈필요〉에 효과적으로 부응할 수 없다는 것을 고백한 것이고, 또 실상 현실사회주의 국가들의 정치·경제적인 수준은 서구 시장 경제체제 국가들의 그것에 훨씬 미치지 못하였다. 이런 사실이 확인되자 사회주의 체제에 대한 국민들의 신념은 급속히 약화되었고, 소련은 여타 사회주의 국가들에 대한 통솔력을 잃게 되었으며, 소비에트연방 자체마저 와해되었다.

1985-1991년 사이에 대부분의 사회주의 체제 국가들은 붕괴되었고, 그들의 대외정책도 모두 바뀌어 1989년 헝가리를 시작으로 1992년 중국까지 우리나라는 종전의 거의 모든 적성국가들과 외교관계를 맺기에 이르렀다. 이 상황에서 한국사회의 누적된 갈등요소들을 사회주의적 사회운영 원리에 의하여 해소해야 한다는 사회철학 운동이 큰 반향

을 얻는 데는 어려움이 있었다. 이때쯤 해서 사회주의적 사회철학에 여전히 열의를 가지고 있었던, 1980년대에 대학생 시절을 보냈던 젊은 사회철학도들을 중심으로 본격적인 사회철학 연구모임이 결성되었다. 그들은 〈한국철학사상연구회〉를 구성하고(1989. 4), 회지 ≪시대와 철학≫을 창간(1990. 6), 기존 철학자들의 모임과 성격에 맞섰다. 그들은 한국사회 현실을 통찰하는 자생적 한국철학 정립을 주창하는 한편, 기존의 〈한국철학회〉나 그 기관지 ≪철학≫ 또는 〈철학연구회〉나 그 기관지 ≪철학연구≫ 등의 학문적 작업과 운동방향에 이의 있음을 분명히 표현하고자 하였다.

그러나 다른 한편 더 많은 사람들은 현실사회주의 국가들의 붕괴를 보면서, 평등한 사회를 구현하기에는 인간의 이기심이 너무 크다는 점을 반성하는 대신에, 인간의 이기심을 부추겨 개개인의 부를 증대케 하고, 그 결과 전체 사회의 재화가 풍부해지는 방략(方略)에 귀를 기울였다. 그래서 1980년대 말부터는 미국식 사회철학이 부상했으며, 아직도 사회주의적 사회철학에 미련을 가진 사람들은 서구식 혹은 이른바 개량된 사회주의적 사회철학을 들고 나왔다.

정열이 앞서면 사리분별력이 흐려진다던가. 한국에서 사회철학 연구의 일차적 대상은 서유럽도 동유럽도 미국도 아니고 한국이건만, 그리고 저마다 이 점을 인정하고 앞세우면서도, 마치 새로운 발명품인양 내세우는 이론은 외제였으니, 한국의 거의 모든 문화영역에서도 그러했듯이, 20세기 마지막까지도 한국의 철학자들은 대부분 서양철학의 중개상으로서 생계를 유지하고 있었다.

3-2 1980/90년대 한국 사회철학의 전개

1948년 대한민국 수립 이후 ── 이북 정권이 제국주의=자본주의 타도를 명분으로 이남 정부를 노리듯이 ── 역대 정권은 이북 정권의 부당성과 괴뢰성을 천명하면서 〈반공을 국시의 제일〉로 내세웠다. 그것은 공산주의·사회주의적 정치운동뿐만 아니라 그에 관련한 이론적 연구조차도 금지하는 조치를 수반하였는데, 그 결과 공산주의·사회주의 연구는 매우 은밀하게 간헐적으로 진행됐을 뿐이고, 반면에 그에 대한 비판은 공공연하게 또는 정책적으로 지원하는 실태로 나타났다. 그러던 것이 1980년대 초 대내외적인 정세변화에 따라, 그리고 이미 현실적으로 이북 사회주의 내지는 김일성주의에 대하여 이남의 사회·경제체제의 우월성이 확인됐다는 자신감에 의하여 사회주의·공산주의의 이론적 연구가 허용되었다. 국내외적 정치상황과 이 획기적인 조치가 사회주의 사회철학의 풍미를 일으키는 데 일조했음은 말할 나위가 없다. 그리고 그런 영향은 기존의 학회의 논제에서도 나타났다.

한국전쟁 직후 1953년 10월 1일에 창립된 〈한국철학회〉는 철학자들 모임 가운데 최초의 것은 아니나, 창립 이후 그 활동의 수준과 규모의 면에서 명실상부한 한국의 철학계를 대표하는 기관이라 할 만하다. 이 학회의 기관지 ≪철학≫은 1955년 창간되어 57년에 제2집이 발간된 후 10년 넘게 단절되었다가 1969년에 비로소 제3집이 속간되었다. 그후 매년 발간되다 1995년 가을호(제44집)부터는 계간으로 발간될 만큼 면모를 갖추었다. 제1집부터 제50집(1997년 봄호)에 이르기까지 전문적 철학논문만 총 447편이 실려 있는데, 특기할 만한 것은 창간호부터 1981년까지 마르크스나 좌파적 사회철학관련 논문은 한 편도 없다가 1982년 이후에 비로소 등장, 그후 19편이 실려 있다는 사실이다.[30]

1963년에 창립된 〈철학연구회〉는 젊은 만큼 〈한국철학회〉보다는 진보적인 철학운동을 모색해 왔고, 시대 흐름에 맞춰 비교적 일찍이 사회철학에 대한 관심도 깊이 있게 표명했다. 1988년 가을에는 〈한국에서의 맑시즘 수용〉이라는 주제 아래, 「일제하, 해방 직후의 맑시즘 수용 ── 신남철을 중심으로」(김재현), 「쁘띠 부르조아 이데올로기로서의

---

30) 한국철학회 편, ≪철학≫, 1997년 봄호(제50집), 부록 「≪철학≫수록 논문 총람」 참조.

비판이론의 한국적 수용」(문현병), 「현실변혁과 변증법 —— 루카치 수
용의 의미에 대한 검토」(설헌영) 등의 논고가 발표되고 토론에 부쳐졌
으며, 곁들여 좌파 사회철학의 국내 연구목록이 자세히 소개되었다.[31]
이어서 1989년 여름에는 같은 규모의 학술대회를 다시 열고 대주제
〈주체사상의 철학적 조명〉 아래 「북한의 사회주의 건설과 주체사상의
이해 (I)」(최종욱), 「원리 체계에서 본 주체사상의 철학적·정치적 문
제」(유초하), 「80년대 사회변혁운동과 주체사상」(김재기) 등의 논고가
발표되고, 이북에서 발간된 〈위대한 주체사상 총서〉에서부터 팸플릿,
관련 2차 문헌까지를 상세히 소개하였다.[32] 그리고 1980년대 이후 다수
의 사회철학도들도 적극적으로 참여하였던 〈한국의 사회변혁운동 과
정에서〉 이북의 지도이념인 김일성주의 〈주체사상〉이 상당 부분 수용
되었음을 주저없이 언명하고 있다.[33]

기성 학회의 정기 학술대회에서 일반 사회주의 이론뿐만 아니라 이
북 체제의 이데올로기인 주체사상을 이남의 〈80년대 사회변혁운동의
성장·발전과 연결시켜 바라보아야만 한다〉[34]고 공공연하게 말할 수
있었다는 것은 우리 사회가 놀랄 만큼 변했고, 철학계도 크게 그 분위
기가 바뀌었음을 보여준다. 더구나 이 논고는 우리의 사회철학의 빈곤
을 지적하면서 우리 사회변혁운동의 이론틀 형성에서 주체사상에서
배울 것이 많다고까지 주장한다.

　수십 년 동안이나 국제적 변혁운동의 이론적·실천적 전통과 단절된 채
세계 사상 유례가 없을 정도의 이념적 진공상태에서 백치처럼 살아온 우리
에게 1980년 이후의 경험은 역사적 대전환이었다. 운동의 내재적 발전과 더
불어 수많은 이론적·실천적 요구들이 제기되었고, …… 1980년 이후 변혁

---

31) 철학연구회 편, 《철학연구》, 1988년 겨울호(제24집), 9-105쪽 참조.
32) 철학연구회 편, 《철학연구》, 1989년 여름호(제25집), 7-132쪽 참조.
33) 같은 책, 김재기, 「80년대의 사회변혁운동과 주체사상」, 85쪽.
34) 같은 책, 같은 글, 125쪽.

운동이 자신의 사상적 토대를 다져가는 과정, 그리고 그 과정에서 필연적으로 등장할 수밖에 없었던 주체사상과 관련된 논쟁들은 이 거대한 흐름 속에서 자리매겨져야 한다. 이러한 전제 위에서 이제 변혁운동의 사상적 토대를 정립하려는 노력은 주체사상의 〈합리적 핵심〉을 건져내려는 노력과 결합되어야 할 것이다. 주체사상의 전체가 보여주는 비합리적인 약점들(대표적으로 수령론)을 올바로 비판하면서 민족문제의 중요성·혁명전통·대중노선과 관련된 문제의식들을 적극적으로 수용할 필요가 있는 것이다.[35]

이와 같은 젊은 사회철학도들의 열정이 1989년 4월 〈한국철학사상연구회〉를 결성시켰고, 1990년 6월 이후 반년간지 ≪시대와 철학≫의 발간으로 표현되었다. ≪시대와 철학≫ 창간호는(1990. 6) 그들 모임의 성격과 철학운동의 방향을 여실히 보여주고 있다. 우선 그 발간사 〈철학은 시대의 혼이다〉라는 이 모임 참여자의 역사관과 철학관을 다음과 같이 천명한다.

거의 1세기 전 한국의 지성사와 사회사에서는 일대 사건이 있었다. 그것은 전통 형이상학의 몰락과, 갑오농민전쟁이 보여주는 바와 같은 역사무대에서 서민 대중의 등장이었다. 열강의 침략과 이에 따른 사대부 계급의 쇠퇴는 기존의 거대한 세계관과 그 속의 세련된 이론적 범주들의 실추를 가져왔다. 그리고 대중의 자기주장은 스스로 역사의 무게를 지탱하면서 세계를 새로이 파악할 수 있는 서민적 지성을 요구하는 것이기도 하였다. (……)
그러나 오늘날 이 땅에서 우리가 보는 것은 무엇인가? 개인의 삶은 돈과 국가권력의 횡포에 의해 운명지워지고 있다. 가진 자는 못 가진 자를 이들의 어린 자식과 함께 벼랑으로 끌고가 밀어버리고 있다. 노동자의 감정과 의식은 짓밟히고, 교육과 생존경쟁은 서로 상승작용하며, 정치영역은 대중에게는 불투명한 흑막 속에 있다.

---

35) 같은 책, 125-126쪽.

그럼에도 불구하고 철학은 경제발전을 낙관하면서 세계의 조화를 논하거나, 개인주의적 전제에서 연역적으로 인생을 논하고 있다. 전통사상 연구는 성채가 이미 붕괴하여 흩어져 있는 퇴색한 돌조각을 다시 주워 재조립하거나 다시 그대로 사용하려 하고 있다. (……)

또한 이러한 철학은 과거나 외국의 문제의식, 문제제기를 다시 현재의 차원에서 묻는 것이 아니라, 이 문제와 그것을 다루는 방법까지도 과거나 외국에서 차용해 온다.

그러나 실재의 파악과 적용에 실패하면 자아와 이와 연관된 모든 가치도 잃어버린다는 철학사의 교훈은 초월적 철학과 저 부르주아 이데올로기에 물든 인생관을 지양(止揚)하게 한다. (……)

한국사회의 모순에 대한 감정과 의식은 철학의 영역에서도 특권세력의 의지를 의식적·무의식적으로 반영하는 저 비인간화하는 철학적 이데올로기에 대한 저항을 불러일으켰다. 70년대는 개념적 수단을 가지지 못하였기 때문에 그저 느낌으로만 현실에 대해 이해했으나, 80년대는 어느 정도 명백히 자신의 현실을 파악하게 되었으며, 이로 인해 이상과 현실을 결합시켜 생각할 수 있게 되었다.

여기 이 ≪시대와 철학≫은 이러한 맥락의 산물이다. 이 잡지는 시대에 따라 변전하는 삶의 양식을 이해하고, 그것을 여러 차원에서 철학적으로 해명하면서, 현시대가 보여주는 미래의 가능성을 따라가는 데에 철학의 방향을 두고 있다. 철학은 시대의 혼이자 시대의 모순에 대한 반역이다.[36]

이런 포부의 표명과 함께 ≪시대와 철학≫ 제1호는 〈좌담 : 페레스트로이카에 대한 철학적 반성〉, 〈특집 : 한국현실과 철학운동의 과제〉: ① 「80년대 한국사회와 철학운동」(이병창), ② 「마르크스주의와 인간론」(이병수), ③ 「당파성과 철학」(문성원), ④ 「변증법적 결정론과 역사법칙」(우기동), 〈철학논점〉: ① 월북철학자들(김재현), ② 북한의 주체

---

36) 한국철학사상연구회 편, ≪시대와 철학≫, 제1호(1990. 6), 3-6쪽.

철학에 대하여(이영철), ③ 자연사적 과정으로서의 역사와 인간의 주체성(이주향), ④ 관념론과 유물론의 종합(소흥렬), ⑤ 유기(劉基)의 세계관과 대중성(이규성)〉, 이어서 번역된 글 〈동구개혁과 철학〉 ① 현세계의 변증법(페도시예프), ② 페레스트로이카와 모순의 세계(코즐노프스키)로 그 내용이 채워져 있다. 그러나 이런 내용을 접하고 당황할 수밖에 없는 것은, 외국사조에 휩쓸리지 않은 한국의 현실에 맞는 실천력을 갖춘 철학을 모색하고 제시하겠다는 선언 아래, 탐구 발표된 내용이 다름아닌 러시아·동유럽의 현실사회주의의 위기와 좌절 속에서 몸부림치는 유럽사회주의의 잔재적 담론과 50년 전체주의·일인독재주의 사회를 뒷받침하고 있는 이북식 사회주의 이론틀을 기웃거리는 것들이기 때문이다. 역량보다 정열이 앞선 탓인가. …… 정열 없는 지식은 공허하겠지만 지식 없는 정열은 맹목일 터이다. 그러나 세월은 무궁한 것이니, 언젠가는 이들 사회철학도들의 뜨거운 실천적·학문적 열정이 결실을 맺을 날도 있으리라.

호를 거듭하면서, 그러니까 세계적으로 현실사회주의의 퇴락이 점점 분명해지면서, ≪시대와 철학≫의 기세가 조금씩 우향(右向)하지만, 〈사회주의 이상의 구현〉이라는 목표는 여전히 저멀리에 남아 있는 것으로 보인다. ≪시대와 철학≫의 핵심을 이루고 있는 특집, 〈사회주의권 변혁의 철학적 문제들〉(제2호, 1991. 2) → 〈전환기의 역사유물론〉(제3호, 1991. 10) → 〈중국 전통철학과 사회주의〉(제4호, 1992. 5) → 〈생태학적 위기와 철학〉(제5호, 1992. 11) → 〈변증법의 올바른 이해〉(제6호, 1993. 4) → 〈전통의 위기, 유학의 모색〉(제7호, 1993. 10) → 〈마르크스의 눈으로 현실을 볼 수 있는가?〉(제8호, 1994. 4) → 〈북한의 철학〉(제9호, 1994. 10) → 〈근대 공간에서의 한국철학 ── 구국과 계몽의 이중주〉(제10호, 1995. 5) → 〈기술과 인간〉(제11호, 1995. 10) → 〈역사의 진보, 진보의 철학〉(제12호, 1996. 6) → 〈변혁시대의 지성〉(제13호, 1996. 12)이 그것을 증거하고 있다. 이들 젊은 사회철학도들의 집단적 활동과는 일정한 거리를 유지하면서 그러나 이 시기 이 분야에서의 이론적으로 가장 큰 성과를 거둔 이는 차인석(車仁錫, 1933-)이다.

차인석은 미국에서 대학과정을 마치고 독일 프라이부르크 대학에서 「후설 현상학의 대상 개념에 관한 연구」로 박사학위를 받은 후 1968년 귀국, 한양대학교를 거쳐 서울대학교에 교수로 재직(1977-1998)하면서 많은 사회철학도를 양성했고 자신의 학문활동을 활발히 했다. 그는 대학 전공과정에 〈사회철학〉을 개설했고, 서울대학교에서만 43명 이상의 사회철학 전공 석사를 배출했으며, 1989년부터는 사회철학을 전문으로 하는 박사 13명을 배출했다. 〈한국철학사상연구회〉의 주축을 이룬 이들도 사실 그의 제자들이라 해서 크게 틀리지 않을 것이다. 그렇지만 차인석은 그의 이론에서나 실천에서나 결코 사회주의적 사회철학자는 아니었다. 다만 그는 우리 현실에 합당한, 그래서 우리가 강구해 나가야 할 사회운영 원리는 기본적으로는 자유주의이되, 그것이 사회주의의 이상과 화해하고 조화를 이루어야 한다고 주장함으로써, 젊은 사회주의적 사회철학자들과의 거리를 멀리하고 있지 않았다.

차인석은 70년대부터 마르쿠제 H. Marcuse의 『일차원적 인간』(1974, 개정판 : 1979), 『현대 산업사회의 비판이론』(1979) 등의 번역과 함께 프랑크푸르트학파의 비판이론을 소개하고 현상학과 해석학의 사회과학 방법론을 수용, 주창하는 한편, 〈한국사회과학연구소〉를 이끌면서 『현대사회과학방법론』(1977), 『현대 이데올로기의 제 문제』(1978), 『사회발전연구』(1978), 『현대의 사회사상가』(1979), 『사회과학의 철학』(1980), 『복지국가의 형성』(1981), 『사회와 인식』(1981) 등 사회과학 총서 11권(민음사 刊)을 펴내, 사회철학의 〈과학적〉 토대를 닦았다. 차인석의 이런 활발한 활동에 부응해서 그의 주변의 학자들은 그를 대표필자로 해서 사회철학의 집대성을 꾀했고, 그 결실이 『19세기 독일사회철학』(민음사, 1986)과 『사회철학 대계』(민음사, 1993, 1권 : 「고전적 사회철학사상」, 2권 : 「사회주의와 자유주의」, 3권 : 「사회원리에 관한 새로운 모색들」)로 나타났다. 이 공동작업에는 박정하·이상훈·문성원·김성환·서유석·박정호·강순애·김영숙·심광현·강희석·이성백 등 그의 문하생들이, 후에는 강영안·강학순·권용혁·김진·김남두·김성동·김성옥·김재진·김재현·김종술·김진석·김창호·김태규·김형철·김혜숙·김희준·남경희·민경국·박정순·박종대·백금서·백종현·설헌영·손봉호·안현수·엄정식·오창희·이구슬·이인탁·이진우·이한구·이현복·임재진·장욱·장은주·장춘익·조정옥·최신한·최인숙·한자경·한정선·허란주·허승일·황경식 등 사회철학에 관심 있는 거의 모든 동학들이 참여하였다.

상당히 폭넓은 기초작업 후에 차인석은 자신의 〈사회철학〉을 본격적으로 개진한 두 권의 책을 냈다. 그것이 『사회 인식론 — 인식과 실천』(민음사, 1987)과 『사회의 철학 — 혁신 자유주의와 사회주의』(민음사, 1992)로, 이 저작들은 1980년대 동·서 냉전시대-이데올로기의 정면 대결의 막이 걷히는 세계사의 격변기를, 동시에 신생 대한민국이 30여 년의 긴 군부통치를 벗어나 비로소 〈민국(民國)〉으로의 전환과 아울러 현대 산업사회로 전환하는 한국사의 변혁기를 체험하면서 철학자의 철학적인 사회기여가 무엇인가를 진지하게 말해주고 있다.

일반적으로 인식론이 자연사물에 대한 인식의 원리를 논구한다면, 차인석의 『사회인식론』은 인간의 삶의 형태이자 터전인 〈사회〉를 인식대상으로 삼아, 〈인간의 사유와 행동으로 이루어진 사회현실〉의 의미를 밝히고, 〈올바른 사회의 실현을 도모하는 실천적 노력에 이론적 근거를 제공하는 것〉을 그 과제로 삼는다.[37] 그리고 그 작업의 핵심은 〈인식과 실천의 관계〉를 밝히는 일이다. 그런데 여기서 차인석이 역설하는 점은 사회현실을 순수한 관찰을 통해 객관적으로 서술한다는 것은 거의 가능한 일이 아니며, 사회에 대한 이른바 객관적 인식이라는 것 아래에 숨겨져 있는 주관의 실천적 동기를 파헤칠 때 참다운 사회인식에 이를 수 있다는 것이다. 그러니까 차인석은 사회과학 방법론을 둘러싼 소위 〈실증주의 논쟁〉과 관련해, 인간의 생활세계는 자연과학

---

37) 차인석, 『사회인식론』(민음사, 1987), 5쪽 참조.

적 방법만으로는 제대로 인식되지 않으며, 그렇기 때문에 현상학, 해석학 그리고 변증법과 같은 비실증적 방법도 원용함으로써 올바른 현실인식이 가능하다는 것을 말하고 있다. 이런 기조 위에서 사회과학과 이데올로기의 관계, 현상학적 사회과학 방법, 사회인식의 선이해 구조, 사회존재론에서 본 상호주관성, 노동과 생활세계의 인식 등을 논하며, 〈마르크스에 있어서의 인식과 실천〉을 상론함으로써, 사회현실을 기술한다는 것은 사회현실에 의미를 부여하는 것이고, 사회현실을 만들어 가는 일임을 강조한다. 이런 그의 사회인식론을 바탕으로 차인석은 그의 〈사회의 철학〉에서 사회현실관과 미래의 인류사회와 한국의 사회에 합당한 사회운영 원리를 제시한다.

차인석의 사회철학은 〈인간과 세계와의 관계는 노동이 그 기본형태가 되는 인간의 활동과 사유가 이를 매개하고, 또한 자연과 사회에 대한 사념은 이 매개를 기반으로 해서 진행한다〉[38]는 사회인식에서 출발한다. 〈인간은 자연과 사회로 이루어진 그의 주위세계에 대해서 의식과 신체를 통해서 관계한다. 신체는 노동으로 그리고 의식은 사유로 외부세계에 대응한다.〉[39] 사유와 노동은 인간생활을 뒷받침하고 있는 인간활동의 두 측면으로 서로 떼어서 생각할 수 없다. 의식 없는 노동은 없으며, 노동 없는 의식이 기도하는 바가 성취되는 일은 없다.

인간의 삶의 과정은 자연과의 교섭으로서 그것은 결국 노동이라는 실천행위 속에서 진행한다. 〈이 실천은 신체를 가진 인간이 주어진 생활조건을 스스로 마련하기 위해서 생존수단을 생산하는 물질적 활동을 그 기본 형태로 한다.〉[40] 인간이 노동을 한다는 것은 그가 신체적 존재자이기 때문이다. 다시 말하면, 인간이 노동을 하는 것은 그가 노동할 수 있는 신체를 가지고 있기 때문이며, 그 노동을 통해 신체의 필요를 충족시켜야만 하기 때문이다. 이 노동의 실천을 통해 인간은

---

38) 차인석,『사회의 철학』(민음사, 1992), 5쪽.
39) 같은 책, 65쪽.
40) 같은 책, 104쪽.

〈자연을 인간화〉하고, 자연을 터전으로 역사를 일궈나간다. 이 노동에 기초한 역사과정에서 인간이 진정으로 얻고자 하는 것은 자연에의 신체의 예속을 벗어나는 일이며, 그 일은 노동을 통해 획득한 재화만이 해낼 수 있는 일이다. 그래서 사람들이 두루 자연으로부터 해방되고, 고르게 문화의 향유를 기획할 때, 일차적으로 문제가 되는 것은 물질적 부(富)의 획득수단과 조건, 그리고 적절한 분배원칙이다. 주지하듯이, 사회운영 원리를 둘러싼 대립된 견해, 자유주의와 사회주의는 이에 대한 상반된 원칙을 내세운 것이다. 그리고 이 사회운영 원리의 문제에 사회환경에 대한 인식의 차이, 정치·경제적 이해관계 등이 얽혀 이데올로기의 대립이 생긴 것이며, 해방 이후의 한국사회, 특히 1980년대에는 그 양상이 자못 격렬하였다. 〈어떤 면에서 80년대가 한국정치에서는 유일한 이데올로기 시대였다고 말해도 과언이 아닐 것이다. 80년대는 자본주의 대 사회주의라는 고전적 대결이 가장 첨예화된 시기였다.〉[41] 차인석은 이 현실상황을 진지하게 숙고하면서 그 대립을 완화시킬 방도와 원칙을 모색, 제시했다.

〈60, 70년대 한국정치에서의 개혁론자들은 자유민주주의 기본가치의 활성화를 주창했다.〉 그것은 박정희 군부정권이 〈한국적 민주주의〉를 내세우면서 계획경제에 전념, 경제적 부의 창출 못지않게 그 부작용이 컸기 때문이다. 당시의 개혁론자들은 이 상황에서 〈자연권과 시민적 자유의 보장이 정치체제의 발전과 안정에 본질적이며, 또 다원적 정치과정의 확립으로부터 공정한 배분이 이루어질 수 있으리라 믿었다〉. 그러나 〈기존의 권위주의적 정치체제는 그들을 정치과정에 받아들이지 않았다〉. 이에 상당히 많은 사람들은 〈자유민주주의적 절차에 따르는 변화의 가능성에 극히 회의적이었으며, 80년대에 와서 그들은 체제비판에서 체제부정으로 나섰다. 70년대 말부터 평등주의적 요구가 서서히 대두하기 시작하면서 자유민주주의가 부르주아 민주주의라는

---

41) 같은 책, 283-284쪽.

인식이 퍼지게 되고, 현존의 정치질서 아래에서는 민주주의 실현은 가망 없는 것으로 믿게 된 젊은 운동가들은 사회주의적 혁명을 대안으로 제시했으며, 개혁론적 운동은 그 온건성 때문에, 급진적 변화에 대한 사회 내의 요구에 부응할 수 없이 뒷전으로 물러설 수밖에 없었다〉.[42] 그러나 이 급진적 사회변혁 이론과 운동 역시 젊은 층과 노동자 층에서 꽤나 넓은 공감대를 형성할 수는 있었지만, 전체 시민의 힘을 한곳으로 모을 수는 없었고, 세계사적 흐름으로 볼 때 사회주의적 혁명이 성공할 가망은 없다. 〈그렇다면 여기서 고려될 수 있는 대안은 무엇인가?〉[43]라고 차인석은 묻는다.

차인석이 염두에 두는 대안은, 〈영국의 관리경제라든가, 프랑스의 감독경제, 스웨덴의 중도경제 그리고 독일의 사회적 시장경제〉 등을 타산지석으로 삼은 〈사회주의 이념과 연결된 자본주의의 모델이다〉.[44]

〈자유민주주의와 사회주의 간의 결정적인 구별은 생산수단의 사유냐 공유냐에 있다. 사회주의는 공유만이 인간에 의한 인간의 지배를 종식시킨다는 믿음을 버리지 못해왔다. 그러나 소비에트 사회의 오랜 경험은 공유와 전제정치의 결합이 인간해방이 아니라 억압의 수단이 된다는 것을 여실히 증명해 주었다. 한편으로 한국정치에서의 자유민주주의와 권위주의적 정치의 결합은 경제성장에는 성공했지만, 이 사회를 생존경쟁의 소용돌이 안으로 몰아넣었다. 민주주의의 부재에서 자본주의는 약육강식의 논리와 제도밖에 되지 못하며, 개인적 자유의 부재에서 사회주의는 관의 전면관리밖에 되지 못한다는 것은 현대사가 역력히 보여주는 사실이다.〉[45] 그래서 한국사회의 발전과 화해를 도모하는 길은 장기적인 안목에서 민주주의의 확립이 우선돼야 하고, 그 바탕 위에서 〈자본주의 경제에 사회주의 원리를 적용시키는〉[46] 일이다.

---

42) 같은 책, 282-283쪽.
43) 같은 책, 287쪽.
44) 같은 책, 같은 곳.
45) 같은 책, 288쪽.

구소련이나 60년대 이후 한국사회는 민주주의의 기초 없이 각각 사회주의와 자본주의의 원칙을 강행했기 때문에 심각한 문제에 부딪쳤다. 〈소련이 서구의 선진 공업국가의 높은 생활수준을 뒤따르기 위해서 정부주도의 경제성장을 밀고 가다가 결국에 가서 인간이 없는 사회주의로 전락하고 말았다면, 한국은 경제의 근대화로 서구를 따르는 데 큰 성과를 보았지만, 정치와 사회과정은 근대성에 부응할 만큼 그 수준에 미치지 못했으며, 정치적 부자유와 경제적 불평등은 사회적 불안정의 꺼지지 않는 불씨가 되고 있다. 소비에트 사회가 그 동안 인간과 민주주의가 없는 사회주의를 밀고 왔다면, 우리 사회는 민중의 요구를 외면하는 소수의 자유주의가 전횡했다고 말할 수 있을 것이다. 지금까지의 자유는 결코 모든 국민대중의 자유가 되지 못했으며, 또 민주주의도 그들의 정치가 되지 못했다.〉[47] 이른바 〈자유민주주의가 한국정치의 현실에서는 집권층과 결탁하는 기득권 집단의 자유영역을 확대시키는 데 크게 기여했던 것이다. 권위주의적 사회여건이 크게 뿌리내리고 있는 여건에서 자유민주주의는 특권층을 새로운 형태의 귀족들로 만들어놓고 만 것이다.〉[48] 이에 대한 강한 반발이 1980년대에 기층민이 사회의 중추여야 한다는 〈민중민주주의〉의 이념으로 등장하였다.

1980년대 한국사회의 학생운동과 노동운동의 지향이었던 〈민중민주주의〉는 그러나 전면적인 체제부정과 함께 그 민중의 개념 아래 단지 기층민을 포섭할 뿐 중산층마저 배제함으로서 정치적 지배이념이 되지 못했다. 여기서 차인석이 제안하는 것은 사회구성원의 대다수를 차지하는 중산층과 기층민이 함께 주도하는 〈시민의 민주주의〉이다.[49] 그 내용은 〈혁신 자유주의〉 혹은 〈사회적 자유주의〉[50] 아니면 〈민주적

---

46) 같은 책, 287쪽.
47) 같은 책, 290쪽.
48) 같은 책, 305쪽.
49) 같은 책, 310쪽 참조.
50) 같은 책, 306쪽 참조.

사회주의〉[51]라고 불려도 무방한 것이다. 그것은 정치적으로는 자유주의, 경제적으로는 자본주의 시장경제 체제의 근간에 사회주의의 평등의 이념을 수용한 일종의 절충 내지는 〈변증법적〉[52] 지양 이론이다.

자유민주주의는 개체성의 원리에 입각해, 개개인은 사회에서 법으로 금지되어 있지 않는 한, 모든 것을 행사할 수 있는 권리를 향유하고 법 앞에서 만인은 평등하다고 하지만, 이런 원칙이 사회에 적용될 경우 국가는 명목상의 기회균등을 제공할 뿐이고, 그 결과는 무차별적인 자유경쟁에 따른 약육강식의 불평등한 현실이다. 그 때문에 이런 현실은 적절한 균제(均齊)가 필요하다. 〈모든 사람에게 기회균등을 보장하고 그들이 각자 능력과 의욕에 따라 자기를 실현하도록 내버려두는 것보다는 뜻은 있어도 능력이 부족한 자들에게도 사회적 과실을 배분해서 힘을 보태주어 개인적 자유를 누리는 자들의 범위를 확대하는 것이〉 더 바람직하고, 〈이것이 인간해방의 이념〉에 더 부합하는 일이다. 〈기회가 모두에게 균등하게 주어진다고 해서 개개인들이 자유롭게 자기실현의 목표에 이르는 것은 아니므로〉, 〈과실의 적절한 배분을 통해서〉 더욱더 많은 사람들이 〈실질적인 자유를 누릴 수 있게 하는 것〉이 참다운 자유주의의 정신일 것이다.[53] 그래서 차인석은 〈개인적 자유와 사회적 평등 간의 균형을 도모하는 제도가 마련되어야 할 것〉[54]이라 주장한다.

그러나 차인석의 이런 주장은 1990년대 한국사회에서 충분히 수용되지 못했으며, 계층간의 갈등은 여전히 해소되지 못했다. 이런 경우 철학자가 사회에서 할 수 있는 기능은 달리 어떤 것이 있을까?

1980/90년대 사회철학 운동은 이남 사회 안에서의 지역간·계층간의 화해와 평화의 문제뿐만 아니라, 남·북간의 평화문제를 겨냥했다

---

51) 같은 책, 308쪽 참조.
52) 같은 책, 284쪽 참조.
53) 같은 책, 305-306쪽 참조.
54) 같은 책, 307쪽.

는 또 하나의 특징을 갖는다.

1948년 두 개의 독립국으로 나뉘어 1950년 민족간의 전쟁까지 치르면서 남·북은 거의 모든 방면에서 대립과 반목의 길을 걸었다. 그 경쟁 상태는 다른 예를 찾을 수 없을 만큼 치열하여, 1970년대까지만 해도 이북체제와 정권을 존치시킨 상황에서의 남·북간의 평화 운운은 다름아닌 〈용공〉이었고, 그것은 바로 범법으로 치부되었다. 그러나 1980/90년대에 들어서 세계적인 동·서 냉전체제의 와해와, 앞에서도 언급했듯이, 이북에 대한 이남의 완전한 경제적 우월성, 그리고 제2기 군부정권의 정통성 확보를 위한 이데올로기에 관한 유연한 정책을 배경으로 한국 사회철학계에서도 남·북 평화문제에 관한 폭넓고 심도 있는 논의가 활발하게 진행되었다. 그리고 그런 계기는 수십 년간 해외에서 특히 서독 지역에서 반군부독재·반정부 운동을 주도하던 인사들이 1980년대 초 귀국함으로써 마련되었다고 볼 수 있다. 이 평화 운동에서 어느 정도 성과를 거둔 대표적인 사람이 이삼열(李三悅, 1941-)이다. 이삼열은 기독교의 보편적 사랑의 정신을 앞세워 비교적 무탈(無頉)하게 여러 면에서의 제약을 벗어나 자신의 주장을 펼 수 있었다.

이삼열은 독일 괴팅겐 대학에서 「Ludwig Büchner의 시민적 사회주의」(1976)로 박사학위를 취득하고, 1981년 귀국한 후 독일의 평화운동의 이론가들인 에플러 E. Eppler, 피히트 G. Picht, 바이츠체커 C. F. v. Weizsäcker, 셍가스 D. Senghaas 등의 논지를 원용, 반핵·반전 평화운동을 펴면서 남·북 분단체제를 해소하고 통일에로 나아가는 기반 조성에 심혈을 기울였다. 그는 한국 기독교교회협의회 KNCC가 주최한 한반도 통일문제 협의회(1987. 11. 23-25)에서 통일지향의 원칙을 내놓았는데, 그것은 ① 민족 우선의 원칙(자주의 원칙), ② 평화 우선의 원칙(평화의 원칙), ③신뢰와 교류 우선의 원칙(민족 대단결의 원칙), ④ 민중 우선의 원칙(민주적 참여의 원칙), ⑤ 인도 우선의 원칙(인도주의의 원칙)으로, 이것이 그의 평화통일 운동의 기조라고 보아도 좋을 것

이다.[55]

이처럼 사회철학자들이 한국사회의 현안문제들을 직접적으로 그리고 매우 열렬히 그들의 문제로 삼음으로써 한동안 한국현실과는 거의 무관하게 서양의 사상조류를 타던 한국의 철학계가 차츰 철학함의 제 모습을 갖추기 시작한 것이 1980/90년대이다. 일부의 학자들이 현실문제에 몰두하여 철학을 이념화하면, 그에 대한 반작용으로 철학함의 본래 방식, 곧 사변의 깊이에 대한 반성도 크게 일어나고, 특수한 문제가 전면에 나서면, 이면에서는 보편적인 문제를 천착하는 사람도 크게 각성하기 마련이다. 그래서 1980년대 중반 이후 한국철학계에서는 사회철학적 논의주제의 폭도 넓어지고, 사변적인 이론철학의 연구수준도 현저하게 향상되었다.

1960년대 후반부터 1970년대에 이르기까지 사회철학에 관심이 있던 이들은, 그러니까 한국사회 현실의 합리적 운용에 철학적으로 기여하고자 했던 이들은 대개 호르크하이머, 아도르노, 마르쿠제, 하버마스 등의 비판이론을 거론했다. 그러던 것이 1980년대에 들어서 실천에 대한 요구가 급박하고 〈민중해방〉의 기치가 펄럭이면서 사회주의 이론에 대한 연구가 공공연해지자 마르크스, 엥겔스를 본격적으로 연구하는가 하면, 포이어바흐, 루카치를 해석하였다. 그러나 1980년대 말 1990년대 초 현실사회주의 국가들의 몰락 내지는 자본주의 체제로의 변신 이후, 관심의 방향은 서구사회주의로 또는 다시 한 번 하버마스에로 옮겨졌다. 이런 추이는 〈한국철학사상연구회〉가 김창호·김우철·우기동·박영욱·박정하·김성민·이병수·이상훈·문현병·조광제·문성원·백금서·최종욱·박성수·아규냐 등의 공동저술로 펴낸 『현대사회와 마르크스주의 철학』(동녘, 1992)에서도 잘 읽을 수 있다.

1980년대 중반 사회주의 이론과 실제에 큰 관심을 기울이면서 한국현실 개혁에 열의를 가졌던 젊은 사회철학도들은 구미 지역에로의 유

---

55) 이삼열, 『평화의 철학과 통일의 실천』(햇빛출판사, 1991), 310-314쪽 참조.

학 자체를 탐탁치 않게 여겼는데, 그런 중에도 독일 유학생들은 있었고, 그들이 1990년대 초부터 귀국함으로써 하버마스는 마치 전통 마르크스주의의 대안인 양 사회철학의 중심주제가 되었다.

장춘익이 대표필자로 김재현·김창호·박영도·선우현·양운덕·이삼열·이상돈·이상호·이상화·정호근·홍윤기 등이 함께 써서 출간한『하버마스의 사상 — 주요 주제와 쟁점들』(나남출판, 1996)은 한국에서 하버마스에 대한 관심의 정도와 사회철학계의 저간의 형편을 다음과 같이 요약하고 있다.

하버마스의 사상이 우리에게 수용된 과정은 대략 세 시기로 나누어 볼 수 있다. 1970년대 중반부터 소개되기 시작한 하버마스의 사상은 처음에는 마르크스 사상에 대한 우회로로 수용되었다. 합법적으로 마르크스의 사상을 접할 수 없었던 사람들은 마르크스에게 영향을 준 사상이나, 영향을 받은 사상이라도 공부하고자 하였다. 그래서 한편으로 헤겔을, 다른 한편으로는 서구 마르크스주의를 공부하였다.

그후 1980년대 중반경부터 마르크스주의 계열의 서적에 대한 접근이 비교적 자유로워지면서 그런 우회로들은 불필요한 것이 되었다. 마치 마르크스주의 전통〔에 관한 연구 부족〕을 단숨에 만회하려는 듯이, 마르크스뿐만 아니라 레닌과 모택동의 글, 그리고 동구권에서 출판된 책들이 다투어 번역되었다. 이에 병행하여 마르크스주의적인 소장학자들은 엄청난 열정과 에너지를 투여하면서 이론논쟁을 진행시켰다. 그러나 이런 노력들이 미처 스스로의 성과를 정리하고 새로운 이론을 수용할 필요를 자각하기 전에, 1980년대 말부터 동구권의 체제변동이 닥쳤다. 사회주의권의 변동을 더 나은 사회주의를 위한 자체 개혁으로 이해하려 했던 시각마저 더 이상 유지될 수 없게 되자 비판적 지식인들의 이론적 지향점은 극도로 불투명해졌다. 뒤이어 수용된 포스트모더니즘은 마르크스주의뿐만 아니라 모든 진보적 사고를 의심의 대상으로 만드는 것으로 보였다.

이런 상황에서 자기수정의 태세를 갖추고 다양한 이론적 조류들과의 접

점을 잃지 않으려는 비판적 지식인들이 하버마스의 사상에 다시 주목하게
된다. 마르크스의 정치경제학 비판처럼 학문성과 실천적 함의를 동시에 갖
는 비판적 사회이론을 새롭게 세우려는 하버마스의 작업이 이제 비로소 진
지한 고려의 대상이 된 것이다. 현재 우리의 하버마스 사상의 수용의 단계는
단순히 소개를 지나, 우리의 필요로부터 하버마스 자신의 과제를 같이 고민
하고 그의 작업을 비판적으로 검토하는 시기에 진입하였다고 할 수 있다.[56]

1996년 봄, 하버마스의 한국 방문 강연회를 전후해 위에 거명한 사
람들 외에도 한상진, 송호근, 이홍균, 이기현, 권용혁, 황태연, 이진우,
허영식, 윤평중 등이 어울려 하버마스의 의사소통행위 이론과 신사회운
동을 다룬 책, 『하버마스: 이성적 사회의 기획, 그 논리와 윤리』(≪사회
비평≫, 제15호(특집호), 나남출판)을 발간했는데, 이것도 사회철학계의
주제이동을 잘 보여주는 예라 할 것이다.

1990년대에 들어 80년대의 이데올로기 선전의 열기가 가라앉으면서
사회철학적 논의도 점차 차분해지고 —— 그것도 유행이라고 〈포스트모
더니즘〉의 화두로 잠간의 소란이 없지 않았으나 —— 문명비판적 성찰
도 깊어졌다. 이진우의 『탈이데올로기 시대의 정치철학』(문예출판사,
1993), 손봉호의 『고통받는 인간』(서울대학교 출판부, 1995), 임홍빈의
『기술문명과 철학』(문예출판사, 1995) 등이 그 결실을 보여주고있다.

3 한국 사회철학의 모색과 그 과제

3-1 한국철학 모색의 여건

한국철학계는 이제 그 외형으로 볼 때 결코 작지 않다. 회원수 1,000명

---

56) 장춘익 외, 『하버마스의 사상』(나남출판, 1996), 9-10쪽.

을 헤아리는 〈한국철학회〉를 비롯해 전국 규모의 일반 철학회가 〈철학연구회〉, 〈대한철학회〉, 〈범한철학회〉, 〈한국동서철학연구회〉, 〈영남철학회〉, 〈동양철학회〉 등 일곱에다가 회원수 100명을 헤아리는 〈사회와 철학 연구회〉 등 30여개의 전문가 철학회가 매년 각각 수회씩 연구 발표·토론회를 개최하고 있으며, 대부분의 학회가 각기 학회지를 발간하고 있어, 학회지 수만도 수십 개에 이르며, 1988년부터 매년 10월중에 개최되고 있는 〈한국철학자대회〉의 초청회원이 1,200명이 넘는다. 60여 개 대학에 철학전문가를 양성하는 학과 및 그에 유사한 교육과정이 설치되어 있고, 전문대학 이상의 교육 및 연구기관에서 활동하는 500명이 넘는 직업철학인들은 거의 모두 매년 1편 이상의 저술이나 논문을 발표하고 있으며, 순전히 철학서적만을 펴내는 출판사도 2개 이상이 있다. 게다가 한국철학계는 적어도 2,000년 이상의 한국사상·문화유산을 간직하고 있고, 특히 20세기에 한국인들은 민족사의 격랑을 거치면서 민족문화 발전의 획기적인 발전의 기틀을 다졌다. 그럼에도 불구하고 20세기 내내 한편에서는 새로이 유입되는 서양철학의 제 유형과 유행을 본뜨고 뒤쫓는 데 바쁘고, 다른 한편에서는 재래의 유(儒)·불(佛)·도(道) 문헌을 주석하면서 그것이야말로 〈민족문화 전통을 계승하고, 한국철학을 하는 양〉 하는 면이 없지 않았다. 그러나, 어느 미국인이나 인도인, 프랑스인이나 중국인이 〈20세기 한국의 철학은 무엇인가〉 하고 물으면, 뭐라고 답할 수 있겠는가? 철학은 이제 한낱 인생관이나 세계관이 아닌 어엿한 학문이고 그런 만큼 보편적인데, 철학에 국적이 어디 있느냐고 반문할 터인가?

제 과학의 근본학으로서의 철학은 그 내용에 있어서나 그 수준에 있어서 물론 제 과학의 발전수준에 상당히 의존적이고 어느 정도 보편적 성격을 갖는다. 그러나 과학이 최고도에 이른 곳에서만 철학이 최고도에 이르는 것도 아니고, 최고의 과학자만이 철학 이설을 세울 수 있는 것도 아니다. 총체학(總體學)인 철학은 어느 과학에서도, 어떤 과학적 방법으로도 아직은 다룰 수 없는 문제와 관련하여 일상 생활인들에게 삶의 지표를 제시하기도 해야 하고, 이런 일은 첨단과학의 발전을 기다리지 않고서도 문화현상 전반에 대한 반성을 통하여 수행할 수 있다. 과학 미분 시대의 공자의 철학이나 플라톤의 철학, 근대과학 발아기의 흄이나 칸트의 철학이 오늘날에도 여전히 그 나름의 의미가 있는 그런 영역의 일말이다. 또한 메타과학적인 철학적 문제와 관련된 것이라 하더라도 특정 과학의 특별한 진보만으로도 특성 있는 철학이 형성될 수 있다. 게다가 철학적 문제들 가운데는 보편적인 〈인간〉의 문제와 아울러 민족역사적·문화전통적 특성을 갖기도 하기 때문에, 경우에 따라서 철학은 〈중국적〉일 수도 있고 〈독일적〉일 수도 있으며, 〈미국적〉일 수도 있고 〈한국적〉일 수도 있다. 이때 〈~적〉 철학은 물론 특정 시대, 특정 지역, 특정한 사람들에게만 유효할 수도 있지만 —— 이 점에 있어서는 이른바 〈과학〉들도 마찬가지이다 ——, 철학에 〈~적〉이라는 이름을 붙여 다른 철학과 구별하는 것은 그 유효성의 제한 때문이라기보다는 그 문제의식과 그 주제전개 양태의 특별성 때문인 경우가 더 많다. 예컨대, 실용주의 철학을 〈미국적〉이라고 하는 것은 그 이론이 미국 사람에게만 타당하기 때문이 아니라 그 사상이 특히 미국에서 정치하게 전개되었고, 미국적 생활양상을 잘 반영한다고 보기 때문이며, 또 정언적 명령에 의한 의무에 따르는 행위만을 도덕적 행위라고 평가하는 철학체계를 〈칸트적〉, 또는 〈프러시아적〉, 또는 〈독일적〉이라고 하는 것은 이런 도덕철학이 칸트 자신에게만, 또는 18세기 후반 독일 사람에게만 유효하기 때문이라기보다는 비교적 독일 사람들의 의무관념을 반영하고 있다고 생각하기 때문이다. 그리고 우리가 〈한국철학〉을 얘기하고자 한 때 염두에 두고 있는 것도 이런 의미에서의 〈한국적〉 철학이다.

이런 의미에서의 한국철학은 우리가 한국의 현실에서 철학을 할 때만이 형성가능하다. 설령 문제의 형태가 외래적인 것이라 하더라도, 그 문제가 우리에게도 절실한 것이면, 남에게 배워서도 〈우리의〉 철학을 할 수 있다. 내가 입고 있는 옷이 본디 양복이지만 이제는 이미 〈우리의〉옷이고, 그리고 진짜 서양 사람들이 입고 있는 옷과는 어딘지 모르게 조금 다르듯이, 외래사상도 그런 식으로 토착화될 수도 있다. 원래의 양복이 우리 옷이 된 것은 제작자들과 소비자들이 그것을 우리의 필요와 체형에 맞게 변조할 수 있었기 때문이다. 서양철학 사상도 그런 과정을 거쳐야만 우리의 사상으로 어색함이 없을 것이다. 그러려면 그 사상이 우리의 현실을 반영하고 있는 것이어야 한다. 우리가 옛 한옥 양식은 이제 기념적인 건물에나 쓰고, 대부분은 양옥을 짓고 사는 것은 그것이 상대적으로 더 용이하게 주택문제를 해결할 수 있기 때문이다. 우리가 양복을 평상복으로 입는 것도, 그런 양식의 옷을 미국 사람이 입고 프랑스 사람이 입으니까 생각 없이 따라서 입고 있다기보다는 우리 실정에도 그런 복식이 맞기 때문이다. 만약 철학사상의 수용이 적어도 이와 같은 방식으로만 이루어진다면, 배워서 익히는 것이 무슨 허물이 되겠는가. 그런데 실상은 어떠했는가?

현대 세계문명은 미국이 주도하는데, 그런데 미국에서 철학의 현안 주제가 심신의 문제 the problem of mind-body이니까, 그러니까 우리도 미국 철학계를 본떠 그리고 미국 유학가서 배운 것이 그것이었으니까 그 문제를 〈우리의〉 철학문제로 삼는다면, 이를 어떻게 평가해야 할까? 세계 선진문화를 주도하는 것이 구미 각국인데 그곳에서 탈(脫) 보편이성이 철학적 화두가 되고 있으니까, 그러니까 이것이야말로 절실한 〈우리의〉 현대적 철학문제라고 떠든다면, 이를 어떻게 받아들여야 할까? 현대 독일철학자들 중에서 세계적인 명성을 얻은 하이데거가 그의 주저 『존재와 시간』에서 〈Sein〔존재〕〉을 어떤 사람에게나 이미 이해되어 있는 개념이라고 설명한 대목을 끌어대면서, 그가 사용한 예문 〈Der Himmel ist blau와 Ich bin froh〉를 〈하늘은 푸르다〉와 〈나는 기쁘다〉라고 번역하고서, 이 두 언표에 이미 언표자의 일상적인 존재이해(Seinsverständnis)가 있다고 해설한다거나, 저 우리말 표현에는 독일어 〈Sein〉에 해당하는 말이 없다는 것을 깨닫고는, 독일어 어법에 맞춰 저 문장들을 어거지 우리말로 〈하늘은 푸르게 있다〉거나 〈나는 기쁘게 있다〉로 옮겨 국어를 왜곡시켜 가면서, 하이데거 사상을 보편적인 것이라 정당화하려는 한국의 교수, 박사의 논저를 대할 때, 그 작자의 노력을 가상하다 해야 할 것이지 허망하다 해야 할 것인지? 외국의 철학서적을 연구하는 것이 단지 문헌학적인 관심이 아니라, 철학사상적 관심에 따른 것이고, 외국 철학자의 사상을 연구하는 것이 신문취재 기자적 소개 목적이 아니라, 자기사상 형성작업의 일환이라면, 그 연구의 문제의식은 그 연구자가 살고 있는 현실에 기반하고 있어야 한다.

데카르트 이래의 서양 형이상학의 핵심적 주제인 〈심신(心身)의 문제〉는 기독교 전통사회에서 기독교적 생활의식과 근대적 자연과학의 인간과 자연이해 사이에서 야기될 수밖에 없는 문제인 것이다. 또한 한국사회는 수학적 보편이성의 주도로 개인주체가 마모되어 질식할 것 같은 게 문제가 아니라, 보편적 이성이 형성되지 못해서 문제인 상황인 터에, 미국-유럽의 탈이성주의를 복사해서 어찌할 것인가? 서양말의 구조와 우리말의 구조가 다른 부분이 있어, 말을 매개로 표현되는 사상에도 일정 부분 다름이 있기 마련인데, 서양 사람들에게서 높이 평가받는다 하여 아무거나 우리말로 들여온다면, 그것을 무엇에 쓸 것인가? 문제에 따라서는 서양 사람에게는 대단히 중요하게 여겨지는 것도, 우리에게는 사소한 것이 있고, 서양 사람들에게는 신통한 것이 아니라 하더라도, 우리에게는 긴요한 것이 있다. 이런 문제의식으로 문제를 가려가면서 한국의 철학적 주제를 키워가야 한다. 우리는 철학의 문제를 남이 쓴 책 속에서 끄집어내는 대신에 우리의 현실, 우리의 실생활 현장에서 발견하여야 한다.

그리고 우리의 철학주제를 살아 있도록 하기 위해서는 우리의 철학하는 장(場)을 생생하게 만들어야 한다. 지난 수십 년의 한국철학계는 박제나 다름이 없었다. 해마다 숱한 철학대회가 열렸고, 철학 동호인들끼리 노변잡담(爐邊雜談)은 적지 않았지만, 학자 대 학자, 사상가 대 사상가의 대화 내지 대결은 서로 피하고 있다. 어떤 이는 서양의 어쭙

잖은 책은 애써 읽고 인용하고 토를 달면서도, 동일한 주제를 다룬 한
국의 격조 있는 논저는 거들떠보지도 않는다. 또 설령 동학의 논저를
읽고 자신의 생각과 명백히 다른 대목을 보고서도 그것을 논파하려
하지 않는다. 그러나 그것은 학문적 아량이 아니라, 진리탐구의 포기
이다.

　서로 동학의 논저 읽기를 미루고, 어쩌다 읽는다 해도 이론적 쟁론
을 피하다 보니, 무평(無評) 공존의 평화상태가 유지되어 학자들이 안
락(安樂)·안일(安逸)·안주(安住)에 젖어 있고, 학파의 형성도 찾아보
기 힘들다. 과거 불교학계에도 산문(山門)간에 허다한 논쟁이 있었고,
유학계에도 여러 갈래의 학파가 있었으며, 어떤 경우에는 문구해석의
차이가 사생결단의 투쟁으로 변할 정도의 치열함이 있었거나. 진리는 배
타적인 것이니, 너와 나의 견해가 다를 때, 너도 맞고 나도 맞는 경우
를 용인할 수는 없다. 적어도 당사자들 사이에는 그러하다. 학문적 논
쟁이 언제나 진리탐구의 일념에서 일어나는 것은 아니라 하더라도, 학
문상의 치열한 논쟁이 없는 곳에서 새로운 진리가 드러난 예는 거의
없다. 더구나 철학에서처럼 순전히 형식논리나 실물(實物)에 의한 이
론검증이 원리적으로 불가능한 경우에는 더욱 그러하다. 철학한다는
일단의 사람들마저 즉물(卽物)적 방법을 통해 성공을 거두고 있는 과
학의 전형을 철학에도 적용할 수 있다고 생각하고, 또 그렇게 해야만
실재성 있는 철학이 되는 양 착각하고 있지만, 그것은 무엇이 철학적
문제가 되는지를 모르는 소치이다. 철학의 학리(學理)개발은 오로지
깊은 사변(思辨)에 근거한 변증적 대화를 통해서만 그 성과를 얻을 수
있다. 『논어』, 『맹자』의 대화록이나 플라톤의 「대화편」들은 좋은 고전
적인 예이고, 아직 우편제도도 미비한 시절 서로 멀리 떨어져 있음에
도 불구하고 상호문답 여섯 차례에 걸친 퇴계(退溪)와 고봉(高峯) 사
이의 〈사칠논변(四七論辯)〉이나 이기론(理氣論)을 주제로 한 율곡(栗
谷)과 호원(浩源) 사이의 잦은 서찰교환, 〈인물성동이론(人物性同異
論)〉을 두고 벌린 호락학파(湖洛學派)의 대를 이어간 집단적 논쟁, 날

카로운 서평과 진지한 학문적 질문에 대해 낱낱이 답변한 결과로 우리 앞에 남겨진 1,000통이 넘는 칸트의 서간들은 철학하는 모습의 한 정형이다. 21세기 한국에서 철학하는 사람이 마냥 학도로서 남의 철학을 배우기만 하고, 외래의 철학책이나 지난 세월의 한적(漢籍)에 주석이나 붙이고 해설이나 하는 것을 더 이상 업(業)으로 삼지 않으려면, 한국철학계에도 우선 헤겔과 셸링의 예에서 보듯 친구 사이에 절교도 서슴치 않는 봐주기 없는 논쟁이 일어나야 한다. 그리고 우리 철학계는 그를 위한 충분한 자산을 이미 갖추고 있다.

격렬한 논쟁은 때때로 다수의 사람을 격동시켜 편싸움을 일으키고 그것이 공동체생활에 위해를 주는 경우도 없지는 않지만, 그러나 편싸움은 학파를 형성시키고 집단적 이성을 길러 더욱 격렬한 싸움을 일으키고, 이어지는 이런 싸움을 거치면서 본디 변증적인 이성은 진리에 접근해 가는 것이 상례인데, 진리를 추구하러 나선 자가 비진리의 교언(巧言)으로 세상을 오히려 어둡게 하는 자를 그냥 보고만 있을 것인가? 이때 논박 당한 자는 순순히 물러나기만 하겠는가? 논쟁은 서로를 분발시켜 학계를 활력 있게 만들 것이다. 그러다 보면 예전에 율곡이 그랬듯이, 제 이론을 완벽하다고 호언하는 사람도 나올 것이고, 또 그러다 보면 제 말 값을 하려는 다수의 사람이 출현할 것이다. 이런 상황이 되면, 죽은 말 죽은 글이 어떻게 세상 사람을 어지럽힐 수가 있으며, 어떻게 허사(虛辭)가 횡행할 수 있으며, 현실에 유리되어 있는 주제가 화제의 중심을 파고 들 수 있겠는가?

한국철학계는 이미 1990년대에 들어서 여러 분야에서 적지않은 논쟁이 일어날 조짐을 보이고 있다. 종전까지만 해도 분야마다 전문가가 소수이거나 심지어는 혼자였기 때문에 어떤 논저가 나와도 비슷한 수준의 검증자를 만나지 못하는 것이 보통이었다. 그러나 이제 영역마다 동료이자 경쟁자인 복수의 동학이 있고, 그들 가운데서 선발된 자만이 취업도 할 수 있고, 몇 사람만이 학문활동을 계속할 수 있는 입지를 얻을 수 있으므로 앞으로는 상당한 학문적 대결이 펼쳐질 것이고, 이

자산이 우리 철학계를 전진시키는 토대가 될 것이다.

3-2 한국 사회철학의 문제들

철학적 문제이면 그것이 어느 영역이든 한국철학의 문제 아닌 것이 없겠지만, 아마도 논리학이니 인식론이니 과학철학이니 하는 형식철학 분야보다는 아무래도 역사·문화 ·사회의 배경적인 성격이 더 많이 영향을 미치는 사회〔윤리·법·정치·역사·문화〕철학 분야에서 〈한국적〉 철학의 성립을 기대하기 쉬울 것이다. 현안문제 중심으로 몇 가지를 꼽아본다.

3-2-1 〈이성〉의 정립 또는 〈합리성〉의 문제

철학의 기본과제는 인간의 모든 지성활동의 출발지를 마련하는 일, 곧 〈이성〉개념을 세우는 것이다.

철학은 언필칭 세상 만상의 궁극의 원리를 밝히는 학문이다. 그렇다면 도대체 그 궁극의 원리, 이치 곧 이성이란 어떤 의미를 가지는 것이며, 어디에서 유래하는가가 무엇보다도 먼저 해명되어야 할 것은 당연한 일이다. 이때 만에 하나 〈이성이란 것은 없다〉는 결론에 이르면, 그로써 일체의 철학적 과제는 해소된다. 인간을 인간답게 만드는 행위 규범으로서 〈윤리〉를 말할 수 있을 때, 윤리의 문제라는 것이 생기는 것이고, 윤리학이 성립할 수 있다. 인간 세상에 도무지 〈윤리〉라는 것을 말할 자리가 없다면, 윤리학, 곧 윤리에 대한 지식체계가 무슨 의미를 지니겠는가? 또한 사고를 사고답게 말을 말답게 해주는 원리로서 〈논리〉를 말할 수 있을 때, 논리학을 거론할 수 있다. 마음의 이치가 있다고 생각하므로 심리학이 할 일이 있고, 물질세계를 관통하는 이치가 있다고 생각하므로 물리학의 탐구대상이 있을 것이다. 마찬가지 이치로 세상 만상을 일관하는 원리인 〈이성〉이 있다고 생각되는 마당에서만 무엇이라도 철학이 할 일이 있고, 철학이라는 것이 무엇이라도 할 일이 있을 때, 철학이라는 것 자체가 성립할 수 있다. 그리고 철학이라는 것 자체가 존립해야 〈한국의〉 철학이라는 것도 의미 있게 말할 수 있다. 그렇다면, 철학의 존립여부가 거기에 달려 있는 〈이성〉이란 무엇인가?

〈철학〉이란 간판어가 다름아닌 이른바 〈서양철학〉의 연원적 개념, 곧 philosophia에서 유래하듯이 〈이성〉이라는 우리말 자체가 서양철학 술어의 번역을 위해 생긴 말이다. 우리가 〈理性〉이라는 한자어를 옛 중국 유송(劉宋)의 범엽(范曄, 398-455)이 쓴 『후한서(後漢書)』의 한 귀절[57]에서 이미 발견할 수 있다 하더라도 그러하다. 그러나 우리가 철학을 〈哲人之學〉으로 이해해도 무리가 없듯이, 우리의 현재 말 〈이성〉을 희랍어 λόγος, 라틴어 ratio, 독일어 Vernunft, 영어 reason 그리고 옛 한자말 道·理·性의 어의를 함축한다고 보아 크게 어긋남이 없을 것이다. 그러니까 〈이성〉이라는 우리말이 생긴지는 1세기밖에 안된다 하더라도 이 말로써 지금 우리가 뜻하고자 하는 생각은 우리에게도 충분히 오래전부터 있었다는 말이다. 〈이성〉의 개념형성과 더불어 철학함이 시작됐다 해야 할 터인데, 이전의 한국에 어찌 〈이성〉개념이 없었겠는가. 그러나 〈이성〉개념은 이곳저곳에서 긴 세월을 두고 형성되어 왔으며, 형성되고 있고, 그 만큼 다의적이다. 심지어는 사람마다, 아니 동일한 사람이라도 때와 장소에 따라 사색과 체험의 정도에 따라 혹은 이해관계에 따라 서로 다른 이성개념을 갖는 수도 있다. 사실 이 이성개념의 차이성으로 인해 고대·중세·근대철학의 구분이 있고, 영국·독일·한국철학의 구별이 가능할 뿐만 아니라, 누구의 철학, 누구누구의 전기철학 또는 후기철학의 분별이 가능하다고 해도 과언이 아니다. 그래서 만약 인류가 단 하나의 이성개념만을 갖는다면, 그때 인류는 헤겔 말마따나 단 하나의 철학 Eine Philosophie을 갖는다고 말해

---

57) 〈夫刻意則行不肆 牽物則其志流 是以聖人導人理性 裁抑宕佚 愼其所與 節
其所偏 雖情品萬區 質文異數 至於陶物振俗 其道一也〉(『後漢書』, 第六七, 堂
錮列傳 第五七 序).

도 무방할 것이나, 반면에 한국에서는 도무지 주류적인 〈이성〉을 찾을 수 없다거나, 있다 하더라도 그것에서 미국이나 독일의 주류적인 〈이성〉과 아무런 차이도 발견할 수 없다면, 그때는 굳이 〈한국철학〉을 얘기할 거리가 없을 것이다.

우리가 지난 세기의 한국철학계를 지리멸렬했다고 평가한다면, 그것은 뚜렷한 이성개념이 부상하지 않았다는 말과 같다. 그리고 무엇이 이성인가에 대한 통일된 의견이 없었다면, 무엇이 〈이성에 부합〉하는가, 곧 무엇이 〈합리적〉인가에 대한 합의도 이루어지지 않았다는 말이다. 그렇다면, 그것은 한국사회가 중구난방으로 흘러가는 데 철학은 방관자였음을 뜻한다. 마찬가지로 앞으로도 한국사회에 이성개념이 정립되지 않으면, 같은 종류의 혼란이 반복될 것은 당연하고, 또 사람들에게 이른바 철학하는 자들이란 쓸모 없다는 평가를 받게 될 것이고, 철학 나아가 인문학 일반은 더욱 외면당할 것이다.

〈이성〉개념이 형성 변천되어 왔고, 다의적이라는 말이 그러나 〈세계와 인간의 보편적 지배원리〉라는 이성의 기본적인 의미가 변화를 겪고 있다는 것을 말하는 것은 아니다. 〈세계와 인간을 지배하는 보편적 원리란 도대체가 없다〉고 누가 주장한다면, 그는 반(反) 또는 무(無) 또는 탈(脫)이성주의자가 될 것이고, 그는 바로 반(反)형이상학, 반(反)철학을 설파하고 있는 것이다. 그러나 누가 〈이성이란 세계와 인간의 보편적 지배원리가 아니라, 단지 상대적인 것이다〉고 말한다면, 그는 〈이성〉이라는 개념을 잘못 이해하고 있는 것이다. 〈이성〉이 다의적이라 함은 〈다수의 상대적인 이성이 있다〉는 뜻이 아니라, 갑은 A를 세계의 보편적 질서원리라 생각하는 데 반해, 을은 B를 세계의 보편적 질서원리라 생각한다는 뜻이다. 그러므로 그것은 〈이성〉의 두 개념이 대립함을 말하는 것이나, 그러나 이처럼 두 이성개념이 충돌할 때, 하나는 다른 하나에 대해서 반이성일 뿐, 두 개의 이성이 동등한 자격으로 공존할 수는 없다. 이런 뜻에서 진리도 이성도, 일반적으로 말해 모든 보편적인 것은 배타적이다. 충돌하는 것 사이의 가능한 화해방식은 하나에

나머지 것들이 종속하거나, 아니면 모두가 해체되어 제3의 것으로 통합되는 경우 뿐이다.

그러므로 이제 우리가 〈이성〉개념을 정립하고, 〈합리성〉의 근거를 마련한다는 것은 〈세계와 인간의 보편적 지배원리〉를 규정한다는 것을 말한다. 서양의 근세가 열릴 때까지 〈이성〉개념은 동서양을 막론하고 〈하늘의 뜻〉·천도(天道)·천명(天命)·〈하느님의 말씀〉등의 개념에서 보듯 종교나 독재자의 권력 아니면 이 양자의 묶여진 힘과 더불어 형성되었다. 이성의 배타적 보편성은 그런 정도의 힘을 배경으로 해서만 유지될 수 있었던 것이다. 종교의 위력도 독재권력의 힘도 맥을 쓸 수 없게 된 후에도 서양의 근대 문화권에서는 얼마간 수학적 자연과학과 과학기술의 권위와 효용성에 기대어 보편적 이성이 자리중심을 잡을 수 있었다. 그러나 개인주체가 내세워지고 자연과학의 위세와 함께 자연-감각주의가 힘을 얻으면서, 〈보편적 이성〉은 차츰 옛 말이 되어가고 있다. 고작 대안으로 생각되는 것이 담론적 합의에서 합리성의 근거를 찾는 일이다. 물론 이와 더불어 고담준론하던 철학도 할 일 없이 되어가, 이 따위를 논하는 〈철학〉은 원시인적 발상의 유물로 치부되고, 〈과학철학〉이라는 이름 아래 자연과학들이 흘린 이삭줍기로 소일하거나, 〈사회철학〉이라는 이름 아래 사이비 사회과학이 되려는 상황에 접어들었다. 그러니까 우리가 다시금 〈이성〉개념을 세운다는 것은 이 상황을 타개해야 함을 의미한다. 그리고 우리 철학의 이어지는 과제들은 선결문제로서 이 작업을 서두르라 재촉한다.

3-2-2 사회운영 원리의 문제

오늘날 우리의 사회생활은 자유민주주의와 자본주의의 원칙에 준거해서 영위되고 있다. 그러나 이 정치경제의 사상도 요즈음의 우리 철학사상과 마찬가지로 우리 스스로 체험 체득한 것이라기보다는 유럽-미국에서 유입된 것이다. 남들이 긴 세월 동안 많은 땀과 피를 흘리며 한 단계씩 이룬 성과를 한꺼번에 쉽게 받아쓰고 있으니, 이것도 복이라면 복이겠으나, 몸에 맞지 않는 남의 옷을 빌려 입은 것 같은 어색함이 없지 않다. 그 어색함은 여지껏 크고 작은 문제점들이 발생하는데서 여실히 볼 수 있다. 철학은 이 문제점들의 근원을 통찰하여 한국의 정치경제 상황에 알맞는 합리성의 기준을 제시해야 한다.

자유민주주의 정치체제는 인류의 오랜 체험을 거쳐 이룩된 것으로 많은 장점을 가지고 있음에도 흠이 없는 최선의 제도인 것은 아니다. 그런데 그 흠은 결코 가벼운 것이 아니며, 더욱이 나쁜 것은 그 흠이 자유민주주의의 버릴 수 없는 사회운영 원리인 보통선거와 다수결원칙 그리고 대의정치제에서 발견된다는 사실이다.

대의정치제는 일반 시민들의 정치적 의사가 대의원들을 통해 그대로 표현된다는 사상에 기초하고 있다. 그러니까 그것은 보통 시민들에 의해 선출되어 일정 기간 동안 시민들의 의사를 대변하는 대의원들이 합의하여 제정한 법규는 일반 시민 모두의 합의와 같은 것이고, 따라서 그것은 일반 시민들 모두의 자기약속으로서 보편적 구속력을 갖는다는 것을 전제한다. 그러나 한낱 물체들의 집합체가 아니라 각기 독자성을 가지고 있다고 납득해야 하는 인격체들의 모임인 인간사회에서 대의원이 과연 그를 선출해 준 시민들의 의사를 그대로 반영할 수 있고, 반영하는지는 의문이 아닐 수 없다. 이것이 의문이라면, 시민들 전원의 직접정치가 여러 면에서 사실상 어려운 현실에서 대의정치가 불가피하다고 하더라도, 대의정치제의 정당성의 문제는 남는다. 그래서 〈민중이 통치한다〉는 민주정치가 선출된 대의원들에 의해 운영된다면, 그것은 대의정치라기보다는 적절한 대표자를 선출하여 그의 양식과 양심에 공동체의 일 res publica을 위탁한 것으로 이해할 수밖에 없다.

또, 우리의 일상생활이나 각종 선거, 그리고 의회에서 그 의사결정이 다수결로 이루어지는 것이 보통인데, 과연 이 방식이 민주주의의 출발점인 개인주체사상과 어떻게 융합할 수 있는가도 숙고해야 할 문제이다.

사람들 사이에는 현명함의 정도에 차이가 있고, 복잡한 일일수록 전문가만이 제대로 처리할 수 있다는 것은 경험이 충분히 증언하는 바이며, 따라서 가장 좋은 공동체를 영위하기 위해서는 가장 현명한 통치 전문가에게 공동체운영을 맡기는 것이 가장 좋다는 현자주의 철인정치의 이상을 접어두고, 사람들이 민주주의를 선택하는 것은 인간은 누구나 동등한 권리를 가지고서 사회를 구성하며, 누구나 자기에게 가장 좋은 것을 정할 수 있을 만큼의 충분한 이성을 갖추고 있다고 보기 때문이다. 이 말은 사회구성원은 권리와 자질에 있어서 누구나 평등하고 자신의 것에 대한 자유로운 행사의 권한을 가지며, 공공의 일에 똑같은 수준의 주체로서의 발언권을 갖음을 뜻한다. 그런 공공의 일에는 정체(政體)를 정하는 일, 통치자를 선출하는 일, 대의원을 선출하는 일도 포함된다. 그런데 그런 일들에서 다행히 구성원 전원의 의견일치가 이루어지면 그로써 사안은 종결되겠지만, 갑론을박 의견의 대립만 있을 뿐 만장일치가 이루어지지 않으면, 사람들은 차선책으로 다수결의 원칙을 세워 의사를 결정하고, 또 그렇게 할 수밖에 없다. 그러나 이 다수결의 정당성은 어디서 오는가?

다수결이 의사결정의 원칙으로 통용되는 사회에서는 다수의 의견이 전체의 의견을 대변하는 것으로 인정되고, 그것은 명백히 그 의견에 반대한 소수에게도 강제력을 갖는다. 그렇지 않으면 하나의 공동체는 한 몸으로 움직일 수도 없고, 공동체가 한 몸으로 움직이지 않아도 좋을 바에야 애당초 의사를 모을 필요도 없을 것이기 때문이다. 그런데 공동체의 의사가 다수결로 결정되고, 그것이 다른 의견을 가진 소수에게도 구속력을 갖는다는 것은 공동체를 한 몸으로 유지할 수 있는 길일지는 몰라도, 그것은 명백히 소수의 주체적 자유의 권리를 무시 침해하는 일이다. 〈모든 사람은 본래 자유로우며, 그 자신의 동의를 제외하고는 그 어떤 것도 그를 어떤 권력에 복종시킬 수 없다〉[58]는 것이

---

58) J. Locke, *Two Treatises of Government*(with A Supplement *Patriarcha* by

자유주의의 원칙이다. 그러니까 다수결의 원칙이 이 자유주의 원칙에 우선할 정당성을 갖는다면, 그것은, 개개인은 이미 공동체결성에 참여할 때, 공동체의 유지가 무엇에도 우선한다는 것에 포괄적으로 동의했다고 간주하는 것이거나, 이 두 원칙의 충돌의 중재에서 다수결원칙의 편을 들어 주는 제3의 원칙, 예컨대 〈최대다수의 최대행복〉을 내세우는 공리주의 원칙이 작동하고 있는 셈이다.

이미 긴 역사를 가지고 있는 인간사회는 때때로 어떤 사안에 대한 다수의 결정이 그 다수의 우매함이나 일시적 착각에 기인하는 수도 있고, 다수의 이익만을 염두에 둔 것일 수도 있음을 경험을 통하여 익히 알고 있다. 이런 경우 우리는 〈다수의 횡포〉를 말하게 되고, 그것이 횡포인 한, 다수의 결정은 부당하다는 것을 의미하는 것이다. 이런 상황을 고려하고서도 만약 〈다수의 결정〉이 〈오직 다수가 결정한 것이기 때문에 정당하다〉고 그 정당성을 내세운다면, 그것은 결국 〈다수〉라는 물리적 힘으로 소수를 제압하는 것과 무엇이 다를까? 우리는 부당한 권력을 〈패권〉이라 부르는데, 여타의 사람들을 압도하는 한 사람이나 소수의 힘만이 패권적일 수 있는 것이 아니라, 소수의 의사와 상관없이 소수 위에 군림하는 다수의 힘도 패권적일 수 있는 것이다. 이런 위험성을 알면서도 〈다수결의 원칙〉을 과연 제한 없이 사용할 수 있을까?

더 나아가, 이와 관련된 문제이기도 하지만, 민주국가에서 그 민주성(民主性)을 〈주권재민(主權在民)〉과 〈주권유민(主權由民)〉으로 설명할 때에, 흔히 국가의 성립 자체가 국가구성원, 곧 국민들 하나하나의 자유로운 참여와 공동체결성을 위한 상호계약에 바탕을 두고 있기 때문이라는 근거를 대는데, 과연 이 같은 설명이 얼마만큼 유효할런지는 의문이다. 이른바 〈사회계약설〉은 임의적인 사회단체의 결성과 해체의 근거를 설명하는 데는 유용성이 꽤나 클지 모르겠지만, 〈국가〉라는 것이 임의적인 여느 단체와는 근본적으로 다른 면이 있어서, 계약

R. Filmer), ed. by Th. I. Cook(New York, 1947). §119 참조.

관계만으로는 설명할 수 없겠기 때문이다.

공동체라는 것이 진실로 공동체구성원들 사이의 자유로운 협약에 기초하는 것이라면, 공동체의 일체성은 매우 가변적일 수밖에 없다. 어떤 협약이 참여자들의 자유로운 의사에 의해 맺어진 것일 경우, 그 협약에는 유효기간이 있거나 아니면 참여자들에겐 언제든 협약을 취소하거나 그로부터 탈퇴할 가능성이 열려 있기 때문이다. 그런데 국가공동체와 국민들 사이에는 자유로운 협약에 의한 여느 공동체와 그 구성원 사이의 관계에서는 볼 수 없는 견고성이 있다. 오늘날 국민은 임의대로 국가로부터 탈퇴할 수도 없고, 간혹 어떤 사람이 까다로운 절차를 거쳐 한 국가에서 탈퇴할 수 있었다 해도, 그는 더 까다로운 절차를 거쳐 다른 국가에 귀속할 수밖에 없는 처지에 놓인다. 또 이미 견고한 영역을 확보한 국가는 일부의 국민들이 자신들의 자유로운 의사에 따라 그 기존의 국가를 분리하여 그들이 소유하고 있는 토지 위에 새로운 국가를 세우는 것도 허용하려 하지 않는다. 이 때문에, 여느 자율적 사회 단체의 경우와는 달리, 〈국가에 들어간다거나 떠난다는 것은 개개인의 자의에 의한 것이 아니며, 그러므로 국가는 자의를 전제로 하는 계약에 바탕을 둔 것이 아니다〉는 지적이 가능하다.

이런저런 사정을 고려할 때, 그래서 국가공동체가 국민들의 복리증진을 위해 자유롭게 결성되었다는 이론은 국가공동체의 이상적 목표와 경우에 따라서는 국민 스스로 국가를 해체할 수도 있음을 설명, 설득하기 위한 한 방식으로서 의미가 있다는 것은 인정되어야 하겠지만, 그러나 국가는 국민 개개인들의 이익을 위한 협약 이상의 토대를 갖는 것이 아닌가 더 물어져야 한다. 또 국가공동체의 운영에 있어서 의사결정이 다수결로 이루어질 수밖에 없음을 현실적으로는 인정한다 하더라도, 다수결이 구성원 전체의 결정으로서 정당성을 얻기 위해서는, 다수의 힘 이상의 어떤 것을 동시에 수반하여야 하는 것이 아닌지 계속해서 추궁해야 한다.

국가사회는 개인들의 집합체이며, 따라서 개개인의 가장 좋은 상태가 그것을 모아놓은 집합체로서의 사회의 가장 좋은 상태의 담보라는 개인주체주의 사상이나, 개인들은 국가라고 하는 전체의 구성부분일 따름이며, 따라서 전체로서의 국가가 최선인 것이 국민으로서의 개인들에게도 최선임을 주장하는 국가주체주의 사상이 혹은 결합의 오류를 범한 것이나 아닌가, 혹은 분해의 오류를 범한 것이나 아닌가 하고 따져볼 수도 있다. 그러나 현안문제는 저 두 가닥의 생각을 단지 논리적으로 공략하는 일도 아니고, 저 주장들에 어긋나는 역사적 사례를 들이대 저 생각들이 〈사실〉에 맞지 않다고 치부하는 일이 아니라, 어떻게 하면 우리는 최선의 개인적 삶과 최선의 공동체를 함께 확보 유지할 수 있는가일 것이다.

　〈사회의 힘이 개인들의 힘을 월등히 능가하는 상황에서는〉 신체적 개별자이자 의식적 활동주체인 개인의 독자성과 자유가 〈타인의 권리와 이익을 침해하지 않는 범위 내에서〉 최대한 보호 보장되어야 한다는 것이 고전적 자유주의가 주장하고자 하는 요점이다. 이 주장과 관련하여 우리가 숙고하고 계량해야 할 것은 〈타인의 권리와 이익을 침해하지 않는다〉는 것이 무엇을 의미하며, 그 〈범위〉란 어떻게 확정될 수 있겠는가 하는 점이다. 또, 과연 어떤 사회에서 사회의 힘이 개인들의 욕구와 충동의 힘을 월등히 능가하는가도 문제가 될 수 있다. 이 가운데 답하기가 쉬어 보이는 〈범위〉의 문제만 우선 헤아려본다 해도, 그 〈타인〉이라는 것이 당대의 사람만을 지시하는 것인지, 아니면 과거의 사람들과 먼 미래의 사람까지도 포함하는지, 또는 가까운 장래의 사람들까지만을 포함하는 것인지, 또 〈타인의 권리와 이익에 대한 침해〉 여부의 판정을 어느 시점에서 어떤 척도로 할 수 있는 것인지가 분명하지 않다. 이때 만약 우리가 이 문제를 포괄적으로 생각해 〈개개인의 독자성과 자유의 발휘는 공동선, 공공의 윤리성을 담지하는 범위 이내에서 허용될 수 있다. 그런데 공동선이란 개인들이 취하고 싶어하는 것의 총화(總和) 이상의 것이다〉고 규정한다면, 대체 개인주의적 자유주의와 이상주의적 전체주의 사이의 사상적 간극은 얼마나 될까?

두 생각 중 하나가 다른 한 생각이 강조하고 싶어하는 점을 분명히 외면하고 있기는 하지만, 그러나 현대사회에서의 우리의 실제 삶의 방식은 이 두 종류의 원형적 사고 사이의 거리를, 화해가능할 정도로 근접시켜 나가려 하는 것이고, 또 그리 해야 되지 않겠는가?

여기에다가 사회철학의 오래된 또 하나의 숙제이자 한민족의 현안인 바, 공동체생활에서 〈자유〉와 〈평등〉이라는 상호견제적인 운영원리를 어떻게 화해시킬 것인가 하는 문제 역시 우리의 철학적 난제이다. 적어도 1,000년 동안 통일국가를 이루었던 한민족이 1945년 일제 식민통치에서 벗어나면서 국제 열강의 세력균형 전략에 의해 남·북으로 나누어졌다 하더라도, 그리고 거기에 여전히 국제적 환경과 국내 정치·경제 세력 간의 갖가지 이해다툼이 끼어들어 두 국가현상이 지속되고 있다 하더라도, 남·북 두 국가공동체의 대립에는 분명히 또한 상충하는 근대적 국가운영 원리 가운데 어느 쪽을 중시할 것인가에 관한 현격한 의견 차이가 개입되어 있다. 우호적인 양립이 아니라 벌써 반 세기 넘게 마치 앙숙인 양 반목과 대결 대치해 온 한 민족 두 국가의 쓰라린 체험에서 얻어배우는 것이 없다면, 그것이야말로 더욱 비참한 일일 것이다.

오늘날 〈자유〉와 〈평등〉은 거의 모든 국가들의 헌법이나 인권선언에서 기본적인 사회의 운영원리로서 납득되어 있다. 그러나 그것은 자유롭고 평등했던 사회들의 모범을 보고서 귀납적으로 얻은 경험사실적 개념들이 아니라, 사회는 마땅히 그렇게 되어야 한다는 당위적 이념들이다. 이 이념에 따라 자유롭고 평등한 이상적인 사회를 이룩하기 위하여 국가가 할 일이란, 사회의 성원인 각 개인이 타자의 자유를 침해하지 않는 한, 최대한의 자유를 누리도록 하는 것 ── 이 말이 무엇을 함축하는가는 앞서 지적했듯이 분명하지 않지만 ── 과, 그러나 이로 인하여 성원들 사이에 불평등이나 분쟁이 생겼을 때 이를 해소하고 해결하는 일이다. 정책이란 바로 이 일을 위한 방안들이겠다. 그런데 여러 사람들이 〈함께〉 산다 함은 누구나 동등한 존엄성을 가지고 공동체생활을 한다는 것을 뜻한다. 그러므로 성원들이 평등하지 못하면, 인간들의 공동체생활, 즉 사회란 더 이상 없다. 그래서 〈인간〉으로서의 개인생활에는 〈자유〉가 최고가치로 여겨질 수도 있겠지만, 〈시민〉으로서의 사회생활에는 〈평등〉이 우선적으로 고려되어야 한다고 보아진다. 그런데 〈평등〉이란 무엇의 평등이며, 어떤 상태를 말하는가? 그것은 물론 인격에서의 평등, 곧 인간의 존엄성에서의 평등을 말하겠지만, 그러나 인간을 본질적으로 신체적 존재자로 파악하기 시작한 이래 평등이란 일차적으로는 신체적 존재자를 유지해 갈 〈힘〉(재력·체력·권력·정신력 등등)의 공평한 소유와 그것을 소유할 기회의 균등을 의미하는 것으로 되어 있다. 그래서 문제는, 어떻게 하면 이런 점들에서 성원들 서로서로가 평등한 사회를 유지할 수 있는가이다. 그리고 이 문제에 대해 나름대로의 해답을 제시하는 것이 〈이상국가론〉들이다.

사회생활을 영위해 가는 데는, 산업 종사자·무사·교육자·입법가·행정가 등등이 있어야 하고, 이 직무들의 완전한 수행을 위해서는 적절한 교육(수련)이 전제되어야 하며, 그 직책들을 가능한 한 개개인의 희망대로 할당하면 좋겠지만, 무조건 그렇게 한다면 불균형 내지는 부적합이 생기므로 선발 내지는 법규에 따른 배분을 할 수밖에 없고, 따라서 그를 위한 적절한 제도가 마련되어야 한다. 제도들을 통해 개개인의 〈자유〉는 경우에 따라서 상당히 제한될 뿐만 아니라, 성원들이 적재적소에 잘 배치되어 있다 하더라도, 자연이 준 개인의 능력차이는 상당히 크므로, 개인의 능력으로부터 유래한 것을 그 당사자에게 모두 돌리면, 시간이 지날수록 무엇보다도 소유에 있어서 불평등이 현저해지고, 게다가 사람들의 자연적 품성은 다분히 이기적이므로, 〈자기〉·〈내 몫〉·〈내 편〉·〈내 가족〉·〈내 친구〉 등의 관념이 강하면 강할수록 편애는 심해지고 따라서 〈나〉와 〈남〉의 구별과 차등은 커지기 마련이다. 그렇다고 해서 개인의 능력으로부터 유래한 것을 당사자에게 전혀 돌려주지 않으면, 이기심의 불만족으로 인하여 거의 모두가 자기의 〈힘〉을 전심으로 쏟지 않는다. 현실 Wirklichkeit은 힘을 기울이는 그 만큼이므로, 따라서 성원들이 힘을 쏟지 않는 사회, 그것은 죽은 사회이며, 마침내 무화(無化)함으로써 평등에 이를 것이다.

이런 인간의 자연적 경향성에 대해서 사람들이 스스로 할 수 있는 조처는 무엇이겠는가? 〈힘〉 있는 자들에게 그 힘 쏟음의 결과가 그 자신에게 모두 돌아가지 않더라고 〈우리〉를 위해 힘껏 일하라 설득하고, 〈힘〉 없는 자들에게 그의 몫이 비교적 적더라도 그 자신으로부터 유래한 것보다는 많으니 감수하라고 호소하면서, 서로서로 사랑하도록, 즉 남을 나처럼 여기도록 분위기를 조성하는 것이 그 방안의 하나일 것이다. 이것이, 자칫 갈등관계에 놓이기 쉬운 자유와 평등의 이념을 조화시키기 위한 제3의 이념으로서의 〈박애(우애·이웃 사랑)〉정신이 아니겠는가. 이와 같은 자유와 평등과 박애(혹은 단결)의 사회원리를 단지 호소하고 설득하는 차원이 아니라 정치 제도화하는 데 〈평등〉의 실현에 중점을 두는 노선을 사람들은 〈사회주의〉라고 부른다. 그러므로 사회주의의 이념이 현실화하기 위해서는 사회구성원들의 이기심이 잘 조정되고 절제되어야 하며, 〈우리는 함께 산다〉는 의식이 구성원들 모두에게 명료해져야 한다. 그렇지 않으면 사회주의적 사회는 자발성 없는, 의욕 없는, 생산성 없는, 그래서 마침내는 기계적이며 타율적인 무기력한 사회가 될 것이다. 평등이라는 더 없이 좋은 이념을 지향하는 현실사회주의 국가들이 〈몰락〉한다는 것은 인간의 자연적 본성 내지 경향성이 교화되지 못했음을 의미하고, 그래서 그 몰락을 보면서 [자칫 이기심을 부추기는 방향으로 진행되기 쉬운] 〈자유주의〉의 노선만이 최선이라고 단정할 일이 아니라, 평등한 사회를 현실화시킬 수 있는 새로운 방안 모색에 더욱더 힘써야 한다.

일찍이 플라톤이 이상적 사회로서 공산사회를 그렸을 때,[59] 그의 제자 아리스토텔레스는 곧바로 〈이기심은 자연에 의해 심어진 것이고, 또한 이유 없이 주어진 것은 아니다〉며,[60] 공산사회를 공상적 사회라고

---

59) Platon, *Politeia*, III, 412-417 ; IV, 427-433 ; V, 457-461 참조.

이미 지적한 바 있다. 이기심은 불식되기도 어렵거니와 또한 타기해서
만도 안 되는 것이 그것은 분명 〈문화에의 동기〉가 될 수 있는 것이기
때문이다. 그러나 결코 조장되어서는 안 되고 순화되어야 한다. 지금
우리는 〈되어야 한다〉고 말했다. 그것은 사실적 현상이 아니라 당위적
요청을 뜻한다. 인간은 당위를 실천할 힘, 즉 〈의지의 자유〉를 가진 존
재로 파악되어야 한다. 그리고 인간의 의지가 자유롭다는 것은 자신의
이기심을 천방지축으로 내버려둠을 말하는 것이 아니라, 이기심의 절
제능력과 도덕법칙에 대한 존경가능성을 가지고 있음을 뜻한다.

인간을 그 근본에 있어서 신체적 존재자로 이해하는 것이 제아무리
〈현대적〉인 인간관이라 하더라도, 그래서 인간의 공동체생활에서 〈공
정성〉이나 〈정의〉를 신체적 존재자로서의 인간을 떠받치는 물질적 이
익의 정당한 획득과 각종 힘의 적절한 분배의 관점에서만 생각한다면,
그것은 그야말로 인간을 각종 힘들의 교환수단 내지 매체로 기능하는
신체, 곧 물체로 파악하는 것이다. 그리고 이때에는 인간의 가치가 그
가 매개하고 있는 물체적 힘의 크기에 따라 매겨질 것이다. 우리는 이
미 이런 현상을 이른바 〈자본주의〉 사회에서 충분히 보고 있다. 그래
서 현안은 인간을 그 자체로 가치 있는 존재자, 곧 인격으로 고찰하는
도덕의 문제에 귀착한다.

3-2-3 윤리의 원천과 보편적 척도의 문제

자기 자신을 끊임없이 대상화하는 것이 인간의 특성이고 보면, 인간
은 순전히 개인적인 생활에서도 자기와의 관계에서 기율(紀律)을 거론
할 수 있고, 또 인간이 아닌 자연과의 관계나 신(神)이라는 초자연적인
존재자의 관계에서도 윤리를 얘기할 수 있지만, 오늘날 윤리도덕이 크
게 문제되는 것은 인간의 공동체생활에서이며, 예의범절이 도덕성의
외면이고, 그것이 사회의 일반 문화현상과 밀접하게 연관되는 것이고,

---

60) Aristoteles, *Politica*, 1263b.

한국사회가 지난 세기 문화적 대변동을 겪고 있었음을 감안한다면, 우리 사회에서 윤리도덕이 각별히 문제될 것임은 자명한 일이다.

〈계몽〉의 이름으로 종교가 사회생활의 중심축에서 내몰렸다고는 하지만, 인간윤리의 토대는 여전히 종교에 기반하는 면이 크다. 그런데 우리 사회에 서양문물이 들어오면서 그전까지 〈서양인의〉 종교이던 기독교가 〈진정한 의미에서〉 인류의 보편종교로서 한국사회에도 유입되었을 뿐만 아니라, 오랫동안의 불교와 유교적인 전통이 있던 지역치고는 여타 지역과는 비교할 수 없을 만큼 빠른 속도로 유포되어 한국은 20세기를 마감하는 시점에서는 〈모범적으로〉 성공적인 기독교 전교지역으로 꼽힐 정도이다. 이외에도 한국사회는 신흥종교, 유사종교를 포함해서 각종 종교종파가 널리 퍼져 있어 세계 종교사회학의 견본적 탐구대상이 되고 있는 현황이다. 이것이 정치·경제적인 격변과 어울려 한국사회의 윤리기반을 뒤흔든 면이 적지않다.

여기다가 〈과학적〉이고, 〈민주적〉이라는 사람들의 새 생활방식이 한국사회의 윤리의식에 적지않게 혼란을 야기한 면이 있다. 이른바 〈과학적〉 생활태도에서, 〈과학적〉이란 한편으로는 수리(數理)계량적이지만 다른 한편으로는 실험관찰적이고, 대상을 실험관찰적으로 탐구하는 한, 그 결과는 제한적이고 상대적일 수밖에 없는 탓에, 자연스럽게 이런 사고방식에 익숙해진 사람들은 도덕에 대해서도 〈개방적〉이고 〈관용적〉이라는 이름 아래 상대적인 견해를 취하는 경우가 현저하게 늘어났다. 더구나 확실성이 없어 보이는 문제에 관해서는 견해차이가 있더라도 상호존중하고, 꼭 필요한 경우에는 다수결로 의견을 모으는 것이 〈민주적〉이며, 가능한 경우에는 현재하는 혹은 예견되는 결과의 실용성을 기준으로 견해차이를 조정하는 것이 〈합리적〉이라는 생각이 호소력을 가지면서, 도덕상대주의는 거의 일반화한 것이다.

그러나, 〈도덕적 가치가 상대적〉이라면, 도대체 그것은 무엇을 뜻할까? 누구에게는 도덕적 가치를 지니는 것이, 다른 누구에게는 도덕적 가치를 지니지 못한다면, 그때에 과연 〈그 도덕〉이라는 것이 행위규범으로서 기능할 수 있을까? 그런 경우에 〈그 도덕〉이라는 것은 아무런 내적 규범도 되지 못할 것이다. 따라서 그곳에는 어떤 외적 강제는 있을지 몰라도, 궁극적으로 도덕은 없다고 보아야 한다. 〈상대적 도덕〉이란 정확히 말하면 도덕이 아닌 것이며, 만약 도덕이 있다면 그것은 절대적이고 보편적인 것일 수밖에 없다. 사태를 살펴 다시 한 번 분명하게 말하면, 도덕은 있거나 없거나이며, 만약 있다면 절대적인 것이고, 그러니까 이른바 〈상대적 도덕〉이란 〈둥근 사각형〉처럼 자가당착적인 것이다.

도덕현상론에 기초한 〈상대주의적 윤리관〉이 확산되어 가는 중에도, 현재 우리 사회의 윤리규범 형성에 아직도 비교적 크게 영향을 미치고 있는 것이 전통적인 유교적 윤리설과 근래에 새로이 유입된 기독교적인 윤리설이다. 전자를 자연주의적 〈수기급인(修己及人)〉의 도덕이론이라 한다면, 후자를 초자연주의적 율법의 도덕이론이라 할 수 있다. 이 둘은 전형적인 절대주의 윤리설로 여전히 그 의미를 새겨볼 가치가 있다. 만약 강한 종교적 성격이 문제가 된다면, 인간은 자율적 인격주체라는 형이상학적 전제 아래서 이상주의적 의무도덕 이론을 펴볼 수도 있을 것이다.

어쩌됐던 〈윤리도덕〉이 의미 있게 하려면, 맹자(孟子)도 이미 알고 있었던 〈의(義)〉와 〈이(利)〉를 분명하게 구별하여,[61] 결국은 〈이(利)〉가 실천행위의 최고가치로 기능하게 되는 공리주의적 인간관계 이론을 타파하고, 〈선(善)〉 그 자체가 최고가치로 기능하는 윤리체계를 확립하여야 한다. 그것은 허구적인 이른바 〈상대주의적 윤리관〉의 횡행을 막는 길이기도 하다.

---

61) 〈孟子見梁惠王, 王曰 叟不遠千里而來 亦將有以利吾國乎, 孟子對曰 王何必曰利 亦有仁義而已矣……〉(『孟子』, 梁惠王章句 上一) 참조.

3-2-4 인류복지와 기술·환경의 문제

20세기에 들어 두 차례의 세계대전을 거치고 국제적 경제다툼을 겪으면서 과학기술의 파괴력과 폐해가 현저하게 드러나자, 구미철학계에서부터 〈기술철학〉이다 〈환경철학〉이다 하면서 새로운 현안에 대한 철학적 탐색이 시작되었다. 그리고 분명히 그 영향으로 1980년대 이후 우리 철학계에도 그에 대한 문제의식이 형성되었다. 그런데 이 마당에서 균형감각을 잃은 많은 말들이 오가고 있다. ── 근대의 수학적 자연과학은 그 계량적 방법으로 인해 〈전체〉를 파악하지 못하며, 문명 파괴적이라느니, 동양 사람들은 자연친화적인데 서양 사람들은 자연지배적이라느니, 동양 사람들은 종합적 사고를 위주로 하는데, 서양 사람들은 분석적 사고를 위주로 한다느니, 서양 과학기술 문명은 이미 한계 상황에 이르러 있어 동양적 지혜를 통해서만 새로운 활로를 열 수 있을 것이라느니, …… 얼핏 동양사람들이 ── 그러니까 한국사람도 포함되는 바 ── 듣기에 좋은 말들이다. 그러나 이런 언사들은 실은 그야말로 〈종합적인〉 그러니까 〈흐리멍텅한〉 얘기일 따름이다. 그리고, 거의 모든 동양의 나라들과 주민들이 뒤늦게 앞다투어 서양문명 형태를 본받으려 나서고 있는 현실을 볼 때, 그것은 한낱 헛된 말일 따름이다.

오늘날 인류의 〈환경파괴〉 위험과 과학기술의 문명파괴 위협은 인간의 감각적 욕구를 제어할 장치들이 적절하게 마련되지 못한 것이 첫째의 요인일 것이다. 그 원인을 기독교사상에서 찾는다거나 서양 근대의 과학적 사고에서 찾는다는 것은 무리이다.

주지하듯이 〈하느님께서 …… 당신의 모습대로 사람을 지어 내셨다. 하느님의 모습대로 사람을 지어 내시되 남자와 여자로 지어 내시고, 하느님께서는 그들에게 복을 내려 주시며 말씀하셨다. '자식을 낳고 번성하여 온 땅에 퍼져서 땅을 정복하여라. 바다의 고기와 공중의 새와 땅위를 돌아 다니는 모든 짐승을 부려라!'〉[62]는 기독교사상은 서양의

---

62) 공동번역 『성서』, 「창세기」 1장 26-28절.

근대 과학과 더불어 비로소 생긴 것이 아니다. 기독교 전교(傳敎) 지역에서였든 아니였든, 서양 사회에서든 동양 사회에서든 인간은, 자연 안에서 태어나 자연 안에서 먹을 것과 입을 것 그리고 몸 뉘여 쉴 곳을 찾을 수밖에 없는 자연 존재자로서, 자연을 그의 생활환경으로 삼아 살아왔다. 그리고 자연이 인간의 생활 〈환경 Umwelt〉으로 받아들여지는 한에서 언제나 자연은 인간에게 주변이고, 인간이 자연의 중심임은 변함이 없다. 고대에서도 현대에서도, 동양에서도 서양에서도 그점은 마찬가지라는 말이다. 인간은 예나 지금이나 어디서나 땅을 경작하고 정복하였다. 그러나 예전에 사람의 수효가 적었고, 또 그 경작기술이 신통치 못했을 때는 자연은 인간의 정복에도 불구하고 원 모습을 쉽게 회복할 수 있었는 데 반해, 월등 증가한 사람들의 과학기술을 이용한 정복에 대해서는 〈파괴〉된 모습을 감출 수 없게 된 것뿐이다. 그러니까 자연파괴에 과학기술이 수단으로 쓰인 것만은 분명하다. 그렇다고 그 파괴의 원인을 수단으로 쓰인 과학기술의 본성에서 찾는 것은 합당한 짓이 아니며, 어느 경우나 결과의 책임은 수단의 사용자인 인간에게 있다고 보아야 하는 것이다.

자족할 줄 모르는 인간의 감성적 욕구는 〈화폐〉라는 재화교환과 축적의 수단까지 찾아내 자연을 재료삼아 생산하고 또 서로 바꿔가며 생산하고, 누가 언제 어디다 쓸 것인지도 모르는 것까지 생산하여 쌓아놓는다. 이 과정에서 물품의 내용뿐만 아니라 분식(粉飾)방식도 큰 이득을 가져다주고, 물품을 생산하는 자보다 그것의 교환에 종사한 자가 더 많은 이득을 취하는 수가 발견되자, 그렇지 않아도 충족을 모르는 인간의 욕구를 더욱 부추기는 터무니없는 일들이 자행되었다. 이런 인간의 욕구행태가 자연파괴의 한 요인이라면, 근대 이후 더욱 크게 나타난 생산자와 소비자의 분리체제 역시 중요한 원인으로 꼽을 수 있다. 자급자족 시절에는 애당초 과잉생산이 필요 없었을 것이다. 그러던 것이 생산은 노예가, 향유는 주인이 하게 됨으로써, 주인은 어떤 생산에서도 스스로 노고를 쏟지 않아도 되었으므로, 필요 이상의 생산도 강요할 수 있었다. 그러나 근대 이전만 해도 그 〈주인〉의 수효는 제한적이었기 때문에 그 소비 역시 제한적이었다. 근대 이후 모든 소비자가 〈주인〉인 양 되고 나서부터, 이른바 대중소비가 되고 나서부터, 남이 땀흘려 생산한 것을 쉽게 써버리거나 다 쓰기도 전에, 취향이 변했다는 이유로 또는 그 비슷한 이유로, 버리는 일들이 일어난 것이다.

오늘날 과학기술이 몰고 올 재앙을 우려하는 소리가 높지만, 그것은 사실 과학기술을 운용하는 인간이성의 능력을 신뢰할 수 없기 때문일 것이다. 근대의 수학적 자연과학이 흥기하면서 수학적 이성으로 대변되는 보편적 이성이 근대의 인간사회를 지배한 것처럼 보이지만, 실제로 근대사회의 주인은 신체적 존재로 이해된 인간, 즉 감성적 욕구의 덩어리인 인간이었고, 이런 인간의 욕구충족에 효능 있음을 보였기 때문에 수학적 자연과학이 사람들의 신임을 얻었던 것이다. 분명 한동안 수학적 자연과학은 배부르게 해주는 자만을 진정한 주(主)로 받드는 근대적 민중의 구원자였다. 과학기술은 노동의 질곡과 기아로부터 민중을 구할 수 있었기 때문이다. 이제 목숨을 건진 사람들은 포식과 사치와 향락까지를 원한다. 이것이 자연파괴를 가속화시키는 주요인이고, 진정으로 자연파괴는 막아야 하는 것이라면, 막연한 얘기지만 그러나 원칙대로 말하자면, 감성적 인간에게 절제를 요구하는 길밖에 없다.

경제학 economy은 자연공격적이고, 이른바 생태학 ecology은 자연친화적이라고 말하지만, 양자 모두 자연을 인간생활의 환경으로 본다는 점에서는 차이가 없고, 다만 전자는 이제까지 그렇게 해왔어도 큰 문제가 없었기 때문에 단기간에 최소의 비용으로 최대의 효과를 노렸던 것이고, 이제 그런 방식으로는 자연경영을 오래 지속할 수 없는 형편에 이르렀기 때문에, 〈자연보호〉라는 이름 아래 자연을 키워가면서 슬슬 취하는 전략, 곧 생태학적인 자연경영 방식이 거론되고 있는 것이다. 그리고 당장의 욕구충족에 급급한 사람들을 자제케 하기 위해서 동원되는 수단이, 미래 환경의 악화로 자신의 장래와 자손들의 장래가 곤경에 처하게 될 것임을 경고하는, 결국은 인간의 동물적인 자기 사랑의 본능에 호소하는 방책이다. 그러니까 여기서도 궁극적으로 인간 활동을 규제하는 것은 공리주의적 이해타산이지 선악의 원리가 아니다. ── 언제쯤이나 사람들은 〈나 또는 우리에게 무엇이 진정으로 이익이 되는가〉의 척도에 따르는 것이 아니라, 〈무엇이 그 자체로 선한 것인가〉의 기준에 따라서 행동하는 수준에 이를 것인지 …….

자연친화적 삶의 태도가 진정 바람직한 것이라면, 우리는 우선 자연을 인간의 〈환경〉, 곧 생활수단으로 여기는 그 자세부터 버려야 한다. 그것은 사람 누구나가 자기연명에 오로지 생리적으로 필요한 최소한의 것만을 취하는 원시적 생활로 복귀함을 의미하는데, 이미 육신의 환락을 충분히 알아버린 현대인이 그런 생활로 돌아갈 수 있을까? 어디서 그런 절제와 검소의 덕을 배워 가질 수 있을까? 불가(佛家) 아니면 도가(道家)에서 그런 지혜를 얻을 수 있을까?

3-2-5 문화의 보편성과 한국적 문화창달의 문제

우리 철학의 또 하나의 과제는, 1세기 내내 실제로는 거의 사대주의적으로 앞다투어 수용해 온 서구문화에 대한 관념적 경계심 때문에 〈문화의 보편성〉에 회의적인 많은 사람들에게 〈문화〉의 보편성과 특수성의 참뜻을 해명하는 일이다. 그것은 일반적으로 〈문화후진국〉 사람들이 〈문화보편주의〉가 함축하는 서구 문화제국주의에 대한 반발심에 이끌려 〈문화상대주의〉라는 이름 아래 문화의 질을 무차별화하려는 경향을 바로잡는 일이기도 하다.

대체 〈문화〉라는 것이 무엇이던가? 대개의 자연언어들이 그러하듯이 〈문화〉라는 말도 매우 다의적으로 쓰이며, 그런 만큼 이 말로 표현되는 사태도 복잡다단(複雜多端)하다고 볼 수 있다.

많은 경우에 〈문화〉는 〈자연〉이나 〈야만〉과 구별되는가 하면, 어떤 때는 〈문명〉과도 비교된다. 사람들은 문화를 매우 다양한 시각에서 보기 때문에, 어떤 경우에는 질적으로 차별하여 〈고급문화〉, 〈저급문화〉를 말하기도 하고, 역사성이라는 기준을 세워 〈전통문화〉, 〈외래문화〉

를 얘기하기도 하고, 지역별, 시대별로 구분지어 〈동양문화〉·〈서양문화〉, 〈한국문화〉·〈일본문화〉, 〈도시문화〉·〈농촌문화〉, 〈고대문화〉·〈현대문화〉를 말하기도 한다. 또 사회계층적 성향을 염두에 두어 〈귀족문화〉·〈대중문화〉·〈서민문화〉를 말하는가 하면 성별에 따라 〈여성문화〉·〈남성문화〉를, 연령층에 따라 〈청소년문화〉·〈노인문화〉를 말한다. 또 〈군사문화〉라는 말이 쓰이는가 하면, 〈놀이문화〉, 〈식생활문화〉, 〈자동차문화〉라는 말도 쓰이고, 심지어는 〈주차문화〉라는 말까지 쓰인다. 그런가 하면 〈문화국가〉, 〈문화생활〉, 〈문화시설〉, 〈문화주택〉이라는 말도 있고, 〈문화영화〉, 〈문화훈장〉, 〈문화혁명〉에 관한 얘기도 하고, 정부 관청이나 신문사, 학생활동 조직 등 내에는 〈문화부〉라는 것이 있으며, 〈문화재〉, 더 나아가 〈무형문화재〉라는 것도 있다. 〈문화〉라는 말이 이토록 다양하게 쓰일 수 있다는 것은 그 의미의 폭이 그만큼 넓다는 뜻이겠다. 그렇다면 이런 양태들을 모두 하나의 이름으로 함께 묶을 수 있는 문화란 도대체 무엇인가?

한글말 〈문화〉는 한자어 〈文化〉의 표기이니 〈문화〉의 원형 의미는 이 한자어로 표현된 인간체험의 모습에서 찾으면 좋을 것이다. 〈문(文)〉이란 오늘날은 주로 〈문장〉, 〈글〉의 뜻으로 쓰이지만 워낙은 〈무늬〔紋〕를 뜻한 것이라 하니, 〈문화〉는 그러니까 문자대로 풀이하면 〈무늬 놓아짐〉 또는 〈무늬 놓음〉 정도의 의미를 갖는 말이겠다. 그리고 이러한 문자대로의 뜻은 사실은 본래의 사태를 잘 표현하고 있는 것이기도 하다.

우리는 식물이나 동물의 세계의 어떤 것에 대해서도 문화라는 말을 쓰지 않는다. 문화는 인간에게 고유한 삶의 양태인 것이다. 이 인간에게 고유한 삶의 양태는 인간이 자연에다 무엇인가를 보탬으로써 또는 자연에서 무엇인가를 덜어냄으로써 비롯된 것이다. 인간도 여느 생명체처럼 자연 안에서 보금자리를 얻어 살지만, 그러나 자연 그대로를 수용하기보다는 자기 나름의 방식대로 변형시켜 산다. 자연변형의 첫걸음은 자연물에 무늬〔文樣〕를 놓고 색을 칠하는 것〔彩色〕이었다. 그것이 짐승과 구별되는 인간의 삶의 양식, 즉 문화의 발생이었다.

자연의 열매를 따먹고, 맨손으로 사냥하고, 자연동굴에서 잠자리를 찾던 인류 조상 동물 시대를 상정할 수 있다면, 그것은 문화 이전의 시기라 불러야 할 것이고, 자연석이나 자연 그대로의 동물의 뼈를 도구로 사용하던 시기도 아직 문화기라고 하기는 어려울 것이다. 돌과 뼈를 쪼고 깎아 연모를 만들고 흙을 빚어 그릇을 만들고, 그 그릇에 무늬를 새기고 색칠을 하고, 장식이 붙은 집을 지어 살면서 인간은 짐승과 다를 바 없던 삶의 방식에서 벗어나기 시작했다. 그리고 그때부터 이른바 〈문화〉생활이 시작되었다. 그래서 우리는 문화의 첫번째 의미를 자연 또는 야만과의 차별성에서 찾을 수 있다.

우리말 문화에 해당하는 대개의 서양말은 라틴어 쿨투라 cultura에서 유래한 것이라 한다. 〈쿨투라〉는 동사 〈콜레레 colere〉로부터의 전성명사로서, 〈콜레레〉는 보살피다・돌보다・가꾸다・개작(改作)하다・경작(耕作)하다・재배(裁培)하다 따위의 기본적 의미를 가지는 말이라 하니, 우리말 〈문화〉의 본디 뜻에 잘 어울린다고 볼 수 있다. 〈문화〉는 거친 자연, 야성(野性), 조야함을 벗어나 인간이 자신의 상상력이 제시하는 완전성을 기준으로 자연을 가꾸고 개작한, 인간의 자기활동의 생산물이다.

〈자기활동〉이라는 말을 넓게 이해하면, 모든 생명체는 각자 나름의 활동방식을 가지고 있고, 자연 속에서 각자 나름의 생활환경을 가꾸어 나간다고 볼 수 있을 터이므로, 〈자연을 개작함〉이라는 뜻의 문화도 모든 생물의 삶의 방식이라고 생각할 사람이 있을지도 모르겠다. 그러나 문화는 또 다른 중요한 의미, 곧 〈문자의 형성〉이라는 뜻을 가짐으로써 다른 생명체들의 자연에의 적응방식과는 현저하게 구별된다. 인간은 여타의 생물 종(種)에서는 발견할 수 없는 고도의 상징체계를 가지고 있는데, 그 대표적인 것이 언어체계이고 그 가운데서도 문자사용이다. 인간은 사물을 개념화하고, 개념으로써 실재세계를 형상화한다. 인간은 개념을 상징부호인 문자로 표현하여 의미를 고정화하고 축적하여 이를 전승하고 전파한다. 그래서 인간은 사물과 직접적으로(감각적으로) 대면한다기보다는 매개적으로(개념적으로, 사고를 통해) 교섭한다. 이런 이해에서 인간의 생활환경은 〈사물의 세계〉라기보다는 〈사물의 의미의 세계〉이다. 의미를 매개로 사물은 인간에게서 공간과 시간의 제약을 벗어나 보편성을 얻는다. 문자, 글이란 인간의 보편적 사고를 키우는 대표적인 매체이며, 그래서 〈글로 된〔文化한〕〉 인간정신은 단지 즉물적이 아니라 사변적인 능력을 갖는다. 사변적이고 사물을 관조하는 인간은 단지 실천 praxis하기만 하는 것이 아니라 이론 theoria을 세우고, 이론을 세워 실천한다. 실천이란 무릇 사물의 현재상태를 그대로 수용하는 것이 아니라 변경하고, 개조하고 더 나아가서는 현재하지 않는 사물을 현재하도록 창출함을 뜻하는 바, 인간은 이 실천을 이론에 따라, 이념에 따라 수행한다. 그리고 그런 수행의 주체가 다름아닌 문자화한, 문화적인 인간이며, 이런 인간을 우리는 글을 배우고 익힌, 글공부를 한, 교양 있는 사람이라 부른다.

인간은 개작하되 문자의 형성을 통해서 한다. 그런데 문자, 글은 보편적 의미를 담지하는 상징적 기호일 뿐만 아니라 〈상징〉이라는 성격으로 인해 상상, 관념이나 자기생각의 표현 매체가 된다. 글을 매개로 넓디넓은 관념의 세계가 인간에게 열린다. 들짐승과 날짐승도 눈앞의 먹을 거리는 식별하고 몸 누이고 깃들 곳을 알지만, 〈재산〉이라는 개념을 갖고 있지는 않으며, 〈금(金)〉이라는 글자가 새겨진 종이쪽지〔화폐〕를 진짜 금처럼 취급하지는 않는다. 인간 삶의 많은 부분은 실물이 아니라 관념 그리고 관념의 의미로 짜여져 있다.

문자화한 상상력은 〈아직 있지는 않지만 마땅히 있어야 할 것〉을 이상(理想)으로 세우고, 인간은 이를 자신의 행위를 통해 실현하려고 애쓴다. 〈사람은 마땅히 부모에게 효도하여야 한다〉, 〈시민은 사사로운 일보다는 공공의 일을 앞세워 행동해야 한다〉, 〈사람은 모름지기 거짓말을 하여서는 안 된다〉, 〈시민은 서로 남의 권리를 침해하여서는 안 된다〉는 관념을 실천으로 옮기려 하는 것은 〈문화인〉들에게만 나타나는 현상이다. 여기서 〈문화〉라는 삶의 양태에 〈도덕〉이라는 또 하나의, 아니 결정적인 특성이 모습을 드러낸다. 그래서 이를테면 〈비도덕적인 문화〉── 그것은 정확히 말하면 〈~ 문화〉가 아니라 〈야만〉인 것이다. 도덕화야말로 〈글로 다스려〔文治〕 가르쳐 깨우친다〔敎化〕〉는 의미에서의 문화의 핵심이다.

요컨대 어떤 삶의 형태가 문화적이냐 야만적이냐를 가늠하는 최소한의 준거는, 그것이 얼마만큼 야성(野性)을 분식(粉飾) 세련화했는가, 즉 자연 개작이 적절하게 이루어졌는가, 문자화(文字化) 내지는 교양 형성이 얼마만큼 돋보이는가, 도덕화가 충분히 성취되었는가 하는 점들이다. 이런 시각에서 문화를 볼 때, 문화의 참모습은 문명(文明)이기도 하다.

문명이란 사람이 무지몽매한 야만과 자연의 예속에서 벗어나 자연을 다스리는 지혜를 터득하고 인간답게 사는 이치를 깨우쳐 밝은 빛속에 있는 상태를 일컫는다. 인간답게 산다는 것은 사람들이 일상생활에 필요한 여러 가지 도구를 개발하여 서로 골고루 나눠씀으로써 삶의 의의를 새겨볼 여유를 누리면서 살 뿐만 아니라, 여느 초목이나 짐승들에게서는 볼 수 없는 도덕원칙을 세우고 거기에 자신들의 행위를 맞춰나가는 인격적 삶을 산다는 뜻이다.

어떤 사람들은 문화와 문명을 구분하여 문화란 정신적 개화상태요, 문명은 물질적 개명상태라 하기도 하지만, 우리가 정신적 문명상태나 물질적 문화상태도 얼마든지 말할 수 있는 것이므로, 이러한 구별은 사태에 꼭 맞는다고 보기는 어렵다. 우리말 〈문명〉에 해당하는 서양 말은 대개 라틴어로 〈시민(市民, civis)〉이라는 뜻을 가진 말에서 유래한다는 사실을 예로 들어 생각해 볼 수도 있다. 프랑스어로 〈시민화 civiliser〉, 곧 문명 civilisation은 사람을 시민으로 만듦, 곧 사람들로 하여금 일정한 법과 질서를 지킴으로써 사회를 형성하고 그 사회의 일원이 되게끔 만듦을 뜻한다. 아무리 뛰어난 성능을 가진 기계들을 생활 도구로 가지고 있다고 하더라도, 시민적 삶, 즉 인격으로서 인간의

존엄함과 자유와 평등의 사회원칙이 준수되지 않는 사회생활이 문명
적 삶이라고 할 수는 없다. 서양식 개념으로 이해한다면, 문명은 오히
려 수준높은 문화상태인 성숙한 시민생활의 모습이라 할 수 있다.

　우리가 문화를 이상과 같이 개념적으로 설명할 수 있다면, 문화는
보편성을 갖는다는 사실이 이미 해명된 것이다. 한국문화가 됐든 중국
문화가 됐든, 고대문화가 됐든 근세문화가 됐든, 청소년문화가 됐든 여
성문화가 됐든, 그것이 문화인 한에서 그것은 야성(野性)의 세련화와
문자화 내지는 교양형성 그리고 도덕화라는 성격을 그 안에 지닌 것이
어야 한다.

　이런 보편적 기준에서만 우리는 저질문화·고급문화, 수준낮은 문
화·수준높은 문화를 얘기할 수 있다. 고대에서든 현대에서든, 동양에
서든 서양에서든 사람 위에 사람 있고 사람 밑에 사람 있는 사회, 인
간의 존엄성이 경시되는 사회는 문화적으로 뒤떨어진 것이며, 조잡한
언어생활을 한다거나 구성원의 교육정도가 각자의 자유로운 능력을
배양할 수 없는 수준이라거나 예의범절이 갖춰져 있지 못하고 무법적
상황이 지속되는 사회는 문화적으로 후진이라고 평가할 수 있다. 먹을
거리를 구하는 데 잔인한 방법이 동원된다거나, 질병치료 체계를 갖추
지 못했다거나, 세운 지 얼마 되지 않은 다리가 무너져내리고, 지은 지
얼마 안 되는 건물이 내려앉아 사람들이 무더기로 살상되는 사회는 문
화적으로 낙후돼 있다고 평가할 수 있다. 이런 시각에서 우리는 문화
의 질을 논하고 문화향상을 기획하며, 선진국과 후진국을 가린다.

　문화의 양상은 참으로 다양하기 때문에 하나의 척도로써 문화의 우
열을 가리기가 어려운 경우도 있다. 서로 다른 양식의 문화적 삶의 방
식을 아무리 이리저리 뜯어 살펴보아도 어느 쪽의 수준이 더 높고 낮
은지 분간하기 어려운 경우도 많다. 이런 경우에 우리는 이런 문화양
상들을 비교하여 질의 차이를 얘기할 수는 없고 단지 형태의 차이만을
얘기할 수 있을 뿐이다. 사례연구를 통하여 이런 사정을 잘 알고 있는
일단의 문화인류학자들은 그래서 문화는 민족간에 사회집단간에 서로

다르며, 저마다 나름의 배경을 가지고서 형성된 것인 만큼 하나의 문화형태를 기준으로 놓고 다른 형태의 문화의 질을 평가할 수는 없다는 〈문화상대주의〉를 내세운다. 이런 생각은 충분히 그럴 듯한 근거를 가진 것으로 보인다. 그러나 이런 주장은 주의깊게 받아들여져야 한다.

무슨 사태에 관해서든 그것의 본질을 얘기할 수 있다면, 〈문화〉에 관해서도 그것의 본질적인 면과 비본질적인 면을 가릴 수 있을 것이다. 본질이란 무엇을 바로 그 무엇이게끔 하는 성질을 일컫는 것이고, 이런 성질 때문에 우리는 한 사태와 다른 사태를 구별하는 것이다. 문화의 경우도 예외는 아니어서, 문화이게끔 만드는 어떤 무엇이 있기 때문에 우리는 문화를 자연·야만·조야·몽매·미숙 등과 구별할 수 있는 것이다. 그런 만큼 문화의 본질에 있어서는 상대성이 있을 수 없다. 그런 까닭에 앞서도 예를 들었듯이 고대에든 현대에든 단순석기만 사용하는 족속이 있어서 그로 인해 오로지 먹는 것을 해결하는 데에 모든 노동력을 다 바치고, 그 노고로 인해 기진맥진하여 수명이 길지 못하고 주민의 대부분이 굶주림에 시달린다면, 그것은 성능 좋은 기계와 금속공예품을 사용하여 그런 문제들을 완화시키는 족속에 비해 문화가 뒤떨어졌다고 평가할 수밖에 없다. 또한 소수의 지배자 아래에서 대부분의 주민들이 노예상태에 머물러 있는 사회가 있다면, 그것은 자유민주주의 시민사회에 비해 분명히 문화적으로 낙후돼 있다고 말할 수밖에 없다. 그래서 가령 우리가 고대 이집트나 로마의 엄청난 규모의 토목건축 유적을 관람하면서 당시의 주민수와 토목기술을 감안한다면, 이를 세우기 위해서 얼마나 많은 인명 ——〈노예〉도 분명 사람이라 해야 하지 않겠는가—— 이 살상됐을까를 생각하지 않을 수 없고, 그때 우리는 저 유적들이 과연 〈문화의〉 유적인지, 무지막지한 〈야만의〉 유물인지 진지하게 헤아려볼 필요를 느낀다.

각 사회의 문화양상은 물론 민족적·역사적 배경도 갖기 마련이고 풍토나 기후에 영향을 받기도 마련이어서 그 서로 다름에는 그 나름의 연유가 있겠지만, 그러나 서로 다른 사정 아래에서 형성되었다 해서 모든 문화가 그 수준이 똑같다거나 각 문화의 현재의 상태가 합당하다고 말할 수는 없다.

우리는 비슷한 수준의 서로 다른 양상의 문화의 예를 얼마든지 들 수 있다. 기와집을 짓고 살든 콘크리트 슬래브 집을 짓고 살든, 쌀밥을 먹든 밀가루 빵을 먹든, 그것이 비슷하게 세련된 수준이라면, 그리고 고개를 숙여 인사를 하든 악수로써 인사를 하든 그 행위에 도덕성이 깃들어 있다면, 그런 차이는 문화의 질적 차이라기보다는 단지 취향이나 관습의 차이로 보아도 무방할 것이다. 만약 〈문화상대주의〉가 이런 경우들만을 염두에 둔 것이라면, 그 의미는 매우 제한적으로만 해석되어야 한다.

앞서도 여러 차례 거론했듯이 현대에는 여러 방면에서 〈상대주의〉가 다수의 지지를 받고 있는데, 그것은 한때 절대적 가치를 지닌 것으로 행세하던 것들이 번번이 무너지는 것을 인류가 체험한 까닭이기도 하고, 요즈음 사람들의 이른바 〈과학적〉·〈민주적〉 삶의 태도 탓이기도 하다. 이미 앞서 말한 바대로, 이런 상황에서는 서로 다른 생각에 대해서 상호인정하고 존중하는 태도가 개방적이고 관용적이며, 이런 태도야말로 합리적이라는 생각이 폭넓은 지지를 받을 법하다. 이런 경향의 연장선상에서 문화상대주의도 그럴 듯한 것으로 받아들여진다. 그러나 문화의 본질적인 면, 가령 도덕성의 면에서조차 상대성을 인정한다면, 끝내는 문화와 비문화의 구별이 무의미해지고 말 것이다.

서로 다른 사회의 여러 형태의 문화의 특수성을 모두 인정한다 하더라도, 문화가 그것의 본질적인 면에서 고찰되는 한, 문화는 보편적인 것이다. 그렇기 때문에 우리는 서로 다른 문화일지리도 히니의 보편적 기준에서 그 질의 높낮이를 평가할 수 있다. 그러나 서로 다른 사회의 문화가 보편적·절대적 척도 아래에서 평가될 수 있다는 생각이 〈자문화중심주의〉나 〈문화사대주의〉를 낳는 것은 아니다. 선진문화를 이끌어가고 있는 사람들은 〈자문화중심주의〉에 쉽게 젖고, 낙후한 문화를 일구어가진 사람들은 〈문화사대주의〉에 빠져들기 쉽지만, 그것은 사람들이 사려깊지 못할 때 생기는 현상이지 문화보편주의가 곧바로 자문화중심주의나 문화사대주의를 유발하는 것은 아니다.

개인이든 집단이든 이미 형성돼 있는 전통문화 속에서 살기 마련이고 문화마다 나름의 고유성을 가지는 것이 보통이지만, 고유한 문화이기 때문에 꼭 지켜나가야만 하는 것도 아니고, 반대로 새로운 문화라해서 꼭 받아들여 전통문화를 버려야 하는 것도 아니다. 서로 다른 문화를 평가하고 좋은 문화를 가꾸어나가는 올바른 태도는, 우리 문화이든 남의 문화이든, 문화라면 꼭 갖추어야 할 세련미와 도덕성을 기준으로 살펴서, 더욱 발전시킬 것은 발전시키고 개선해야 할 것은 개선하여 문자 그대로 문화를 〈형성〉해 가는 것이 유연하고 열린 태도이다. 사람이 저마다 뛰어난 능력을 가지고 있다 하나 한 개인이나 한 집단의 그것은 전체 인류의 그것만은 못하다 할 것이다. 문화향상의 바탕이라 할 상상력이나 창의력과 관련해서도 사정은 마찬가지이다. 제아무리 뛰어난 사람에게도 부족함이 있기 마련이고 그것이 다른 사람을 통해서 보완될 수 있듯이, 한 사회의 문화가 제아무리 선진문화라 해도 모든 면에서 그렇다고 보기는 어려울 것이고, 그 어떤 부분에서는 오히려 다른 사회의 문화를 배움으로써 개선할 수도 있는 일이다.

우리는 다른 문화를 배우고 익혀, 자기문화를 풍부하게 만들고 자기문화의 특성을 더욱 개발하여 남의 문화향상에도 기여함으로써 인류문화 창달에 이바지할 수 있다. 다만 사람의 능력은 주체성 내지는 자기정체성의 바탕 위에서 제대로 발양되는 것이 보통이므로, 본질면에서 큰 차이가 없는 것이라면, 자기집단의 고유문화를 더욱 세련화하는 일은 자기집단의 번영에도 좋은 일이요, 동시에 인류사회의 삶의 질을 높이는 일이기도 하다. 예를 들어 우리 한국사람들이 서양철학을 새로 배워 익히는 일은 한국의 문화발전에 보탬이 되는 반면에, 한국사람들이 한국적인 사상을 더욱 세련화하는 일은 한국문화의 정체성을 확보함과 동시에 인류의 철학사상계를 풍요롭게 하는 데 기여하는 일이다.

이제 우리에게 남은 것은 자강불식(自强不息), 분발(奮發)이 있을 뿐이다.

【참고문헌】

서울대학교 철학사상연구소 편, ≪철학사상≫, 4-7호, 1994-1997.

한국철학회 편, ≪철학≫, 제1집-제50집, 1955-1997.

_____, 『韓國哲學史』 上·下, 東明社, 1987.

철학연구회 편, 『해방 50년의 한국철학』, 철학과 현실사, 1996.

『朴鍾鴻 全集』, 전7권, 형설출판사, 1980.

≪新興≫ 1-9호, 서울, 1929-1937.

哲學硏究會 편, ≪哲學≫ 1-3호, 서울, 1933-1935.

朴致佑, 『思想과 現實』, 白楊堂, 1946.

申南澈, 『歷史哲學』, 서울출판사, 1948.

張日祚, 「朴鍾鴻 철학에 있어서의 '現實'의 문제」, ≪신학연구≫(1971), 한국신학대학편.

宋相玉, 「朴鍾鴻은 朴正熙에게서 무엇을 발견하였나?」, ≪月刊 朝鮮≫, 1996년 1월호.

임석진/한국헤겔학회 편, ≪헤겔연구≫, 1집-7집, 1984-1997.

한국철학사상연구회 편, ≪시대와 철학≫, 제1호-제13호, 1990-1996.

한국칸트학회 편, ≪칸트연구≫, 제1집-제3집, 민음사, 1995-1997.

백종현, 『칸트 '실천이성비판' 논고』, 성천문화재단, 1995.

이삼열, 『평화의 철학과 통일의 실천』, 햇빛출판사, 1991.

차인석, 『사회인식론 — 인식과 실천』, 민음사, 1987.

_____, 『사회의 철학 — 혁신자유주의와 사회주의』, 민음사, 1992.

차인석 外, 『사회철학대계』 I·II·III, 민음사, 1993.

장춘익 外, 『하버마스의 사상 — 주요 주제와 쟁점들』, 나남출판, 1996.

공동번역 『성서』, 「창세기」.

『孟子』.

范曄, 『後漢書』.

Platon, *Politeia*.

Aristoteles, *Politica*.

J. Locke, *Two Treatises of Government*(with A Supplement *Patriarcha* by R. Filmer), ed. by Th. I. Cook, New York, 1947.

제 2 장 〈탈주체〉 속의 사회철학

신뢰와 합리성*

장춘익

1 신뢰와 실리

17세기 사회계약론자들에 의해 권력의 정당성 근거로서 주제화되고, 고전적 사회이론가들에 의해 사회통합의 메커니즘으로 파악되었으며, 심리학자들에 의해 자아정체성의 형성기반으로 탐구되었던 신뢰의 문제는 이제 경제적 생산성의 중요한 변수로서까지 말해지고 있다. 노동자들의 자율성을 비효율의 원인으로만 보고 철저한 계산과 통제를 통해 노동자의 자의성을 최소화하려 했던 포드주의적 생산방식이 쇠퇴한 이후, 신뢰는 경제영역에서조차 세심하게 관리되어야 할 중요한 자원으로 여겨지게 된 것이다. 그런데 신뢰가 경제와 연관하여 주제화된 것은 단지 신뢰가 문제되는 영역이 확장되었다는 사실 이상의 의미를 갖는다. 전통적인 윤리학에서는 물론이고 사회학과 심리학, 그리고 부분적으로 정치학에서조차 신뢰는 이익과 어느 정도 무관하거나 느슨한 연관을 갖는 가치로 여겨지는 경향이 있었다. 그러니까 신뢰를 주

---

* 이 글은 1997년 11월 한림대학교 사회연구소가 〈신뢰와 한국사회〉라는 주제 아래 주최한 학술대회에서 발표된 글을 수정한 것이다.

제화하는 전통적인 방식은 가령 친한 사람의 경우 혹시 손해가 예상되더라도 신뢰해야 한다든가 혹은 어떤 정치적 권력을 신뢰하는 것은 그것이 나에게 주는 이익 때문만이 아니라 그것의 도덕성이나 혹은 그것이 구현하는 가치 때문이라는 등의 직관을 정당화하는 것이었다. 그러나 경제에 관련하여 신뢰에 주목된다면——그리고 이것은 특히 후쿠야마의『트러스트』(1996)를 통하여 신뢰의 문제에 주목을 하게 될 경우 더욱 그러한데——, 그것은 일차적으로 가치로서의 신뢰가 아니라 경제적 이익과 〈번영〉의 변수로서의 신뢰에 주목하는 것이다. 신뢰는 이제 실리와 연관하여 주제화된 것이다.

나는 돈독한 신뢰의 분위기가 가져오는 실리의 크기나 혹은 반대의 경우 상실되는 실리의 크기를 논의하는 것, 즉 신뢰의 실리를 따지는 것이 잘못이라고 생각하지는 않는다. 오히려 나는 신뢰의 실리를 따지는 것이, 그것이 아무리 윤리학자들에게 불만스럽게 보일지라도, 신뢰에 관한 새로운 논의의 지평을 열었다고 생각한다. 신뢰의 실리를 따지게 된 것이 가져온 논의의 변화에서 내가 주목하는 점은 이제 신뢰를 하나의 합리적인 태도로 다루게 되었다는 사실이다. 이것은 아마도 어떤 판단이나 행위 혹은 사회적 조직방식의 합리성을 따질 때 우리가 가장 쉽고 분명하게 의존할 수 있는 기준이 바로 실리의 크기이기 때문일 것이다. 그러나 나는 신뢰의 실리에만 주목하는 관점이 신뢰의 결과적 유용성에 주목할 뿐 신뢰의 중요한 다른 측면들을 놓치고 있다고 생각한다. 나는 신뢰에 대한 이런 불충분한 이해가 제한된 합리성 개념에 의존하였기 때문이라고 생각한다. 다음에서 나는 신뢰가 갖는 〈기능적 합리성〉과 〈실천적 합리성〉의 차원을 부각시키고자 한다. 그리고 근대성 modernity의 조건 하에서 가능한 신뢰형성의 방식을 살펴보는 것이 이 글의 목적이다.

2 신뢰, 확신, 신뢰의 합리성

신뢰에 대해 논의를 진행시키기 전에 〈신뢰〉에 대한 잠정적인 정의
가 먼저 필요할 것으로 보인다. 신뢰의 가장 기본적인 형태는 친숙한
사람에 대한 신뢰이다. 그래서 신뢰는 친숙성과 연관이 있다. 그러나
신뢰는 친숙한 타인에게만 주어지는 것은 아니다. 우리는 자기 자신에
대한 신뢰를 말하기도 하며, 또 기술이나 사회적 조직에 대한 신뢰도
우리 삶의 중요한 측면이다. 신뢰에 대한 잠정적인 정의를 얻기 위해
일단 타인에 대한 신뢰에서 출발하기로 하자. 우리가 타인을 신뢰한다
는 것은 어떤 현상인가? 신뢰의 중요한 특징은 우선 타인에게 판단과
행위의 자유를 허용한다는 점에서 찾을 수 있다. 타인의 판단과 행위
를 모두 통제하면서 상대에게 신뢰를 부여한다는 것은 신뢰에 대한 일
반적 이해에 맞지 않는다. 그러나 타인에게 자유를 부여하는 것은 신
뢰의 한 측면일 뿐이다. 타인에 대한 신뢰는 그의 판단과 행위가 그에
대한 우리의 기대와 크게 어긋나지 않을 것이라는 예측을 포함한다.
이때 기대와 예측은 상대의 선한 의지와 행위능력에 관련된다. 우리에
대해 나쁜 의도를 가진 사람을 신뢰한다든가 선한 의도를 가졌더라도
행위능력이 없는 사람을 신뢰한다는 것은 신뢰에 대한 일반적 이해에
맞지 않는다. 그러니까 타인에 대한 신뢰는 그가 자유의사에 따라 판
단하고 행동하더라도 그것이 우리가 바람직하게 여기는 결과와 크게
어긋나지 않으리라는 기대이다. 그래서 신뢰는 잠정적으로 〈다른 사람
의 선한 의지와 능력에 대한 낙관적 태도〉(Jones, 1996 : 11)라고 정의
될 수 있다.

신뢰에 대한 앞선 정의에 따르자면 신뢰는 타인에 대한 일종의 기
대이다. 그런데 이 기대는 언제나 제한된 정보를 바탕으로 한 기대이
다. 만일 상대에 대한 충분한 정보를 가지고 있어 상대의 행위를 정확
히 예측할 수 있다면 신뢰는 필요하지 않을지도 모른다. 그래서 신뢰
는 다른 사람에 대한 낙관적 기대이지만 또한 언제나 실망의 가능성을

담고 있다. 그렇다면 어떤 타인에 대한 신뢰가 합리적인지의 여부는 일차적으로 실망의 가능성과 크기가 얼마나 적절하게 고려되었는가 하는 점에서 구별될 수 있을 것으로 보인다. 실망의 가능성과 크기를 고려하지 않은 채 신뢰하는 것은 합리적이지 못하다. 자신의 어린아이가 복잡한 차도를 잘 건널 것이라고 믿는다든가 처음 본 사람에게 자신의 전 재산을 맡기는 것은, 만일 다른 가능성은 없고 오직 그렇게 할 수밖에 없는 극한상황이라면 모를까, 분명 합리적이지 못하다. 그래서 실망의 가능성을 줄이기 위해 상대의 판단과 행위에 대해 다소간 정확한 예측을 시도하고 그에 바탕하여 상대에게 어느 정도 통제를 가하는 것이 필요하다. 이것은 신뢰 trust가 타인에게 자신의 소중한 것을 맡기는 것 entrusting이라면(Baier, 1986) 더욱 그렇다. 상대가 기대와 달리 행동했을 경우 내가 입을 손실은 차라리 그를 전혀 신뢰하지 않았을 때보다 훨씬 클 것이기 때문이다. 〈신뢰는 좋은 것이지만 통제는 더 나은 것〉이라는 세인의 지혜는 무조건적인 신뢰의 경솔함을 경고하고 있다. 그런데 문제는 신뢰로부터 실망의 가능성을 완전히 제거할 수 없다는 사실이다. 또한 완전한 예측과 통제를 꾀할수록 신뢰의 의미와 기능은 훼손된다. 그러니까 실망의 가능성을 최소화하기 위해 예측과 통제를 강화하는 것은 곧 신뢰를 불필요하게 만드는 결과를 가져오는 것이다. 그래서 신뢰는 확신 confidence과 같을 수는 없다. 그런데 신뢰에서 실망의 가능성을 제거할 수 없다는 것은 곧 신뢰의 부분적인 비합리성을 말하는가? 만일 합리성을 실리와 계산가능성에서 찾는다면 분명 그렇다고밖에 대답할 수 없다. 신뢰의 합리성을 이렇게 이해하면 신뢰의 합리적이지 못한 부분을 정당화할 수 있는 방법으로 두 가지 정도가 생각될 수 있다. 그 하나는 비합리적인 측면을 현재 어쩔 수 없는 정보의 부족에 기인한 것으로 설명하는 것이다. 이 경우 신뢰는 다소간 개연성을 갖는 예측으로서 정확한 정보가 축적됨에 따라 확신으로 대체되어야 하는 것이 된다. 다른 하나는 신뢰의 저 〈비합리적〉인 측면을 윤리적 이유에서 정당화하는 것이다. 상대에 대해 정확한 정보를 갖고자 하는 것은 상대의 인격과 자율권에 대한 침해이기 때문에 차라리 어느 정도 실망의 가능성을 감수하는 것이 마땅하다는 것이다. 이 설명은 신뢰의 〈비합리적〉인 부분이 갖는 적극적 의미를 강조한다는 장점을 갖기는 한다. 그러나 이 설명도 신뢰의 부정확한 부분을 비합리적인 것으로 여긴다는 점에서는 앞의 설명과 다를 바 없다. 그러므로 우리가 타인을 윤리적으로 배려해야 하는 부담만 지지 않을 수 있다면, 합리성의 측면에서 볼 때 신뢰는 좀더 확실한 예측의 방식으로 대치되는 것이 바람직할 것이다. 만일 타인의 행위를 우리의 의도에 맞게 완벽하게 통제할 수 있다면 굳이 실망의 가능성을 담고 있는 신뢰에 의존할 필요가 없지 않은가?

만일 타인의 행위를 철저하게 예측하고 통제할 수 있다면 타인에 대한 신뢰는 필요하지 않을지도 모른다. 그런데 문제는 사회적 삶에서 나에게 이익이나 손실을 줄 수 있는 모든 사람들의 판단과 행위를 철저히 예측하고 통제한다는 것이 가능하지 않다는 것이다. 물론 나에게 중요한 의미를 갖는 사람에 한정하여 정확한 정보를 획득하고자 할 수도 있을 것이다. 그러나 역설적이게도 바로 나에게 중요한 의미를 갖는 사람들에 대한 신뢰야말로 정확한 증거의 기초 위에 서 있는 것으로 보이지 않는다는 점이다. 나에게 중요한 의미를 갖는 사람에 대한 신뢰야말로 오히려 증거와 무관한 성격 evidence-independence을 갖는 경향이 있으며, 정확한 정보를 필요로 할 때는 이미 불신의 싹이 고개를 든 경우이다. 그러므로 신뢰의 저 〈비합리적인〉 측면은 단지 정보의 부족에 기인한 곤경이라고 할 수는 없다. 오히려 신뢰에서 〈합리적인〉 측면과 〈비합리적인〉 측면의 관계를 역전시켜서 비합리적인 측면을 신뢰의 좀더 본질적인 것으로 보고 〈합리적인〉 측면을 보조적인 것으로 보는 것이 옳지 않을까? 그러니까 신뢰는 일차적으로 상대의 선의지와 능력에 대한 다소간 무조건적인 믿음이고, 정보는 다만 신뢰가 지나치게 큰 모험이 되지 않도록 방지하는 데 보탬이 되는 것 아닌가? 이렇게 볼 때 비로소 정확한 예측과 통제를 추구할수록 오히려 신뢰관계가 손상될 수 있다는 사실이 납득될 수 있지 않을까?

만일 〈비합리적인〉 측면을 신뢰의 좀더 본질적 성격으로 보게 되면 일견 신뢰를 합리성과 별 상관이 없는 정서적인 태도로 여기는 것 외에 다른 설명방식이 없을 것처럼 보인다(Becker, 1996). 그러나 이것은 〈합리성〉을 계산과 예측의 측면에 한정할 경우에만 그렇다. 만일 계산과 예측을 적절히 제한하는 것이 어떤 〈합리적인〉 이유에 의한 것이라는 점을 적절히 개념화해 낼 수 있다면, 신뢰의 본질적인 측면을 여전히 합리성의 측면에서 파악할 수 있을 것이다. 다만 이 경우 〈합리성〉의 개념은 계산이나 예측과는 다른 차원의 것이어야 할 것이다. 신뢰의 그러한 합리성이 밝혀지면 비로소 왜 신뢰가 사회적 삶에서 계획과 통제에 의해 대치될 수 없는 중요한 기능을 갖는지도 분명해질 것이다. 나는 신뢰에 예측과 통제를 제한하는 합리적인 이유가 있다고 생각하는데, 신뢰의 이런 측면을 계산적 합리성의 정도에 근거한 합리적 신뢰와 구별하여 신뢰의 합리성이라고 부르고자 한다.

3 신뢰의 합리성

3-1 계산적 합리성의 한계

잘 알려진 〈수인(囚人)의 딜레마〉나 〈공유지의 비극〉은 신뢰의 합리성을 설명하는 데에 적합한 예이다. 공범혐의를 받는 사람들이나 혹은 제한된 목초지에서 양을 치는 목동들은 서로 협동한다면 각자에게 최선의 결과를 얻을 수 있다. 그러나 그들은 상대가 자신의 협동의사를 신뢰하고서 행동할 것인지를 알지 못하며, 또 자신도 상대의 협동의사를 알 수 없는 상황에서 차라리 상대가 협동하지 않을 것을 전제로 하고 자신의 선택을 한다. 상대의 협동의사를 전제하고 행동했다가 자신만 가장 나쁜 상황에 처하게 되는 것을 원치 않기 때문이다. 이런 선택은 분명 실리계산의 측면에서 합리적인 선택이라고 할 수 있다.
그러나 저 예들은 서로에 대한 신뢰가 없는 조건에서의 합리적 계산은
실리의 측면에서도 서로에게 가능한 최선의 결과를 가져오지 않는다
는 점을 보여준다. 만일 사회적 협동을 통해 얻을 수 있는 최선의 상
황을 실현하는 행위가 가장 합리적인 행위라 한다면, 신뢰 없는 실리
계산은 부분적으로만 합리적이다. 더욱이 실제 사회에서 그럴 것이라
고 생각되듯이 협동을 통해서 얻을 수 있는 이익과 그렇지 않은 경우
의 이익의 차이가 막대하다면, 신뢰 없는 실리계산은 심지어 비합리적
이라고 말할 수 있다. 실리의 측면에서의 합리적 계산이 상호 신뢰 없
는 조건에서는 오히려 비합리적인 결과로 귀착한다는 역설을 어떻게
설명할 것인가?

　신뢰를 그 자체로는 실리와 무관한 도덕적인 가치로 보는 사람들은
신뢰의 실리를 하나의 부산물 by-product로 여길 것이다. 이 경우 신
뢰는 도덕적 가치로서 그 자체로 추구되어야 하는 것이지만 커다란 실
리마저 가져오므로 더욱 지지되어야 할 가치로 여겨진다. 그러나 합리
성을 실리계산과 동일시하는 사람들은 도덕주의자들의 이런 자부에
굴복할 리가 없다. 그들에게는 도덕적 가치로서의 신뢰와 그것이 가져
오는 실리 사이의 관계가 오히려 반대로 설명되어야 한다. 그러니까
그들은 사회적 협동을 가능케 하는 신뢰도 결국 실리계산적 행동의 결
과로 생겨난 것임을 보여줄 때 비로소 설명다운 설명을 얻었다고 생각
한다. 그래서 그들은 가령 이기적 행위로부터 협동적 행위양식이 진화
되어 나오는 과정을 추적하든가(Bateson, 1988) 혹은 수인의 딜레마와
같은 상황의 반복을 통해서 협동을 추구하는 새로운 행위양식의 시도
가 생겨나고 그것의 성공을 통해 그런 행위양식이 정착될 수 있음을
보여주고자 한다(Axelrod & Hamilton, 1981). 이런 설명에 따르자면
신뢰는 그 자체로는 실리계산과 무관한 가치이나 동시에 실리를 극대
화시켜 주는 사회적 협동의 외적 조건으로 작용하는 것이 아니라 실리
계산에 바탕한, 다만 외양상 그렇게 보이지 않을 뿐인, 하나의 행위전

략인 것이다. 어느 설명이 더 타당성을 갖는가? 나는 두 가지 설명 모두가 합당하지 않다는 사실에서 신뢰의 합리성이 좀더 정확히 보여질 수 있을 것이라고 생각한다.

나는 신뢰관계가 순수히 사람들의 이타적 태도에 기반해서 형성되었다고 보는 것은 설득력이 적은 가정이라고 생각한다(Williams, 1988 참조). 사람에게 이타심과 같은 감정이 있다는 것을 부정하지 않지만, 그리고 부모와 자식, 혹은 친구관계나 종교공동체 등에서처럼 이타심이 명백히 드러나는 경우가 있긴 하지만, 자발적 이타심은 대개 친밀한 관계의 범위를 벗어나지 못한다. 물론 친밀한 관계를 넘어 헌신적인 인류애로 확장된 이타심의 예가 없는 것은 아니다. 그러나 그런 태도를 일반적인 것으로 가정할 수는 없다. 더 이상 긴밀한 친밀성에 의존하지 않는 사회관계에서는 사람들이 비록 어느 정도의 이타심이 있다 하더라도 사회적 협동이 자신에게도 이익이 되며 자신이 협동하고자 하는 타인이 대부분 기대에 크게 어긋나지 않게 행위할 것이라는 예상할 수 있을 때에만 안정적인 신뢰태도가 형성될 수 있다. 그래서 사회적 협동을 통해 이익을 누릴 수 있다는 다소간 명백한 인식, 그리고 상대의 신뢰가능성을 지지해 주거나 담보해 주는 다소간 객관적인 조건, 즉 상대에 대한 정보나 상대의 신망 reputation, 혹은 일반적인 기대를 어길 경우의 유·무형의 제재 등의 조건이 있지 않으면 안정적인 신뢰관계는 성립할 수 없다.

그러나 순수한 이익추구 행위로부터 상호신뢰 관계가 형성되어 나온다는 주장 역시 설득력이 없어 보인다. 그러한 주장에 대한 반대증거는 수인의 딜레마 같은 이론적 구성물에만 한정되는 것은 아니다. 가령 이탈리아의 민주주의 발전에 대한 퍼트남의 경험적 연구(Putnam, 1990)는 그런 사례를 제공한다. 1970년대 지방자치제 도입 이후 북부 이탈리아는 경제와 민주주의의 동시적 발전을 이룬 반면 남부 이탈리아는 두 가지 측면에서 모두 후진적인 상황을 벗어나지 못했는데, 퍼트남의 연구는 이런 현상의 원인을 상호신뢰를 제공해 주는 시민공동체 civic community의 발달 유무에서 찾는다. 퍼트남이 말하는 시민공동체란 높은 수준의 협동, 신뢰, 상호성, 시민참여, 집단적 복지 등의 특성을 갖는 사회이다(같은 책, 177). 퍼트남은 자신의 연구를 바탕으로 신뢰와 불신은 각각 자신을 강화시키는 self-reenforcing 관계가 성립한다는 결론을 내렸다. 즉 신뢰는 민주주의와 경제의 발전을 가져오고 발전은 다시 신뢰를 강화시키는 선순환 virtuous circles 관계가 성립하며 다른 한편 불신은 저발전을 가져오고 저발전은 다시 불신을 강화시키는 악순환 vicious circles의 관계가 성립한다는 것이다(같은 책, 같은 곳).

앞의 지적이 맞다면 개인의 이타심이나 계산적 합리성은 모두 신뢰의 형성을 설득력 있게 설명할 수 없다. 그렇다면 신뢰는 이타심이나 계산적 합리성과 무관하게 형성되며, 다만 사회적 협동을 가능케 함으로써 결과적으로 커다란 실리를 가져오는 하나의 행위조정 방식인가? 신뢰 자체에 내재하는 합리성은 없는 것인가? 이 물음에 대한 답에 따라 신뢰의 형성방식에 대한 견해에서도 큰 차이가 있을 수 있다. 만일 신뢰 자체에 내재하는 합리성이 없다면 신뢰의 형성은 어떤 방식을 택하든 상관이 없을 것이다. 그러나 만일 신뢰 자체에 내재하는 합리성이 있다면 그 합리성과 상충하는 방식을 통하여 신뢰를 형성하는 것은 불가능하거나 혹은 일시적인 효과에 머무를 수밖에 없을 것이다. 계산적 합리성으로 포착되지 않는 신뢰의 합리성은 무엇인가?

3-2 신뢰의 기능적 합리성

실리계산을 넘어서는 신뢰의 합리성의 한 중요한 측면은 루만(N. Luhmann, 1989)에 의해 적절히 지적되었다. 루만은 목적합리성이나 또는 예측의 정확성 등에 의해 신뢰의 합리성을 충분히 규정할 수 없다는 점을 분명히 하고 있다. 그가 말하는 신뢰의 합리성이란 체계 System가 그보다 복잡성이 큰 환경 Umwelt과 갖는 관계에서 성립하는 기능적 합리성의 일종이다. 이때 〈체계〉란 자신이 처한 조건으로부터 기계적 인과관계에 따라 영향을 받는 것도 아니고 그렇다고 조건에 무관하게 순수히 자율적인 것도 아닌, 〈자신의 요소와 기본적인 작용방식들을 자기 자신과 연관지어 구성하는〉(Luhmann, 1987 : 25) 존재자이다. 〈환경〉은 가장 간략히 말하자면 체계가 처한 조건이다. 한 체계에 대해 환경의 복잡성이 크다는 것은 환경에서 일어나는 사건과 상태의 다양성이 체계가 그에 대해 일일이 대응하여 자신의 반응을 조정할 수 없을 만큼 크다는 것을 의미한다. 이런 환경에 대해 체계가 자기 자신을 유지하기 위해서는 환경의 복잡성을 자신이 대응할 수 있을 정도로 적당히 축소시키는 것이 필수적이다. 〈기능적 합리성〉이란 체계의 어떤 작용이나 기능이 환경의 복잡성 Komplexität을 적절히 축소하는 데에 긍정적으로 기여하는 것을 의미한다. 루만이 말하고자 하는 것을 일단 개인과 개인 사이의 신뢰문제에 적용하여 간략하게 살펴보자.

한 개인에게 자신이 관련하는 다른 사람들은 엄청나게 큰 복잡성을 갖는 환경이다. 나에게 관련되는 사람을 단 한 사람으로 한정한다 하더라도 복잡성은 여전히 지나치게 크다. 상대가 어떻게 판단하고 행위할지를 내가 정확히 예측할 수는 없기 때문이다. 하물며 내가 관련하는 모든 사람들의 판단과 행위를 정확하게 예측한다는 것은 전혀 가능하지 않다. 그런데 만일 타인의 행위에 대한 정확한 예측에 기반하여 하는 행위만이 합리적이라면, 내가 할 수 있는 합리적 행위는 지극히 제한될 것이다. 심지어 평온한 분위기의 길거리에 나서는 것조차 비합리적일 것이다. 나와 스쳐지나가게 될 모든 사람들이 나에게 어떤 해도 가하지 않을 것이라는 점을 확인할 길이 없기 때문이다. 그러나 오히려 예측할 수 없다고 하여 아무런 행위를 하지 않는다는 것이 비합리적이지 않은가? 그렇다고 또한 자신이 처한 조건에 대한 아무런 정보 없이 행위를 하는 것 또한 합리적이지 않다. 그렇다면 중요한 것은 행위결정을 위해 주어진 짧은 시간 안에 행위여부를 결정할 수 있도록 고려의 대상을 적절히 축소시키는 것이 필요할 것이다. 그래서 합리적으로 행위하기 위해 중요한 것은 가능한 많은 정보를 수집하고 분석하는 것이 아니라 오히려 정보를 적절히 제한하는 것이다. 행위하기 위해서는 중요하게 고려될 정보를 선별하고 그에 의존하여 행위결정을 하는 것이다.

행위를 위하여 고려되는 정보는 어쩔 수 없이 현재 관찰될 수 없는 다른 측면들에 대한 지표적 성격을 갖는다. 가령 낯선 소리는 아직 관찰되지 않은 위험에 대한 표시로 여겨질 수 있고 이 순간 어떻게 행위해야 할지를 고려할 때 결정적인 단서가 될 수 있다. 이런 점에서 고려되는 정보의 과다계상Überziehen der Informationen(Luhmann, 1989)은 불가피하다. 물론 고려되는 정보를 지나치게 한정하고 절대적인 의미를 부여하는 것은 비합리적이다. 그것은 순간적인 인상이나 직관에 의존하여 판단하는 것의 위험성을 내포한다. 그러나 고려되어야 할 사항을 제한하는 것 자체는 합리적이다. 모든 정보를 수집하고 분석한 후 행위한다는 것은 불가능하기 때문이다. 루만은 신뢰의 가장 중요한 기능을 바로 고려해야 할 사항들을 제한하는 것 자체에서 찾는다. 그러니까 정보를 얼마나 제한하는가의 문제가 구체적인 신뢰의 합리성 여부에 관건이 된다면, 루만이 지적하고자 하는 것은 도대체 고려해야 하는 사항을 축소시키는 신뢰의 기능 자체가, 그러니까 신뢰한다는 것 자체가 합리적이라는 것이다. 이 점을 분명히 하기 위하여 신뢰의 기능을 화폐의 기능과 비교해 보기로 하자. 화폐는 개인의 차원에서 보면 한 개인이 자기보다 복잡한 환경, 즉 수많은 타인 및 사회조직과 거래하는 것을 가능케 한다는 점에서 합리적이다. 또 한 사회체계의 차원에서 보더라도 화폐는 그 사회체계보다 더 복잡한 환경, 가령 수많은 개인들 및 다른 사회체계들과의 교류를 가능하게 한다는 점에서 역시 합리적이다. 루만이 신뢰의 합리성에 대해 말하는 것은 바로 이렇게 화폐의 합리성에 대해 말할 때의 합리성이다. 그러니까 어떤 개인이 화폐를 합리적으로 사용하느냐 그렇지 않으냐를 떠나서 화폐 자체가 합리적인 매체이듯이 합리적 신뢰인지 아닌지 이전에 신뢰 자체가 합리적이라는 것이다.

신뢰가 고려해야 할 사항을 축소시키는 기능을 한다고 해서 행위의 가능성을 축소시키는 것은 아니다. 오히려 반대로 신뢰는 적절한 시점에 행위를 할 수 있게 함으로써 연속하여 다른 행위를 할 수 있는 가능성을 열어준다. 신뢰가 이렇게 행위가능성을 확대해 주는 것은 신뢰를 주는 체계에만 해당되는 것이 아니라 신뢰를 받는 체계에도 해당된다. 가령 남으로부터 신뢰를 받는 사람은 상대의 호의를 기대하고 그와 어떤 협동을 시도할 수 있으며, 또 신뢰가 없는 경우에는 오해의 여지가 있는 행위에 대해서도 상대의 이해를 기대할 수 있다. 사회체계도 개인들로부터 신뢰를 받으면 행위역량을 증대시킬 수 있다. 가령 신뢰를 받는 정부는 현재 개인들에게 이익을 주지 못하지만 어느 정도 시간이 지난 다음에는 긍정적인 효과를 낼 수 있는 계획을 세우고 수행할 수 있다. 사회구성원들이 지금 당장 대가를 기대하지 않기 때문에, 정부는 자신의 정책의 성과를 보여줄 수 있는 충분한 시간을 가질 수 있는 것이다. 이에 반해 신뢰를 받지 못하는 체계는 당장 효과를 낼 수 있는 정책만을 채택할 수 있고, 이 때문에 정책의 선택범위는 대폭 줄어들게 된다. 신뢰는 이렇게 체계역량 확대의 조건으로서 중요하다는 점에서 합리적이다.

3-3 신뢰의 실천적 합리성

실리계산적 합리성 개념으로 충분히 포착되지 않는 신뢰의 합리성의 한 측면을 밝히는 데에 루만의 기능적 합리성 개념은 분명 큰 도움이 되지만, 그렇다고 그것으로 충분한 것은 아니다. 루만식의 이해에 따르자면 신뢰의 합리성은 고려되는 정보를 제한해서 적절한 시점에 행위를 결정할 수 있도록 하는 데에 있었다. 신뢰에 대한 이런 파악은 제한된 정보에 바탕하여 행위결정을 내리는 것을 합리적인 것으로 설명할 수 있다는 점에서 계산적 합리성 개념에 의존한 설명보다 장점을 갖는다. 그러나 기능적 합리성 개념은 표면상 계산적 합리성과 명백히 구별되는 것 같지만 실상은 계산적 합리성과 긴밀하게 맞닿아 있다. 사실 기능적 합리성이란 계산적 합리성을 반성적으로——이때 〈반성적〉이라는 말은 반드시 〈의식적〉이라는 의미로 이해될 필요는 없다——사용하는 능력과 다를 바 없다. 즉 실리를 위해 계산을 하되, 지나친 계산이 오히려 손실을 가져온다는 점을 계산하여 계산을 적절히 제한하는 것이다. 즉 계산을 계산하는 것이다. 이런 합리성 개념에 따르자면 지나치게 많은 정보를 고려하다가 행위결정의 적절한 시기를 놓치는 것은 비합리적이지만, 행위결정을 위해 주어진 시간 안에 가능한 한 많은 정보를 처리할 수 있다면 더욱 합리적이다. 그런데 이런 합리성 개념으로는 파악하기 어려운 신뢰의 측면이 있다. 사람들은 타인을 신뢰할 때 흔히 상대의 신뢰성을 세심하게 측정하지 않는 경우가 많다. 이것은 반드시 그것을 위한 충분한 시간이 없어서거나 달리 방도가 없어서 그런 것은 아니다. 그러니까 신뢰를 주는 사람이 상대에 대해 예측과 통제를 삼가는 정도는 많은 경우 정보과다를 방지하는 것에 그치는 것이 아니라 증거거부적인 evidence-resistant 면을 보이기조차 한다. 기능적 합리성은 신뢰의 이런 측면을 적절히 포착할 수 있을까? 물론 거의 증거거부적인 태도조차도 정보과다에 의해 전혀 행위를 하지 못하는 상태보다는 합리적이라고 말할 수 있을 것이다. 이렇게 하면 신뢰의 저 맹목적으로 보이는 측면조차 실리와 연관지어 설명할 수 있을지도 모른다. 그러나 이런 설명은 이론의 일관성을 위하여 신뢰 현상의 다양성을 무리하게 축소하는 것으로 보인다. 신뢰할 때 상대의 신뢰성에 대한 증거를 중시하지 않는 경향, 혹은 심지어 증거거부적인 경향에 대한 설명은 신뢰가 장기적인 계산에서 현재의 위험을 감수하는 것만이 아니라 오히려 정말로 자신의 이익을 고려하지 않는 측면이 있다는 점을 인정할 때만 이해될 수 있을 것으로 보인다. 장기적으로 고려하였든 그렇지 않든 간에 예상되는 자신의 이익이 곧 신뢰의 충분한 조건이 되지 못한다는 점을 칸트는 한 예를 통해 실감나게 전하고 있다. 어떤 사람이 우리의 모든 것을 안심하고 맡길 수 있는 사람이라며 한 사람을 비서로 추천한다. 그는 자기가 추천하는 사람이 신뢰할 만하다는 점을 강조하기 위하여 그의 장점들을 설명한다. 그 장점은 여러 가지인데, 그는 명민하여 이익의 기회를 놓치지 않으며 어떤 목적을 정하면 수단을 가리지 않는다. 심지어 그는 절대 발각되거나 나쁜 소문에 휘말리지 않으면서 부정한 방법으로 남의 재산을 빼내는 재주까지 갖추었다. 이런 비서는, 그가 우리를 배반하지 않는 한 틀림없이 우리에게 이익이 될텐데, 칸트는 우리가 이런 추천을 받아들일 수 있느냐고 묻는다. 칸트는 그럴 수 없을 것이라고 단언한다(칸트, 1995: 39). 칸트가 단언한 것과 달리 실제로는 그런 사람을 가장 이상적인 비서로 여길 사람도 있긴 할 터인데, 아무튼 칸트가 예를 통해서 말하고자 하는 것은 분명하다. 그것은 타인에 대한 우리의 신뢰는 상대의 도덕성에 대한 믿음과 밀접한 연관이 있다는 점이다. 물론 도덕성이 신뢰의 유일한 토대일 수는 없다. 매우 도덕적이나 과학적으로 무능한 사람의 과학적 판단을 우리는 신뢰하지 않는다. 그러나 다른 한편 과학적 능력이 뛰어난 사람의 과학적 판단을 신뢰할 때 우리는 그가 거짓말을 하지 않을 것이라고 전제하고 있다. 그러니까 타인에 대한 신뢰에서 도덕성은 충분조건은 아니지만 필요조건인 셈이다. 도덕성이 신뢰의 필요조건이라는 주장은 비도덕적인 사람이 신뢰되는 경우가 있다는 지적에 의해 반박되지 않는다. 가령 어떤 사회관계에서는 매우 부도덕한 사람이 가족들로부터는 신뢰를 받을 수 있지만, 그런 신뢰는 가족이 그가 부도덕한 존재라는 것을 모르는 한에서만 온전하게 유지될 수 있을 뿐이다. 일단 그가 부도덕한 존재라는 평판을 듣게 되면 가족은 그 평판이 부당하다고 여김으로써 신뢰를 유지하든가, 그렇지 않으며 그에 대한 신뢰는 더 이상 그전처럼 확고한 지반에 서지 못하게 된다.

신뢰의 도덕적 차원을 고려하면 이제 신뢰가 왜 증거거부적인 경향마저 갖는지를 이해할 수 있게 된다. 어떤 사람에 대한 신뢰는 그가 선한 동기에 따라 행위할 것이라는 낙관적 믿음과 그를 신뢰하는 것이 그로 하여금 자신의 신뢰성을 유지하도록 노력하게 할 것이라는 기대에 의해 뒷받침되어 있다. 그래서 신뢰하는 사람은 상대에 대한 정보를 수집하고 분석하는 일이 상대의 선한 동기를 못 믿어서 하는 것이라고 생각하고 스스로 삼가게 된다. 심지어 신뢰하는 사람은 ── 제 3자가 보기에 ── 상대의 신뢰성을 결정적으로 의심케 하는 하는 정보를 우연히 접한다 하더라도 그것의 의미를 축소하거나 재해석하려는 경향을 보인다. 물론 상대의 신뢰성을 의심케 하는 많은 정보를 접하면 더 이상 신뢰를 유지하기 어렵게 되곤 하는데, 그렇다고 해서 그전에는 신뢰가 충분한 증거에 의해 뒷받침되었다는 것은 전혀 아니다.

타인에 대한 신뢰를 위해서는 상대의 도덕성에 대한 믿음이 필수적이라고 하더라도, 신뢰가 계산적 합리성이나 기능적 합리성과 다른 종류의 합리성을 가지고 있다고 말하기는 아직 이르다. 분명 이익과 무관한 듯이 보이는 신뢰의 양상이 있기는 하지만, 그렇다고 어째서 신뢰가 다른 합리성 ── 예컨데 목적 자체를 고려하는 합리성(Baker, 1987) ── 을 따른다고 할 수 있는가? 계산적 합리성이나 기능적 합리성에 따르지 않는 태도는 지극히 주관적이고 정서적인 것일 뿐 합리적이지 못한 것 아닌가? 만일 그렇다면, 신뢰에 그런 주관적 측면이 있다는 점을 인정한다 하더라도, 실리계산적 합리성과 기능적 합리성 외에 신뢰의 합리성에 더 보태질 것은 없을 것이다. 그러니까 도덕성을 근거로 실리계산적 합리성이나 기능적 합리성과 다른 종류의 합리성이 신뢰에 있다고 말힐 수 있으려면 도딕이 갖는 어떤 독사적 합리성이 제시되어야 한다.

철학사에서 도덕의 독자적인 합리성을 규명하려 했던 가장 인상적인 시도는 아마도 칸트의 실천이성비판이었을 것이다. 잘 알려졌듯이 칸트는 도덕적 타당성의 근거를 순수한 실천이성에서 찾음으로써 도덕이 이론적 합리성과는 근원이 다른 합리성을 갖는다고 주장하였다.

나는 칸트의 이런 주장이 오늘날 그대로 받아들여질 수 있다고 생각하지는 않는다. 그렇다고 우리가 도덕적 타당성과 관련하여 도구주의적이거나 아니면 비인지주의적인 이해 사이에서 선택해야 하는 것은 아니다. 실제 개인과 집단에 따라 도덕적 기준이 다르다는 사실이나 도덕적 논쟁에서 합의가 어려운 점 등은 도덕적 비인지주의에 유리한 증거인 듯이 보이기는 하지만, 도덕적 원리를 충분히 추상적으로 파악하면 도덕적 인지주의는 옹호될 수 있을 것으로 보인다. 가령 담론윤리학discourse ethics에서 주장하듯이 〈실천적 담론의 참여자로서 모든 당사자들의 동의를 얻을 수 있는 규범들만이 타당성을 주장할 수 있다〉(하버마스, 1997)는 원칙은 충분히 정당화될 수 있다. 나는 이렇게 지극히 추상적인 절차적 원칙뿐 아니라, 사람들이 충분한 정보를 가지고 다양한 삶의 형태를 비교할 수 있다면, 좀더 구체적인 도덕원칙에 대해서도 합의할 수 있으리라고 추정한다.

  실천적 합리성을 적절히 개념화하는 것은 물론 쉬운 일이 아니다. 나의 생각으로는 계산적 합리성이나 목적합리성으로 환원되지 않는 실천적 합리성을 이해하기 위하여 결정적으로 중요한 것은 합리성을 진리성에 의존하여 파악하지 않는 것이다. 어떤 주장이 합리적이라는 것은 그 주장이 참이라는 것과 같은 뜻이 아니다. 어떤 주장을 합리적으로 만드는 것은 그 주장을 정당화할 만한 충분한 근거가 제시되었다는 사실이다. 어떤 주장을 뒷받침하는 데 충분하다고 여겨지는 근거가 제시되었지만 결과적으로 그 주장은 틀린 것으로 판명될 수 있다. 반대로 전혀 근거를 제시하지 못하지만 결과적으로 참인 판단을 주장할 수도 있다. 만일 전자가 더 합리적인 태도라고 말할 수 있다면, 합리성은 주장 자체의 진리성이 아니라 주장의 정당화과정에서 찾아져야 할 것이다. 그러니까 타인에게 설득력 있는 논거에 따라 천동설을 주장한 사람이 자신이 어지럽다는 이유로 지동설을 주장한 사람보다 더 합리적이라고 말할 수 있는 것이다. 만일 합리성을 이렇게 절차적 성격을 갖는 것으로 이해하면 도덕적 논증에 대해서도 충분히 합리성을 말할 수 있다. 도덕적 문제도 진지한 논의의 대상이 되기 때문이다. 비록 도덕적 논의가 쉽게 합의에 이르지는 못하지만, 그렇다고 이 사실이 도덕적 주장의 합리성을 불가능하게 하는 것은 전혀 아니다.

도덕의 합리성을 인정하게 되면 상대의 도덕성에 의거하여 신뢰하는 것의 의미도 좀더 정확히 이해될 수 있다. 상대의 도덕성에 대한 믿음은 그가 ── 추후에라도 해명될 수 있을 ── 특별한 이유가 없는 한 우리의 정당한 기대에 크게 어긋나서 행위하지 않을 것이라는 믿음이다. 이것은 그에 대해 관찰자적 입장에서 수집한 정보에 기초하여 어떤 예측을 하는 것과는 전혀 다르다. 상대의 도덕성에 기반한 신뢰는 그가 우리의 기대에 크게 어긋나는 행위를 그 스스로 정당화하지 못할 것이라는 믿음에 기초한다. 그러니까 도덕성에 근거한 신뢰는 상대가 우리의 기대에 부응하는 것이 그의 이익이 될 것이라서 그렇게 행위할 것이라거나 혹은 그의 어떤 심리구조가 달리 행동하지 못하도록 할 것이라고 예측하는 것과는 거리가 멀다. 또 신뢰가 실천적 합리성과 관련이 있음을 염두에 두면 왜 상대에게 적정한 것 이상을 기대해서는 안 되는지도 설명이 된다. 그런 기대를 해서 안 되는 것은 단지 상대가 그런 기대에 부응할 확률이 낮다는 예측 때문이 아니다. 그것은 그런 기대를 하는 것이 정당하지 못하기 때문이다. 물론 이것은 어떤 사람에게 누구나 기대할 수 있는 평균적인 것만을 기대할 수 있다는 것은 아니다. 또 서로에 대한 기대가 반드시 평등한 상호성을 가져야 한다는 것도 아니다. 특별한 관계에 있을 경우 더 큰 기대를 할 수 있으며 또 상대에게 더 큰 배려를 할 수 있다. 그러나 이 경우에도 서로가 서로에게 거는 기대가 각자에게 받아들여질 수 있고 경우에 따라 유사한 관계에 있는 다른 사람들에게도 납득될 수 있을 경우에만 신뢰는 합리적이라고 할 수 있다. 어떤 사람이 그와 유사한 관계에 처한 다른 사람은 할 수 없는 과도한 기대를 타인에게 한다면 분명 그는 전략적으로뿐만 아니라 도덕적으로 합리적이지 못하다.

이제까지의 고찰에서 신뢰는 계산적 합리성 외에 기능적 합리성과 실천적 합리성의 차원을 갖는 것으로 주장되었다. 이런 고찰은 분명 신뢰를 계산적 합리성과 연관지어 파악하는 것보다는 여러 가지 장점을 갖는다. 그러나 이것은 신뢰의 모든 중요한 특성을 세 가지 합리성 개념에 의지해서 모두 설명해 낼 수 있다는 것은 아니다. 또 이제까지의 고찰에서는 어느 정도 평등하며 상호성을 갖는 사람들 사이의 신뢰를 모델로 삼았는데, 그렇다고 그런 신뢰관계가 신뢰의 가장 중요한 전형이라고 말한 것은 아니다. 어쩌면 신뢰의 전형을 평등한 개인 사이의 관계에서 보려고 하는 것은 남성중심주의적 시각의 반영이며 부모와 자식처럼 불평등한 관계에서의 신뢰가 더 근본적인 신뢰의 형태일지 모른다(Baier, 1986). 이 글에서 평등한 개인들 사이의 신뢰에 초점을 맞춘 것은 의식적인 자기제한이었다. 그것은 그런 신뢰가 신뢰의 가장 본질적인 형태이어서가 아니라 근대사회에서의 조건에서 사회적으로 유효할 수 있는 신뢰의 성격을 밝히는 데에 유리하기 때문이다. 이제 근대사회의 조건 하에서의 유효할 수 있는 신뢰의 형태에 대해 간략히 고찰해 보기로 하자.

4 신뢰의 조건 : 근대성과 신뢰

신뢰가 사회적 협동에 필수적이라는 데에는 이론의 여지가 없다. 그러나 신뢰가 사회적 협동에 필요하다고 해서 곧 다른 사회적 자원처럼 쉽게 공급될 수 있는 것은 아니다. 신뢰라는 〈사회적 자본 social capital〉은 사용한다고 줄어들지는 않는다는 점에서 매우 〈경제적〉이지만, 반면에 계획적으로 생산되기 어려우며 다른 사회로부터 빌려올 수도 없다는 점에서 〈경제적〉 자원이 아니다. 또 신뢰는 불신으로 변하기 쉬운 데 반해 불신이 신뢰로 바뀌기는 무척 어렵다. 왜 신뢰의 형성이 어려운가?

신뢰에서 도덕성이 중요하기는 하지만, 그렇다고 신뢰형성의 어려움을 개인들의 도덕성 부족에서만 찾는 것은 잘못이다. 상대가 충분히 도덕적이라 하더라도 우리는 그의 도덕성을 알지 못할 경우 그를 신뢰할 수 없다. 그런데 그가 도덕적인지를 우리는 어떻게 알 수 있는가? 그의 모든 행위를 감시함으로써? 만일 그가 우리의 감시와 평가를 눈치채고 도덕적 규칙에 맞게 행동한다면? 이런 방식은 우리가 타인의 도덕성을 확인하는 통상적인 방법이 아니다. 통상의 방법은 오히려 타인에게 행위의 자율권을 부여하고 그의 자유의사에 따른 행위가 우리가 생각하는 도덕적 기준을 크게 벗어나지 않았는지를 확인하는 것이다. 그러니까 우리는 어떤 사람이 도덕적이어서 신뢰하기 이전에, 그를 어느 정도는 신뢰해야 비로소 그가 도덕적이라는 것을 알게 되는 것이다. 결국 상대의 신뢰성에 대한 완전한 확신이란 있을 수 없기 때문에, 그리고 지나치게 확실성을 추구하는 것은 신뢰관계의 장점을 훼손하기 때문에, 신뢰에는 어쩔 수 없이 실망의 가능성이 배제될 수 없다.

　사람들이 어느 정도의 이기심과 어느 정도의 도덕성을 갖추고 있다고 전제할 때, 신뢰의 형성을 어렵게 하는 가장 중요한 요인은 바로 신뢰에서 배제될 수 없는 실망의 가능성이다. 신뢰의 형성을 어렵게 하는 요인이 실망의 가능성에 있다면, 신뢰의 형성은 그런 실망의 가능성을 적절히 줄여주는 조건 하에서 좀더 수월할 것이다. 그런데 어떤 개인도 실망의 가능성을 줄이는 부담을 홀로 감당할 수는 없다. 매번 자신이 수집한 정보만을 바탕으로 상대의 신뢰성에 대해 판단하는 것은 신뢰관계 형성을 통해서 얻을 수 있는 이점을 초과하는 부대비용을 요구한다. 아마 사람들은 실망의 가능성을 계산하는 부담을 모두 지기보다는 차라리 협동행위의 이득을 단념하는 것이 더 유리하다고 판단할 것이다. 그래서 신뢰의 형성 및 유지는 사람들에게 실망의 가능성을 계산하는 부담을 적절히 경감시켜 주는 조건을 필요로 한다. 신뢰관계가 가족, 친구, 친지관계에서, 즉 존중되는 권위나 정서적 귀속감 등이 각자의 역할기대를 저버리지 않게 할 가능성이 큰 관계에서, 쉽게 형성되는 것은 이런 이유 때문이다. 물론 친밀한 관계가 실망가능성을 측정해야 하는 부담을 덜어준다고 해서 그 부담을 완전히 면제시켜 준다는 것은 아니다. 부모와 자식 사이나 친구 사이에도 기대의 실망이 있을 수 있으며, 친밀한 사이의 굳건한 신뢰도 반복되는 실망에 의해 불신으로 바뀔 수 있다. 그런데 친밀한 관계에서처럼 실망가능성의 부담을 경감시켜 주는 자연적 유대가 없는 사회관계에서 신뢰는 어떻게 형성되고 유지될 수 있는가?

전근대사회에서 자연적 유대관계를 넘는 사회적 신뢰를 형성, 유지시켜 준 요소는 비교적 식별하기 수월한 것으로 보인다. 전근대사회는 공간적으로 좁은 범위에 한정된 지역적 공동체로서 과거와 긴밀한 연속성을 갖는 사회였다. 이런 사회는 친족관계나 신분질서, 종교, 전통 등을 바탕으로 사람들 사이의 상호역할 기대를 상당히 안정적으로 유지할 수 있었다. 물론 이것은 전근대사회가 불신이나 갈등이 없는 바람직한 상태였다는 말은 전혀 아니다. 앞서 언급된 것처럼 실망가능성을 측정해야 하는 부담을 경감시켜 주는 장치들이 무조건적인 신뢰의 여건을 만들어줄 수는 없다는 것은 전근대사회에 대해서도 예외가 아니다. 또 전근대사회는 그 사회의 경계 외부와의 교류에서, 즉 친족관계나 종교, 전통을 공유하지 않는 개인과 사회와의 교류에서는 너무 쉽게 적대와 갈등의 상황으로 빠지는 경향을 가졌다. 그러니까 전근대사회에서 신뢰는 한편에서 분명 안정성을 가졌지만 다른 한편 신뢰의 합리성이 기능적 차원에서나 도덕적 차원에서 모두 충분히 전개된 것은 아니었다.

사회적 유대가 특정한 공간적 맥락에 한정되었으며 친족관계나 종교, 전통 등이 과거, 현재, 미래의 동일성을 유지시켜 주었던 전근대사회는 서구의 경우 17세기 중엽부터 본격화된 새로운 지적, 경제적, 정치적 변화의 앞에서 유지될 수 없었다. 근대사회의 형성기에 자기시대를 파악하고자 했던 사상가들에게 근대사회의 가장 중요한 특징으로 여겨진 것은 이윤추구적 행위의 확산과 보편적 권리의식이었던 것으로 보인다. 이런 새로운 변화는 사회적 협동의 조건을 변화시켰다. 이

제 자연적 유대나 특수한 전통은 필요한 사회적 협동을 가능케 하는 신뢰의 기반이 될 수 없게 되었다. 그렇다면 사회적 협동은 신뢰 아닌 다른 조건에 의지해야 하는가? 아니면 사회적 협동을 위하여 신뢰는 반드시 필요한 것이며 근대사회는 새로운 수준의 신뢰형성을 가능케 하는 사회, 문화적 잠재력을 가졌는가? 이 물음은, 형태는 다를지라도, 대표적인 근대 사회사상가들이 대결하였던 가장 중요한 과제였다.

사회적 협동의 중요성은 거의 모든 근대사상가들에 의해 강조되었지만 그것을 가능하게 하는 여건에 대한 제안은 근대사회와 문화에 대한 그들의 진단에 따라 달랐다. 이윤추구적 행위의 확산에 주목한 사상가들은 이윤추구적 행위에도 불구하고 사회적 협동을 가능케 하는 제도를 구상하든가 아니면 이윤추구적 행위로부터 사회적 협동체제가 형성될 수 있음을 보여주어야 했다. 반면에 보편적 권리에 주목한 사상가들은 먼저 도덕적 원칙에 바탕한 사회적 협동체제를 구상하고 이윤추구적 행위는 그에 부속시키려 하였다. 나는 근대사상가들이 이 물음에 대한 답을 찾던 방식이 크게 세 가지로 분류될 수 있다고 생각한다. 그것은 계약의 이행을 보장하는 강력한 힘에 의해 기대구조를 안정화하려는 홉스식의 권력주의적 접근, 이익추구적 행동이 사회적 협동을 가능케 하리라는 애덤 스미스식의 경제학적 접근, 그리고 보편적 윤리에 기초한 사회통합과 법치를 통해 신뢰의 기반과 공공이익을 도모하려는 칸트식의 윤리주의적 접근이다. 이 세 가지 경향은 각각 근대사회의 여건에서 필요한 신뢰형성의 중요한 조건을 하나씩 포착하고 있다. 이 글에서 자세히 뒷받침할 수 없는 생각을 말해도 좋다면, 나는 근대사회의 여건에서 설득력 있는 신뢰형성의 조건은 세 접근방식의 생산적 결합에서 찾아질 것이라고 기대한다. 나의 생각으로는 이윤추구 경제를 사회통합의 조건 하에서 제도화하고 국가에게 개별이익과 일반이익의 조정기능을 부여하려 한 헤겔은 이러한 세 가지 경향을 종합하려고 시도한 최초의 사상가이다. 나는 오늘날 신뢰문제에 대한 균형잡힌 접근은 헤겔의 저 통찰을 현대적으로 재구성하는 선상에서 찾아질 것이라고 생각한다.

나는 다음에서 사회적 협동의 조건에 대한 위의 세 가지 접근방식을 다 살피지도 않을 것이며 또 헤겔의 사상을 재구성하려고 시도하지도 않을 것이다. 나는 다만 홉스의 흥미로운 견해가 어떤 딜레마에 봉착하는지를 간략히 살펴보고, 이를 통해 근대사회에서의 신뢰의 조건이 권력에 의한 기대구조의 안정화뿐 아니라 보편주의적 도덕에 입각한 사회통합과 법치를 필요로 한다는 점을 지적하고자 한다.

잘 알려졌듯이 홉스는 인간이 철저하게 이기적인 계산에 따라 행위할 경우 사람들간의 적대적인 싸움이 불가피하다고 생각하였다. 이런 만인의 만인에 대한 싸움의 상태에 비해 평화적 관계는 누구에게나 이익이 된다. 홉스가 자연상태의 인간에게 부여하는 계산적 합리성은 이런 평화적 관계의 이익까지도 생각할 수 있는 합리성이다. 그런데 문제는 설령 한 쪽이 평화의 이점을 알기 때문에 평화를 지키려 하더라도 상대가 마찬가지로 평화를 지킬 의사가 있는지를 알 수 없다는 것이다. 상대를 잘못 신뢰했다가 입을 수 있는 손실을 감안하면 상대를 무조건 신뢰하는 것은 분명 비합리적이다. 그렇다고 상대가 먼저 평화를 지킬 명백한 의사를 표명하지 않는 한 상대를 적대적으로 대하기로 하면 평화관계의 성립은 어렵다. 상대도 같은 계산을 할 것이기 때문이다. 오히려 상대의 신뢰성 trustworthiness을 확인하기 위해서도 이미 상대를 어느 정도 신뢰해야 한다. 그러나 합리적 계산에 따르면 상대의 신뢰성을 확인하지 않고서 상대를 신뢰하는 것은 무모하다. 신뢰와 신뢰성의 이 순환관계, 그러니까 상대의 신뢰성을 알아야 신뢰할 수 있는데 먼저 신뢰해야 신뢰성을 확인할 수 있는 상황을 어떻게 극복할 것인가? 한 쪽이 먼저 상대를 신뢰한다는 표시를 하면 어떨까? 가령 우리가 어떤 사람에게 친절한 미소나 선물을 줌으로써 우리의 호의를 표시하듯이 말이다. 그러나 전투상황에서 상대가 이 쪽을 쏘지만 않는다면 이 쪽도 상대를 쏠 생각이 없다 하더라도, 이 쪽이 먼저 무기를 버리고 상대의 처분에 맡기는 것은 너무 위험하다. 모든 사람들이 성자라고 믿지 않는다면 말이다. 홉스는 합리적 계산을 하는 사람에게 이런 선택을 기대할 수는 없다고 생각하였다. 그래서 홉스가 평화의 이익을 계산할 수 있는 인간이 따라야 할 자연법으로 설정한 것은 네가 먼저 평화를 지키라는 것이 아니었다. 그가 말하는 자연법은 〈평화를 획득할 희망이 있는 한에서〉 모든 사람이 평화를 지키도록 노력해야 한다는 것이다(Hobbes, 1992 : 117). 홉스는 자연상태에서 평화가 정착될 수 없는 것은 바로 이 단서 조항이 현실화될 수 없기 때문이라고 생각하고 국가에 이 단서 조항을 실현하는 기능을 부여한다. 그는 국가가 이런 기능을 담당할 수 있기 위해서는 사회의 어떤 세력으로부터도 도전받지 않을 만큼 강력한 힘을 가져야 한다고 생각하였다. 국가는 강력한 제재력을 바탕으로 사람들이 약속을 어기거나 폭력을 행사하는 것을 금지함으로써 사람들로 하여금 상대가 평화를 지킬 것이라는 기대를 큰 위험부담 없이 할 수 있도록 해주는 것이다.

강제력을 갖는 사회적 제도가 없이는 사회구성원 상호간의 기대를 안정화시킬 수 없다는 홉스의 통찰은 오늘날도 여전히 유효하다. 그러나 제도가 곧 신뢰의 창출근거는 아니다. 더욱이 강제력을 갖는 제도는 그 자체가 사회구성원들에 의해 신뢰될 때만 신뢰의 유지와 확산에 기여할 수 있는 것이다. 바로 홉스 이론의 이런 단점을 보완하기 위해서는 신뢰의 실천적 합리성 차원을 고려해야 한다. 즉 근대사회에서의 신뢰의 형성조건을 파악하기 위해서는 먼저 근대사회에서 사람들이 어떤 기대를 서로에게 할 만한 것으로 여기는지를 살펴야 한다. 이것은 곧 사람들이 서로에게 거는 기대를 정당한 것으로 여길 때 의지하는 규범이 성격이 근대사회와 문화의 조건에서 어떻게 달라졌는지에 대해 묻는 것이 될 것이다.

근대문화가 가져온 가장 큰 변화는 아마도 전통의 권위의 상실일 것이다. 이것은 단지 근대문화가 전통과는 다른 내용을 갖는다는 것을 의미하지 않는다. 근대문화의 가장 큰 특징이라면 어떠한 명제나 규범도 비판적 검토의 대상이 된다는 점이다. 비판적 검토에는 미리 정해진 제한이 있을 수 없기 때문에 어떤 합의된 진리도 잠정적으로만 진리의 지위를 누릴 뿐 언제나 다시 비판과 수정의 대상이 될 수 있다. 기든스 A. Giddens는 근대문화의 이러한 성격을 반성성 reflexivity이라고 규정하고, 이런 반성성은 단지 학문논쟁에만 제한된 것이 아니라 근대사회의 여러 제도의 가장 중요한 특징을 이룬다고 생각한다. 시장경제의 확산과 함께 이런 반성성은 지역적으로 제한된 맥락에 기반한 의미나 가치체계, 그리고 그에 기반했던 신뢰관계의 유지를 어렵게 만든다. 기든스는 근대사회에서 신뢰가 더 이상 전근대사회에서처럼 지역적 맥락에 기반하여 형성, 유지될 수 없게 만든 역학을 〈시간과 공간의 분리 separation of time and space〉, 〈탈근화 메커니즘 disembedding mechanisms〉, 그리고 〈제도적 반성성 institutional reflexivity〉의 세 가지로 요약하고 있다(Giddens, 1990 : 108).

기든스는 제도적 반성성이 학문영역에서의 변화와 유사한 변화를 사회제도에서도 일으킨다고 생각한다. 학문영역에서 끊임없이 기존의 지식의 타당성이 새로운 지식에 비추어 재검토되고 지식체계가 재조직되듯이 사회조직도 새롭게 노정된 가능성에 따라 자신을 재조직한다. 이것은 사회조직의 분화와 전문화를 가속화시켜 마침내 사회의 어느 누구도 사회 전체를 포괄하는 지식을 갖는 것은 불가능한 상황에 이르게 된다. 이런 사회적 조건에서 행위조정은 신뢰 없이 거의 불가능한 것이 된다. 사람들은 대부분의 경우 그들이 그 세부까지 알 수 없는 조직이 그들의 기대에 어긋나지 않게 작동하리라고 기대하는 수밖에 없다. 그렇지 않으면 사람들은 거의 아무것도 할 수 없게 된다. 자신이 재배하지 않은 과일을 먹거나 자동차를 타고 달리는 것은 지나치게 큰 모험으로 여겨질 것이기 때문이다.

그런데 우리는 거대조직을 신뢰할 수밖에 없는 처지이기 때문에 신뢰하는 것일까? 분명히 그런 점도 있을 것이다. 우리는 행정이나 경제가 우리에게 제공하는 것들의 이익과 위험성을 정확히 살펴보지 않는 것에 익숙해져 있다. 설령 위험성을 알게 된다 한들 어쩔 것인가? 그

러나 그것뿐일까? 우리가 거대조직을 신뢰할 수밖에 없지만 거대조직
은 또한 우리로부터의 신뢰에 의존하지는 않는가? 거대 조직은 어떤
조건 하에서 우리로부터 신뢰를 받을 수 있는가?

근현대사회에서의 신뢰와 관련하여 기든스가 너무 인색하게 인정하
고 하버마스가 일관되게 강조하는 신뢰의 측면은 신뢰의 실천적 합리
성이다. 반성성을 특징으로 하는 근현대사회에서는 비판적 검토를 통
해 정당화된 규범만이 정당한 구속력을 가질 수 있다. 이런 반성성은
분명 지역적 맥락을 갖는 전통적 규범들의 구속력을 결정적으로 약화
시켰지만 모든 규범을 무효화시킨 것은 아니었다. 반성성은 특정한 내
용을 갖는 규범들의 타당성을 제한하면서도 다른 한편 하나의 규범을
강화시키는 경향을 갖는데, 그것은 바로 보편주의적 도덕 혹은 상호성
reciprocity의 원칙이다. 물론 전통적 규범에 상호성의 원리가 없었던
것은 아니다. 다만 근대문화에서는 상호성의 원칙이 지역적 맥락을 벗
어나 보편적 적용을 요구하게 되었다는 점이 다를 뿐이다. 사실 상호
성의 원칙은 무척 추상적인 것으로서 어떤 상태가 상호성의 원칙을 가
장 잘 구현한 것인지는 연역적으로 규정될 수 없고 사회구성원들에 의
해 해석되어야 한다. 그러나 분명한 점은 사회의 거대조직이 일반 시
민들에게 받아들여진 상호성의 원칙의 수준을 크게 위협할 경우 시민
들로부터 일반적 신뢰를 얻지 못한다는 사실이다. 이런 상태는 기능적
합리성의 측면에서 볼 때도 바람직하지 못하다. 시민들로부터 일반적
신뢰를 얻지 못하는 조직은 충분한 업적을 낼 수 없고 충분한 업적을
내지 못하는 조직은 더욱 시민들로부터 신뢰를 잃게 된다. 그러니까
시민들은 거대조직에 대해 철저히 수동적인 위치에 있는 것으로 보이
는 것은 사실의 한 면일 뿐이다. 시민의 불신과 고객의 불신은 권력이
나 기업에 위협적이다. 그러니까 시민들은 한편에서 거대조직들에 의
존하지만 다른 한편 그것들이 필요로 하는 신뢰를 증감시킴으로써 거
대조직들을 간접적으로 통제하는 것이다. 오늘날 국가기관으로서의 감
사원에서부터 동문회의 감사에 이르기까지 각 조직 내에 스스로의 기

능과 성과를 통제하는 장치가 수없이 많으며 기업들이 좋은 이미지 구축을 위한 홍보에 힘쓰는 것은 바로 단순히 불신이 증가된 표시가 아니라 각 조직에게 사회구성원들의 신뢰가 얼마나 중요하게 여겨지는지에 대한 표시이다. 물론 이런 자기통제도 일종의 불신이긴 하지만, 그것은 신뢰에 반대되는 불신이 아니라 신뢰의 보조수단으로서의 불신이다.

상호성의 원칙이 지역적 맥락을 벗어나 광범위한 사회관계를 규정하게 된 것은 법의 매개 없이는 불가능하였을 것이다. 민주적 법치국가에서 법은 한편에서 그것의 제정과 적용과정이 공정한 절차를 따르고 다른 한편 강제력을 가짐으로써 상호성의 원칙을 사회적 차원에서 구현한다. 앞서 언급되었듯이 상호성의 원칙은 추상적이어서 해석을 필요로 하는데, 법이 규제하는 영역과 방식도 상호성의 원칙의 해석에 따라 변천되어 왔다. 오늘날 법이 규제하는 영역은 법치국가를 생각했던 초기 자유주의자들의 구상처럼 단지 권력의 제한이나 계약이행의 보증, 범죄의 처벌 등에 한정되지 않는다. 복지, 환경, 소비자 관련법규 같은 것들을 보면 오늘날 법에 의해 규제되지 않은 영역은 거의 없는 실정이다. 그러나 이렇게 법이 규제하는 영역이 확대되었다고 해서 반드시 신뢰에 기반한 행위조정의 영역이 축소된 것은 아니다. 법의 영역의 확대는 다른 한편에서 상호성의 원칙의 확장을 의미할 수도 있는 것이다. 법의 제정과 적용과정이 특정한 계급이나 혹은 특정한 이익집단에 의해 전유되는 것을 방지할 수만 있다면 말이다.

만일 전통과 지역주의로의 회귀가 불가능하다면, 현대사회에서 신뢰형성을 위하여 유리하게 작용할 여건은 아주 추상적이나마 다음과 같은 것으로 요약될 수 있을 것이다. 개인의 차원에서는 보편주의적 도덕에 따라 판단할 수 있는 도덕적 인지능력과 그에 따라 행위할 수 있는 동기를 갖게 하는 것이 중요하다. 이것은 주로 사회화와 교육의 과정을 통해 성취되어야 하는 것이다. 다른 한편 사람들 상호간의, 그리고 사회 구성원이 사회체계에 거는 정당한 기대가 유효할 수 있게 하는 사회적 장치가 필수적이다. 이것은 주로 민주적 법치의 실질적 확산을 통하여 성취되어야 할 것이다. 한편에서 전통이 더 이상 유효하지 않고 다른 한편에서 개인들이 내부를 관찰할 수 없는 거대 조직체들의 영향력이 커지지만 사회체계가 〈정당화된 신뢰〉(하버마스, 1995 : 303)에 의해 통제될 가능성이 완전히 소진된 것은 아니다.

5 나가는 말

나는 위에서 실리계산적 합리성만으로는 제대로 파악될 수 없는 신뢰의 합리성을 지적하고자 하였다. 나는 이런 추상적인 논의를 바탕으로 섣부르게 현실에 대한 어떤 구체적인 처방을 내리려 하지 않는다. 나는 다만 위에서 전개된 내용들이 다음과 같은 아주 개괄적인 생각을 지지해 준다는 점을 말하고자 한다. 사회적 협동이 필요하다고 해서 물리적 강제력에 의해 사회질서를 확립하거나 전통적 도덕에 회귀하는 방식은, 만일 불신의 악순환을 끊기 위한 일시적인 조치에 머물지 않는다면, 당분간의 효과에도 불구하고 장기적으로는 신뢰의 기반을 허물어뜨릴 위험을 갖는다. 근대성의 조건 하에서 지속적인 신뢰에 기반한 사회적 협동체제는 실천적 합리성과 기능적 합리성을 훼손하면서 성취될 수는 없다. 보편주의적 도덕교육과 복지를 통해 사회적 연대성에 대한 동기를 부여하는 것, 공정한 언론과 시민운동 등을 통한 활발한 사회적 의사소통, 민주적 법치, 사회체계의 기능적 역량향상 등은 근대성이 조건 하에서 신뢰를 확대히기 위한 노력이 방향지표로 심아야 할 사항들인 것으로 보인다.

【참고문헌】

칸트(1995),『실천이성비판』, 최재희 옮김, 2판, 박영사.
하버마스(1995),「오늘날 사회주의란 무엇인가」, 장은주 옮김,『의사소통의 사회이론』, 관
　악사.
＿＿＿(1997),『담론윤리의 해명』, 이진우 옮김, 문예출판사.
후쿠야마(1996),『트러스트. 사회도덕과 번영의 창조』, 구승회 역, 한국경제신문사.
Axelrod, R. & Hamilton, W. D.(1981), "The Evolution of Cooperation," *Science* 211.
Bateson, P.(1988), "The Biological Evolution of Cooperation and Trust," in Gam-
　betta, 1988.
Baier, A. C.(1986), "Trust and Antitrust," *Ethics* 96.
Baker, J.(1987), "Trust and Rationality," *Pacific Philosophical Quarterly* 68.
Becker, L. C.(1996), "Trust as Noncognitive Security about Motives," *Ethics* 107.
Gambetta, D.(1988), *Trust. Making and Breaking Cooperative Relations*, Oxford
　et. al.
Giddens, A.(1990), *The Consequences of Modernity*, Polity Press.
Hobbes, Th.(1992), *Leviathan*, The Collected Works for Thomas Hobbes 3권
　(1839-1845판의 reprint).
Jones, K.(1996), "Trust as an Affective Attitude," *Ethics* 107(1996).
Koller, M.(1992), "Sozialpsychologie des Vertrauens. Ein Überblick über theore-
　tische Ansätze," *Psychologische Beiträge* 34.
Luhmann, N.(1987), *Soziale Systeme*, stw 666, Frankfurt/M.
＿＿＿(1989), *Vertrauen. Eine Mechanismus der Reduktion Sozialer Komplexität*,
　Sttutgart.
Misztal, B. A.(1996), *Trust in Modern Societies*, Cambridge.
Petermann, F.(1996), *Psychologie des Vertrauens*, Göttingen et. al.
Preisendörfer, P.(1995), "Vertrauen als soziologische Kategorie. Möglichkeiten und
　Grenzen einer entscheidungstheoretischen Fundierung des Vertrauenskon-
　zepts," *Zeitschrift für Soziologie* 24.
Putnam, R. D.(1993), *Making Democracy Work. Civic Traditions in Modern Italy*,
　Princeton Univ. Press.
Williams, B.(1988), "Formal Structures and Social Reality," in Gambetta.

알튀세르의 헤겔 주체개념 비판

문성원

1 이론의 자율성과 지식의 〈생산〉

알튀세르가 그의 개입 초기에 중점적으로 강조했던 사항 중의 하나가 이론의 자율성이었다는 것은 주지의 사실이지만, 그가 그러한 주장의 필요성과 정당성을 이론 외적 배경을 들어가며 입증하려 했다는 것또한 사실이다. 언뜻 보면 이 두 가지는 이율배반처럼 비칠지 모르겠다. 그러나 따지고 보면 실상 그렇지도 않다. 이론의 자율성 운운할 때초점이 되는 것은 과학이론 및 그와 관련된 이론들(가령 메타과학 이론으로서의 철학이론)인데, 제대로 된 과학이론은 이 과학영역의 자율적인 구조 속에서만 유지가능하며 발전가능하다는 것이 알튀세르의 주장이다. 뒤집어 보면 이것은 과학영역의 자율적인 구조가 일그러지거나 파괴될 수도 있다는 이야기다. 여기에는 물론 과학 외적이거나 이론 외적인 요인들이 작용할 수 있다. 이를테면 알튀세르는 『마르크스를 위하여』의 서문, 「오늘」에서 2차 세계대전 직후 스탈린 시대의 지적 분위기를 이렇게 회상하고 있다.

우리의 철학적 기억 속에서 그 시기는, 모든 숨겨진 오류를 사냥하는 무

장한 지식인의 시대, 우리 자신의 글은 쓰지 않고 모든 저작을 정치적으로
이용하며, 계급이라는 가차없는 하나의 칼날로 예술, 문학, 철학, 과학 등
세계 전체를 재단하던 시대——〈부르주아 과학, 프롤레타리아 과학〉이라는
허공 높이 펄럭이는 깃발에 그 특징을 한마디로 집약해 놓은 시대로 남아
있다(1965a(불), 12쪽).

이 문장이 직접 묘사하는 것은 이른바 〈뤼센코주의 Lyssenkisme〉[1]
로 대변되던 〈두 개의 과학론〉[2]이 횡행했던 시기이다. 이런 풍조는 동

---

1) 소련의 생물학자 뤼센코(Agronomen Trofim Denissowitsch Lyssenko, 1898-
   1976)의 이름에서 비롯된 표현. 뤼센코는 1934년 이래 자신의 식물재배 및 춘화
   처리(春化處理, vernalisation) 연구를 바탕으로, 염색체의 유전이론을 근간으로
   하는 고전적 유전학에 강한 의문을 제기했다. 그는 환경의 영향에 의한 유전인자
   의 돌연변이를 내세운 미슈린(I. W. Mitschurin, 1855-1935)의 주장들을 근거로
   삼았다. 오래지 않아 뤼센코는 공식적인 〈프롤레타리아〉 과학의 명령권자가 되었
   고, 소련의 이른바 〈부르주아〉 생물학자들(N. I. Wawilow 같은 이들)은 이 〈프
   롤레타리아〉 과학의 이름으로 박해를 받았다. 1948년 소련의 농업과학 레닌-아카
   데미는 유전자와 염색체는 존재하지 않으며 멘델과 모르간의 유전학은 〈부르주
   아 과학〉이라고 공식적으로 선언했다. 반면에 뤼센코의 이론은 〈창조적인 소비에
   트 다윈주의〉인 〈새로운 프롤레타리아 생물학〉을 다룬다는 것이었다. 뤼센코는
   이제 소련의 영웅으로서, 유전학 연구소장으로서 〈진리〉의 대변자가 되었다. 세
   포유전학 분야의 참된 연구들은 모두 최악의 대우를 받았고, 뤼센코주의는 국제
   공산주의 운동에서 제1급의 과학적인 성과물로 대접받았다. 이러한 움직임은
   1950년대 초 뤼센코에 대한 우상화의 형태로 최고조에 달했다. 1964년 후르시쵸
   프 실각 이후 1966년의 개혁과 더불어서야 비로소 과학적인 생물학이 다시 채택
   되고 가르쳐지게 되었다. 그러나 소련의 최고훈장들을 수여받은 뤼센코가 1976
   년에 죽었을 때, 그는 두 분야의 아카데미 회원 자격을 갖고 있었다고 한다. 이
   뤼센코주의는 〈두 개의 과학론〉이 지닌 폐해를 단적으로 보여준 실례로, 또 자연
   변증법을 자연과학에 적용하려는 시도가 빚어낸 잘못의 일례로 많이 거론되고
   있다(G. Labica/G. Bensussan의 Lyssenkisme 항목 참조. 또 D. Lecourt, 1976
   참조).
2) G. Labica/G. Bensussan의 Science prolétaire/bourgeoise 항목 참조. 두 개의
   과학론은 즈다노프 A. A. Zhdanow가 주도한 학문, 예술 분야의 노선 및 국제정
   치 노선의 일환으로 제시되었다고 할 수 있다. 이 시기는 1940년대 후반이었지
   만, 그 입장의 연원을 따지자면 1910년대의 보그다노프에까지 거슬러올라간다고

서간의 냉전을 현실적 배경으로 하여 한동안 위세를 떨쳤지만, 뤼셴코의 예가 보여주듯이 잘못된 결과를 낳는다는 것이 분명해지자 공식적으로는 곧 철회되었다. 하지만 알튀세르가 보기에 문제가 사라진 것은 아니었다. 정정(訂正)은 표면적으로 이루어졌을 뿐, 그로 인해 초래된 마르크스주의 이론의 왜곡과 빈곤화는 근본적으로 치유되지 않았다.[3] 그 결과 마르크스주의 과학의 발전은 질식되었고 이론영역의 산물은 대부분 체제이데올로기로 전락해 버렸다. 알튀세르가 이론의 자율성을 강조하고 나선 것은 이러한 현실을 극복하고 마르크스주의의 과학성을 회복하는 계기를 마련하기 위한 것이었다.

그러나 그렇게 하기 위해서는 이론영역의 잘못된 현실을 단순히 지적하는 것 이상의 작업이 필요했다. 이때의 관건은 제대로 된 이론영역의 자율적인 구조를 보여주고 그 근거를 제시하는 것이었다고 할 수 있다. 그래야지만 이론의 자율성에 대한 강조가 〈두 개의 과학론〉에 대한 단순한 반발에 그치지 않고 그에 걸맞는 내용성을 갖추게 될 것이기 때문이다. 〈두 개의 과학론〉이 지닌 기본전제가 과학을 〈사회적 존재〉를 반영하는 〈사회적 의식형태〉 중 하나로 놓는 것이었다면, 그래서 과학 또한 사회적 존재, 특히 계급적 이해관계 및 그것이 뿌리박

한다. 〈과학은 이미 그 본성상, 특히 그 연원과 개념, 연구방법 및 서술방법의 면에서 부르주아적이거나 프롤레타리아적일 수 있다〉(Bogdanow, *Proletarskaja kultura*, Nr. 2). 프랑스에서는 1940년대 말부터 카사노바 L. Casanova와 드장티 J. T. Desanti 같은 인물이 앞장 서서 이러한 입장을 공개적으로 유포하였다. G. Labica/G. Bensussan 사전의 Science prolétaire/bourgeoise 항목 집필자인 브라 G. Bras는 〈두 개의 과학론〉의 기본 논증형태를 이렇게 정리하고 있다. (1) 과학은 역사적으로 상대적이다. 왜냐하면 인간의 의식은 계속 발전해 나가기 때문이다(레닌). (2) 그러나 의식 Bewußtsein은 의식된 존재 bewußtes Sein이기 때문에(마르크스), 의식의 역사적 상대성은 계급적 내용을 반영한다. (3) 그러므로 과학의 역사적 상대성은 계급적 내용을 반영한다.

3) 알튀세르는 1976년의 시점에서도 이 같은 문제점은 해결되지 않았다고 보고 있다. 뤼셴코의 역사는 끝이 났지만 뤼셴코주의를 낳은 원인들의 역사는 계속되고 있다는 것이다. 여기에 대한 알튀세르 자신의 고투에도 불구하고, 1976 참조할 것.

고 있는 경제관계에 의해 규정되는 것으로 보는 것이었다면, 여기에 대해 알튀세르 내세우고자 했던 기본입장은 널리 알려져 있다시피 과학의 영역을 경제영역에 못지않은 또 하나의 〈생산〉영역으로 간주한다는 것이었다.

지금의 맥락에서 볼 때 이러한 발상의 의도를 짐작하기는 별로 어렵지 않아 보인다. 〈두 개의 과학론〉이 과학을 비롯한 이론영역의 층위를 보다 본질적인 다른 층위에 종속적인 것으로 파악했었다면, 알튀세르는 이러한 층위들의 일방적인 위계를 부정하고자 하는 것이겠다. 그런데 복합적인 사회를 구성하는 여러 층위 중에 가장 기본적이고 규정적이라고 여겨져 온 것이 경제이고 또 이 경제의 기본 작동구조가 생산이라면, 다른 층위 역시 이와 같은 구조를 갖는다고 상정하는 것보다 이 일방적인 위계를 무너뜨리는 데 더 효과적인 방책은 그리 많지 않을 듯싶다. 실제로 알튀세르는 사회의 거의 모든 층위가 〈생산〉이라는 동형적인 구조를 지니고 있다고 생각하는데, 이것은 알튀세르의 사상체계 전반에서 매우 중요한 의미를 지니는 발상이라 할 수 있다.

〈생산〉의 중요성은 〈실천〉이라는 개념을 정의하는 곳에서도 잘 나타난다. 〈실천〉은 알튀세르가 각 층위의 활동을 지칭하기 위해 사용하는 개념이라고 할 수 있는데, 그 쓰임새가 대단히 넓은 편이다. 이 용어는 〈경제적 실천〉에서부터 〈정치적 실천〉, 〈기술적 실천〉, 〈이론적 실천〉, 〈과학적 실천〉, 〈이데올로기적 실천〉, 그리고 〈철학적 실천〉에 이르기까지 크고 작은 각 층위들의 뒤에, 또 변화와 관련된 모든 활동의 뒤에 따라붙는다. 그런데 알튀세르는 이 실천의 일반적 특성을 〈생산〉으로 이해하고 있다. 〈실천〉이란 일반적으로 〈특정한 주어진 원료를 특정한 생산물로 변형하는 전체과정, 즉 특정한 (생산)수단을 사용해서 특정한 인간노동을 통해 실행되는 변형과정 전체를 뜻한다〉는 것이다(1965a(불), 167쪽).

그러므로 알튀세르가 이 실천 중에 가장 기본적인 것을 경제적 실천으로 잡고 있는 것은 너무 당연한 일이라고 할 수 있다. 경제적 생산이 모든 실천의 모델격인 까닭이다. 하지만 〈특정한 사회에 존재하는 실천의 복합적 통일체인 '사회적 실천'〉 속에는 이 밖에도 〈실재상으로 구별되는 여러 다른 실천들이 존재〉한다(같은 곳). 이들 실천을 구별해 주는 것은 물론 이 실천들이 각각 무엇을 원료로 삼고 어떤 생산수단을 통해서 무엇을 생산해 내느냐 하는 점이겠다. 변형대상만을 예로 들어 말하자면, 정치적 실천은 사회적 관계들을 새로운 사회적 관계로 변형시키는 활동이며, 이데올로기적 실천은 인간의 체험방식과 결부된 의식이나 무의식을 특정한 목표에 따른 내용으로 변형시키는 활동이고, 이론적(과학적) 실천은 이데올로기적 실천이나 다른 실천에 의해 주어진 표상이나 개념 따위를 과학적인 지식으로 변형하는 활동이라고 할 수 있다. 따라서 이들 실천들은 제각기 특수성을 지니고 있지만 〈생산〉이라는 특성의 기본구조를 공유하고 있는 셈이다.

이렇게 보면 경제적 실천이건 이론적 실천이건 〈생산〉활동이라는 점에서는 마찬가지이므로, 구태여 한 쪽이 다른 한 쪽을 일방적으로 규정해야 할 이유는 없다. 더구나 경제적 생산과 과학적 지식생산의 경우, 그 원료와 생산수단, 생산물이 전혀 다른 종류이다. 따라서 이들 영역은 (접합 및 중층 결정이라는 방식으로 연관을 맺어) 서로 상대방의 존재조건이 되기는 할지언정, 그 가운데 한 영역이 다른 영역의 활동 내부까지 지배할 수는 없는 일이겠다. 곧 각 영역은 그 자신의 자율적 구조를 갖는다는 얘기다. 따라서 만일 알튀세르가 노렸던 바가 이론적 실천의 자율성을 확보하고 경제주의와 같은 환원론적 사고방식을 회피하는 것이었다면, 그는 이렇듯 생산이라는 구조를 각 영역에 도입함으로써 자신이 의도를 이룰 수 있는 그 나름의 발판을 마련했다고 볼 수 있다.[4]

---

4) 한편 자서전에서 알튀세르는 이렇게 말하고 있다 : 〈그런데 '생각한다는 것, 그 것은 생산한다는 것이다 penser, c'est produire'라는 공식은 이미 라브리올라 (Labriola, 1843-1904 : 이탈리아의 초기 마르크스주의자)에게 있다. 아무도 이 사실을 알아차리지 못했다. 그러나 프랑스에서 누가 라브리올라를 읽었겠는

그런데 이 발판을 딛고 앞으로 나가다 보면 우리는 몇 가지 흥미롭고 특이한 지점들에 이르게 된다. 먼저 다음의 언급부터 살펴보자.

…… 경제적 생산과정이 비록 자연 및 다른 구조(정치적-법적, 이데올로기적 구조)와 …… 필연적인 관계를 맺지만 그 과정 자체는 전적으로 경제 속에서 일어난다고 말할 수 있는 것과 꼭 마찬가지로, 이론적 실천에 특유한 지식의 생산도 전적으로 사유 속에서 일어나는 과정을 이룬다고 얘기하는 것은 완전히 정당하다(1965b(불), 48쪽).

지금까지의 논의에 별 이의가 없는 사람이라면 이런 구절도 큰 무리 없이 받아들일 수 있을지 모른다. 사실 이 구절은 이제까지의 논의에 덧붙여 지식의 생산영역을 〈사유〉로 명확히 한정시켜 놓고 있을 뿐이다. 그런데 실제로 지식이 관념의 변형을 통해 생산되는 것이라면, 그 생산이 이루어지는 곳은 사유 이외의 또 어디일 수 있겠는가?

하지만 막상 이쯤 되면 여기에 대비되는 것은 이제 〈두 개의 과학론〉이나 〈경제주의〉에 그치지 않는다. 지식이 사유 이외의 곳에 의존한다고 보는 모든 지식론이 비판의 대상으로 등장한다. 알튀세르가 그러한 지식이론들을 싸잡아 부르는 이름이 바로 〈경험주의〉인데, 알튀세르의 경험주의 비판은 다분히 〈도발적〉이고 그런 만큼 말도 많은 부분이라 할 수 있다[5]. 그런데 여기서 한층 더 흥미로운 것은 알튀세르가 헤겔의 지식론 또한 이 경험주의의 친척이나 일원으로 보고 있다는 점이다.

가?〉(1992(불), 208쪽).
5) 여기에 대한 논란을 간단히 정리한 것으로는 T. Benton(1984), 203쪽 이하 참조.

2 경험주의와 헤겔

지식의 생산이 순전히 사유 속에서 일어나는 과정이라는 주장을 뒷
받침하기 위해 알튀세르는 마르크스를 끌어들인다. 마르크스도 (과학
적) 지식을 사유에 의한 생산의 산물로 보았다는 것이다. 알튀세르가
자주 인용하는 것은 『정치 경제학 비판 요강』(1857)의 「서문」에 나오
는 몇몇 부분들인데,[6] 알튀세르는 이렇게 마르크스에 기대어 다음의

---

6) 알튀세르는 〈정치 경제학의 방법〉이라는 표제가 붙은 이 「서문」의 제3절(*MEW*,
42권, 34-42쪽)을 주로 언급한다. 그중에서 중심이 되는 대목은 다음과 같다(알
튀세르는 이 대목을 필요에 따라 부분부분을 끊어서 인용한다) : 〈구체적인 것은
그것이 수많은 규정들의 총괄이기 때문에, 따라서 다양의 통일이기 때문에 구체
적이다. 그러므로 구체적인 것은 사유 속에서 총괄의 과정으로서, 결과로서 나타
나지 출발점으로 나타나지 않는다. 비록 구체적인 것이 현실의 출발점이고 따라
서 직관과 표상의 출발점이라 하더라도 그렇다. 첫번째 방법에서는 충실한 표상
이 추상적 규정으로 증발되었다. 두번째 방법에서는 추상적 규정들이 사유를 거
쳐서 구체적인 것의 재생산에 이르게 된다. 그래서 헤겔은 실재 das Reale를 자
기 자신 속에서 스스로를 총괄하며 자기 자신 속에서 스스로를 심화하고 자기
자신으로부터 스스로를 움직여가는 사유의 결과로 파악하는 환상에 빠졌다. 반면
에 추상적인 것에서 구체적인 것으로 상승하는 방법은 구체적인 것을 전유(專有,
aneignen)하는, 즉 그것을 정신적인 구체로 재생산하는 사유의 방법일 뿐이다.
그러나 그것은 결코 구체적인 것 자체의 성립과정은 아니다. 예를 들어 교환가치
라는 가장 단순한 경제적 범주는 인구, 즉 특정한 관계 속에서 생산하는 인구와
일정한 종류의 가족, 공동체, 국가 등을 가정한다. 교환가치는 이미 주어진 구체
적이고 생동하는 전체의 추상적이고 일면적인 관계로 밖에는 존재할 수 없다. 그
에 반하여 범주로서 교환가치는 노아 홍수 이전부터 존재했다. 그래서 개념적으
로 파악하는 사유를 현실적인 인간으로 보고 그렇게 파악된 세계 자체를 비로소
현실적인 것으로 보는 의식 —— 철학적 의식이 이런 식으로 규정되는데 —— 에게
는 범주의 운동이 현실적인 생산행위 —— 그러나 유감스럽게도 현실적인 생산행
위는 외부에서 주어진 자극을 받아들일 뿐이다 —— 로 나타나며 그 생산행위의
결과가 세계가 된다. 이것은 —— 다시 같은 얘기지만 —— 사유의 총체성이자 사유
의 구체성으로서의 구체적 총체성이 실제로 사유의 산물, 개념적 파악의 산물인
한에서는 올바르다. 즉 직관과 표상의 외부에서 또는 직관과 표상을 넘어서서 사
유하며 스스로를 산출하는 개념의 산물이 아니라 직관과 표상을 개념으로 가공
한 산물인 한에서는 올바르다. 전체, 곧 사유의 전체로서 두뇌 속에 나타나는 바
와 같은 전체는 자기에게 유일하게 가능한 방식으로 세계를 전유하는 사유하는

두 가지 주장을 끄집어낸다.

(1) 실재에 대한 사유는 그 사유로부터 독립된 실재의 실존을 전제하기 때문에(실재는 〈그 이전이나 이후나 두뇌 밖에서 자립적으로 존속한다〉[주 6) 참조]), 실재에 관한 사유에 대해 실재는 우위에 있다는 유물론적 테제. (2) 실재와 실재 과정에 대해 사유와 사유 과정이 특수성 spécificité을 지닌다는 유물론적 테제(1965c(불1), 106쪽).

여기서 알튀세르가 특히 주목하는 것은 (2)이다. 〈전체, 곧 사유의 전체로서 두뇌 속에 나타나는 바와 같은 전체는······ 사유하는 두뇌의 산물〉(Marx, 주 6) 참조)이기 때문에, 사유와 실재, 사유과정과 실재과정, 사유에 의한 지식대상과 실재대상은 혼동하지 말아야 한다는 것이다. 알튀세르에 따르면 이러한 혼동이야말로 경험주의와 헤겔식 관념론으로 가는 지름길이다.

경험주의는 실재에 대한 사유를 실재 자체로 환원함으로써, 곧 사유의 결과를 실재 자체에서 비롯하는 경험과 동일시함으로써 실재와 사유를 혼동하는 것이고, 헤겔식의 사고는 실재를 사유로 환원하고 〈실재를······ 사유의 결과로 파악함으로써〉(Marx, 주 6) 참조), 실재와 사유를 혼동하는 것이다. 알튀세르가 보기에 이 두 가지는 모두 실재와 사유의 차이를 제대로 파악하지 못하고 있다는 점에서 마찬가지이다.

두뇌의 산물이다. 이 방식은 이 세계를 예술가적, 종교적, 실천적으로 전유하는 다른 정신적인 전유방식과 다르다. 실재하는 주체는 두뇌가 이를테면 단지 사변적인 태도만을, 단지 이론적인 태도만을 취하는 동안에는 그 이전이나 이후나 두뇌 밖에서 자립적으로 존속한다. 그러므로 이론적인 방법을 취할 때에도 주체, 즉 사회는 전제로서 항상 표상에 떠올라 있어야 한다〉(*MEW*, 42권, 35~36쪽). 이 서문 구절에 대한 알튀세르 해석의 문제점을 지적하는 글로는 N. Harstiock/ N. Smith(1980), "On Althusser's Misreading of Marx's 1857," "introduction"(*Science & Society* 43집 4호, Winter 1979/80), 또 A. Schaff의 1974(영), 88쪽 이하 참조.

즉 경험주의는 이 차이를 실재 자체 속의 차이로 생각하고 헤겔은 이 차이를 사유 자체 속의 차이로 생각한다. 그러므로 만일 알튀세르의 주장대로 이 차이를 제대로 파악하는 것이 유물론의 요건이라면, 이 양자는 모두 관념론의 자격이 있다. 그래서 알튀세르는 경험주의를 〈경험적 관념론〉, 헤겔식의 사고를 〈사변적 관념론〉이라고 부른다(1965c (불1), 107쪽)

한편 알튀세르는 〈경험주의〉를 대단히 폭넓게 규정하고 있기 때문에, 헤겔 또한 경험주의의 한 변종으로 취급받기도 한다. 알튀세르에 따르면 〈경험주의〉란 주관과 객관을 나누어 전제하고 지식을 객관으로서의 실재적 대상에 따라 정의하는 지식이론이라고 할 수 있다(1965b (불), 38-39쪽 참조). 이때 이렇게 객관적 실재에 따르는 방식, 곧 객관적 실재의 함수로 주어지는 방식이 〈경험〉의 방식이며, 그렇게 주어지는 어떤 것이 〈경험〉의 내용을 이룬다. 따라서 이런 식의 포괄적 규정에 의하면 〈경험〉은 감각적 직관에 의한 것일 수도 있고, 이성적 직관에 의한 것일 수도 있으며, 직관과 사고의 결합에 의한 것일 수도 있다. 요컨대 알튀세르는 지식의 내용을 사유영역 밖의 실재에 의존하여 확보하려는 모든 인식론을 경험주의라는 그물로 포획하고자 하는 것이다. 그래서 지식이 〈순전히 사유영역 내에서 생산되는 것〉이라고 보지 않는 모든 지식이론은 〈경험주의〉라는 규정을 받게 된다.[7] 그는 헤겔의 경우도 이러한 지식이론의 범주에서 크게 벗어나지 않는다고 보고 있다. 다만 헤겔에서는 실재대상에 대한 성격규정이 관념론적인 것으로 나타날 뿐이라는 것이다. 즉 그 실재의 본질이 정신이나 이념 따위로 둔갑한다는 치이가 있을 뿐이다.

하긴 헤겔 자신도 철학이 〈그 출발점에서 보아 경험적 학문〉이라고 말하고 있긴 하다. 〈철학의 내용은 현실〉이며 〈이 내용에 대한 직접적

---

7) 알튀세르는 자신이 사용하는 〈경험주의〉라는 용어는 〈합리론적 경험주의〉와 〈감각론적 경험주의〉를 포괄한다고 말한다(1965b(불), 38쪽).

인 의식이 경험〉이라는 것이다(『엔치클로패디』, §6-7). 하지만 헤겔에
서는 이 〈경험〉이 단순히 수동적인 것은 아니다. 헤겔은 경험을 〈의식
에게 새롭고 진정한 대상이 발생하는 한에서 의식이 행하는 변증법적
운동〉(1807(독), 42쪽)이라고 규정하기도 하는데, 이 경우에는 의식이
세계의 새로운 면모를 발견하거나 만들어나가는 과정이 곧 경험이 된
다. 즉 헤겔에서는 의식의 능동적 행위가 경험의 한 본질적인 요소를
이룬다고 할 수 있다. 그래서 지식 Wissen은 이 의식의 운동이 낳은
산물로, 의식에 의한 생산의 결과로 자리잡는다. 사실 이런 점에서 보
면 지식을 〈생산〉이라는 관점에서 바라볼 수 있는 길을 닦아놓은 인물
은 바로 헤겔이라고 할 수 있다. 그러나 여기서 (마르크스를 쫓아) 알
튀세르가 문제삼는 것은 헤겔이 이 사유에 의한 생산의 산물을 실재의
산물로 취급했고, 그래서 실재와 사유의 간극을 사유의 부당한 확대를
통해 뛰어넘어 버렸다는 점이다. 알튀세르에 따르면 이것은 크게 보아
결국 주객일치를 골간으로 하는 경험주의적 문제틀을 벗어나지 못한
소치이다. 사유가 실재를 규정하는 것이나 실재가 사유를 규정하는 것
이나 그 차이와 간극을 무시한다는 점에서는 마찬가지라고 할 수 있다
는 얘기다.

그런데 이처럼 사유의 부당한 월권이 이루어진 데에는 헤겔이 생각
한 (지식)생산의 내적 구조에도 책임이 있다. 알튀세르는 지식생산의
구성요소로 지식의 원료(표상이나 개념)와 생산수단(이론) 및 생산물
(지식)을 들고, 그 각각에 〈일반성〉 ①, ②, ③이라는 이름표를 붙인다
(1965a(불), 187쪽 ; (영), 183쪽 이하 참조). 이러한 구별이 경제적 생산
을 모델로 한 것이라는 점은 이미 얘기한 바와 같지만, 알튀세르는 이
구성요소들의 결합구조에 비추어 헤겔에서 지식의 생산구조가 갖는
문제점을 지적한다. 즉 헤겔은 〈이론적 실천이 지식(일반성 ③)으로 변
형시키게 될 일반성 ①을 변형과정 그 자체의 본질과 원동력으로 여긴
다〉(1965a(불), 191쪽)는 것이다. 예를 들면 헤겔의 『논리학』에서는 맨
처음에 등장하는 〈존재〉라는 보편적 개념이 자기모순에 의해 스스로

를 전개해 나가는 것으로 상정되는데, 이것은 지식과정의 시초에 놓인 개념이 〈스스로를 산출하는 개념〉(Marx, 주 7) 참조)으로, 따라서 지식과정의 본질과 원동력으로 나타나는 양상이라는 것이다. 그런데 알튀세르에 따르면 이런 사태는 마치 원료인 석탄이 스스로의 변증법적 자기발전을 통해 증기기관을 만들어낸다는 얘기처럼 터무니없고 불합리한 것이다.

알튀세르의 이러한 비유가 꼭 적절하다고 할 수는 없겠다. 헤겔의 논리전개는 원료니 생산수단이니 하는 따위의 구별을 하고 있지 않을 뿐더러, 또 그런 식의 구별을 필요로 하지도 않는 까닭이다.[8] 말하자면 알튀세르는 자신에 틀에 맞추어 얼마간 함부로 헤겔을 재단하고 있는 셈이다. 그렇더라도 우리는 여기서 알튀세르가 부각시키고자 하는 점이 무엇인지는 이해할 수 있겠다.

지식생산 영역이 자율성과 독자성을 지니기 위해서는, 즉 다른 생산 영역과의 차별성을 확보하기 위해서는, 이 지식생산 과정 자체가 특수성을 지녀야 한다. 그런데 이를 위해서는 생산수단에 해당하는 일반성 ②, 즉 〈이론〉이 중심적인 역할을 해야 한다는 것이 알튀세르의 생각이다. 왜냐하면 원료에 해당하는 일반성 ①은 (과학적) 지식생산 영역에서 비롯된 것이 아니며, 생산물인 일반성 ③은 생산수단에 의한 변형과정에 의존하는 것이기 때문이다. 그렇기에 알튀세르는 일반성 ②가 일반성 ①과는 전혀 다른 것이라고 주장한다. 이들 사이에는 분명한 단절이 있으며, 이 단절이야말로 이데올로기적 성격을 지닌 일반성 ①과 과학적 지식으로서의 일반성 ③ 사이의 단절을 만들어내는 요인이라는 것이다.

---

8) 알튀세르 자신도 물론 이 점을 알고 있다. 그래서 그는 이렇게 헤겔을 비난한다 : 〈이론적 실천의 이 실재성, 이론적 실천의 이 구체적 변증법을, 즉 지식생산 과정의 연속성 자체 속에서 상이한 일반성들(①, ②, ③) 사이에 끼어들거나 나타나는 질적 불연속성을 헤겔은 부정한다, 아니 차라리 생각조차 않는다〉(1965a(불), 192쪽).

그런데 헤겔에게는 이러한 단절이 없다. 모순과 지양의 연속을 통한 개념의 자기전개가 있을 뿐이다. 그래서 헤겔에서는 그가 연출하는 연속성의 변증법에 따라 모든 개념과 개념이 순차적으로 엮어지고, 그 개념의 질서에 따라 모든 영역과 영역이 하나의 통일체로 연결된다. 실재의 영역, 이를테면 자연은 개념들 사이의 질서를 총괄하는 이념의 외화태(外化態)로 간주되고 만다. 사유의 규정 자체가 실재의 본질이 되는 것이다. 이런 점에서 알튀세르는 일반성 ①과 일반성 ②의 차이를 부정하는 것, 〈(노동이 부여되는) 일반성 ①에 대한 (노동하는) 일반성 ②의, 즉 '이론'의 우위를 무시하는 것이 마르크스가 거부하는 헤겔식 관념론의 토대〉가 된다고 말한다(1965a, 195쪽). 그러므로 결국 여기서도 〈연속〉과 〈불연속〉이 문제가 됨을 알 수 있다. 영역과 영역, 층위와 층위 사이에서, 또 모순의 구조 속에서 문제가 되었던 불연속과 불균등이 이제 개별층위의 생산구조, 이론적 실천의 구조 내로 파고든 셈이다.

한편 이렇게 〈생산〉이라는 구조의 도입과 맞물린 연속과 불연속의 문제는 헤겔뿐만이 아니라 알튀세르가 말하는 경험주의 지식이론 모두에 적용된다. 그에 따르면 모든 경험주의 지식이론은 실재와 사유를 이어주는 연속성의 통로를 갖는다. 이 통로를 통해 사유와 실재는 마치 마주 선 거울처럼 서로가 서로를 비춰주는 관계를 맺는다. 이것이 알튀세르가 이데올로기적 지식이론의 특징이라고 보고 있는 〈거울구조〉 내지 〈이중적 반영관계〉[9]이다. 물론 알튀세르가 중요하게 생각하는 것은 소박한 모사론 따위는 아니다. 그가 주목하는 반영의 통로는 무엇보다도 사유에 의한 〈추상〉이다.

지식의 경험주의적 과정 전체는 사실상 추상 *abstraction*이라고 불리는

---

9) 알튀세르가 사용하는 많은 용어들이 그렇듯이 이 표현도 다른 사람에게서 따온 것이다. 잘 알려져 있듯이 이 경우의 원 주인은 프랑스의 정신분석학자인 자크 라캉 J. Lacan이다.

주관의 작용에 근거하고 있다. 안다는 것은 실재적 대상으로부터 그 본질을 추상하는 것이며, 주관이 그 본질을 소유하는 것이 이른바 지식이다. 이 추상개념이 어떤 개별적인 변형을 겪든, 이 개념은 경험주의 특유의 지표를 구성하는 불변의 구조를 규정해 준다(1965b(불), 39쪽).

경험주의는 이렇게 실재대상으로부터의 추상, 곧 〈실재적 추상〉을 통해 〈실재적 사실〉을 얻는다고 여긴다. 이때 본질을 뽑아내는 추상작업은 마치 땅 속의 광석에 함유되어 있는 금을 추출하는 작업과도 같다. 즉 원래 실재 속에 들어 있던, 그러나 〈현상〉에 가리워 드러나지 않던 〈본질〉을 거기에서 분리하여 빼내는 것이다. 금을 정제해 내는 데에는 광석을 선별하고 제련하는 여러 절차와 조작이 필요하듯이, 본질을 지식으로 소유하기 위해서도 인식주관에 의한 모종의 절차와 조작이 필요하다. 하지만 이 추상작업은 실재의 한 부분(본질적인 부분)을 분리하기 위해 다른 부분(비본질적인 부분)을 제거하는 조작에 불과하다. 말하자면 이 경험주의적 추상은 불투명한 실재의 막을 걷어내고 실재의 알맹이가 우리의 의식에 비치게 하는 통로인 셈이다. 그래서 경험주의적 지식이론은 〈실재대상에 대한 지식을, 알려지는 실재대상의 실재적 한 부분으로 생각한다〉(같은 책, 42쪽). 그런데 이 실재대상에는 본질적인 것과 비본질적인 것, 외면과 내면, 표면과 심층 등의 구분조차, 즉 경험주의적 지식관이 전제로 하는 구별들이 포함되어 있다. 다시 말해 이 지식이론 자체의 구조가 실재세계 속에 이미 들어 있다는 얘기다.

사실 바로 이런 점이 알튀세르기 경험주의의 특징을 〈거울반영〉으로 놓을 때 지적하고자 하는 초점이라고 할 수 있다. 경험주의자들은 지식영역의 구조를 실재세계의 거울상으로 생각한다는 것, 그래서 그네들이 보는 실재와 사유영역은 쌍둥이처럼 서로 닮을 수밖에 없다는 것, 하지만 실제로는 그 반대여서 경험주의자들은 실재에 대한 자신들의 생각을 실재세계에 투영하고 있을 뿐이라는 것, 따라서 이들은 〈상상적인 것〉을 실재로 또 실재의 상으로 여기고 있다는 것이 알튀세르의 생각이다. 즉 그가 볼 때 경험주의 지식관의 문제틀은 실재대상의 실재적 한 부분으로 인식된 지식을 실재대상의 구조에 떠넘겨버리는 것 (같은 곳)이라고 할 수 있다. 그러므로 이런 지식관에 의하면 지식영역은 실재영역으로 환원되어 버리며, 지식영역의 자율성이나 독자성을 내세울 수 있는 여지는 사라져버린다.

물론 〈경험주의〉에 대한 알튀세르의 이와 같은 규정은 철학사에 등장하는 〈경험론〉에 대한 일반적인 규정과 합치하지 않는다(그가 말하는 〈empirisme〉을 〈경험론〉이 아닌 〈경험주의〉라고 옮겨야 할 까닭도 여기에 있겠다). 뿐만 아니라 그 규정과 평가가 너무 포괄적이고 도식적이라는 인상을 준다. 알튀세르 자신의 말처럼 경험론이건 합리론이건 간에 근대 이후의 거의 모든 인식론이 이 경험주의라는 비난을 받을 공산이 있다. 하지만 그런 만큼 이 비판의 초점은 흐려지기 쉽고, 그래서 경험주의라는 규정 자체가 단순히 자신의 견해 이외의 입장들을 거부하기 위한 장치로서만 비쳐질 수도 있겠다. 그러나 조금만 생각해보면, 즉 그가 〈경험주의〉라는 규정 속에 담고 있는 내용을 다시 한번 살펴보면, 알튀세르가 이 같은 규정들을 통해 공박하고자 하는 실질적인 비판의 대상이 어떤 것인지는 그리 어렵지 않게 짐작할 수 있을 것이다.

알튀세르의 실질적인 표적은 〈반영론〉, 곧 마르크스-레닌주의의 공식적인 지식이론[10]이라고 할 수 있다. 〈거울반영〉이나 〈추상의 방법〉, 〈환원론적 구조〉 등이 모두 이 반영론을 겨누고 있음은 분명해 보인다.[11] 그러나 알튀세르는 여기에 대한 노골적인 공박보다는 일종의 우회전술을 택하고 있다.[12] 즉 그는 반영론의 문제틀을 한껏 넓혀서 그와

---

10) 주지하다시피 〈반영론〉은 〈변증법적 유물론〉의 한 부분이며, 그 주요한 전거는 엥겔스(『자연변증법』)와 레닌(『유물론과 경험비판론』)이라고 할 수 있다. 반영론의 내용에 대한 꽤 자세한 정리로는 D. Wittich/K. Gößler/K. Wagner 참조.

11) 이 점을 지적하고 있는 예로 A. Schaff, 1974(영), 82-83쪽 참조.

유관한 이론들을 모두 끌어들일 수 있는 그물을 엮어내는데, 이것의 이름이 바로 〈경험주의〉인 셈이다.

그래서 알튀세르는 경험주의 문제틀이 로크 J. Locke나 콩디야크 Condillac를 통해 드러나기 시작하며, 헤겔 철학 속에도 깊게 파고들어 가 있다고 주장한다. 전자는 감각론적 반영론의 색채를 지니고 있고 후자는 관념론적 반영론의 색깔을 띤다. 알튀세르는 물론 이 양자가 연속되어 있다고 생각한다. 로크에 의한 근대 인식론의 탄생, 즉 주관과 객관의 쌍을 전제로 하는 문제틀의 성립은 〈18세기 전체와, 칸트, 피히테, 그리고 헤겔까지도 지배〉(1965c(불1), 127-128쪽)했다는 것이다. 이를테면 헤겔의 실재는 〈의식〉과 그 의식의 연장체인 〈정신〉, 그리고 그 정신이 실현하는 원리인 〈이념〉에 의해 관통되고 있다. 그런 까닭에 헤겔에서 의식은 실재 속에서 자기 자신을 관통하는 원리를 발견하고 경험해 나갈 뿐이다. 즉 헤겔에서도 주관과 객관, 사유와 실재는 같은 구조로 연속되어 있다.

그러나 정작 중요한 문제는 마르크스주의 내에서 이러한 문제틀이 발견된다는 데 있다. 반영론의 책임은 스탈린이나 즈다노프에게만 있는 것이 아니다. 마르크스 스스로도 자신의 문제틀을 표현할 적절한 개념을 찾아내지 못한 탓에, 이 문제틀 및 그와 연관된 용어들(예컨대 〈현상과 본질, 외부와 내부, 사물의 내적 본질, 표면적 운동과 실재적 운동 등〉)을 사용하지 않을 수 없었다. 엥겔스나 레닌의 경우도 마찬가지였다. 그들은 이데올로기 투쟁의 와중에서 상대방의 지형 속에 들어가, 상대방이 사용하는 것과 같은 개념적 도구들을 사용하지 않을 수 없었다(같은 책, 43쪽 참조). 하지만 알튀세르는 그와 같은 의존이 기존의 문제틀을 부수고 새로운 문제틀을 정립하기 위한 싸움의 일환이었다고 해석한다. 그러므로 로크와 헤겔에게서 나타나는 문제틀, 즉 반영론

---

12) 그럼에도 불구하고 알튀세르가 부딪혀야 했던 반발을 생각해 보면, 그의 처지에 서는 이와 같은 방책이 어쩔 수 없는 것이었는지도 모른다(Althusser, 1992(불), 188쪽 이하 ; T. Judt(1986), 193쪽 등 참조).

의 문제틀이자 〈경험주의〉의 문제틀은 진정으로 마르크스주의적인 문제틀이 아니다. 반영론은 마르크스주의 내에 나타나지만, 경험주의가 마르크스주의적인 것이 아니듯이, 반영론 역시 마르크스주의적인 것이 아니라는 얘기다.

여기서 우리는 알튀세르가 반영론의 문제틀을 확장한 효과가 어떻게 나타나는지를 보고 있는 셈이다. 그는 〈경험주의〉라는 보다 넓직한 틀을 이용함으로써 마르크스주의에서 단절되어야 할 대상의 뿌리를 마르크스주의 밖으로 옮겨심었다. 그렇게 함으로써 그는 마르크스주의 자체의 손상을 최소화하고자 한 것이다. 하지만 그 효과에는 긍정적인 면만 있는 것이 아니었다. 직접적인 부정적 효과는 여타 이론들에 대한 과장과 단순화였지만, 그밖에도 알튀세르가 짊어져야 했던 또 하나의 부담은 마르크스주의에서 반영론이, 헤겔이, 경험주의가 빠져나간 공백을 메워야 한다는 점이었다.

물론 이 문제를 해결하는 알튀세르의 기본방안은 우리가 앞서 살펴본 대로 지식을 생산으로 보는 관점을 도입하는 것이었다고 할 수 있다. 그런데 이렇게 경험주의 내지 반영론에 대치되는 구도를 내세우는 가운데, 알튀세르는 헤겔에 대치되는 사고방식을 제시한 인물로 스피노자를 끌어들인다. 그래서 이제 헤겔이 아니라 스피노자가 마르크스의 선구자로 등장한다.

3 헤겔 대 스피노자 ── 〈주체〉의 문제

하지만 알튀세르에게서 우선 받는 인상으로는 스피노자보다는 칸트적인 면모를 읽어내기가 더 쉬울 것 같다. 특히 실재대상과 지식대상의 구별은 물자체와 현상계의 구별과 유사하다는 느낌을 준다.[13] 그러

---

13) 이런 지적을 하고 있는 사람들로는 예컨대 J. M. Brohm(1974), 19쪽 이하 ; A.

나 알튀세르는 칸트 역시 경험주의적 문제틀을 지니고 있다는 이유로
그를 비판대상에 넣고 있다. 무엇보다도 문제가 되는 것은 칸트가 〈초
월적 주체〉(또는 〈초월적 주관〉)를 상정한다는 점이다(1965b(불), 65쪽 ;
1965a(불), 234-235쪽 ; 1972a(불), 93쪽 등 참조). 이러한 주체는 대상을
〈규정〉해 냄으로써 〈주객일치〉의 〈기원〉과 〈근거〉를 마련하고, 또 이
를 통해 〈진리〉를 인식할 〈권리〉를 확보한다. 알튀세르에 따르면 이것
은 부르주아 이데올로기의 기본형태인 법 이데올로기 ——즉 〈계약의
주체〉이자 〈권리〉를 지닌 〈법적 인격〉으로서의 주체를 생산하는 부르
주아 이데올로기[14] ——가 인식론적 지평에서 변형된 것이라고 할 수
있다. 지식의 문제도 이제 칸트를 통해서 〈권리〉라는 법적 이미지로,
또 그 권리를 뒷받침하는 기원이나 근거의 문제로 사유된다는 것이다.
이런 이유들로 해서 알튀세르 자신에게는 칸트와 유사하다는 평가가
결코 달갑지 않을 것임은 분명하다.[15]

그렇다면 칸트에게서 주체를 떼어낸 경우는 어떨까? 리쾨르 P.
Ricoeur의 유명한 표현대로 구조주의를 〈초월적 주체가 없는 칸트주
의〉[16]라 한다면, 구조주의와 알튀세르의 친화성은 이런 맥락에서도 찾
을 수 있을 것 같다. 실제로 알튀세르를 구조주의적 마르크스주의자로,
또는 구조주의를 마르크스주의에 적용한 인물로 평가하는 것이 통례
이기도 하다.[17] 그러나 알튀세르 자신은 스스로가 한때 구조주의적 용

Schaff, 1974(영), 86쪽 이하 ; T. Benton(1980), 262쪽 이하 ; R. Harland(1987),
   98쪽 등이 있다.
14) 여기에 대해서는 잠시 후에 좀더 상세히 다루겠다.
15) 한편 알튀세르는 스스로 칸트에 대해서 무시하나고 고백하고 있기도 하나
   (1992(불), 157쪽 참조).
16) P. Ricoeur, "Structure et Herméneutique," in l'Esprit, 1963년 11월, 김형효
   (1989), 24쪽에서 재인용. 단 〈transcendental〉의 역어를 〈선험적〉에서 〈초월적〉
   으로 바꿨다.
17) 알튀세르에 반대하는 마르크스주의자들은 대개 이렇게 본다. 예를 들면 르페브
   르 H. Lefebvre(1971), 가로디 R. Garaudy(1966), 샤프 A. Schaff(1974) 등 참조.
   그 밖에도 구조주의를 다루는 책들은 대개 알튀세르를 구조주의의 한 변종으로

어에 과다하게 의존했다는 점(특히 『자본론을 읽는다』에서)을 인정할 뿐, 구조주의자라는 명칭은 완강히 거부하고 있다(1972b, 3절 참조). 알튀세르는 그 이유로 우선 구조주의는 구조를 요소들의 형식적이고 추상적인 조합 combinatoire으로 보는 데 반해, 마르크스주의는 자신이 설명한 바와 같은 구체적 결합 combinaison을 실재의 구조로 파악한다는 점, 마르크스주의는 구조주의와 달리 〈구조에 대한 과정의 우위〉를 설정하고 있다는 점, 또 구조주의적 사고방식은 그가 내세우는 〈최종 심급에서의 결정〉이나 〈지배구조〉, 〈생산과정〉 따위의 범주를 소화할 수 없다는 점 등을 들고 있다. 그러나 구조주의와 자신의 입장 사이의 공통점, 이를테면 반(反)역사주의나 반(反)인간주의 같은 특색에 대해서는, 우연히 그러한 점을 공유하게 되었을 뿐이라고 다소 궁색해 보이는 변명을 내어놓는다. 〈철학적 싸움에서는 때로 다른 이들에 의해 점유된 중요지점을 취해야 할 경우도 있는 법〉(1975b(영), 128쪽)이라는 것이다.

알튀세르가 자신과 구조주의 사조 사이의 관련을 과소평가하고 있음은 사실인 듯하다. 예컨대 그가 사회를 기본적으로 같은 구조를 가진 여러 영역의 접합으로 보고 있다든가, 지식이 실재대상을 반영하거나 재현하는 것이 아니라 자체의 질서를 지닌 것으로 본다든가, 연속보다는 불연속을, 동일성보다는 차이를 강조한다든가 하는 따위는 분명 구조주의의 사고방식과 닮아 있다. 또 (구조가 말 그대로 요소들의 기계적인 조합으로 구성된다고 보는 구조주의자들은 사실상 없기 때문에) 알튀세르가 강조하는 조합과 결합의 차이도 그렇게 명확하게 드러난다고 보기 어렵다. 그런데도 알튀세르가 구조주의라는 평가나 명칭을 극구 배척하는 이유는 이 사조가 변화나 발전의 가능성을 무시하는 보수적인 경향을 갖는다는 일반적인 평가 탓이 아닌가 싶다.[18] 그런데 이

취급하고 있다.
18) 구조주의를 운동과 변화를 부정하는 〈새로운 엘레아주의〉라고 평하는 극단적인 견해도 그리 드물지 않다(H. Lefebvre(1971), A. Schaff(1974) 등을 보라). 한편

처럼 구조주의와의 직접적인 관련을 부정하면서 알튀세르가 대신 내세우는 인물이 바로 스피노자이다.

그러므로 이런 맥락에서 보자면 스피노자에게서도 내용상으로는 구조주의와 유사한 사고방식, 말하자면 〈주체 없는 칸트주의〉의 면모를 찾을 수 있어야 할 것 같다. 아닌게아니라 알튀세르가 스피노자에게서 주로 부각시키고자 하는 것은, 사유와 실재의 엄격한 구별과 참된 지식의 자기기준을 내세우는 그의 지식론, 그리고 주체와 객체의 구별을 무너뜨리는 그의 독특한 실체관이라고 할 수 있다.

알튀세르에 따르면 스피노자는 먼저, 〈데카르트적 관념론에 숨어 있는 독단적 경험론이라 부를 만한 것에 반대하여, 지식의 대상 또는 본질이 실재대상과는 절대적으로 구별되며 상이한 것이라는 점을 알려주었다. 그의 유명한 경구를 빌리자면, 지식의 대상인 원(圓)이라는 관념을 실재대상인 원과 혼동해서는 안 되는 까닭이다〉(1965b(불), 46쪽). 그리고 〈스피노자는 '참인 것은 그 자신과 거짓인 것의 기준'[19]이라고 단언함으로써 '진리의 기준'에 의존하는 모든 문제틀을 회피해 버렸다〉(1975b(영), 137쪽). 뿐만 아니라 스피노자는 이럴 때 생겨나는 곤란한 문제, 즉 참인 관념과 실재대상 사이의 관계문제를 〈관념의 질서 및 연결은 사물의 질서 및 연결과 동일하다〉(*Ethica*, 2부, 정리 7)는 관점을 도입함으로써 해결해 버린다.

물론 알튀세르가 (지식과 실재의 관계문제에 대한 입증되기 힘든) 이런 식의 해결방식을 명시적으로 받아들이고 있는 것은 아니다.[20] 그러

구조주의자라는 평을 받았던 사상가들 중에 이 명칭을 즐겨 받아들이는 사람이 거의 없었다는 점도 흥미롭다.

19) Spinoza, *Ethica*, 2부, 정리 43의 주석. 알튀세르는 〈verum index sui et falsi〉라는 라틴어 문구를 그대로 인용하기도 한다.

20) 여기에 대해, 스피노자가 말한 유일한 실체의 속성인 〈연장/사유〉의 관계를 알튀세르가 〈실재/사유〉의 관계로 바꾸어놓음으로써 이원론과 상호작용의 문제를 다시 야기했다고 비판하는 사람도 있다. 그러나 이러한 지적이 〈연장/사유〉 사이의 합치를 전제하는 스피노자의 관점을 만족할 만한 것으로 받아들이도록 해주

나 구조주의자들이 일반적으로 대상영역에 동형적인 구조들을 설정하듯이, 알튀세르 역시 생산과 실천이라는 동일한 특성을 각 영역에 집어넣음으로써 (실재대상의 전유 메커니즘 문제를 남겨놓은 채로) 은연중에 스피노자의 이러한 구도를 따르고 있다고 볼 수 있다.[21]

한편 이처럼 관념과 사물의 질서를 동일시하는 스피노자의 관점은, 사유와 연장을 단일한 실체의 양태로 보는 그의 기본 입장과 연결되어, 주체(또는 주관)와 객체(또는 객관)의 대립구도를 배격하는 역할을 하기도 한다. 알튀세르가 볼 때 이 점은 매우 중요하다. 왜냐하면 이에 따라 〈주체〉를 인간의 체험방식에서 주어지는 〈상상적인 것〉,[22] 즉 이데올로기적인 것으로 이해할 수 있는 길이 열리기 때문이다. 그런데 이 이데올로기적인 〈주체〉는 비단 지식영역만이 아니라 경제적, 정치적, 도덕적 영역 등 사회의 모든 부문에 관여하는 통일체로서 등장하며, 나아가 사회 전체와 역사의 운명을 좌우하는 〈주체〉로 연장되고 확대되기도 한다. 따라서 〈주체〉에 대한 비판은 부르주아 이데올로기 전반에 대한 비판으로까지 이어질 수 있다. 알튀세르는 이 점과 관련하여 스피노자에게 큰 의의를 부여한다.

　　…… 상상적인 것에 대한 이 이론은 한층 더 멀리 나아갔다. 상상적인 환상의 중심범주인 주체에 대한 근본적인 비판에 의해, 그것은 14세기 이래

　　는 것은 아니겠다(S. Strawbridge, 15쪽 참조).

21) P. Anderson은 스피노자와 알튀세르 사이의 관련을 조목조목 지적하면서(이 지적은 원래 알튀세르가 『자기 비판』(1975b)에서 스피노자와의 관련을 본격적으로 고백하기 전에 이루어진 것이라고 한다), 〈생산〉에 대한 알튀세르의 관점과 관념 및 실재의 질서에 대한 스피노자의 관점을 직접적으로 연결시키고 있다. 이 점은 좀 심한 듯하지만, 전반적으로 보아 앤더슨의 지적들은 매우 설득력 있는 것이라고 할 만하다(1976(국), 99쪽 이하 참조).

22) 알튀세르에게서 이데올로기는 실재의 관계에 대한 지식이 아니라, 체험된 상상의 관계를 나타낸다. 스피노자는 이 〈상상적인 것 imaginatio〉을 그가 말하는 지식의 세 가지 유형 중 제1유형에 속하는 것으로 놓고 있다(Ethica, 2부, 정리 16 이하 참조).

주체라는 법적 이데올로기의 기초 위에 세워져 온 부르주아 철학의 심장부로 파고들었다. 스피노자의 단호한 반(反)데카르트주의는 의식적으로 스스로를 이 지점으로 이끌며, 그 유명한 〈비판적〉 전통은 여기서 한치의 실수도 없었다. 스피노자는 이 지점에서도 헤겔을 선취했지만 그보다 더 멀리 나아갔다. 왜냐하면 헤겔은 주관성에 대한 모든 테제를 비판했음에도 불구하고 주체를 위한 자리를 찾았기 때문이다(1975b(영), 136쪽).

이 언급은 〈주체〉문제에 대한 알튀세르의 기본관점을 엿볼 수 있게 한다. 알튀세르는 이 〈주체〉의 문제를 자신이 비판하는 여러 입장들, 즉 목적론, 경험주의, 인간주의, 역사주의 등을 꿰는 공통된 연결점이자 기반으로 놓았다고 할 수 있다. 따라서 그가 내세우는 마르크스주의는 당연히 〈반(反)주체주의〉를 기본특징으로 삼게 되겠는데, 그 선구적 역할을 한 사상가로 꼽히는 인물이 바로 스피노자이다. 반면에 헤겔은 〈주체주의〉의 편에 선, 그리고 그 주체주의의 한 형태를 완성한 인물로 등장한다.

하지만 이런 점들을 제대로 전달하기 위해서는 약간의 부연설명이 필요할 것 같다. 여기서는 먼저 〈주체〉범주와 관련하여 알튀세르가 대비하고 있는 헤겔과 스피노자의 기본적인 사유틀을 간단히 비교해 보도록 하자. 그러한 작업은 〈주체〉범주가 기능하는 방식 및 그 효과에 대해 알튀세르가 어떤 생각을 갖고 있는지를 우회적으로 보여줄 수 있을 것이기 때문이다.

우선 눈에 띄는 흥미로운 사실은 알튀세르가 스피노자의 장점이라고 여기고 있는 것을 헤겔은 오히려 단점이자 한계로 생각하고 있다는 점이다. 즉 헤겔은 스피노자에게 〈주체성〉의 원리가 없다는 점을 결정적인 한계로 보고 있다. 스피노자가 말하는 실체는 〈자기 자신의 부정적 통일성이라는 개념, 곧 주체성〉을 갖지 못했으며, 그 덕택에 스피노자의 체계는——〈무한한 실체〉의 도입을 통해 데카르트의 이원론을 지양했다는 긍정적 업적에도 불구하고——부동적(不動的)인 형식에 머물고 말았다는 것이다(*Wissenschaft der Logik* 1, 291쪽 참조).

여기서 헤겔이 말하는 〈자기 자신의 부정적 통일성〉이란 〈자기복귀〉를 통해 확보되는 통일성, 즉 (원래 자기 자신이었던) 자신의 소외태(疎外態)인 타자를 다시 부정하여 가짐으로써 이룩되는 통일성을 뜻하는 것이겠다. 그래서 이 주체성은 〈부정의 부정〉 및 〈자기의식〉의 원리와 연결된다. 헤겔에서의 〈자기의식〉이란 타자 속에서 자기 자신을 발견하는 의식에 다름아니기 때문이다. 반면에 스피노자에게는 이러한 원리가 없다. 스피노자는 〈모든 규정은 부정이다〉라는 명제를 도입함으로써 근대철학의 주요지점을 확보했지만, 이때의 부정은 다시 긍정에 이르는 〈부정의 부정〉으로 발전하지 못하고 일면적인 부정에 그치고 말았다는 것이다. 이것은 스피노자가 이성적인 것에 이르지 못하고 지성적인 원리에 머물렀다는 뜻이기도 하다.[23]

헤겔에 의하면, 그 때문에 스피노자에게서는 유한자(有限者)와 무한자(無限者)가 연속적인 연결을 갖지 못한다. 모든 규정은 부정인 까닭에, 규정된 것은 부정과 관계하는 유한자일 수밖에 없다. 그에 반해 무한자는 긍정적인 것이다. 따라서 〈자기원인〉으로서의 실체에 값하는 것은 규정되지 않고 부정되지 않는 무한자뿐이고, 그 나머지 모든 것들은 실체가 아니라 이 하나뿐인 실체의 변용(變容)이 된다. 그러므로 스피노자의 체계에 따르면, 유한자인 개별적 개체들은 〈독자적으로 für sich 실존하는 것〉이 아니며, 〈진정한 현실성〉을 갖는 것도 아니다.

이런 이유로 헤겔은 스피노자의 사상이 〈무신론〉이라는 견해는 부정확한 것이라고 주장한다. 오히려 진실로 존재하는 것은 무한자, 즉

---

23) 〈스피노자주의에서는 주체성, 개별성, 인격성의 원리를 찾아볼 수 없다. 부정 Negation이 단지 일면적으로만 파악되고 있는 까닭이다. …… 지성 Verstand은 스스로 모순하지 않는 규정들을 갖는다. 부정은 단순한 규정성이다. 부정의 부정은 모순이다. 그것은 부정을 부정한다. 그러므로 그것은 긍정이지만 마찬가지로 부정 일반이기도 하다. 지성은 이 모순을 참아내지 못한다. 모순은 이성적인 것이다. 이 점이 스피노자에게는 빠져 있다. 이것이 그의 결함이다〉(*Vorlesungen über die Geschichte der Philosophie* 3, 164쪽).

신(神)뿐이므로, 차라리 절대적인 범신론이나 유일신론이라고 해야 옳다는 것이다. 나아가 헤겔은 이러한 스피노자의 관점이 엘레아 학파의 관점과 유사하다고 보고 있다. 스피노자의 〈실체〉와 엘레아 학파의 〈존재〉가 비슷한 특성을 지녔다는 것이다.[24] 엘레아 학파의 〈존재〉가 철학사에서 처음으로 순수사유의 지평을 열었던 것처럼, 이제 철학은 〈절대적 실체〉에서 출발하여야 한다. 즉 〈철학을 하기 위해서는 누구라도 처음에는 스피노자주의자가 되어야 한다〉(*Vorlesungen über die Geschichte der Philosophie* 3, 165쪽). 하지만 모든 유한자를 삼켜버리는 이 출발점에 그대로 머물러 있을 수는 없다. 스피노자의 실체는 추상적인 상태를 벗어나지 못했기 때문에, 〈구체적인 것 das Konkrete〉은 이 실체의 내용 속에 존재하지 못하고 반성하는 사유에 귀속될 뿐이다. 요컨대 헤겔에 따르면, 스피노자의 실체에서는 개별적이고 구체적인 것들과 관련된 내적인 규정이나 발전원리를 찾을 수 없다. 스피노자에게는 유한자와 무한자를 연결해 주는 원리, 유한자 역시 실체로 자리잡게 해주는 진정한 무한성의 원리가 존재하지 않는다는 것이다.[25]

여기에 대해 헤겔은 주체성의 원리가 이 같은 한계를 극복할 수 있게 해준다고 내세운다. 이 주체성의 원리가 바로 (실체 속에서 유한자와 무한자를 연결해 주는) 진정한 무한성의 원리이기도 한 까닭이다. 스피노자의 말대로 유한한 것들은 규정된 것이며 따라서 부정성을 지니는 것이지만, 무한자는 이러한 유한자를 떠나서 존재하는 것이 아니다.

---

24) *Vorlesungen über die Geschichte der Philosophie* 3, 164-165쪽. 이 점은 구조주의를, 그리고 알튀세르를 새로운 엘레아수의라고 비판하는 사람들이 있다는 사실에 비추어 볼 때 자못 흥미로운 면이 있다. 주 19) 참조.

25) 잘 알려져 있다시피 헤겔이 말하는 참된 무한(眞無限)은 유한자와 대립하는 무한——이러한 무한은 악무한(惡無限)이다——이 아니라 유한자와 무한자의 통일로서, 유한자를 자기 자신 안에 스스로의 계기로서 포함하는 무한이다. 헤겔은 스피노자가 이 진무한의 개념을 수학적이고 형식적인 차원에서는 도입했으나 실체의 차원에서 적용하지는 못했다고 보고 있다(*Wissenschaft der Logik* 1, 291쪽 이하 참조). 또 무한성에 대한 상세한 규정은 같은 책, 149-166쪽 참조.

오히려 무한자는 유한자를 자신의 계기로 포섭함으로써, 이 유한자를 통해 스스로를 실현해 나간다. 이를 거꾸로 유한자의 처지에서 보면, 무한자의 실현과정은 유한자가 자신의 지양을 통해 무한자로 나아가는 과정이라고 할 수 있다. 또 이것은 유한자가 자신이 원래 무한자에 속하는 것임을 발견해 나간다는 의미에서, 무한자가 유한자를 통해 자기 자신으로 복귀하는 과정이기도 하다. 그런데 헤겔에 따르면 유한자와 무한자가 통일되는 이러한 방식은 자기 자신을 전개해 나가는 생동하는 실체, 곧 주체의 활동을 통해서만 가능하다. 즉,

> 생동하는 실체는 참으로 주체인 존재이다. 달리 말해서 자기 자신을 정립하는 운동인 한에서만, 또는 자기타자화(自己他者化)의 매개인 한에서만 참으로 현실적인 존재이다. 주체로서 그것은 순수하고 단순한 부정성이며, 또한 이를 통한 단순한 것의 양분이기도 하고, 또는 이와 같은 무차별한 차이성과 그 차이의 대립을 다시 부정하는 대립적인 이중화(二重化)이기도 하다. 자기를 회복하는 이러한 동등성 혹은 타자 존재 속에서 자기 자신으로 돌아가는 반성 ──근원적인 통일 그 자체나 직접적인 통일 그 자체가 아니라──이야말로 진리이다. 진리는 자기 자신의 생성이며, 자신의 종말을 자신의 목적으로 전제하고 시초로 삼는, 그리고 구체적 전개를 거치고 난 종말에 가서야만 현실적인 원환(圓環)이다(Hegel, G. W. F., 1807(독), 20쪽).

이 구절은 헤겔이 〈주체〉에 대해 부여하는 의미의 중요한 일단을 보여주고 있을 뿐만 아니라, 알튀세르가 헤겔을 비판할 때 초점으로 삼는 요소들을 한꺼번에 담고 있다. 여기에서도 헤겔은 (앞에서도 말한 것처럼) 주체란 스스로를 부정하여 타자로 만들고 이러한 분열상과 소외태를 다시 부정하여 자기 자신으로 돌아가는 존재라고 보고 있다. 아마 헤겔이 어렵지 않게 동의를 구할 수 있는 것은, 주체가 자신이 아닌 것을 자기와 동화(同化)할 수 있는 존재이며, 이를 통해 스스로

를 유지하고 전개해 가는 자기동일성을 지닌 존재라는 점일 것이다. 그러나 문제는 타자가 원래 자기 자신이었다고 상정하고, 이를 자기동화 활동의 근거로 놓는 데 있겠다.

타자가 원래 자기 자신이었다는 점을 일단 전제하면, 타자가 자신과 동화되는 것은 가능한 일이며 또 당연한 일이라는 얘기가 쉽게 나올 수 있다. 더욱이 참된 무한자는 원래 유한자를 포함하여야 한다는 것이 헤겔의 생각이니까, 그 같은 무한자의 입장에서 보면 이러한 얘기가 한층 더 쉬워질 수 있겠다. 실제로 헤겔이 중요한 전제로 삼고 있는 것은 이 무한자 또는 절대자의 파악이 가능하다는 가정이다.

다른 한편, 헤겔은 타자가 원래 자기 자신이라는 이러한 발상의 원형을 〈자기의식〉에서 찾고 있다. 그에 의하면 사유와 존재의 통일이라는 단초적 원리가 제시된 것은 데카르트에서부터지만(*Vorlesungen über die Geschichte der Philosophie* 3, 130쪽 이하 참조), 철학사에 본격적으로 〈자기의식〉이 등장한 것은 칸트에 이르러서이다(같은 책, 333쪽 참조). 보편타당한 인식의 가장 확실한 보장은 인식주체 스스로가 그 대상을 규정하는 것, 그래서 타자인 대상 속에서 자기 자신을 발견하는 것이다. 칸트는 이 주체를 감성에 의해 제약되는 것으로 봄으로써 〈자기의식〉의 타당한 적용범위를 유한적인 것에 국한시켰지만, 헤겔은 이 원리를 무한자와 결합시킨다. 이 결합방식도 이전 단계를 지양하여 자기 자신의 계기로 삼는 것, 곧 주체의 원리에 따르는 것이다. 감성적인 것은 지성적인 것으로, 지성적인 것은 이성적인 것으로 지양되며, 개별적인 주체로서의 자격을 얻은 〈자기의식〉도 보다 큰 주체, 곧 무한자로서의 주체인 〈정신〉으로 지양된다. 이렇게 해서 헤겔의 〈주체〉는 모든 유한자의 전개과정을 포괄하는 〈전체〉로, 스스로가 산출한 대상과 궁극적으로 통일되는 〈진리〉의 담지자로, 또 종국에야 성취되는 이러한 주객일치의 경지를 자기전개의 처음부터 예정된 것으로 전제하고 있는 목적론적 존재로 자리잡는다.

이 정도에서 다시 알튀세르로 돌아가보자. 헤겔은 이런 식으로 구축

된 자신의 체계가 그 이전 철학들의 한계를 극복한 형태라고 여겼을
테지만, 알튀세르의 생각은 물론 그와 다르다. 특히 스피노자와 헤겔의
관계에 관한 한 알튀세르는 헤겔과 정반대의 시각을 갖고 있다고 보아
도 전혀 무리가 없겠다. 즉 그에 따르면 스피노자가 오히려 헤겔의 단
점과 한계를 극복할 수 있는 길로서 등장하는 것이다.[26]

알튀세르의 관점에서 볼 때 헤겔에게서 가장 큰 문제가 되는 것은,
역시 앞 장에서 다루었던 목적론적 특성이라고 할 수 있다. 그런데 이
제 막 살펴본 것처럼 〈주체〉의 논리는 이 목적론을 뒷받침하는 주요한
개념적 장치가 되고 있다. 헤겔은 스피노자가 실체에 머무는 것을 비
판하고 그 대신 〈실체의 주체화〉를 내세우지만, 이 같은 헤겔의 방책
은 대상을 자기의식이라는 형태로 주체 속에 지양해 버리고 이 주체
또한 정신이라는 거대한 주체 속에 지양해 버림으로써, 결국 절대지
(絶對知)라는 궁극목적을 향한 폐쇄적 과정을 만들어낸다. 그러므로
알튀세르와 같은 반(反)목적론의 입장에서는 헤겔이 비판하는 스피노
자를 통해 거꾸로 헤겔식의 목적론적 체계를 비추어볼 필요가 있다.
이럴 때 스피노자는 〈헤겔의 변증법을 '신비화'하는 주체와 목적 사이
의 비밀스런 동맹을 보여준다〉(1975b(영), 136-137쪽)는 것이다.

알튀세르는 헤겔의 이 동맹을 간단하게 도식화하여 〈([기원=([주체
=객체]=진리)=종말=근거)〉(1972c(영), 173쪽)라는 식으로 표현하기
도 한다. 이 도식에서 〈주체〉는 〈진리〉의 보증자로서, 즉 궁극적으로
자신과 일치를 이루는 객체의 산출자로서 기능한다. 그런데 이것은 알
튀세르가 경험주의를 비판하면서 다루었던 〈거울반영〉의 한 형태라고
할 수 있으므로, 결국 이때 〈주체〉는 경험주의적 측면까지 포함하는

---

26) 이런 관점에서 헤겔과 스피노자를 상세히 비교한 연구서로 P. Macherey(1979)
참조. 마셰리는 알튀세르의 제자로 발리바르, 르쿠르 등과 더불어 대표적 알튀세
르주의자 중의 한 사람이다. 이 책의 제목 〈헤겔이냐 스피노자냐 Hegel ou
Spinoza〉가 시사하는 것처럼 그는 스피노자식 사고 방식을 헤겔식 사고 방식의
대안으로 놓고 있다. 비록 시기적으로는 헤겔이 나중이지만 〈스피노자는 헤겔을
객관적으로 논박〉(13쪽)하고 있다는 것이다.

이데올로기적 틀의 핵심적인 구성요소로 자리잡고 있는 셈이다. 알튀세르가 스피노자에게서 찾고자 하는 반(反)주체주의는 바로 이 비밀동맹의 추방을 겨냥하는 것이라고 할 수 있다.

알튀세르에 따르면 스피노자에게는 〈진리〉를 보증해 주거나 〈목적〉을 담지하고 있는 주체가 들어설 자리가 없다. 왜냐하면 스피노자는 관념과 그 대상의 일치문제를 제거해 버림으로써(*Ethica*, 2부, 정의 4 참조) 주체를 통해 주객일치의 가능성을 확보해야 할 필요를 아예 없애 버렸으며, 미리 예정된 종말과는 무관한 필연성의 지배를 내세움으로써 영원한 실체인 자연에 〈목적〉이 파고들 여지를 또한 없애버렸기 때문이다. 스피노자에게서는 모든 것이 필연적이지만, 이 필연성은 원인 없는 결과가 없음을 나타내는 인과적 필연성일 뿐 목적론과는 아무 상관이 없다. 즉 스피노자가 말하는 필연성은 목적 fin을 지닌 닫혀진 필연성이 아니라 정해진 끝 fin이 없는 열린 필연성이라는 것이다.[27]

따라서 이런 필연성의 연쇄 속에 목적을 설정하는 것은 종말을 자의로 도입하여 거기에서부터 거꾸로 원인을 비추어보는 것, 곧 〈원인을 결과로 보고 또 반대로 결과를 원인으로 보는〉(*Ethica*, 1부, 부록) 것이 된다. 또 이러한 필연성의 전면적인 지배 속에서 등장할 수 있는 〈주체〉란 실제로는 환상에 지나지 않는다는 것이 알튀세르의 생각이다.[28] 그러므로 이런 견지에서 볼 때 헤겔식의 〈주체-목적론 동맹〉은 어느 면에서도 유지될 수 없다.

하지만 그렇다고 하더라도 최소한 〈주체〉라는 환상이 존재한다는

---

27) 그래서 미셰리에 따르면 스피노자가 말하는 〈영원성〉이란 목적 또는 종말 fins 의 부재(不在)이다(P. Macherey(1979), 256쪽 이하 참조).

28) 잘 알려져 있다시피 스피노자에게 〈자유의지〉란 실제로 존재하지 않으며, 사람들이 자유의지라고 생각하는 것은 어떤 것을 의지하도록 하는 원인에 대한 무지에서 비롯되는 것이다(*Ethica*, 2부, 정리 48 참조). 또 모든 개체는 하나뿐인 실체가 변용(變容)된 것에 불과하기 때문에, 어떤 개체이건 독자성을 지니는 〈주체〉가 될 수 없다. 그리고 비록 〈신(神)〉이라는 이름을 지니고 있지만 스피노자가 말하는 실체 또한 의도나 목적 따위를 지니고 있는 〈주체〉가 결코 아니다.

것은 엄연한 현실이다. 그래서 알튀세르는 스피노자에게서 이 〈주체〉
라는 환상을 만들어내는 메커니즘에 대한 설명을 찾아내고자 한다. 알
튀세르 자신의 방식으로 말하자면 이것은 곧 〈주체〉라는 이데올로기
를 생산하는 메커니즘에 대한 설명이 되겠다.[29] 스피노자에게서 이런
이데올로기적인 〈주체〉는 (모든 상상적인 것의 생산이 그렇듯이) 워낙
인간정신이 갖는 체험의 한계에서 비롯된다고 할 수 있다. 즉 인간정
신은 자기 신체에 미치는 변화의 관념을 통해 사물을 지각하게 되기
때문에(지식의 제1유형), 자신을 지배하는 인과연쇄를 완전히 포착하지
못하고 스스로가 자유의지를 지닌 존재인 것처럼 생각하게 되며, 이에
따라 〈모든 자연물이 자기네들과 똑같이 어떤 목적을 위해 움직이고
있다고 상정〉하거나, 〈신 자신도 모든 것을 어떤 일정한 목적을 따라
인도하고 있다고 확신〉하게 된다는 것이다(*Ethica*, 1부, 부록).[30] 알튀세
르의 시각에서 보면 헤겔의 〈주체〉도 이러한 상상적인 것의 변형이라
할 수 있겠다. 헤겔을 〈전도(顚倒)〉한 (마르크스가 아니라) 포이어바흐
가 내세우는 주체(〈감성적 인간〉) 역시 마찬가지이다.

물론 이 같은 〈주체〉가 관여하는 보다 중요한 맥락은 사회적인 것
이다. 〈주체〉이데올로기도 이데올로기인 이상, 그 적합성의 기준은 이
론영역 밖에 놓이며 이론적 〈전유〉의 기능보다 사회적-실천적 기능이
우선한다. 알튀세르는 이런 점과 관련해서도 스피노자를 끌어들이지
만,[31] 여기에 이르면 아무래도 스피노자식 필연성에 대한 마르크스주의
적 구조화와 세분화가 불가피해진다. 그리고 이때 중요하게 부각되는
것은 사회 전체의 재생산에서 〈주체〉이데올로기가 담당하는 〈기능〉
이다.

---

29) 알튀세르 자신의 보다 진전된, 그러나 시론적인 설명으로는 1975a(불), 122쪽
　　이하 참조.
30) 알튀세르는 이런 면에서 스피노자로부터 최초의 이데올로기 이론을 찾을 수 있
　　다고 말한다(1975b(영), 135쪽 참조).
31) 1975a(불), 127쪽 ; 1992(불), 209쪽 이하 참조.

4 〈인간주의〉와 알튀세르의 문제틀

앞의 인용에서도 나왔던 것처럼 알튀세르는 부르주아 사회에서 〈주체〉가 담당하는 역할의 중심을 법 이데올로기 차원에 놓고 있다. 법적인 권리를 지닌 주체의 생산, 곧 법적 인격의 생산이 자본주의 체제의 재생산에 필수적이라고 보기 때문이다. 물론 이 경우의 주체는 주로 〈인간〉이 된다.[32] 따라서 이곳이 바로 〈주체〉의 문제와 〈인간〉을 주체로 내세우는 〈인간주의humanisme〉의 문제가 맞부딪히고 결합되는 장소라고 할 수 있다. 알튀세르에 의하면 이 인간주의 이데올로기는 〈새로운 법 —— 즉 상인 부르주아의 법으로 개정된 고대 로마법 —— 이 인준한 상인 자본주의 경제의 요구를 번역하고 전치(轉置)하면서, 상승하는 부르주아의 열망을 표현〉했다. 그러므로 이때 등장하는 〈자유로운 주체인 인간, 자기 행동과 사유의 주체인 자유로운 인간은 무엇보다도, 자유롭게 소유하고 자유롭게 사고 팔 수 있는 인간, 곧 법적 주체〉를 의미하게 된다(1975a(불), 176쪽).

나아가 알튀세르는 근대철학에서 나타나는 주체범주와 법적 주체를 이렇게 연결시킨다 : 〈시대에 맞지 않는 몇몇 예외를 제외하면, 고전철학의 위대한 전통은 그 체계들의 범주 속에서 인간의 알 권리와 행동할 권리를 다시 취했습니다. 앞의 것에서는 코기토에서 경험론의 주체를 거쳐 초월적 주체에 이르기까지 지식이론의 주체를 만들어내었고, 뒤의 것에서는 경제적, 도덕적, 정치적 주체를 만들어내었습니다〉(같은 책, 175-176쪽).

〈법〉과 〈권리〉가 같은 단어 droit로 표현된다는 점이 철학적 지평에서 다루어진 권리에 대한 물음과 제반 이론들을 법적 차원과 연관짓는

---

32) 법적 인격이 〈인간〉이 아닌 경우도 있다. 이를테면 〈법인(法人)〉이 그러하다. 이 점과 관련하여 알튀세르의 〈주체〉에 제기되는 문제로 P. Hirst(1976), 401쪽 이하 참조. 허스트의 이 글은 알튀세르의 이데올로기론이 〈기능주의〉의 관점을 취하고 있다고 비판하는 대표적인 글이다.

데 직관적인 설득력을 더해 준다. 그러나 이러한 연관은 근대철학의
주요한 틀이 이데올로기적인 것임을, 곧 외부로부터 이미 주어진 기준
에 맞추어 그 기준에 적합한 관념과 의식형태를 생산해 내는 것임을
뜻하기도 한다. 이런 점이 지식이론쪽보다는 사회이론쪽에서 더 분명
히 드러나는 것은 당연한 일이겠다. 하지만 그 기본구조는 마찬가지라
고 할 수 있다.

알튀세르가 근대의 중심적인 사회이론[33]인 사회계약론을 비판하는
초점은 이들 이론이 우리가 이미 살펴보았던 〈거울반영〉에 의한 〈목
적론〉의 구조를 지니고 있다는 데 있다. 홉스건 로크건 루소건 또 다
른 누구건 간에, 계약론자들은 모두 사회 이전의 자연상태를 사회의
〈기원〉으로 상정하고 거기로부터 출발한다. 하지만 출발점인 이 기원
속에는 〈창조되어야 할 사회의 이상〉이 역사의 〈목적〉으로서 이미 새
겨져 있다(1959(불), 22쪽 이하 참조). 따라서 이들에게 필요한 것은 이
렇게 미리 주어진 목적을 정당화할 방편이며, 〈사회계약〉은 여기에서
그 역할을 부여받는다. 그러나 사회계약 이전의 개인들, 무엇보다 이
개인들이 이미 지니고 있는 〈권리〉의 내용이 처음부터 그 계약의 결과
를 비춰주고 있다. 즉 여기에서도 권리를 지닌 〈주체〉가 자신이 지닌
규정의 전개 —— 헤겔식으로 말하면 외화(外化) —— 를 통해 〈기원〉과
〈목적〉을 연결해 주고 있는 셈이다.

반면에 알튀세르가 몽테스키외를 높게 평가하는 이유는 그가 이러
한 사회계약론의 틀에서 벗어나 역사를 파악하고자 한 선구적 인물이
며, 그런 의미에서 마르크스와 맥이 닿아 있다고 보기 때문이다(같은
책, 52쪽 참조). 또 알튀세르가 계약론자 중 루소에 특별한 관심을 갖는
이유도, 그가 사회계약론의 한계를, 즉 개인과 사회(사회계약에 의한 국
가) 사이의 〈거울반영〉을 통해서는 해결될 수 없는 현실적 문제의 존

---

33) 알튀세르는 비코와 몽테스키외를 빼고는 17세기와 18세기의 모든 정치 이론가
들이 사회계약론자였다는 점을 강조한다(1959(불), 21쪽).

재(특수한 이해를 지닌 집단들의 존재)를 극명하게 드러내준다고 보기 때문이다(1972c(영), 146쪽 이하 참조). 알튀세르에 따르면 〈진정한〉 마르크스는 결코 개인으로부터, 인간 개체가 지닌 본질적 규정으로부터 출발하지 않았으며, 역사를 〈인간〉이라는 주체의 산물로 보지 않았다. 그러한 관점은 부르주아 철학의 영향을 아직 벗어나지 못한 청년 마르크스의 것일 수는 있을지언정, 성숙한 마르크스의 것은 분명 아니라는 것이다.

그래서 알튀세르는 마르크스의 입장을 〈이론적 반(反)인간주의〉[34]라고 못박는다. 여기에 〈이론적〉이라는 단서를 붙이는 이유는 이 〈반인간주의〉가 자리잡는 곳이 〈이론〉생산 영역이라는 점을 명확히 하기 위해서이다. 즉 인간주의와 반인간주의가 대결하는 장소는 이론영역이며, 또 이 이론영역에 국한될 뿐이다. 물론 인간주의는 이데올로기 진영에, 반인간주의는 과학 진영에 속하므로, 이 대결의 양상은 마르크스주의 과학의 실천과 그 실천을 방해하는 이데올로기적 실천 사이의 싸움이 되겠다.[35]

알튀세르에 따르면 마르크스는 이른바 〈단절기〉를 통하여 이 인간주의와 결별하였는데, 그 과정은 마르크스 자신에게도 파고들어와 있던 인간주의를 이데올로기로 규정하여 밀쳐내는 과정이기도 했다(1965a(불), 233쪽 이하 참조). 그러나 이러한 단절은 일회적인 사건으로 끝날 수 있는 것이 아니었다. 이데올로기의 생산은 그 나름의 물질성을 기반으로[36] 이루어지므로 자체의 관성을 지닐 뿐 아니라, 그 적합

---

34) 알튀세르는 결렬과 대립의 의미를 강조하기 위해, 인간주의가 아니라는 의미에는 더 적합한 〈a-humanisme〉이라는 표현 대신에 이보다 강한 〈anti-humanisme〉이라는 표현을 선택했다고 말한다(1965c(불), 150쪽 참조).

35) 이 말은 과학적 실천과 직접 대면하지 않을 경우, 곧 과학을 참칭(僭稱)하거나 과학에 장애가 되지 않을 경우에는 〈인간주의〉가 마르크스주의 이론의 공격 대상이 되지 않을 수 있다는 점을 함축한다(1965a(불), 237-238쪽 참조).

36) 대표적으로 알튀세르가 〈이데올로기적 국가기구〉라고 부르는 것을 통하여. 1975a(불), 특히 95쪽 이하 참조.

성의 기준을 외부에 두고 있는 만큼 이를 추동하는 영역들의 정세에 크게 의존하는 까닭이다. 알튀세르는 인간주의 이데올로기가 계속적으로 마르크스주의를 위협해 왔다고 말하면서, 자신이 〈반인간주의〉를 새삼 들고 나온 배경으로 마르크스주의 내의 인간주의 이데올로기의 득세와 이를 가능하게 했던 당시(50년대 후반-60년대 초)의 정세를 들고 있다.

특히 소련을 중심으로 한 〈사회주의적 인간주의〉의 논의가 알튀세르의 눈에는 매우 위험한 징후로 비쳤던 것 같다. 알튀세르의 관점에서는 〈사회주의〉는 과학적 용어인 반면에 〈인간주의〉는 이데올로기적 용어이므로, 〈사회주의적 인간주의〉라는 조어 자체가 이미 마르크스주의 과학에 대한 이데올로기의 침투를 뚜렷하게 드러내고 있는 셈이다 (같은 책, 229쪽 참조).[37] 알튀세르는 이 같은 〈사회주의적 인간주의〉의 등장이 당시 소련의 존재조건에 대한 소련 사람들의 〈체험방식〉을 보여준다고 생각한다. 즉 그네들은 스탈린 시대의 불법적인 행태와 관행의 극복을 지향하고 있었으며, 프롤레타리아 독재의 종식과 공산주의로의 이행이라는 희망을 〈체험〉하고 있었다. 그래서 〈개인의 자유〉라든가 〈법률의 존중〉, 〈개인의 존엄성〉 등이 선언되고, 인간은 이제 계급의 구별을 떠나 〈인격〉으로 취급받게 되었다. 그러나 알튀세르가 볼 때 이러한 규정들은 체험양식으로서의 이데올로기적인 표현일 뿐, 소련 사회에 대한 과학적 규정들이 아니었다.[38] 이 점은 스탈린의 〈개인

---

37) 한편 알튀세르는 68년의 체코 민주화 운동이 기치로 내걸었던 〈인간의 얼굴을 한 사회주의〉에서의 〈인간〉에 대해서는 그것이 체코 민중들의 불만과 열망을 나타내고 있다는 점에서 긍정적인 평가를 내린다. 하지만 이 경우도 〈이론적인〉 면에서 인간 내지 인간주의라는 개념화를 승인하는 것은 아니다(1972a(불), 67-68쪽 참조).

38) 알튀세르식의 〈과학적 분석〉에 의하면, 소련 사회는 그네들이 내세우는 〈전 인민의 국가〉(이러한 규정 자체가 마르크스주의의 〈과학적〉 국가관 —— 계급 지배의 도구 —— 에 배치된다)가 아니며 여전히 〈프롤레타리아 독재〉 시기이다. 일반적으로 〈사회주의〉는 독자적인 생산 양식을 지닌 단계가 아니라 자본주의에서 공산주의로의 이행기일 따름이다. 이런 점에 대해서는 G. Lock(1975); E.

숭배〉에 대한 비판이 스탈린 시대의 잘못된 편향[39]에 대한 과학적인 원인분석이 아닌 것과 마찬가지라고 할 수 있다.

이와 관련하여 알튀세르는 인간주의와 같은 이데올로기적 개념을 아무런 차별이나 유보조건 없이 마치 이론적 개념인 양 사용하는 것은 매우 위험하다고 지적한다. 그럴 경우 마르크스주의 이론은 프티부르주아 이데올로기와 섞여버릴 위험이 있을 뿐더러, 과학적인 개념에 의한 문제해결에 방해를 받을 수 있다는 것이다. 특히 알튀세르는 인간주의가 인간의 보편적인 본성을 내세움으로써 계급간의 차이와 대립을 희석시키고 경제주의와 결합하는 경향이 있다고 주장한다. 경제주의 역시 계급투쟁을 경시한다는 점에서 인간주의와 공통적이다. 게다가 경제주의는 사회의 발전을 생산력의 성장에 맡기는 한편, 기존 생산관계의 재생산과 생산력의 발전을 위해 노력할 〈보편적〉인 〈인간주체〉들을, 그들의 〈가상적인 체험〉을 필요로 한다. 즉 인간주의 이데올로기를 필요로 한다. 반면에 인간주의의 경우에도 이 보편적인 주체의 활동을 뒷받침해 줄 〈보편적〉인 〈역사발전 법칙〉을, 경제주의 이데올로기를 자신의 훌륭한 배경으로 삼을 수 있다.

알튀세르에 따르면 이처럼 인간주의와 경제주의가 상호보완물 역할을 해온 것은 제2인터내셔널 시기 이래의 전통이다. 그리고 이 전통은 원래 자본주의 사회구조 속에 뿌리박고 있다. 보다 많은 잉여가치의 수취를 위하여 〈경제적 성장〉을 사회발전의 중심에 놓고, (스스로의 노동력을 포함하여) 자신의 소유물을 자유롭게 처분할 〈권리를 지닌 인간〉을 요구하는 것은 바로 자본주의 사회이기 때문이다. 즉,

경제주의/인간주의의 온상은 바로 자본주의적 생산양식과 착취이다. 그리고 이 두 이데올로기가 하나의 쌍으로 결합하는 정확한 고리, 정확한 장

Balibar(1976) 등 참조.
39) 알튀세르가 〈스탈린주의〉라는 표현 대신 〈스탈린적 편향〉이라는 표현을 쓰고자 하는 이유에 대해서는 1972a(불), 74-75쪽의 주 참조.

소는 바로 부르주아 법 또는 권리 *droit*이다. 이것은 자본주의적 생산관계를 실질적으로 승인해 주며, 부르주아 철학을 포함하는 자유주의 및 인간주의 이데올로기에 자신의 범주를 양식(糧食)으로 제공한다(1972a(불), 82쪽).

그러므로 이 〈경제주의/인간주의〉쌍은 마르크스주의에 파고든 부르주아 이데올로기의 한 형태가 되는 셈이다. 예컨대 베른슈타인의 수정주의는 신칸트주의적 인간주의와 경제주의의 결합을 전형적으로 보여준다. 알튀세르에 따르면 이런 경향은 레닌에 의해 단절되지만 스탈린 시대에 다시 살아난다. 그래서 알튀세르는 스탈린적 편향을 경제주의를 주요 축으로, 인간주의를 그 보완물로 삼는 제2인터내셔널의 사후 복수(死後復讐)의 한 형태라고 말한다(같은 책, 85쪽).

여기서 이러한 주장 자체가 과연 얼마나 적확한 것이었는가를 하나하나 따져볼 필요는 없겠다.[40] 그렇게 하는 것은 이 글의 초점과 범위를 벗어나는 일이 될 것이다. 하지만 이처럼 단순화된 형태로 제시된 알튀세르의 주장이 그의 기본의도와 밀접한 연관을 지니는 것임을 다시 한 번 확인할 필요는 있을 것 같다. 알튀세르의 독창성이라면 무엇보다도(그 자신의 언급대로), 스탈린 시대에 형성된 교조주의에 대한 비판을 당시 마르크스주의 내에서 유행하던 인간주의 따위에 기대지 않고, 오히려 거기에 반대하는 입장에서, 즉 〈이론적 반(反)인간주의,

---

40) 이 점에 대해 알튀세르에게 호의적인 글들을 편집해 놓은 것으로 『마르크스주의의 역사』(윤소영 엮음, 1991b), 특히 D. Lecourt의 글(「스탈린」) 참조. 또 윤소영, 1988도 참조. 이 글 역시 알튀세르의 관점에 호의적이다. 반면에 L. Colletti의 다음과 같은 언급도 참조할 가치가 있다 : 〈무엇보다 놀라운 것은 알튀세르가 스탈린주의를 설명하는 데 사용하는 범주들의 빈곤성입니다. 그는 단순히 스탈린주의를 제2인터내셔널의 부수현상인 '경제주의'로 환원시킵니다. 마치 스탈린주의가 단순한 이데올로기적 편향이고 그 점에서 오랫동안 친숙한 것인 양 말입니다! 물론 스탈린주의는 이러한 보잘것없는 범주가 제시하는 것보다는 훨씬 복잡한 것이었습니다〉(1974(영), 334쪽). 한편 소련에 대한 중국의 입장과 알튀세르의 견해 사이의 유사점(특히 반인간주의)에 대해서는 G. Elliot, 1987(영), 35쪽 이하 참조.

반(反)경험주의, 반(反)경제주의〉라는 입장에서 행했다는 점에 있을 것이기 때문이다(1975a(불), 149-150쪽 참조).

그런데 우리가 이제껏 보아왔듯이 이러한 입장은 보다 심층적으로는 반(反)목적론 및 그와 연관된 반(反)주체주의를 그 기반으로 삼고 있다고 할 수 있다. 그리고 이것의 초점은 다시 마르크스주의 내에 들어와 있는 헤겔적 사고방식에 대한 비판으로 모아진다. 헤겔적 사고방식이야말로 목적론과 주체주의, 특히 주객일치의 사상을 체계적으로 구현하고 있어서, 경제주의 및 소외론을 중심으로 한 인간주의가 발붙일 수 있는 주요한 터전이 되고 있다고 보기 때문이다. 즉 알튀세르의 견지에서는 〈경제주의/인간주의〉의 주요한 이론적 토양이 헤겔주의가 되는 셈이다. 따라서 헤겔적 사고방식에 대한 비판은 경제주의와 인간주의의 쌍을, 또 그것을 특징으로 하는 스탈린적 편향을 그 이론적인 뿌리에서부터 공격하는 것이라고 할 수 있다.

이데올로기 비판의 성격을 지니는 이러한 작업은 다른 한편으로 이 같은 이데올로기에서 벗어난 〈과학적 문제틀〉의 윤곽을 그려낸다. 알튀세르는 과학과 이데올로기 사이에, 즉 마르크스주의 과학과 헤겔식 목적론적 이데올로기 사이에 〈단절〉의 관계를 설정하지만, 여기에 대한 알튀세르의 고집스런 강조는 오히려 이 양자의 현실적 융합이 자못 끈질기다는 점을 반증해 준다. 알튀세르 자신도 인정하다시피, 그가 내세우고 싶어하는 반목적론적 과학의 모습을 실제로 마르크스주의 저작들 속에서 직접 잡아내기란 쉽지 않다. 그래서 알튀세르는 마르크스주의 내에 침투해 있는 이데올로기에 대한 공격뿐 아니라, 사실상 〈새로운〉 마르크스주의 과학의 문제틀을 설계한다는 〈고독한〉 작업을 스스로 떠맡게 되었던 것이라 할 수 있다. 그런데 여기서 발견할 수 있는 좀 역설적인 사실은 이렇게 과학적 문제틀의 윤곽을 그려내는 데 지침 역할을 한 것이 바로 헤겔식의 목적론적 이데올로기였다는 점이다.

물론 이때의 지침은 정(正) 방향의 지침이 아니라 부(否) 방향의 지침이 되겠다. 즉 알튀세르의 사고틀은 그가 배척하고자 하는 사고방식의 대극(對極)에서 형성되었다고 할 수 있다. 〈목적〉과 무관한 〈필연〉을 그려내기 위해 알튀세르는 〈연속〉 대신에 〈단절〉을, 〈통일성〉 대신에 〈차이〉를, 〈단순성〉 대신에 〈복합성〉을, 〈폐쇄성〉 대신에 〈개방성〉을 내세운다. 그가 자신의 관점을 묘사하는 데 유난히 〈반 anti-〉이라는 접두어를 많이 쓰고 있는 것도 이런 점에서 보면 예사롭게 여겨지지 않는다. 요컨대 알튀세르의 〈과학적〉 문제틀은 그가 거부하고자 한 이데올로기의 반사물로서 형성되었다고 할 만하다.

더구나 이런 시각에서는 알튀세르 자신이 스스로가 비판한 〈거울반영〉의 구조에 빠져 있는 것으로 비칠 공산마저 있다. 알튀세르가 말하는 마르크스주의의 과학적 문제틀이란 그가 비판하는 목적론적 이데올로기의 〈도립상(倒立像)〉에 불과하다고 볼 수 있을 것이기 때문이다. 이 경우 알튀세르의 시도 역시 (목적론을 거부한다는) 미리 주어진 목표에 의해 추동되는 것, 곧 (알튀세르 자신의 규정에 의해) 이데올로기적 성격을 지닌 것이 되어버린다. 말하자면 알튀세르의 문제틀 자체가 목적론을 이데올로기로서 배척하기 위한 또 하나의 이데올로기로 취급될 수 있다는 얘기다. 실제로 특정 이데올로기에 또 다른 이데올로기가 대립하는 것은 (알튀세르식의 파악방식에서든 아니든 간에) 얼마든지 가능한 일이며, 또 과학과 이데올로기의 대립 못지않게 흔한 일이기도 하다. 물론 이처럼 알튀세르의 주장을 과학의 측면에서보다는 이데올로기 비판의 측면에서 또는 이데올로기 대결의 측면에서 조명하게 되는 주요한 배경에는, 알튀세르가 애당초 기대했던 것과는 달리, 그가 제시한 문제틀에 걸맞는 마르크스주의 과학이 실질적으로 출현하지 못했다는 불리한 현실이 놓여 있다.

하지만 그렇다고 해서 알튀세르의 시도가 무가치해지는 것은 물론 아니겠다. 마르크스주의에서 목적론적 이데올로기를 추방하겠다는 그의 의도와 대안 모색의 노력에 대해서는, 그러한 시도의 궁극적인 성공여부를 떠나서도 얼마든지 그에 합당한 사상사적 의미를 부여할 수 있을 것이기 때문이다. 특히 우리가 여기서 살펴본 내용들은 알튀세르가 제시하는 문제틀의 독특하고 중요한 특징을 이루는 것들이라 할 수 있다. 즉 사회 각 영역에 〈생산〉이라는 공통된 구조를 도입함으로써 이들 영역의 독자성과 자립성을 확보하려 한 것이라든가, 그 〈생산〉의 구조로부터 〈주체〉범주를 제거해 버리려 한 것 등은, 단순히 헤겔적 사고방식에 대척(對蹠)하는 것을 넘어서서 알튀세르 자신의 이론적 활동에 틀을 놓아주는 중요한 발상들임이 분명하다. (비록 이 발상들이 그 내용상으로 당시에 유행하던 구조주의 사조의 영향을 알튀세르 자신이 인정하는 것보다 훨씬 더 많이 받았다 하더라도 그러하다.) 그러므로 우리가 알튀세르의 헤겔 비판을 그 문제틀 형성의 중심축으로 파악한다고 해서 알튀세르의 문제틀 자체를 모두 다 여기로 환원하고자 하는 것은 아니다. 이 글에서 우리는 다만, 알튀세르가 헤겔적 사유와 연관된 목적론적이고 주체주의적인 사고방식과 대결하는 가운데 자신의 문제틀을 형성하고 추동해 왔음을 부각시키고자 하였다. 그리고 알튀세르의 이론적 위상과 독창성도 이러한 맥락을 바탕으로 해서만 제대로 이해하고 평가할 수 있다는 사실을 보여주고자 한 것이다.

【참고문헌】

1 알튀세르의 저작

1959, *la Politique et l'Histoire*, PUF, 1959: 「몽테스키외: 정치와 역사」, 『마키아벨리의 고독』, 김석민 옮김, 새길, 1992.

1965a, *Pour Marx*, Maspero, 1965: *For Marx*, NLB, 1977.

1965b, "Préface: Du *Capital* à la Philosophie de Marx," *Lire le Capital 1*, Maspero, 1968: "Part 1: From Capital to Marx's Philosophy," L. Althusser/E. Balibar, *Reading Capital*, NLB, 1970.

1965c, "L'objet du Capital," L. Althusser/E. Balibar, *Lire le Capital* 1(불1) & *Lire le Capital* 2(불2), Maspero, 1968: "Part 2: The Object of Capital," L. Althusser/E. Balibar, *Reading Capital*, NLB, 1970.

1972a, *Réponse à John Lewis*, Maspero, 1973.

1972b, *Eléments d'Autocritique*, Hachette, 1974.

1975a, *Positions*, Editions Sociales, 1976: 『아미엥에서의 주장』, 김동수 역, 솔 출판사, 1991.

1975b, *Essays in Self-Criticism*, NLB, 1976.

1976, "Introduction: Unfinished History," in D. Lecourt, *Proletarian Science? The Case of Lysenko*, NLB, 1977.

1992, *L'avenir dure longtemps ; suivi de Les faits*, Stock/Imec, 1992: 『미래는 오래 지속된다』, 권은미 역, 돌베개, 1993.

2 그 밖의 문헌들

김형효(1989), 『구조주의 사유체계와 사상』, 인간사랑, 1989.

윤소영(1988), 「알튀세르를 어떻게 읽을 것인가」, 《문학과사회》, 1권 4호, 문학과지성사, 1988.

윤소영 엮음(1991a), 『루이 알튀세르』, 민맥, 1991.

윤소영 엮음(1991b), 『마르크스주의의 역사』, 민맥, 1991.

Anderson, P.(1976), *Considerations on Western Marxism*, NLB, 1976: 『실천적 마르크스주의를 위하여』, 장준오 역, 이론과실천, 1986.

Balibar, E.(1976), *Sur la dictature du prolétariat*, Maspero, 1976: 『민주주의와 독재』, 최인락 역, 연구사, 1988.

Benton, T.(1984), *The Rise and Fall of Structual Marxism*, St. Martin's Press, 1984.

Colletti, L.(1974), "A Political and Philosophical Interview," *Western Marxism ; A*

Critical Reader(ed. by New Left Review), Verso, 1978.

Elliot, G.(1987), *The Detour of Theory*, Verso, 1987 : 『이론의 우회』, 이경숙·이진경 역, 새길, 1992.

Hegel, G. W. F.(1807), *Phänomenologie des Geistes*, Felix Meiner, 1952.

_____(1812-1816), *Wissenschaft der Logik* 1·2, Suhrkamp, in zwanzig Bänden, Bd. 5-6.

_____, *Vorlesungen über die Philosophie der Geschichte*, Suhrkamp, in zwanzig Bänden, Bd. 12.

_____, *Vorlesungen über die Geschichte der Philosophie* 3, Suhrkamp, in zwanzig Bänden, Bd. 20.

Hirst, P.(1976), "Althusser and the theory of ideology," *Economy and Society*, vol. 5, no. 4, 1976.

Judt, T.(1986), *Marxism and The French Left*, Clarendon Press, 1986, France, 1976.

Labica, G./Bensussan(1982), *Dictionnaire Critique du Marxisme*, PUF, 1982.

Lecourt, D.(1976), *Proletarian Science? The Case of Lysenko*, NLB, 1977.

Lefebre, H.(1971), *L'idéologie structuraliste*, Edition Anthropos, 1971.

Lock, G.(1975), "Introduction" in Althusser, L. 1975b(영).

Macherey, P.(1979), *Hegel ou Spinoza*, Maspero, 1979.

Marx, K.(1857-1858), *Grundrisse der Kritik der politischen Ökonomie*, *MEW*, Bd. 42.

_____(1859), "Vorwort Zur Kritik der Politischen Ökonomie", *MEW*, Bd. 13.

Schaff, A.(1974), S*tructualism and Marxism*, Pergamon Press, 1978.

Strawbridge, S.(1981), "From 'Overdetermination' to 'Structual Causality' : Some Unresolved Problems in Althusser's Treatment of Causality," *Radical Philosophy*, vol. 38. 1981.

Wittich, D./Größler, K./Wagner, K.(1978), *Marxistisch-leninistische Erkenntnistheorie*, VEB Deutcher Verlag der Wissenschaften, 1978.

근대민주주의와 그것의 인간이해에 대한 니체 사상과의 비판적 대결
── 자유민주주의의 입장에서 ──

박찬국

1 들어가는 말

주지하다시피 니체는 귀족주의자이다. 브란데스가 니체의 사상을 〈래디컬한 귀족주의〉라고 규정했을 때 그는 그러한 규정을 흔쾌하게 받아들였다. 그러나 여기서 〈래디컬한〉이란 수식어가 함축하듯이 그에게 귀족의 신분이란 혈통에 의해서가 아니라 한 인간이 갖는 탁월성에 의해서 정해진다.[1] 이런 의미에서 그는 플라톤이 이상국가에서 표방하는 바와 같은 엘리트주의를 주창한다고 볼 수 있다. 니체가 플라톤을

---

1) 이러한 정신적 귀족주의자로서의 니체의 면모는 니체의 누이동생인 엘리자베트의 다음과 같은 회고에서도 잘 드러나고 있다 : 〈오빠의 가르침의 대부분은 나에게 자제하는 것을 가르치는 것이었다. 고통, 슬픔, 부정을 얼굴에 웃음을 지으면서, 말을 거칠게 하지 않고 가만히 참는 것이었다. 후년, 고통스러운 경우에 처할 때, 나는 언제나 다음과 같은 오빠의 말을 되새겼다. '리베트〔누이동생의 애칭〕, 자기 자신을 자제할 수 있는 자는 타인을 자제시킬 수 있다'는 말이었다. 성실에 대해서도 오빠는 큰 비중을 두었다. '우리 두 사람은 거짓말을 하여서는 안 된다. 왜냐하면, 그것은 폴란드 귀족가문의 출신으로서는 어울리지 않기 때문이다. 다른 사람들은 얼마든지 거짓말을 하여도 좋다. 그러나, 우리 두 사람은 오직 성실할 뿐이다'라고 하는 것이 오빠가 나에게 한 교육방침이었다〉(工藤綏夫, 『니체의 철학과 사상』, 김문두 역(문조사, 1994), 44쪽 이하에서 재인용).

아무리 비판하더라도 양자는 탁월한 소수의 지배를 주창한다는 점에서 유사성을 갖는다. 니체 역시 자신과 플라톤 사이에 존재하는 가까움을 깨닫고 있었다.[2]

이렇게 노골적으로 귀족주의를 주창하는 니체가 근대의 민주주의에 대해서 비판적인 입장을 취하는 것은 당연하다고 하겠다. 근대민주주의는 인간들간에 어떠한 질적인 차이도 인정하지 않으며 만인이 평등하다고 주장한다. 이에 탁월한 자든 열등한 자든 간에 민주주의는 동등한 투표권을 인정한다. 그러나 니체가 보기에 이는 사회의 전체적인 수준을 열등한 다수의 수준으로 끌어내리는 것이다. 아울러 열등한 다수의 무지와 감정이 지배하게 되면, 사회는 결국 소경이 눈뜬 자를 이끄는 지경에 빠지게 되며 사회 전체뿐 아니라 결국 열등한 인간집단도 파국에 직면하게 될 것이다. 니체에 따르면 오직 자신을 지배할 줄 아는 자만이 남을 지배할 수 있는 것이며 이러한 인간들은 소수에 불과하다. 그리고 자신을 지배할 수 없는 대다수 인간들은 차라리 탁월한 소수의 지도를 따르는 것이 사회 전체에 대해서뿐 아니라 그들에게도

---

2) 이에 대한 예증으로서 다음과 같은 단편을 들 수 있을 것이다 : 〈고대적인 긍지, 고대적인 높은 격조를 우리들은 이제 가지고 있지 않다. 왜냐하면 우리들의 심정 속에는 고대의 노예가 결여되어 있기 때문이다. 귀족적인 그리스인은 자신의 고매함과 저 최하의 미천함 사이에 너무 넓은 중간단계를 놓아두고 너무도 멀리서만 저 최하의 미천한 단계를 볼 수 있었기에 그들에게는 노예의 모습이 잘 눈에 들어오지 않았을 정도였다. 플라톤 역시 노예를 잘 보지 못했다. 우리들은 이와 다르다. 우리는 인간평등이라는 교설에 ── 평등 그 자체는 아닐지라도 ──익숙해져 있기 때문이다. 자기 자신을 통제하지 못하고 여유를 갖지 못한 자는 우리들의 눈에는 결코 경멸할 존재로 비치지 않는다. 고대인의 그것과는 근본적으로 다른 우리의 사회질서와 활동의 조건에 의하여, 그러한 노예적인 성질이 우리 모두에게 너무도 많이 스며들어 있다. 그리스의 철학자는 사람들이 생각하는 것보다 훨씬 더 많은 노예가 있다는, 다시 말해서 철학자가 아니라면 모두 노예라는 생각을 가지고 살았다. 지상 최대의 권력자라도 그가 생각하는 노예들에 속한다고 생각했을 때 그의 긍지는 한없이 넘쳤을 것이다. 이러한 긍지조차 우리에게는 인연이 멀며 불가능한 것이다. '노예'라는 말은 비유로 사용되는 경우에도 우리에게는 그것이 가졌던 충분한 힘을 갖지 못한다〉(*FW*, 18번).

득이 된다.

현대를 사는 우리들에게 귀족주의란 상당히 시대착오적인 사상으로 여겨진다. 귀족주의에 대한 플라톤과 니체의 변론에도 불구하고 인류는 귀족주의의 폐해를 질리도록 경험했다. 소위 탁월한 소수에게 전권을 부여하고 일반 대중들이 그들의 인도에 따른다는 생각은 그러한 탁월한 소수가 만에 하나라도 타락하여 무도한 정치를 행할 때, 혁명 이외에는 그들의 지배를 종식시킬 수 있는 수단이 없게 된다. 그리고 이러한 혁명은 역으로 무질서와 혼란을 야기시키면서, 질서를 폭력으로 회복하고자 하는 군사독재나 전체주의적인 지배를 야기시킨다. 우리는 이미 정치체제들에 대한 수많은 실험사례를 통해서 귀족정치의 폐해를 잘 알고 있는 것이다. 이러한 역사적 경험을 통해서 우리는 어떠한 조건에 의해서도 구속되지 않는 귀족들의 지배라는 이념을 더 이상 받아들일 수 없게 되었다. 이런 의미에서 니체를 보수반동 세력의 대표자로 단정하는 루카치를 비롯한 좌파이론가들의 규정도 전적으로 그릇된 것만은 아닐 것이다.

본인은 자유민주주의를 신봉하며 다시 귀족주의로 되돌아간다는 것은 역사의 수레바퀴를 되돌리는 것이라고 생각한다.[3] 그럼에도 민주주의에 대한 니체의 비판은 우리가 근대의 민주주의가 처해 있는 문제들을 생각하는 데에 많은 시사를 줄 수 있다고 생각한다. 니체의 귀족주의적인 정치철학을 우리가 받아들일 수 없다고 하여 민주주의에 대한 그의 비판을 비롯, 그의 사상이 갖는 다양한 측면들을 우리가 전적으로 부정할 필요는 없을 것이다. 민주주의에 대한 그의 비판은 우리들에게 여전히 숭대한 의미를 가지며 민주주의의 건전한 발전을 위해서라도 우리가 귀기울여 들어야 할 것인지도 모른다.

이 글은 니체에 대한 전적인 거부나 전적인 긍정이라는 전통적인

---

3) 자유민주주의에 대한 본인의 생각에 대해서는 졸고 「후쿠야마의 '역사의 종말'에 대한 고찰」, ≪열린지성≫, 제3호를 참조. 아울러 본인이 생각하는 자유민주주의의 정의에 대해서는 이 글의 주 33)을 참조.

해석방식에서 벗어나, 근대의 민주주의와 민주주의가 전제하는 인간이 해에 대한 니체의 비판이 갖는 의의와 한계를 냉정히 고찰하고자 한다. 물론 근대의 민주주의라도 자유민주주의와 사회주의를 비롯 여러 가지 형태가 있을 것이다. 그러나 본인은 동구식 사회주의의 몰락 이래로 자유민주주의만이 현실적으로 존재하는 민주주의이며 앞으로 나타나는 어떠한 사회도 그것이 진보된 것인 한에서는 자유민주주의를 토대로 그것을 변용시키는 형태를 취할 것이라고 생각한다. 이에 근대 민주주의에 대한 니체의 비판이 갖는 의의와 한계에 대한 본인의 검토는 어디까지나 자유민주주의를 고찰의 준거점으로 할 것이다.

2 근대민주주의에서 평등이념의 추구와 근대민주주의의 인간관

근대민주주의가 주창하는 제일의 이념이 〈만인의 평등〉이라는 것은 주지의 사실이다. 근대의 민주주의는 그것이 자유민주주의든 사회주의든 불평등의 제거를 위해서 진력해 왔다. 평등을 위해서 자유를 희생하는 것도 불사한 사회주의뿐 아니라 자유민주주의 역시 평등의 실현을 위해서 노력해 왔다. 자유민주주의 국가 역시 노동자와 여성, 실업자와 병약자의 권리, 심지어는 동성연애자의 권리까지 인정하면서 그동안 자신의 체제 밖에 소외시켰던 집단들을 체제 안으로 수용해 나가고 있는 것이다.

토크빌이 말하듯이 민주주의 국가에서는 평등에 대한 사랑이 자유에 대한 사랑보다도 깊고 영속적인 정열이었다. 민주주의가 없더라도 자유는 가질 수 있으나 평등은 민주주의 시대에 고유한 특질이기에 사람들은 자유보다 평등에 집요하게 집착했다. 토크빌에 의하면 봉건 신분사회처럼 사회계층이나 사회집단간의 격차가 크고 그것이 오랜 전통에 의해서 유지되고 있는 경우에는 사람들은 그 격차를 감수하게 된

176

다. 그러나 사회가 유동적이고 집단간의 관계가 더 긴밀해지면 사람들
은 잔존하는 격차에 더욱 민감해지고 분노하게 된다. 〈더구나 정치적
자유가 소수의 시민에게 더 이상 없는 즐거움을 주는 데 비해서, 평등
은 다수의 사람들에게 자그마한 즐거움을 주는 것이다.〉[4]

그러나 근대민주주의가 이렇게 평등의 실현을 제1의 과제로 추구하
게 된 것은 토크빌이 지적하는 대중들의 성향에 원인이 있었을 뿐이라
근대의 민주주의의 이념과 그것이 전제하는 인간이해에 근본적인 원
인이 있다고 할 것이다. 근대의 민주주의는 자유민주주의든 사회주의
든 합리주의적인 계몽주의적 인간관을 계승한다고 볼 수 있다.[5]

이러한 인간관에 따르면 인간은 근본적으로 합리적이며 다만 무지
와 열악한 사회적 환경으로 인해서 악과 불합리에 빠질 뿐이라는 것이
다. 인간의 본성이 이렇게 합리적이라고 보는 계몽주의자들은 인간의
본성에는 바람직한 사회의 구현을 방해하는 요인이 없다고 보기 때문
에, 사회발전의 장애물을 주로 교육의 부재와 그릇된 사회제도에서 찾
는다. 이에 근대의 민주주의는 어떠한 개인도 열등하고 구제할 수 없
는 인간으로 배제하지 않고 동등한 권리를 인정하면서 그들이 자신의
삶을 합리적으로 개척해 나갈 수 있는 기회를 제공하고자 한다.

만인을 본질적으로 합리적이고 선한 존재로 보는 근대민주주의의
인간관은 범죄자들에 대해서 근대민주주의가 취하는 태도에서 가장
전형적으로 나타난다고 볼 수 있다. 근대민주주의는 심지어는 범법자
들에 대해서까지 관용적인 입장을 취하는 것이다. 이는 근대민주주의
의 인간이해에 의하면 사회적으로 용서할 수 없는 범죄마저도 결국은
무지와 사회적인 악조건에서 비롯된 것으로 간주되기 때문이다. 이에

---

4) Fransis Fukuyama, 『역사의 종말 *The End of History and the Last Man*』,
   이상훈 옮김(한마음사, 1992), 434쪽.
5) 물론 자유민주주의적 입장과 사회주의적인 입장이 합리주의적인 계몽주의적 인
   간관을 수용하는 데에 있어서는 서로간에 정도의 차이가 있지만, 근대의 민주주
   의는 그 형태가 어떠한 것이든 그러한 인간관을 자신의 근본전제로 수용하고 있
   다는 점에서 그 이전의 어떠한 정치형태와도 전적으로 구별된다고 하겠다.

근대의 민주주의의 이념에 따르면 범죄자들에게 형벌을 가하는 것이 능사가 아니라 이들을 재교육하고 이들을 만들어낸 악조건들, 즉 빈민가, 빈곤, 교실의 부족, 민주제도의 결여 등을 개선하는 것이 중요하다.

3 근대민주주의와 그것의 인간관에 대한 니체의 비판

3-1 근대민주주의의 인간관에 대한 니체의 비판

니체가 보기에는 누구나 인간이 본래부터 합리적이고 평등하다는 근대민주주의의 인간관은 거짓이다. 인간이 본래 합리적이라는 생각에 대해서 니체는 인간의 본질은 이성이 아니라 동물과 마찬가지로 본능과 충동이며 이성이란 그러한 본능과 충동이 자신을 관철하기 위한 수단에 불과하다고 주장한다. 니체는 인간에 대한 합리주의적 견해를, 보수주의자인 번햄과 같이 〈인류역사에 대해서 전혀 무지한 사람만이 잔인성, 범죄, 취약성, 대학살, 타락 등이 정상적 인간 삶의 예외라고 생각할 것이다〉라고 주장할 것이다.[6] 니체에 의하면 인간을 비롯한 모든 존재자들은 〈힘에의 의지〉라는 본능적인 욕구를 자신의 본질로 한다.[7] 여기서 힘에의 의지라는 것은 보다 탁월하고 위대한 존재가 되고 싶어 하는 욕망이다. 현대인들의 평등에의 의지라는 것도 사실은 이러한 〈힘에의 의지의 한 형태〉이다. 자신이 다른 사람 못지않게 존엄하고 중요한 존재로 인정받고 싶다는 요구가 현대인들로 하여금 더 많은 평등을 추구하도록 하는 것이다. 인간의 보편적인 이성이란 사실은 힘에의 의지를 실현하기 위해서 사용하는 수단일 뿐이다. 인간이 평등하다는 견해에 대해서도 니체는 맹수와 연약한 동물이 존재하는 것이 자연

---

6) 제임스 번햄, 『자유주의의 운명 *Suicide of the West*』, 이택휘 역(을유문화사, 1987), 117쪽
7) *JGB*, 36번.

의 법칙이듯이 강한 자와 약한 자, 탁월한 자와 열등한 자로 인간은 나누어진다고 말한다.

이런 맥락에서 니체는 근대인이 자명한 진리처럼 주장하는 민주주의의 이념도 사실은 그러한 이념을 표방하는 인간들이 자신들의 이해를 관철하기 위해서 만들어낸 이데올로기에 불과하다. 민주주의란 범용하고 열등한 다수의 인간들, 소위 〈말세인 die letzten Menschen〉들이 만민평등이란 구실 하에 자신을 주장하면서 귀족적 인간들을 자신의 수준으로 끌어내리려는 범용한 음모에 불과하다. 만민평등이란 인도주의적인 슬로건 밑에는 사실은 자신들의 계급적인 이해를 관철하려는 교활한 의도가 숨어 있다는 것이다.

3-2 근대민주주의 사회의 문제점

3-2-1 인간들의 범용화

인간들이 모두 평등하다고 생각하는 민주주의 사회에서는 모든 생활양식과 가치관이 평등하다는 신념이 조장되기 쉬우며 이에 따라서 인간을 위대하고 탁월한 인간으로 만드는 것을 자신의 과제로 생각하지 않는다. 그 대신에 민주주의 사회에서는 아무리 저열한 생활양식에 대해서도 관용의 미덕이 육성된다. 그리고 만약 어떤 특정한 삶의 양식이 다른 삶의 방식보다 뛰어나다고 단언할 수 없다면, 사람은 육체와 육체의 욕구, 그리고 공포와 불안으로부터의 해방을 인간의 가장 중요한 관심사로 여기게 된다.[8] 이는 인간은 모두 동등한 미덕과 재능을 갖추고 있는 것은 아니나, 육체가 고통을 받을 수 있다는 점에서는 누구나 마찬가지이기 때문이다. 이에 민주주의 사회는 육체적 고통을 맛보게 하지 않겠다는 문제에 최대한 배려를 하게 된다. 민주주의 사회는 인간들을 적당히 안락하게 만드는 것을 일차적인 과제로 생각하

---

8) 후쿠야마, 앞의 책, 447쪽.

며 물욕이 인간들의 일차적인 관심사가 된다. 그리고 물질적 소유의 정도가 인간들을 평가하는 기준이 된다. 〈우리는 더 이상 신분을 갖지 않는다! 우리는 개인이다! 그러나 돈은 힘이고 명성이고 존엄이고 우월함이며 영향력이다. 이제 돈은 사람이 그것을 가졌는가에 따라서 한 인간을 평가하는 크고 작은 도덕적 편견을 형성한다.〉[9]

관용이 미덕이 됨에 따라서 민주주의 사회에서는 선과 악, 보다 훌륭한 것과 열등한 것에 대한 토론이 어렵게 되어버린다. 이에 〈말세인은 논란을 불러일으키고 싶지 않다는 이유에서 자기 개인의 건강과 안전에만 눈을 돌린다. 오늘날의 미국인들은 타인의 흡연습관을 비난할 자격은 있어도 타인의 종교상의 신앙과 도덕적 행동에 대해서는 이러쿵저러쿵 말할 수 없다고 생각하고 있다. 미국인에게는 자신의 건강——음식과 음료, 운동, 체형——쪽이 조상들을 괴롭혔던 도덕문제보다 훨씬 중대한 강박관념이 되었다〉.[10]

이러한 말세들이 어떠한 성격을 갖는지에 대해서 니체는 다음과 같이 묘사하고 있다.

대지는 이제 작아져버렸다. 그리고 그 위에 모든 것을 작게 만든 마지막 인간이 뛰며 돌아다닌다. …… 노동은 하나의 즐거움이기 때문에 인간은 여전히 일한다. 그렇지만 인간은 그 즐거움이 너무나 고통스로운 것이 되지 않도록 주의한다. 이제 인간은 가난하게 되지도 않고 풍요롭게도 되지 않는다. 어느 쪽이든 너무나 힘을 쏟아야 하는 것이다. 누가 지금도 여전히 지배하기를 원하겠는가? 누가 복종하겠는가? 양쪽 모두 너무나 많은 힘을 요구한다.

목자는 없고 군중만 있구나! 모든 사람은 동일한 것을 원한다. 모든 사람은 동일하다. 다르게 느끼는 사람은 자발적으로 정신병원으로 간다.[11]

---

9) *M*, 203번.
10) 후쿠야마, 앞의 책, 448쪽.
11) *Za*, Vorrede 5, in *KSA*, Bd. 4, 19-20쪽.

니체가 그리고 있는 말세인은 어떠한 위험도 직면하려 들지 않고 쾌적한 자기보존을 최고의 가치로 보는 인간들이다. 니체가 보기에 민주주의란 〈가슴이 없는 인간〉, 즉 욕망과 타산적인 이성만으로 만들어진 〈패기〉가 부족한 인간, 장기적인 사리사욕의 이해타산을 통해서 너저분한 욕구를 계속해서 채워나가는 데에만 눈치가 빠른 인간들이 지배하는 체제이다.[12]

이에 니체가 보기에 민주주의 사회에서 인간들이 서로를 절대적인 존엄성을 갖는 존재로 인정하는 것은 하나의 희극에 불과하다. 이는 천박하기 그지없는 무가치한 인간들이 서로를 절대적인 가치를 갖는 것으로 보면서 의기양양해 하고 있기 때문이다. 니체에 의하면 수많은 천박한 인간들에 의해서 그들과 평등한 존재로 인정받는 것보다는 〈하나의〉 탁월한 존재에 의해서 그와 대등한 존재로 인정받는 것이 더 가치가 있다.[13]

니체가 보기에 민주주의 하에서 대중들이 누리는 평등이란 너무 값싸게 획득된 것이다. 민주주의는 천부인권을 말하면서 인간들은 누구나 태어나면서부터 고귀한 존재로서 대접받을 권리가 있다고 주장한다. 이러한 민주주의적인 이념에 따라서 대중들은 고귀한 존재가 되기 위해서 노력하지 않고서도 자신을 고귀한 존재로 인정해 주기를 요구한다. 하나의 범용한 인간이 단순히 하나의 인간이라는 이유로 자신보다 탁월한 인간과 동등한 권리를 누릴 경우, 그러한 권리는 지나치게 값싸게 획득된 것이다.

이러한 사실은 대중들 자신도 자신들의 권리를 값싼 것으로 치부한다는 점에서 드러난다. 예를 들어서 대중들은 정치참여에의 권리를 가지나 그러한 권리를 값싸게 취급한다. 이들은 정치에 대해서 관심을

---

12) 후쿠야마, 앞의 책, 22쪽
13) 〈우리의 사회학 전체는 군중의 본능, 즉 총화된 영 Null의 본능 외에 다른 본능을 전혀 알지 못한다. …… 그곳에서 모든 영은 '동일한 권리'를 갖고, 영이 된다는 것은 덕목이다〉(N, 14(40), in KSA, Bd. 13, 238쪽).

갖지도 연구하지도 않으면서 자신들의 정치적 권리를 행사한다. 이에 따라서 정치는 천민화된다. 대중에 아부하는 선동가 내지 대중의 저열한 욕구들만을 충족시켜 준다는 명목 하에 권력을 독점하는 야심가가 정치적인 지도자로서 선택된다. 이를 통해서 사회와 문명은 자신의 묘혈을 파게 된다. 니체는 이에 대해서 한 인간의 가치에 상응하는 권리가 그 인간에게 주어져야 한다고 생각한다. 탁월한 인간에게는 보다 우월한 권리가 그렇게 못한 인간에게는 그보다 못한 권리가 주어지지 않으면 안 된다. 그럴 경우에만 그러한 권리도 희화화되지 않을 것이다. 그리고 이는 사회와 문명의 몰락을 저지함으로써 열등한 인간에게도 득이 될 것이다.

3-2-2 인간들의 허약화와 이에 따른 국가권력의 비대화와 우상화

민주주의는 인간들을 물질적 쾌적함만을 추구하는 범속한 인간으로 만들 뿐 아니라 허약하게 만든다. 이는 민주주의란 약하고 실패한 자들에 대한 동정과 허약한 자들의 상호연민에 입각한 체제이기 때문이다.[14] 민주주의 하에서는 심지어 범죄자들마저도 교육의 부재와 그릇된 사회구조의 희생자로서 동정을 받는다. 이러한 동정의식과 실패할 가능성을 갖는 존재로서의 자기 자신에 대한 자기연민으로 인해서 민주주의 하의 허약한 인간들은 항상 개개인의 소위 인간다운 삶을 보장해 줄 어떤 권위를 찾게 된다. 기독교가 지배한 중세사회에서는 피안의 신이 그러한 권위였다면 세속화된 근대의 민주주의 사회에서는 국가가 그러한 역할을 맡게 된다.

이에 근대의 민주주의는 사회주의뿐 아니라 자유민주주의마저도 이제는 국가가 각 개인이 인간다운 삶을 누리기 위해서 경제뿐 아니라 사회의 전 분야에 개입하는 것을 당연하게 여긴다. 국가는 국민의 취

---

14) 〈오늘날 거의 유럽 전역에는 고통에 대한 병적인 민감성과 예민함이 존재한다〉 (*JGB*, 293번).

업, 의식주, 교육, 의료혜택, 질병 및 실업, 노후보장 등에 적극적인 의무를 져야 한다는 것이다. 한때 사회에 대한 국가의 개입을 가능한 한 제한하고자 했던 자유주의자들마저도 대중이 단순히 법률상의 자유가 아닌 실질적인 자유를 향유할 수 있는 조건을 형성하기 위해서는 국가가 사회적 영역에 개입하지 않으면 안 된다고 주장하는 것이다. 이러한 경향은 사회주의에서는 말할 것도 없이 자유민주주의 국가에서도 불가피하게 중앙정부의 강화와 비대화를 낳는다.[15]

무엇보다도 국가는 인간들의 주요한 삶의 터전인 경제를 계획하지 않으면 안 된다. 무계획적인 자유시장경제에서 인간들은 항상 불안감을 느낄 수밖에 없기 때문이다. 마르크스가 계획경제를 인간소외의 극복으로서 긍정적으로 생각한 반면에, 니체는 현대에 있어서 국가의 경제개입의 강화야말로 모든 종류의 위험과 불안으로부터 도피하려는 허약한 인간들이 민주주의 사회의 주체라는 사실을 폭로하는 것이라고 생각할 것이다. 아울러 국가가 각 개인의 노후생활을 비롯 질병, 실업 등 소위 인간다운 삶에 책임지는 경향의 주요한 동기도 니체는 그것이 표면적으로 내세우는 인도주의에서 찾지 않고, 국가가 모든 것을 해주기를 바라는 허약한 인간들의 의존성향에서 찾을 것이다. 이는 결국 기독교에서 신이 모든 것을 해주기를 기다리면서 신에게 의존했던 성향의 연장에 불과하다. 이에 니체에게 근대의 민주주의는 그것이 아무리 세속화되고 무신론을 내세우더라도 기독교를 진정으로 극복하지 못했으며 기독교를 배태한 병약한 노예정신의 지배 하에 있다.[16] 아울러 니체라면 이러한 노예정신이 민주주의가 국민에 의한 지배를 주창하면서도 개인들의 사생활마저도 철저하게 지배하는 선제주의를 낳게 된 역설의 근본적인 원인으로 볼 것이다.[17] 사람들은 향락수단을 얻는 대가로 기계적인 공장제도와 국가기구의 나사가 되기를 택한다.[18]

---

15) 제임스 번햄, 앞의 책, 82쪽 참조.
16) *FW*, 108번.
17) *MA*, I부, 473번.

3-2-3 폭력과 전쟁의 대두와 이데올로기의 지배

그러나 니체는 민주주의의 지배 하에서도 인간에게는 진정으로 탁월한 인간이 되고자 하는 욕구가 존재한다고 본다. 다만 민주주의는 모든 인간들을 평등하게 대우함으로써 그러한 욕구를 왜곡되고 변태적인 형태로만 승인한다. 즉 그것은 자신보다 더 우월한 자들을 끌어내리려는 시기와 질시의 형태로만 승인하는 것이다.

그럼에도 진정으로 탁월한 인간이 되고자 하는 욕구는 민주주의 하에서도 사라지지 않으며, 그것은 현대에서는 인간들이 자신들의 삶이 무의미하다고 느끼는 허무주의적인 감정과 삶에 대한 권태로 나타나고 있다. 현대인들은 노동하고 향락하는 동물이 된 자신의 삶을 무가치한 것으로 느끼는 것이다. 이에 그러한 본성적인 욕구가 충족되지 않을 경우, 인간은 자신의 삶에 대한 환멸과 인생에 대한 권태로 인해서 무모한 자극을 원할 수 있다. 나폴레옹이 전쟁을 일으켰을 때 그리고 1차대전이 일어났을 때의 대중들의 열광은 그러한 정신상태에서 비롯된 것이라고도 볼 수 있을 것이다. 대중들은 일생동안 나사구멍을 파거나 단추를 만들고 그 대가로 알량한 향락수단을 제공받으면서 무의미하게 죽어가는 삶보다는 차라리 전쟁터에서 용감한 전사로서 죽기를 원했다고 볼 수 있다. 이러한 사태가 다시 나타나지 않으리라는 보장은 없는 바, 이러한 가능성에 대해서 후쿠야마는 다음과 같이 쓰고 있다.

---

18) *M*, 206번. 아울러 이와 관련하여 다음 단편을 참조하라: 〈이제 지상 위에 있는 모든 것은 오로지 가장 조야하고 나쁜 힘들, 즉 실업가들의 이기주의와 군사독재자들에 의해 규정되고 있다. 이러한 후자(군사독재자)의 수중에 있는 국가는 실업가들의 이기주의와 마찬가지로 필시 모든 것들을 자기로부터 새로 조직하려 하고 모든 적대적인 힘들을 내리누르고 연결시키려고 시도할 것이다. 이것은 국가가 사람들이 교회에 행했던 것과 똑같은 우상숭배를 국가에 행하기를 원한다는 것을 의미한다. 이것은 어떤 결과를 낳을 것인가? 우리는 그것을 곧 체험하게 될 것이다〉(*SE*, 4부, in *KSA*, Bd. 1, 368쪽).

단순히 보편적이고 평등한 인정만으로 완전히 만족할 수 있는 인간이란 도저히 완전한 인간이라고 부를 수 없는 존재가 아닐까? …… 인간의 성격에는 어딘가 투쟁이나 위험, 모험이나 대담함을 의도적으로 추구하는 면이 있는 것은 아닐까? 그리고 그와 같은 측면은 현대 자유민주주의의 〈평화와 번영〉에 의해서는 결코 채워질 수 없는 것은 아닐까? 실제로 이 불평등한 인정에 대한 욕망이 옛날의 귀족사회는 물론 현대의 자유민주주의에서도 인생을 살 만한 가치가 있는 것으로 만드는 요소인 것은 아닐까? 자유민주주의가 살아남을지 어떨지는, 어느 정도는 거기에서 살아가는 시민이 단순히 자신을 타인과 평등하다고 생각하지 않고, 타인보다 뛰어난 인간으로 인정받고 싶다는 바라는 정도에 달려 있는 것은 아닐까? 그리고 멸시할 만한 〈최후의 인간〉(말세인)이 되기를 두려워함으로써, 사람들은 새롭고 예측하지 못했던 방법으로 자기주장을 하고, 나아가서는 또다시 짐승과 같은 〈최초의 인간〉으로 돌아가, 이번에는 현대병기를 손에 들고 세력확장을 위해서 피비린내 나는 전투를 벌이게 되지는 않을까.[19]

구태여 전쟁까지는 가지 않아도 현대인들이 보다 폭력적이 될 가능성을 배제할 수는 없다. 사람들은 원시적인 폭력의 형태로 자신의 힘의 우월함을 실감하고 싶어할 수 있다.

그러나 그 모든 것보다 더 위태로운 것은 현대인들은 어떤 특정한 집단을 절대화하는 이데올로기를 수용하는 것을 통해서 자신의 삶의 의미를 구할 수 있다는 것이다. 현대인들은 나치즘과 같이 독일 민족을 절대화한다던가 아니면 볼셰비즘과 같이 프롤레타리아나 공산당을 절대화하고 이러한 집단과 자신을 동일시하는 것을 통하여 자신의 삶에 절대적인 가치를 부여하려고 할 수 있다는 것이다. 우리는 어떤 특정한 집단을 우상화하는 이데올로기들의 폐해를 충분히 경험했다. 예를 들어서 이러한 이데올로기들에 빠질 경우, 인간들은 자신이 절대적

---

19) 후쿠야마, 앞의 책, 23쪽.

으로 옳다는 신념 하에서 어떠한 양심의 가책 없이도 다른 모든 이의 집단들을 살육하게 된다. 그러한 자들은 자신들이 진정으로 고귀한 인간이 되기 위해서 노력하지도 않고서도 단순히 그러한 이데올로기를 신봉한다는 이유로 남보다 우월한 존재라고 생각한다. 이런 의미에서 니체가 보기에는 이들이 갖는 자부심도 너무나 값싸게 얻어진 것이다.

3-3 힘에의 의지와 귀족주의 사회의 이념

니체는 현대의 민주주의 사회에서 진정으로 귀족적인 인간이 박멸될 것을 염려하고 있다. 귀족적인 인간이란 무엇보다도 자신의 명예를 존중하는 인간이다. 그러나 이는 그가 현대의 정치가들처럼 다수의 대중들의 인기에 영합하고자 한다는 것이 아니다. 그는 세간의 평판에 대해서는 무관심하며 오직 자기 자신의 양심과 자신과 동류의 탁월한 인간들의 평가에 민감할 뿐이다. 예를 들어서 그는 그 어느 누가 알지 못해도 그리고 아무리 자신의 상황이 어려워도 부정으로 축재하지 않는다. 이는 범용한 인간들의 경우에서처럼 도덕적 의무감에서라기보다는 자신의 자존심, 자신의 긍지가 허용하지 않기 때문이다. 그의 관심을 끄는 것은 오직 자신의 고양일 뿐이다. 그는 물질적 이익에 애착하지 않는다. 자기 자신은 그러한 이익보다도 더 고귀하다고 생각하기 때문이다.

그런데 인간은 어떤 때 고양되는가? 이는 그가 장애와 위험을 극복할 때이다. 그가 극복한 장애와 위험이 험난하면 할수록 그는 자신의 힘에 대해서 긍지를 가질 수 있다. 이에 귀족적 인간은 자신의 힘을 시험하고 고양시키기 위해서 항상 위험을 필요로 한다. 평화보다는 전쟁과 위험이 더 필요하다는 니체의 말은 이러한 맥락에서 이해되어야 한다.[20] 이에 그러한 귀족적 인간은 항상 안락과 평화를 추구하는 범용

---

20) 예를 들어서 니체의 다음 단편을 참조하라 : 〈악 —— 최선의, 가장 생산적인 인

한 인간들에게는 부담스런 존재이다. 범용한 인간들은 그를 두려워한다.[21] 현대의 민주주의 국가에서 정치가들은 사회주의 국가든 자유민주주의 국가든 대중들의 사랑을 받기 위해서 대중에 영합하며, 대중들의 물질적 욕구의 충족을 자신의 제1의 과제로 삼는다. 이에 반해서 참된 귀족적 정치가는 대중에 영합하는 것이 아니라 대중에게 요구한다. 그는 대중에게 엄격한 자기훈련을 요구하는 것이다. 귀족적 정치가가 대중에게 주고자 하는 것은 빵이나 향락이 아니라 자기고양의 기쁨이다. 그는 대중을 동물적 상태로부터 끌어올리는 것을 자신의 과제로 삼는다.

이러한 맥락에서 니체는 실로 탁월한 인간성, 위대함, 혹은 고귀함은 오직 귀족사회에서만 실현될 수 있다고 생각한다.[22] 〈아무리 인간이 태어날 때부터 평등하다고 하더라도 단순히 다른 모든 사람과 같아지고픈 욕구만으로 자신의 한계까지 진력하는 것은 아니다.〉[23] 인간이 능력이 없든 있든 노력을 하든 하지 않든 어차피 모두 동등한 인간으로 대우되는 사회에서 인간들은 자기초극을 위한 어떠한 노력도 하지 않게 될 것이며 이는 문명의 사멸로 이끌 것이다. 니체라면 근대민주주

간이나 민족이 살아가는 모습을 보며 이렇게 자문해 보라. 하늘 높이 자라려는 나무들이 과연 비바람이나 눈보라를 겪지 않고 제대로 그렇게 자랄 수 있을 것인가? 외부로부터 가해지는 불운과 저항, 증오, 질투, 불신, 고집, 냉혹, 탐욕, 폭력은 덕의 위대한 성장을 위해서는 필수불가결한 것이 아닐까? 그것들은 덕의 성장을 위해서 유리한 환경을 조성한다. 나약한 천성을 가진 자들을 사멸시키는 독은 강한 자들에는 강장제이다. 강한 자는 그것을 또한 독이라고 부르지 않는다〉(*FW*, 19번).

21) 〈인간은 비동물 Untier이면서 조동물 Übertier이다. 상위의 인간은 비인간 Unmensch이면서 초인 Übermensch이다. 양자[비인간이면서 초인이라는 것]는 공속한다. 인간이 위대해지고 고양되면서 그는 또한 더 깊이를 갖고 두려운 존재가 된다. (이러한 사실의) 한 측면을 원하지 않으면서 다른 측면을 원해서는 안 된다. 오히려 한 측면을 보다 철저하게 원하면 원할수록 그만큼 철저하게 사람들은 다른 측면을 달성하게 되는 것이다〉(*WM*, 1027번).

22) *JGB*, 257, 259번.

23) 후쿠야마, 앞의 책, 446쪽

의의 근본전제들을 극단에 이르기까지 추구한 사회주의가 결국 몰락하게 된 원인도 바로 거기에서 찾을 것이다. 인간은 타인보다 더 우월하고 탁월한 존재로 스스로 확인하고자 하기에 자신의 한계까지 진력한다. 탁월성에의 이러한 욕구, 다시 말해서 힘에의 의지야말로 〈정복과 제국주의의 토대가 될 뿐 아니라 위대한 교향곡이든 회화, 문화, 도덕규범, 혹은 정치체제든 생활에서 가치가 있는 것을 만들어내기 위한 전제조건이기도 하다〉.[24]

이에 니체는 보수주의자인 제임스 번햄과 마찬가지로 인간사회에서 계층구조나 우열을 제거하는 것은 바람직하지도 않다고 주장할 것이다. 번햄에 의하면 이성적이든 비이성적이든 간에 우열과 계층화를 통해서 문화가 다양화되고 풍부해졌다. 따라서 야비하고 잔인한 불평등이 아닌 한 사회의 계층구조나 우열은 인정하지 않으면 안 된다.[25] 아울러 니체는 동물세계에서도 위계질서가 있는 것과 마찬가지로 인간들간에도 우월한 인간과 열등한 인간이라는 등급이 존재한다고 본다. 인간들은 본질적으로 동등한 것이 아니라 본질적으로 서로 다르기 때문에 다양하고 제한된 하부단위로 세분되어야 한다. 모든 차별과 제거하려는 시도는 착각이다. 모든 차별을 종식시키려는 무분별한 노력은 반드시 실패한다. 이전의 차별적인 관행이 탈을 쓰고 남아 있거나 아니면 이전보다 더 악화된 새로운 다른 종류의 차별로 대체된다. 즉, 당원과 비당원, 관료와 평범한 시민, 비밀경찰과 강제수용소에 수감될 자 등의 차별말이다.[26] 아울러 인간들의 자연적 능력과 노력의 차이로부터 비롯되는 모든 불평등을 제거하고자 하는 것은 사회적 불평등보다도 더 큰 해악, 즉 거대국가의 출현이라는 해악을 낳게 된다. 〈왜냐하면 필연적이고 박멸불능이라고 생각할 수 있을 정도의 격차를 없애기 위해서는 괴물과 같은 거대한 국가의 건설이 필요하게 되기 때문이다.

---

24) 같은 책, 446쪽.
25) 번햄, 앞의 책, 113쪽.
26) 같은 책, 125쪽.

(문화대혁명 당시의) 중국 공산당과 캄보디아의 크메르 루즈는 모든 인간들의 최소한의 인권조차 빼앗은 희생 위에서만 도시와 농촌의 구별과 육체노동과 지적노동의 차이를 없앨 수가 있었다.)[27]

아울러 니체라면 번햄과 마찬가지로 범죄자들에 대해서마저도 관용적인 입장을 취하는 근대민주주의 경향에 대해서도 회의적인 반응을 취할 것이다. 번햄은 민주주의는 전통적인 처벌이 갖던 야만적이고 잔인한 성격을 완화하는 데 지대한 기여를 하였으나, 이들의 관용적인 태도와 선동적인 만민평등사상으로 인해서 새로운 종류의 범죄가 발생하였다고 주장하고 있다. 범죄자들을 재교육시키고 그들에게 각종 사회복지 혜택을 제공하는 동시에 가석방 처분을 쉽게 내리는 민주주의적 정책이 성공적이라고 보기는 어렵다. 민주주의 이전 시대라면 평생을 감옥에서 지낼 흉악범이 가벼운 처벌 후에 풀려난다. 살인자, 폭력배, 강간범들이 길거리를 활보한다.[28]

민주주의가 인간들이 범하는 악이 교육의 부재와 그릇된 사회구조에 근본적인 원인이 있고 인간은 본래는 선하고 합리적이라고 보는 반면에, 니체와 번햄과 같은 사람은 사회악은 사회적 환경의 열악함에서 비롯될 뿐 아니라 생물학적, 심리학적 요인을 지닌다고 주장할 것이다. 번햄은 니체와 마찬가지로 근대민주주의의 합리주의적 인간관에 대해서 다음과 같이 주장한다 : 〈모든 현대의 생물학, 생리학파와 대부분의 사회학과 고고학파들은, 인간은 심층의 비이성적이고 가끔은 비이성적인 감정과 충동에 의해서 주로 움직이며 인간의 성격과 존재 자체가 의식적인 이성에 의해서는 이해될 수 없는 것이라고 결론지었다. 많은 욕구들은 공격적이고 파괴적이며, 다른 사람들이나 사회에 해로운 것이다. 현대과학에 의해 증명된 바와 같이 욕구의 일부는 스스로에 대해서 파괴적이다. 즉, 고통과 고민, 죽음까지 추구한다. 이런 부정적 충

---

27) 후쿠야마, 앞의 책, 427쪽.
28) 번햄, 앞의 책, 248쪽.

동들은 자유주의의 이상을 향한 긍정적 충동들과 동등하게 인간정신을 구성하고 있는 요소이다〉.[29]

물론 민주주의는 그러한 충동들도 보편적인 교육의 보급과 사회환경이 개선되면 사라질 것이라고 본다. 이러한 반론에 대해서도 니체는 번햄과 마찬가지로 이렇게 주장할 것이다 : 〈유전학에서 현대과학이 이룩한 발전은 인간과 인간의 잠재력에 대한 자유주의적 개념에 커다란 타격을 주었다. 단위특성의 불변성, '가능성'이란 수학적 법칙에 따른 유전자의 생물학적 전이와 후천적 성격의 불유전성과 같은 사실이 모두 비자유주의적 이론을 강화시켜 준다. 즉 인간본성에는 영구적인 심층부가 있다. 그리고 인간들 사이에 존재하는 우열성의 일부는 사회적 환경과 무관하다. 가장 완전한 교육이 성취할 수 있는 것에도 한계가 있다〉.[30] 번햄은 미국의 모든 아이들이 학교에 다니지만, 많은 도시에서 그들은 정규교육을 받지 못한 수세대 전의 조상들보다 훨씬 더 불량하고 사회에 위험한 존재가 되었다고 말하고 있다.[31] 이런 맥락에서 볼 때 악을 행하는 자들에 대한 관용적, 교육적, 개혁주의적 접근방식은 악을 치료하지 못할 뿐 아니라 오히려 부추길 수 있으며 그들의 해악으로부터 사회를 보호할 수 없다.[32]

---

29) 같은 책, 118쪽.
30) 같은 책, 119쪽.
31) 같은 책, 121쪽.
32) 이와 관련하여 니체의 다음 단편을 참조하라 : 〈…… 약자와 불구자들은 몰락해야 한다. 이것이 우리가 주창하는 인간애의 첫번째 명제이다. 그리고 우리는 몰락하는 사람들이 몰락하도록 도와야 한다. 어떤 악덕보다도 더 해로운 것은 무엇인가? —— 모든 약자와 불구자에 대해 동정을 갖는 것, 바로 기독교인 것이다〉(AC, 2번).

4 민주주의와 그것의 인간관에 대한 니체의 비판에 대한 비판적 고찰

우리는 이상에서 민주주의와 그것의 전제가 되는 인간관에 대한 니체의 비판을 살펴보았다. 단적으로 말해서 니체는 사회주의든 자유민주주의든 무정부주의든 인간들의 본래적인 평등을 표방하는 민주주의 체제들을 강자들에 대한 원한에 사로잡혀 약자들이 반란을 일으킨 결과 나타난 것으로 평가하고 있다. 민주주의를 지배하고 있는 정조는 원한과 시기이라는 것이다. 이러한 근본명제로부터 근대의 민주주의가 보이는 일정한 경향들, 예를 들어서 국가권력의 비대화 등이 설명된다. 우리는 사실 니체가 모든 형태의 근대민주주의에 나타나고 있는 일정한 경향들과 그러한 경향들이 나타나는 근본적인 원인에 대해서 극히 예리하게 분석하고 있다는 것을 인정하지 않을 수 없다.

그러나 민주주의에도 여러 가지 종류가 있다. 니체는 사회주의, 자유민주주의 등이 모두가 동일한 전제에 입각해 있고 본질적인 차이는 없다고 생각하지만 사회주의와 자유민주주의 사이에는 도저히 간과할 수 없는 본질적인 차이가 존재한다고 본인은 생각한다. 이와 아울러 민주주의에 대한 니체의 비판은 마르크스마저도 〈조잡한 형태의 공산주의〉라고 비판할 동구식의 사회주의에 대해서는 전적인 타당성을 갖게 될지도 모르지만, 자유민주주의에 대해서는 제한된 타당성밖에 갖지 못한다고 생각한다.[33]

---

33) 자유민주주의 체제리는 말은 군부독재 하의 후진국도 자신들의 체제가 자유민주주의 체제라고 주장하는 데에서도 알 수 있듯이 자칫 애매한 의미를 갖게 되기 쉽다. 현대의 자유민주주의 체제가 갖는 본질적인 특성을 규정하기 위해서 본인은 여기서 제임스 번햄 James Burnham이 누가 자유민주주의자인가를 판별하기 위해서 사용한 기준을 원용하기로 한다. 번햄은 그의 저서 *Suicide of the West*에서 자유민주주의들이 가질 수 있는 공통된 의견들을 항목별로 나열하고 있다. 그러한 의견들은 현대의 자유민주주의를 지탱하는 구체적인 이념들이라고 볼 수 있을 것이다.

(1) 모든 형태의 인종차별은 나쁘다.

(2) 누구나 자신의 의견을 가질 권리가 있다.

(3) 누구나 무상의 공공교육을 받을 권리가 있다.

(4) 종교를 이유로 한 정치·경제·사회적 차별은 옳지 않다.

(5) 정치분쟁이나 무력분쟁에서 고문 또는 육체적 테러를 사용하는 것은 옳지 않다.

(6) 전제정치나 독재에 대항한 민중운동이나 봉기는 정당하며 지지할 가치가 있다.

(7) 노약자와 실업자, 빈민들이 스스로를 돌볼 능력이 없다면 정부가 이들을 도와 줄 의무가 있다.

(8) 누진세와 상속세는 가장 공평한 과세형태이다.

(9) 정당한 보상을 제공해 주는 한, 한 국가의 정부는 영토 내의 사유재산——자국 민의 것이든 외국인의 것이든 간에——을 몰수할 합법적이고 도덕적인 권리를 갖는다.

(10) 우리는 인류에 대해, 즉 인간에 대해 의무를 진다.

(11) 유엔은, 비록 그 성과는 제한되었지만, 올바른 방향으로 나가는 첫걸음이다.

(12) 즉각적인 공공위험이나 청소년타락이 우려될 경우를 제외하고는 언론 및 출판 의 자유에 대한 어떠한 간섭도 옳지 않다.

(13) 미국처럼 부유한 국가는 이러한 특혜를 누리지 못하는 다른 국가에 대해서 도 움을 줄 의무가 있다.

(14) 식민주의와 제국주의는 나쁘다.

(15) 모든 범죄의 주된 원인은 무지와 차별, 빈곤, 그리고 착취 등이다.

(16) 공산주의자도 자신의 의견을 표현할 자유를 갖는다.

(17) 소련과 기타 공산권국가와 협상할 준비를 항상 갖추고 있어야 한다.

(18) 체벌은 어린아이들에게 하는 경우를 제외하고는 옳지 않다.

(19) 원자력시대에 있어서 국제정책의 우선 목표는 평화에 두어야 한다.

(20) 국가안보나 청소년윤리에 위협이 될 때를 제외하고 검열은 옳지 않다.

(21) 의회청문회는 위험한 제도이며 비록 이것이 자유에 대한 심각한 위협이 되지 않는다 해도 이를 감시, 억제할 필요가 있다.

(22) 적어도 대학수준에서는 자격을 갖춘 교수가 학문의 자유를 누릴 권리가 있다.

(23) 중앙정부는 범법자와 정신이상자를 제외한 모든 시민에게 선거권을 보장해야 한다.

(24) 인종 및 종족간에 지적, 도덕적 능력 또는 문명화의 능력의 큰 차이는 없다.

(25) 세계의 무장해제를 향한 움직임은 바람직한 일이다.

(26) 국민의 의사가 정부권위의 근원이 되어야 한다.

(27) 사회구성원으로서 누구나 사회보장에 대한 권리를 가진다.

(28) 누구나 동등한 노동에 대해 동등한 임금을 받을 권리를 가진다.

(29) 누구나 노조를 결성하고 여기에 가입할 권리를 갖는다.

하이데거와 같은 사상가가, 나치즘이든 볼셰비즘이든 현대의 사회민
주주의나 자유민주주의의 차이는 결국은 맹목적인 〈힘에의 의지〉가
자신을 관철하기 위해서 택한 외관상의 차이일 뿐 본질적으로 동일하
다고 본 것과 마찬가지로, 니체 역시 현대의 다양한 민주주의 체제들
이 가질 수 있는 차이를 비본질적인 것으로 보고 있다.

그러나 인민을 위한다는 명목 하에서 나치당이나 공산당과 같은 소
수의 특권집단이 일반 대중들의 사생활에 이르기까지 통제하는 소위
〈전체주의적인 인민민주주의〉와 권력을 쥔 자들에 대해서 항상 회의
적인 입장을 취하면서 이들에 대한 견제와 국가로부터의 개인들의 자
유를 수호하는 것을 중요하다고 보는 자유민주주의 체제 사이에는 본
질적인 차이가 존재한다. 그리고 그러한 현대의 정치적 이념들을 뒷받
침하는 세계관과 인간관은 니체나 하이데거의 생각과는 달리 서로간
에 근본적으로 다른 것은 아닐까?

그 어떠한 민주주의 체제도 강자들에 대한 약자들의 반란으로부터
나타났다는 니체의 일괄적인 단정에도 불구하고, 현대가 시험한 다양
한 체제들 중에서 아직도 살아남은 자유민주주의 체제는 단순히 강자
들에 대한 다수의 범용한 약자들의 원한에 근거한 것이 아니라 인류가
그 동안의 역사적 경험을 통해서 갖게 된 정치적인 지혜에 근거한 것
은 아닐까? 민주주의에 대한 니체의 비판이 자유민주주의와 자유시장
경제에 대한 비판이 될 경우에는 일정한 제한이 가해져야지, 그렇지

번햄은 39개의 항목을 나열하고 있으나 필자는 중복된다고 생각되는 항목들은
생략했다. 이러한 이념들은 사실 현대의 자유민주주의자들이라면 한두 개를 제외
하고 서의 대부분을 아니면 전부를 믿아들이고 있는 것이라고 할 것이디. 디만
이러한 항목들에서는 각 개인들의 경제활동의 자유권이 덜 강조되고 있다는 약
점이 있다고 볼 수 있다. 자유민주주의자들은 민주주의자임과 동시에 자유주의자
로서 무엇보다도 각 개인이 국가의 불합리한 간섭으로부터 독립하여 경제활동을
추구할 수 있는 권리가 있다고 생각한다. 아울러 그러한 경제적인 자유는 불평등
을 낳는 원인이 될 수 있으나 정치적인 자유를 비롯한 모든 자유의 기초가 된다
고 보고 있다. 이에 자유민주주의자들은 국가의 경제개입을 어느 정도는 인정하
더라도, 경제의 기초는 자유시장 경제이어야 한다는 데 의견의 일치를 볼 것이다.

않을 경우에 그것은 냉철한 비판이 되지 않고 오히려 민주주의에 대한 전통적인 귀족들의 원한에 사로잡힌 비판이 되는 것은 아닐까?

하이데거나 니체와 같은 형이상학자들이 자신의 고원(高遠)한 형이상학의 지평에서 현대의 민주주의가 낳은 다양한 양상들을 무시해 버릴 때, 그것은 실로 현대의 정치체제들이 가질 수 있는 어떤 본질적인 특성을 드러내는 데는 기여할 것이다. 그러나 현대에 사는 우리들이 구체적인 정치현실에 부딪히면서 우리가 진정으로 필요로 하는 것은 민주주의의 다양한 형태들에 대한 일괄적인 규정이 아니다. 민주주의 외의 어떠한 다른 정치적 입장을 취할 수 없는 현대의 우리들에게는 그러한 다양한 민주주의들 중의 어느 것을 택하고 자신이 택한 민주주의를 어떠한 방향으로 개선시키고 발전시켜야 할지 등의 문제들이 가장 중대한 문제들로 부각되는 것이다. 이러한 문제들은 니체나 하이데거가 생각하는 것처럼 비본질적인 문제들이 아니다. 구체적인 현실에서는 지극히 고원한 입장에서 별로 중요한 차이로 밖에 보이지 않는 차이가 심대한 의미를 갖는 것이며, 그 경우에 우리에게 요구되는 것은 니체나 하이데거가 시도하는 것과 같은 인류역사 전체에 대한 형이상학적인 규정이 아니라 그들에게는 미세한 뉘앙스의 차이에 불과한 것들에 지나지 않는 것들에 대한 섬세한 규정이 필요한 것이다.

다른 형태의 민주주의에서는 몰라도 적어도 자유시장경제를 토대로 하는 자유민주주의 내에서는 니체의 우려를 어느 정도 상쇄시킬 수 있는 요소가 존재하는 것은 아닐까? 민주주의가 인간들을 범속하게 만든다는 니체의 주장에 대해서 우리는 이렇게 반문할 수 있을 것이다. 〈자유민주주의는 각 개인들간의 공정한 경쟁을 보장하는 것을 통해서 적어도 타인들보다고 탁월하다는 것을 인정받고 싶어하는 욕망이 발현될 수 있는 길을 열어주고 있는 것은 아닐까〉라고 말이다. 자유민주주의에서는 정치와 경제, 예술과 문학, 학문의 발전의 전제가 될 수 있는 그러한 욕망이 발현될 수 있는 길을 열어주고 있다.

자본주의 하에서의 기업가들 중에는 니체가 묘사하는 말세인에 가까운 기업가들도 많이 존재할 것이다. 귀족 중에도 니체의 귀족주의적 이상을 충족시키는 귀족들은 소수에 불과했던 것처럼 말이다. 그러나 예컨대 슘페터가 그린 고전적인 자본주의적인 기업가를 우리는 자신의 이기적인 물질적 욕구의 충족에만 급급하는 말세인으로 보기는 힘들 것이다. 그러한 기업가에게 경제활동이란 단순히 소비와 향락을 위한 물품을 얻기 위한 활동이라기보다는 자신의 능력을 시험하려는 모험이다. 〈그들은 생명을 무릅쓸 필요는 없어도 자신의 재산, 지위 그리고 명성을 어떤 종류의 영광을 위해서 위험에 드러낸다. 그들은 분신쇄골하겠다는 각오로 일하고 자그마한 즐거움에는 눈도 돌리지 않고 더 큰 무형의 즐거움을 추구한다.〉[34] 자유민주주의적인 정치도 또한 야심적인 인간들에게 출구를 제공한다. 후쿠야마와 같은 사람은 자유민주주의가 평등원리를 지지함에도 불구하고 정치, 경제, 학문, 예술, 스포츠, 등산 등 삶의 전 영역에서 〈선의의 경쟁〉을 허용하는 것을 통해서 니체가 말하는 〈힘에의 의지〉 내지 탁월성에의 욕망을 수용하고 있다고 보고 있다.

민주주의 하에서 인간이 천민화되고 있다는 니체의 비판에 대해서는, 우리는 다른 형태의 민주주의에서라면 몰라도 적어도 자유민주주의 하에서는 탁월성에의 욕망이 약한 자들에 대한 폭압이란 형태로 나타나지 않고 길들여진 형태로 나타나는 것을 통해서, 그러한 욕망에도 합리적인 출구가 제공되고 있으며 이를 통해서 인간들의 천민화와 평균화가 저지되고 있다고 응수할 수 있다. 물론 자유민주주의는 탁월함을 향한 인간들의 경쟁을 무제한 허용하지 않고 상속세나 누진세의 시행의 예에서 보듯 그것에 항상 제약을 가할 것이다. 그러나 우리는 그러한 제약을 니체와 같이 인간들을 범속하게 만드려는 시도로서 볼 것이 아니라 인간들에게 동등한 기회를 부여하는 것을 통해서 상호간의 경쟁을 공정하게 행해지게 하려는 시도로 볼 수 있는 것이다.

---

34) 후쿠야마, 앞의 책, 462-463쪽.

니체가 우려하는 것처럼 자유민주주의는 인간들을 범속하고 허약하게만 만드는 것이 아니라 니체가 주창하는 귀족적인 덕도 조장한다. 자유민주주의가 성공적으로 운영되기 위해서는 성공적인 귀족주의사회와 마찬가지로 귀족적인 덕이 요구되며, 자유민주주의가 성공적으로 운영되는 곳에서는 그러한 덕들이 아울러 조장되고 있음을 발견할 수 있다. 예를 들어서 기업가가 공정한 방법으로 성공하기 위해서는 그는 용기와 지혜와 아울러 종업원들과의 단결이 필요로 한다. 이러한 의미에서 현대의 기업은 단순히 인간의 이기적인 욕망만을 조장하는 것이 아니라 책임의식과 서로간의 우정과 단결심, 소위 팀워크를 조장한다고도 볼 수 있는 것이다. 아울러 자유민주주의 하에서 정치가로서 성공하기 위해서는 단순히 대중에 아부하는 것이 아니라 통찰과 용기로 대중을 올바른 방향으로 이끌지 않으면 안 된다.

이렇게 자유민주주의가 민주주의에 대한 니체의 비판을 상당부분 무효화하고 있는 것은 자유민주주의가 정치와 경제를 비롯 삶의 모든 부분에서 경쟁을 허용하고 그 결과 나타나는 사회적 계층분화를 인정하고 있다는 데 근본적인 원인이 있다고 할 수 있다. 자유민주주의는 이렇게 경쟁을 허용하는 것을 통해서 탁월한 인간이 되고 싶어하는 욕망을 자극하여 인간들의 범속화를 저지하는 한편, 인간들을 사회적 경쟁에서 몰락할 수 있는 위험에 노출시키는 것을 통해서 인간들이 허약하게 되는 것을 막는다고 볼 수 있다. 좌파가 그러한 경쟁을 모든 사회적 불평 등의 원인으로서 탄핵하는 반면에, 아마 니체와 같은 보수주의적 입장의 사상가는 그러한 경쟁이 자유민주주의 국가에서는 국가의 사회보장 등을 통해서 완화되는 것을 통해서 인간들이 범용하게 되는 결과를 낳고 있다고 비판할 것이다. 그러나 우리는 앞에서 말한 것처럼 국가에 의한 사회보장 등을 각 개인들에게 공정한 기회를 주는 것을 통해서 경쟁을 공정하게 이루어지게 하려는 시도로서 평가할 수 있을 것이다.

자유민주주의의 근저에 존재하는 인간관은 인간들간에는 선천적으

로 우월하고 탁월한 자가 있는 반면에 선천적으로 열등한 자들이 있다
고 보는 니체식의 보수적인 인간관과 마르크스와 같은 공산주의적 유
토피아를 주장하는 사람들이나 무정부주의자들처럼 인간들은 본질적
으로 누구나 선하고 합리적이라는 낙천적인 인간관의 중간에 위치한
다고 볼 수 있다. 자유민주주의자들은 보수적 우파들과 마찬가지로 인
간들의 선천적인 능력과 성질에서의 우열을 인정하나 또한 좌파들과
마찬가지로 인간들은 자신의 노력과 사회환경의 개선을 통해서 자신
을 개선해 나갈 수 있다고 생각한다. 아울러 좌파와 마찬가지로 자유
민주주의자들은 모든 인간은 탁월한 인간이든 열등한 인간이든 인간
으로서 누구나 근본적 존엄성을 가지며 누구에게나 자신의 능력을 최
대한 발휘할 수 있는 최소한의 여건이 보장되지 않으면 안 된다고 생
각한다. 이는 자유민주주자들이 좌파와 아울러 자신에 대한 주인이 될
수 있는 능력을 모든 사람들에게 인정하고 있기 때문이다. 니체가 지
혜와 용기를 갖춘 기품 있는 초인은 소수만이 될 수 있다고 본 반면에,
만인의 자유와 평등을 내세운 좌파와 자유민주주의자들은 오히려 인
간 모두가 그러한 기품 있는 인간이 될 수 있다고 믿었다고 볼 수 있
다. 이런 면에서 이들은 니체보다도 훨씬 인간의 잠재력을 믿었다고
볼 수 있다. 자유민주주의자들은 이런 면에서 일종의 현실적 이상주의
자라고 말할 수 있을 것이다. 즉 이들은 〈유토피아의 실현불가능성을
믿기 때문에 현실적이요, '그럼에도 불구하고' 유토피아를 쫓기 때문에
이상주의적이다〉.[35]

이렇게 자유민주주의자들이 〈책임 있는 주인이 될 수 있는 가능성〉
을 모든 인간에게 인정한다는 점에서 좌파와 유사성을 갖는 반면에,
현실적으로 자유민주주의자들은 인간들의 다양한 능력차이를 인정하
고 이러한 차이의 발현을 제도적으로 보장하고 있다는 점에서는 니
체식의 보수주의적인 의견을 상당 부분 수용하고 있기 때문에 자유

---

35) 박호성, 『평등론』(창작과비평사, 1994), 404쪽.

민주주의에 대한 니체의 비판은 제한된 타당성을 가질 수밖에 없는 것이다.

이렇게 니체의 비판이 자유민주주의에 대해서 향해질 때는 〈제한된〉 타당성을 갖지만, 그럼에도 그것은 제한된 것일지라도 여전히 〈타당성〉을 가질 수 있다. 이는 자유민주주의가 범죄나 마약중독, 자살자들의 증가, 환경오염, 인간들의 천박화와 평준화 등의 심각한 문제들을 여전히 안고 있다는 데서도 드러난다. 아마 그러한 문제들은 보수주의자 제임스 번햄과 같은 사람들이 말했던 것처럼 자유민주주의에 대해서 우연적인 것이 아니라 자유민주주의의 이념 자체가 그러한 문제들을 야기하고 확산시키고 있는지도 모른다. 그 경우 자유민주주의는 그러한 문제들을 극복하지 못하고 몰락해 버릴 가능성을 안고 있는 것이다.

자유민주주의의 인간관이 좌익과 우익의 중간에 있는 것처럼 자유민주주의에 대해서는 좌익과 우익 양측으로부터 비판이 가해져 왔다. 이러한 비판 중에서 자유민주주의는 좌익의 비판에 보다 예민하게 대응해 왔다. 토크빌이 지적한 대로 근대사회의 대중들이 갖는 평등에 대한 민감성으로 인하여 좌익이 실질적인 세력을 얻음으로써 좌익을 체제내화한다는 것이 자유민주주의의 시급한 과제로 항상 존재했기 때문일 것이다. 이와 아울러 자유민주주의의 변형도 주로 좌익이 기도한 방향에서 시도되어져 왔으며, 자유민주주의에 대한 비판에 있어서도 좌익의 비판이 주요한 고찰의 대상이 되어왔다. 그러나 자유민주주의에 대한 좌익의 비판이 자유민주주의 체제에 의해서 상당히 수용된 지금도 자유민주주의가 여전히 심각한 문제들에 부딪히고 있다는 것을 고려할 경우, 우리는 자유민주주의가 직면하고 있는 문제들이 오히려 니체와 같은 비판가들이 지적하는 데서 비롯되는 것은 아닌지에 대해서 고려할 필요가 있다고 생각된다. 물론 좌익측에서는 자유민주주의가 당면하고 있는 문제들이 좌익의 비판을 아직 철저하게 수용하지 않고 있는 데서 비롯된다고 주장할 것이다. 그러나 사회주의가 몰락한 원인이 궁극적으로는 니체가 드러낸 근대민주주의의 근본경향이 극단적으로 추구된 데서 비롯된다는 것을 생각해 볼 때, 오히려 우리는 현대의 자유민주주의가 직면하고 있는 문제들도 결국은 동일한 데서 파생되는 것은 아닌가 하고 생각할 수 있는 것이다. 그러한 문제들은 자유민주주의가 타락한 형태의 민주주의, 즉 중우정치적이고 천민적인 성격을 띨 수 있는 데서 비롯되는 것일 수 있다. 그러한 중우정치나 천민정치가 보통 자신보다 우월한 위치에 있는 자들에 대한 원한과 시기에 의해서 지배된다는 것은 우리가 부정할 수 없다. 민주주의에 대한 니체의 비판은 그런 면에서 그것이 갖는 모든 한계에도 불구하고 현대의 자유민주주 체제에 대해서도 긍정적인 의미를 갖는다고 볼 수 있을 것이다. 니체의 철학은 우리로 하여금 우리들이 자본주의의 물질문명의 지배 하에서 망각할 수 있는 귀족적 덕목들, 용기와 우정, 책임성 등의 덕목들을 상기하게 하는 것에 의해서, 우리가 자유민주주의를 자신의 원래 이념에 맞게 완성해 나가는 데 기여할 수 있는 것이다.

【참고문헌】

1 니체의 저작과 약어표

AC: *Der Anti-Christ*, in KSA, Bd. 6.
FW: *Die fröhliche Wissenschaft*, in KSA, Bd. 3.
JGB: *Jenseits von Gut und Böse*, in KSA, Bd. 5.
M: *Morgenröte*, in KSA, Bd. 3.
MA: *Menschliches, Allzumenschliches*, in KSA, Bd. 2.
N: *Nachgelassene Fragmente*, in KSA, Bd. 13.
SE: *Schopenhauer als Erzieher*, in KSA, Bd. 1.
WM: *Der Wille zur Macht*, Kröners Taschenausgabe.
ZA: *Also sprach Zarathustra*, in KSA, Bd. 4.
KSA: *Kritische Studienausgabe in 15 Bänden*, hrsg. von Giorgio Colli und Mazzino
    Montinari, München-Berlin-New York, 1986.

2 2차문헌

Fransis Fukuyama, *The End of History and the Last Man*: 『역사의 종말』, 이상훈 역,
    한마음사, 1992.
James Burnham, *Suicide of the West*: 『자유주의의 운명』, 이택휘 역, 을유문화사,
    1987.
박호성, 『평등론』, 창작과비평사, 1994.
工藤綏夫, 『니체의 철학과 사상』, 김문두 역, 문조사, 1994.
박찬국, 「후쿠야마의 '역사의 종말'에 대한 고찰」, ≪열린지성≫, 제3호.

실천철학으로서의 현상학

이남인

> 보편적인 이론적 관심은 원래 보편적인 실천적 관심
> 의 하나의 가지요, 하나의 기관일 뿐이었다. 학문은 힘
> 이다. 학문은 인류를 자유롭게 해준다. 학문적 이성을
> 통하여 확보되는 자유는 축복에 이르는 길이요, 진정
> 으로 만족할 만한 삶에 이르는 길이다(VIII, 230)[1]
>
> —— 에드문트 후설

이 글에서 논의의 주제로 등장하는 현상학은 물론 후설의 현상학이
며, 따라서 필자가 밝히고자 하는 것은 좀더 정확히 표현하자면 바로
후설의 현상학이 실천철학이라는 사실이다. 그런데 이러한 사실은 후
설의 현상학에 대해 기본적인 지식을 가지고 있는 사람들에게는 적지
않은 당혹감을 불러일으킬 것이며, 그에 대해 전문적인 연구를 수행한
다수의 연구자들에게조차 다소 낯설게 느껴질 것이다. 이들 대부분은
하이데거의 해석학적 현상학, 셸러의 가치론적 현상학 내지는 메를로-
퐁티의 신체의 현상학이라면 몰라도, 후설의 현상학이 실천철학으로
규정됨은 언어도단이라고 생각할 것이다. 그러나 후설의 현상학이 실
천철학이라는 이러한 주장을 듣고 생겨나는 당혹감 내지 낯선 감정
은 후설의 현상학에 대한 일면적인 이해에 그 뿌리를 두고 있을 뿐이
다. 아래의 논의를 통해 구체적으로 밝혀지게 되듯이 후설의 현상학은
실천철학이기 때문이다.

필자의 경우 후설의 현상학이 실천철학이라는 주장을 이 논문에서

---

1) 이 글에서 후설은 『후설전집 *Husserliana*』의 전집번호와 쪽수를 제시함으로써
   인용된다.

처음으로 제기하는 것은 아니며, 기회 있을 때마다 여러 차례 이러한 주장을 제기하였다. 이미 필자는 학위논문의 마지막 문단에서 〈초월적 현상학이 결국에는 인식론뿐 아니라, 넓은 의미의 실천철학…… 등등을 부분영역으로 포괄하는 참다운 의미의 보편적인 철학으로 발전한다〉[2]는 사실을 지적하였고, 그 이후에도 한두 차례 논문을 통해 후설의 현상학이 실천철학임을 지적하였다.[3] 그러나 이러한 글들에서 필자는 글의 결론부에서 후설의 현상학이 실천철학이 될 수 있다는 사실만을 단편적으로 언급하는 데 그쳤을 뿐, 그것이 실천철학일 수 있는 근거 및 그 구체적인 내용에 대해서는 체계적으로 다루지 못하였다. 이러한 점에서 이 글은 앞서 언급한 연구들의 후속연구라 할 수 있다.

후설의 현상학이 실천철학임을 밝히기 위해서 필자는 제1절에서 이 주제에 대한 몇몇 중요한 학자들의 견해 및 그 동안에 이루어진 중요한 연구성과를 간략히 소개하고자 한다. 그런데 후설의 현상학이 실천철학임을 밝히기 위해서 일차적으로 해명되어야 할 것은 도대체 실천철학이 무엇을 의미하는지 하는 점인데, 제2절에서 필자는 실천철학 개념이 비록 매우 모호한 개념이긴 하나, 그럼에도 이 개념이 〈실천에 관한 철학〉과 〈실천적 함의를 지닌 철학〉등 두 가지 의미로 사용될 수 있는 개념임을 밝히고자 한다. 거기에 이어 제3절에서는 현상학의 탐구주제 자체인 지향성이 본질적으로 〈실천적 지향성〉임이 밝혀질 것이다. 그리고 이러한 제2절과 제3절의 논의를 토대로 제4절과 제5절에서는 후설의 현상학이 〈실천에 관한 철학으로서의 실천철학〉이며, 동시에 〈실천적 함의를 지닌 철학으로서의 실천철학〉임이 해명될 것이다. 마지막으로 제6절에서 필자는 그때까지 이루어진 논의를 되돌아보

---

2) Nam-In Lee, *Edmund Husserls Phänomenologie der Instinkte*(Dordrecht/ Boston/London : Kluwer Academic Publishers, 1993), 246쪽.

3) 이남인, 「본능의 현상학과 선험적 현상학」, ≪철학연구≫, 1992년 봄호(제30집), 257쪽 ; 「발생적 현상학과 지향성 개념의 변화」, 『세계와 인간, 그리고 의식지향성』(≪철학과 현상학 연구≫, 제6집)(서울 : 서광사, 1992), 285쪽.

면서 현상학과 비판이론 사이에 참다운 철학적 대화가 이루어져야 할
필요가 있음을 간단히 언급하고자 한다.

1 이 주제에 대한 기존의 견해 및 연구들

우리는 후설전집이 본격적으로 출간되기 시작한 1950년대를 넘어서
면서 이 주제에 대한 연구자들의 견해에 커다란 변화가 나타나기 시작
함을 확인할 수 있다. 이러한 변화를 한마디로 요약하자면 1950년대
이전에는 후설의 현상학을 실천철학으로 규정하려는 연구가 거의 없
었던 반면에, 1950년대 이후에는 이러한 시도들이 많이 생겨났다고 할
수 있다. 1950년대 이전의 후설의 현상학에 대한 연구사에서는 실천철
학으로서의 현상학에 대한 관심조차 거의 없었던 것이 사실이다. 설상
가상으로 이 주제에 대해 관심을 가지고 있었던 연구자들은 한결같이
현상학이 본질상 실천철학일 수 없으며, 바로 이 점이 현상학이 지
니고 있는 가장 큰 난점 중의 하나라는 견해를 공유하고 있었다. 그
대표적인 예가 다름아닌 실천의 문제를 철학의 핵심주제로 간주하면
서 참다운 철학이란 본성상 실천철학일 수밖에 없다고 갈파한 프랑
크푸르트 학파의 비판이론 제1세대에 속하는 호르크하이머와 아도
르노이다.

호르크하이머는 비판이론의 전개과정에서 중요한 의미를 지니는
「전통이론과 비판이론」[4]이라는 논문에서 현상학을 플라톤 철학, 데카
르트 철학의 연장선상에서 나타난 전통이론의 전형적인 예로 간주한
다. 그에 의하면 전통이론이란 〈특정 사태의 발생과정 및 그 사태를
파악하는 개념체계의 실천적 적용, 그리고 실천에 있어서의 이론의 역

---

4) M. Horkheimer, "Traditionelle und kritische Theorie," in *Gesammelte
Schriften*, Bd. 4 : Schriften 1936-1941, 162-216쪽.

할〉 등을 이론에 대해 우연적이며 외적인 요소로 간주하는 이론을 의미하며,[5] 그러한 한에서 이론을 역사적이며 사회적 실천의 산물로 간주하고, 이론이 지닌 실천적, 사회변혁적 함축을 강조하는 비판이론과는 본질적으로 구별된다. 호르크하이머에 의하면, 후설은 『형식논리와 초월논리 Formale und transzendentale Logik』에서 〈이론〉을 〈학문 일반의 자기완결적인 명제체계〉(XVII, 106)[6]로 규정하면서 이론을 실천에 대해 우연적이며 외적인 요소에 불과한 그 무엇으로 간주하였고, 바로 이러한 이유에서 전통이론과 비판이론이라는 구별도식에 의하면 후설의 현상학은 실천문제와는 무관한 전통이론의 대표적인 예에 해당하며, 따라서 현상학은 본질적으로 실천철학이 될 수 없다.

현상학이 실천철학이 될 수 없다는 이러한 견해는 아도르노에게서도 찾아볼 수 있다. 후설의 현상학을 주제로 하여 쓴 논문으로[7] 박사학위를 취득한 아도르노가 후설의 현상학을 비판하면서 그를 떠나 비판이론을 전개하게 된 결정적인 이유는 현상학이 실천철학이 될 수 없다는 생각 때문이다. 그에 의하면 순수의식 및 지향성을 탐구주제로 삼는 현상학은 전통적인 의미의 인식론, 의식철학, 데카르트주의 철학, 관념론에 불과하며, 따라서 현상학은 초역사적이며 초사회적인 순수자아 또는 유아론적 자아는 탐구주제로 삼을 수 있을지 몰라도, 생생하게 살아숨쉬는 구체적인 자아, 그리고 이러한 구체적인 자아가 몸담고 있는 〈사회적인 삶〉, 〈사회의 실재적인 삶의 과정〉[8]은 탐구할 수 없다. 아도르노에 의하면 지향성을 탐구주제로 삼으면서 구성적 관점에서 대상에 대해 지향성이 지니는 우위를 강조하는 현상학은 〈현실에 대한

---

5) 같은 책, 182쪽.

6) 같은 책, 164쪽 참조.

7) Th. W. Adorno, "Die Transzendenz des Dinglichen und Noematischen in Husserls Phänomenologie," in *Gesammelte Schriften*, Bd. 1, 7-77쪽.

8) Th. W. Adorno, "Zur Metakritik der Erkenntnistheorie. Studien über Husserl und die phänomenologischen Antinomien," in *Gesammelte Schriften*, Bd. 5, 34쪽.

철학의 관계〉[9]를 파괴시켜 버리며, 바로 이러한 이유에서 인식론으로서의 후설의 현상학은 본질적으로 실천철학이 될 수 없다. 이것이 바로 아도르노가 〈인식론에 대한 메타비판〉, 다시 말해 후설의 현상학에 대한 비판을 참다운 의미의 실천철학인 비판적 사회이론을 전개시키기 위한 출발점으로 삼을 수밖에 없는 이유이다.[10]

호르크하이머와 아도르노가 후설의 현상학을 실천문제와는 무관한 철학으로 규정하였음은 어쩔 수 없는 일이었다. 왜냐하면 현상학을 연구하기 위하여 그들이 접할 수 있었던 후설의 저술들은 『논리연구 Logische Untersuchungen』, 『이념들 I Ideen I』, 『엄밀한 학으로서의 철학 Philosophie als strenge Wissenschaft』, 『내적 시간의식의 현상학 Zur Phänomenologie des inneren Zeitbewußtseins』, 『형식논리와 초월논리 Formale und transzendentale Logik』 등이었는데, 이들 저술들에는 주로 논리철학적 분석 내지는 인식론적 분석이 들어있을 뿐, 실천철학의 문제는 거의 다루어지고 있지 않기 때문이다. 그러나 이들 저술에서 실천철학의 문제가 거의 다루어지지 않았다고 해서 현상학이 그 〈태생적인 한계〉 때문에 본질적으로 실천의 문제를 다룰 수 없는 철학이라고 생각할 이유는 없는 것이다. 1950년대 이후 그때까지 공개되지 않았던 후설의 저술들이 『후설전집』으로 속속 출간되면서 그때까지 많은 연구자들이 생각했던 것과는 달리 후설이 그의 후기 저술에서 실천의 문제를 많이 다루고 있음이 밝혀졌고, 그에 따라 후설의 현상학에 들어 있는 실천철학적 측면에 대한 연구들이 많이 등장하였다. 이점과 관련해 이러한 연구분위기를 활성화시킨 요인으로 후설의 후기 저술의 출간과 더불어 꼭 지적하고 넘어가야 할 것은 당시 독일철학계에서 일어났던 〈실천철학의 복권〉[11]이라는 운동이다. 현상학

---

9) 같은 책, 156쪽.
10) 후설과 아도르노의 관계에 대해서는 이 문제를 심층적으로 분석하고 있는 원승룡, 「아도르노의 후설 현상학 비판」, 한국현상학회 1997년 춘계발표회 대회보, 20-35쪽 참조.

에 들어 있는 실천철학적 측면에 대한 많은 연구 중에서 이제 두 가지 연구만을 간단히 살펴보기로 하자.[12]

그 하나는 1975년 초 드브로닉 Dubrovnik에서 파자닌 A. Pažanin, 발덴펠스 B. Waldenfels, 가다머 H.-G. Gadamer, 브뢰크만 J. M. Broekman 등 일련의 현상학자들의 주도 아래 〈현상학과 마르크스주의〉라는 제목으로 이루어진 공동연구이다.[13] 이 연구에는 앞서 열거한 학자들 이외에도 란트그레베 L. Landgrebe, 리쾨르 P. Ricoeur를 비롯하여 10여 명의 학자들이 참석하여 현상학과 당시 실천철학 논의에서 핵심적인 역할을 담당하였던 마르크스주의 철학 사이에 철학의 이념, 방법, 내용 등에서 여러 가지 유사성이 존재함을 밝혀냄으로서 현상학에 들어 있는 실천철학적 측면을 부각시켰다.

또 다른 연구는 1976년에 출간된 독일현상학회지 ≪현상학 연구 *Phänomenologische Forschungen*≫의 제3집 〈현상학과 실천 Phänomenologie und Praxis〉에 란트그레베를 비롯해 7명의 현상학자들이 발표한 논문이다. 앞서 살펴본 〈현상학과 마르크스주의〉에 대한 연구가 마르크스주의 철학과 현상학 사이에 존재하는 유사성을 강조함으로써 현상학의 실천철학적 성격을 부각시키려 노력한 것과는 달리, 〈현상학과 실천〉을 주제로 한 이 연구들은 오히려 마르크스주의 철학이 실천철학으로서 지니고 있는 문제점을 비판해 가면서, 그리고 현상학을 그 무엇과 관련시키지 않은 채 내재적으로 연구해 가면서 현상학의 실천철학적 측면을 부각시키고 있다. 이들 연구자들은 한결같이 실천철학을 전

---

11) 이 운동의 대표적인 예가 바로 M. Riedel(Hrsg.), *Rehabilitierung der praktischen Philosophie*, Bd. I(Freiburg, 1972) ; Bd. II(Freiburg, 1974)이다.

12) 여기서 우리는 국내에서도 이미 〈현상학과 실천철학〉을 주제로 한 연구가 있음을 지적하고자 한다. 이 점에 대해서는 한국현상학회 편, 『현상학과 실천철학』 (≪철학과 현상학 연구≫, 제7집), 1993 참조.

13) 이 연구들은 모두 B. Waldenfels · J. M. Broekman · A. Pažanin(Hrsg.), *Phänomenologie und Marxismus*, Bd. 1-4(Frankfurt/M., 1977-1979)에 수록되어 있다.

개함에 있어 그 무엇보다도 앞서 일차적으로 이루어져야 할 작업은 마르크스주의자들의 경우처럼 성급하게 〈이론과 실천〉의 관계를 둘러싼 이론체계를 수립하려고 노력하는 일이 아니라, 다양한 유형의 실천현상의 구조를 기술적으로 분석해 내는 일이라는 인식에서 출발하며, 구체적인 현상학적 분석을 통하여 실천철학으로서의 현상학과 관련하여 여러 가지 중요한 결론들을 끌어내고 있다. 예를 들어 란트그레베는 후설의 현상학을 〈역사에 관한 초월적 이론〉,[14] 즉 초월적인 역사철학으로 규정하고, 파자닌 A. Pažanin은 현상학적 정치철학의 가능성을 모색하고 있다.[15] 더 나아가 슈방클 P. Schwankl은 실천과 관련된 가치론적 문제를 논하기 위해 다양한 유형의 실천 및 실천철학 개념을 분석해 가면서 당시 실천철학에 대한 논의에서 독점권을 행사하고 있던 마르크스주의 철학 이외에도 다른 유형의 실천철학이 가능함을 논하면서, 그 대표적인 예로 현상학을 들고 있다. 그는 후설이 발전시킨 〈새로운 실천 이론이 정체상태에 빠져 있는 전통적인 입장들을 넘어서며, 따라서 실천에 관한 이론의 영역에서 철학적으로 중요한 최초의 혁명적인 충격을 준 이론이라고〉[16] 평가하고 있다.

2 실천철학 개념의 정의

현상학이 실천철학임을 밝히기 위해 일차적으로 해야 할 작업은 실

---

14) L. Landgrebe, "Die Phänomenologie als transzendentale Theorie der Geschichte," in *Phänomenologische Forschungen*, Bd. 3(Freiburg, 1976), 17-47쪽.

15) A. Pažanin, "Über die Möglichkeit einer phänomenologischen Philosophie der Politik," in *Phänomenologische Forschungen*, Bd. 3(Freiburg, 1976), 120-150쪽.

16) P. Schwankl, "Zur Wertproblematik der Praxis," in *Phänomenologische Forschungen*, Bd. 3(Freiburg, 1976), 80쪽.

천철학이라는 개념의 정체를 해명하는 일이다. 그 이유는 이 개념이 명료한 개념인 것처럼 보이지만 실은 모호하게 사용되는 극히 불투명한 개념이기 때문이다.

실천철학이라는 개념은 우선 시대에 따라 조금씩 다른 의미를 지녀 왔으며, 동일한 시대에도 개별 철학자마다 그들이 서 있는 철학적 입장에 따라 조금씩 다른 의미로 사용되어 왔다. 예를 들면 개념의 외연을 중심으로 해서 살펴보면 아리스토텔레스의 경우 실천철학은 윤리학, 경제학, 정치학을 포괄하는 학문으로 정의되었으며, 중세를 거쳐 근세로 들어서면서 비코, 루소 등에 의해 실천철학의 목록에 역사철학, 문화철학 등의 철학분야가 추가되었으나, 다시 칸트, 헤겔 이후 신칸트학파의 거두인 리케르트에 오면 다른 모든 철학분야는 배제된 채 윤리학만이 실천철학의 목록 속에 포함되어 있다.[17]

그러나 동일한 철학자의 경우에도 겉보기와는 달리 실천철학 개념이 결코 명료한 것만은 아니다. 1960년대 이후 〈실천철학의 복권〉과 관련된 논의의 장에서 가장 많은 관심을 집중시켰던 아리스토텔레스의 실천철학이 그 전형적인 예에 해당한다. 잘 알려져 있듯이 아리스토텔레스는 철학을 이론철학(순수관조의 학)과 실천철학(실천에 관한 학)으로 구별하며,[18] 이론철학의 예로 신학(형이상학), 수학, 자연학을 열거하고, 실천철학의 예로는 윤리학, 경제학, 정치학 등을 열거한다. 그런데 그의 이론철학과 실천철학의 구별, 그리고 실천철학 개념의 정의는 결코 자명한 것이 아니다.

그에 의하면 이론철학과 실천철학을 나누는 하나의 기준은 그 철학이 추구하는 목적이 어디에 있는가 하는 점인데, 이러한 기준에 의하면 철학적 탐구의 목적이 철학적 탐구 자체에 있을 경우 그러한 철학은 이론철학이라 불리며, 반대로 철학적 탐구의 목적이 철학 밖에 있

---

17) 이 점에 대해서는 M. Riedel(Hrsg.), *Rehabilitierung der praktischen Philosophie*, Bd. I, 9쪽 이하 참조.

18) 논의상 〈제작에 관한 학〉은 제외하기로 하자.

는 그 무엇, 특히 보다 나은 인간적 실천에 있을 경우 그러한 철학은
실천철학이라 불린다. 다시 말하면 이론철학이란 이 단어의 어원에 해
당하는 〈관조하다〉라는 동사에서 알 수 있듯이 〈관조〉, 즉 이론 그 자
체가 목적으로서 추구되는 철학을 의미하며, 실천철학이란 보다 나은
삶을 목적으로 하여 추구되는 철학이라 할 수 있다.[19] 이론철학과 실천
철학에 대한 아리스토텔레스의 이러한 구별은 부분적으로 플라톤에게
서 유래한다고 할 수 있다.[20] 플라톤은 그의 대화편『정치인』에서 학문
을 수학 및 그와 유사한 학문과 제작술에 포함된 학문으로 나누면서
앞의 학문을 〈실천적인 적용에 대한 고려 없이 단지 지식만을 제공해
주는 학문〉, 즉 순수이론적 학문으로 규정하고 뒤의 학문을 〈실천적
활동 속에서 현실화되며 실천적 활동과 분리될 수 없는 학문〉, 즉 응
용학문으로 규정하는데, 이론철학과 실천철학에 대한 아리스토텔레스
의 구별은 플라톤의 이러한 구별과 궤를 같이 한다고 할 수 있다.

그러나 아리스토텔레스는 이론철학과 실천철학을 구별하기 위하여
또 하나의 기준을 사용하는데, 그것은 다름아닌 탐구하는 대상의 존재
론적 성격이다.[21] 이러한 기준에 의하면 이론철학은 실천철학과 비교해
볼 때 그 존재론적 위치에 있어 보다 더 완벽한 대상을 다루는데, 그
중에서도 신학은 가장 완벽한 대상인 독립적으로 존재할 수 있으며 불
변적인 대상을 다루고, 수학은 독립적으로 존재할 수 없으나 불변적인
대상을 다루며, 마지막으로 자연학은 불변적이지는 않으나 독립적으로
존재할 수 있는 대상을 다룬다. 여기서 알 수 있듯이 이론철학의 대상
은 독립적으로 존재할 수 있음이라는 조건과 불변적임이라는 조건 중
에서 적어도 하나의 조건을 만족시켜야 한다. 그러나 실천철학이 다루
는 대상은 이 두 가지 조건 중의 그 어느 조건도 만족시키지 못하며,

---

19) 이 점에 대해서는 Aristoteles, *Nichomachean Ethics*, 1138b 이하 및 *Meta-
   physics*, 980a 이하 참조.
20) 이 점에 대해서는 Platon, *The Statesman*, 258d 이하 참조.
21) 이 점에 대해서는 Aristoteles, *Metaphysics*, 1025b 이하, 1064a 이하 참조.

그러한 한에서 이론철학이 다루는 대상에 비해 존재론적으로 불완전한 대상인데, 그것은 다름아닌 인간에 의존적이며 변화무쌍한 인간의 실천행위이다.

그러나 이론철학과 실천철학을 구별하기 위한 이러한 두 가지 기준은 아리스토텔레스가 보기에는 자명한 기준일지 모르나 우리가 보기에는 많은 문제점을 안고 있는데, 이 점과 관련해 우리는 다음의 두 가지 사실을 지적하고자 한다. 첫째, 두번째 기준에 나타난 대상의 존재론적 위치에 대한 견해는 아리스토텔레스 철학 전체에 대한 표현이라 할 수 있으며, 따라서 두번째 기준에는 아리스토텔레스의 철학 전체의 난점이 숨어 있다고 할 수 있다. 둘째, 대상의 존재론적 위치에 대한 그의 견해가 설령 참이라고 하더라도, 존재론적 위치에 있어 보다 더 완전한 대상은 그만큼 더 큰 가치를 지니는 대상이기 때문에 그에 대한 인식 역시 그 자체가 목적이 되어 탐구되어야 한다는 그의 주장은 결코 자명한 사실이라 할 수 없다. 어떤 철학적 탐구활동이 그자체 목적이 될 수 있느냐, 아니면 그 어떤 다른 목적을 위해 존재하는 것이냐 하는 문제는 그가 생각하듯이 대상의 존재론적 위치에 따라 자동적으로 결정될 수 있는 성질의 것이 아니라, 학문활동을 하는 사람의 태도에 따라 결정될 문제이기 때문이다. 다시 말해 모든 학문은 그것을 대하는 사람의 태도 여하에 따라 그것 자체가 목적이 되어 탐구될 수도 있고, 그것이 아닌 다른 그 무엇을 위한 수단으로 탐구될 수도 있는 것이다. 이는 앞서 아리스토텔레스에 의해 이론철학으로 분류되었던 신학, 수학, 자연학 등도 그 자신이 목적이 아니라 그 어떤 다른 목적을 위한 수단으로 탐구될 수도 있으며, 이 경우에 이 학문들은 실천철학으로 정의될 수 있음을 의미하며, 그에 의해 실천철학으로 분류된 윤리학, 경제학, 정치학도 그 자체가 목적으로 탐구될 수 있으며, 이 경우에 이 학문들은 이론철학으로 분류될 수 있음을 의미한다. 이러한 사실은 이론철학과 실천철학에 대한 아리스토텔레스의 구별이 무의미해질 수도 있음을 의미한다.

이러한 논의를 통하여 우리는 아리스토텔레스의 실천철학 개념이 결코 자명한 개념이 아니며, 많은 문제점을 안고 있는 개념임을 알 수 있다. 필자는 아리스토텔레스의 실천철학 개념이 지닌 이러한 문제점을 극복하기 위해 철학사에 등장하는 다른 철학자의 실천철학 개념을 고찰할 경우 이 개념이 명료한 개념으로 탈바꿈하리라는 보장은 없다고 생각한다. 철학자의 입장이 변화함에 따라 실천철학 개념 역시 변화할 수 있으며, 이 경우 이러한 작업을 통해 실천철학 개념이 명료해지기는커녕 더욱더 혼란스러워질 수도 있을 것이다. 필자는 실천철학 개념이 지닌 이러한 불투명성과 관련해 파렌바흐의 다음과 같은 지적은 여러 가지 점에서 시사하는 바가 크다고 생각한다 : 〈따라서 오늘날 실천철학은 그것이 다루는 사태영역, 그의 방법론과 출발점 등을 검토해 보면 완벽하게 잘 정의된 철학분야라 할 수 없다〉.[22]

그러면 철학사에 등장하는 실천철학 개념이 이처럼 불투명한 상황에서 〈실천철학으로서의 현상학〉에 대한 논의를 진행시키기 위해서 우리가 해야 할 일은 무엇일까? 〈실천철학〉에 대한 논의를 진행시키기 위해서 우리는 실천철학 개념에 대한 예비적인 정의를 필요로 한다. 그러면 이 개념에 대한 예비적인 정의는 어떻게 확보될 수 있을까? 바로 이 대목에서 필자는 파렌바흐와 마찬가지로 〈실천철학〉이라는 표현이 지닐 수 있는 가능한 의미들을 살펴보고, 그를 토대로 막연하게나마 모두가 동의할 수 있는 실천철학 개념을 정의할 수 있으리라 생각한다. 그러면 실천철학이라는 표현은 무엇을 의미할까? 필자는 실천철학이라는 표현이 다음과 같이 이중적인 의미를 지닐 수 있는 표현이라고 생각한다. 실천철학은 첫째로 실천을 탐구주제로 삼는 철학, 다시 말해 실천에 관한 철학을 의미할 수 있다. 파렌바흐는 이러한 의미의 실천철학을 구체적으로 〈인간적 실천의 구조적 조건 및 연관, 그리

---

22) H. Fahrenbach, "Ein programmatischer Aufriß der Problemlage und systematischen Ansätzemöglichkeiten praktischer Philosophie," in M. Riedel (Hrsg.), *Rehabilitierung der praktischen Philosophie*, Bd. I, 16-17쪽.

고 무엇보다도 올바른 행위의 규범적 원칙들에 대한 탐구〉[23]로 정의하
며, 슈방클은 이러한 의미의 실천철학의 유형으로 〈실천을 위한 윤리
적 규범과학〉, 〈실천에 관한 성찰〉, 〈사회변혁적 행위에 관한 이론〉,
〈인간존재, 사유, 의지, 느낌, 행위의 사회적 조건에 대한 이론〉 등을
열거한다.[24] 실천철학은 둘째로 실천적인 철학, 즉 실천적 함의를 지니
며 실천을 위해 존재하는 철학을 의미할 수 있다. 이 경우 실천철학은
철학의 어떤 특수분야에 한정된 규정이 아니라, 철학의 근본적인 성격
을 둘러싼 문제로서 철학의 모든 분야와 관련될 수 있는 규정이다. 이
런 의미의 실천철학에 대한 규정에 있어 결정적으로 중요한 의미를 지
니는 것은 철학이 실천적인 힘을 지닐 수 있느냐의 문제이다. 이제 우
리가 해명하려고 하는 것은 바로 후설의 현상학이 이처럼 이중적인 의
미에서 실천철학이라는 사실이다.

3 지향체험과 실천적 지향성

후설의 현상학 전체를 포괄하는 주제는 지향성이다. 따라서 어떤 의
도에서 출발하든지 현상학의 전체적인 성격을 규정하려는 모든 시도
는 지향성의 성격에 대한 고찰에서 시작해야 하며, 이 점에서는 실천
철학을 현상학의 본질적인 성격으로 규정하려는 우리의 시도도 예외
는 아니다. 이제 우리는 현상학이 실천철학임을 밝히기 위한 토대를
마련하기 위하여 지향성 문제를 검토하면서 모든 지향성이 의지작용
을 그 구성요소로 지니고 있으며, 그러한 한에서 모든 지향성이 본성
상 실천적 지향성임을 밝히고자 한다.

잘 알려져 있듯이 후설은 『논리연구 *Logische Untersuchungen*』의

---

23) H. Fahrenbach, 같은 책, 17쪽.
24) P. Schwankl, "Zur Wertproblematik der Praxis," 같은 책, 78-79쪽.

제5연구, 〈지향체험과 그 내용에 관하여〉에서 브렌타노의 지향성 이론을 비판하고 수정, 보완해 가면서 자신의 지향성 이론을 수립해 나간다. 그런데 이 제5연구를 철저히 연구해 보면 누구든지 확인할 수 있듯이 거기서 수립된 지향성 이론은 결코 완결적인 성격을 지니고 있지 않으며, 여러 모로 불완전하며 수없이 많은 문제점을 지니고 있다. 『논리 연구』의 출간 이후 후설이 타계할 때까지 30여 년 동안 이루어진 현상학적 작업은 바로 거기에 들어 있는 수없이 많은 문제점들을 극복하기 위한 노력이라고 해도 과언이 아닐 정도이다. 그 수없이 많은 문제점들 중의 하나가 바로 다름아닌 우리가 살펴보게 될 문제, 즉 지향성이 본질적으로 실천적 지향성인가 그렇지 않은가의 문제이다.

후설의 제5연구는 체험에 대한 고찰에서 출발한다. 그에 의하면 체험은 두 종류로 나누어지는데, 그 하나는 지향적 체험이요, 다른 하나는 비지향적 체험이다. 여기서 지향적 체험이란 〈표상의 방식 또는 그와 비슷한 어떤 방식으로 대상적인 것과 관계맺음〉(XIX/1, 392)이란 계기를 지닌 체험을 말하며, 비지향적 체험이란 단순한 감각, 느낌 등과 같이 그러한 계기를 결여한 체험을 말하는데, 바로 이러한 이유에서 후설은 이 두 유형의 체험이 서로 다른 유Gattung에 속하는, 철저히 구별되는 체험이라고 주장한다. 이처럼 지향적 체험을 비지향적 체험과 구별시켜 주는 특성은, 방금 지적되었듯이, 〈표상의 방식, 또는 그와 비슷한 방식으로 대상적인 것과 관계를 맺음〉이라는 계기인데, 바로 이 계기가 다름아닌 〈지향성〉이다. 지향성에 대한 이러한 규정과 더불어 후설은 〈지각작용에서는 무엇이 지각되고, 그림지각작용에서는 무엇이 그림으로 지각되고, 명제 속에서는 무엇이 진술되고, 사랑 속에서는 무엇이 사랑을 받고, 미움 속에서는 무엇이 미움을 받고, 갈망 속에서는 무엇이 갈망되는 등〉(XIX, 380)이라고 언급하면서 지향성의 예를 제시하고 있다. 이처럼 지향적 체험과 비지향적 체험을 철저히 구별하면서 그는 지향적 체험을 지칭하기 위하여 간단히 〈작용 Akt〉이라는 개념을 사용하자고 제안한다.

그러나 이처럼 지향적 분석을 통해 〈지향성〉, 〈지향적 체험〉, 〈비지향적 체험〉, 〈작용〉 등 여러 가지 근본개념들을 확정함으로써 지향성에 관한 현상학적 분석이 종결된 것은 아니다. 후설은 이처럼 힘들여 지향적 분석을 행하고 그와 관련된 근본개념을 확정한 후 독자들의 예상과는 달리 〈물론 이러한 표현들에 전혀 문제가 없는 것은 아니다〉 (XIX, 392)라고 말하면서, 앞서 언급한 근본개념들과 관련하여 다음과 같이 세 가지 문제점을 지적한다. 첫째, 일상언어에서 지향성은 〈무엇을 향해 특히 주의를 기울임〉(XIX, 392)을 의미하는데, 지향적 체험의 본질적인 속성으로서의 지향성을 이러한 일상언어적 의미의 지향성과 혼동해서는 안 된다. 〈무엇을 향해 특히 주의를 기울임〉이라는 일상언어적 의미의 지향성은 〈대상적인 것과 관계맺음〉의 한 유형에 불과하기 때문이다. 둘째, 일상언어에서 지향성은 〈무엇을 의도함 das Abzielen〉(XIX, 392), 즉 〈현재 현실적으로 가지고 있지는 않지만 장차 그것을 획득하기 위해 노력함〉을 의미하는데, 이러한 일상언어적 의미의 지향성 개념은 어떤 부류의 지향성을 설명하는 데는 적절하나, 다른 부류의 지향성을 설명하는 데는 부적절하다. 이 점과 관련하여 앞서 제시된 지향성의 예들을 면밀히 검토해 보면 지향성 개념이 이중적인 의미를 지니고 있음이 밝혀진다. 지향성은 한편 지각, 그림지각, 명제, 사랑, 미움 등의 예에서 알 수 있듯이 〈체험이 현재 대상적인 것과 현실적으로 관계맺고 있음〉을 의미할 수도 있고, 다른 한편 갈망의 예에서 알 수 있듯이 〈체험이 현재 대상과 현실적으로 관계맺고 있지는 않지만 관계맺으려고 노력함〉, 즉 〈무엇을 의도함〉을 의미할 수도 있기 때문이다. 이러한 문제점을 극복하기 위해 후설은 〈좁은 의미의 지향성 개념과 넓은 의미의 지향성 개념〉(XIX, 393)을 구별하여야 할 필요성을 언급하면서, 〈무엇을 의도함〉이라는 의미의 지향성 개념을 좁은 의미의 지향성 개념으로 사용할 것을 제안한다. 셋째, 지향적 체험을 간단히 작용이라고 부를 때, 〈작용〉이라는 표현이 지닌 일상언어적 의미와 관련하여 제기될 수 있는 문제이다. 흔히 일상언어에서 작

용은 〈활동 Betätigung〉을 의미하는데, 후설은 지향체험을 작용이라고
부를 때 〈활동이라는 생각은 단적으로 배제되어야 한다〉(XIX, 393)고
단호하게 말하면서, 지향적 체험으로서의 작용을 일상언어적 의미의
작용과 혼동하지 말아야 함을 강조한다. 나토르프는 〈의식이 종종, 또
는 늘 목표에 도달하려 노력함이라는 계기를 지니기 때문에 의식이 일
종의 행위로 규정되고, 의식주체가 행위자로 규정될 수 있다〉는 입장
이 온당하지 못하다고 생각하는데, 후설은 바로 이러한 나토르프의 견
해에 전적으로 동의한다고 말하면서, 〈우리도 '활동의 신화 Mythologie
der Tätigkeiten'를 거부한다. 우리는 '작용'을 심적 활동으로서가 아니
라, 지향체험으로 정의한다〉(XIX, 393)고 강조한다.

　이러한 세 가지 문제 중에서 우리의 논의와 관련해 특히 중요한 의
미를 지니는 것은 두번째 문제와 세번째 문제이다. 그 이유는 이 두
가지 문제가 다름아닌 지향성을 실천적 지향성으로 규정할 수 있는가
하는 점을 둘러싸고 제기된 문제라 할 수 있기 때문이다.

　우리는 이러한 사실을 세번째 문제의 경우에 보다 더 쉽사리 이해
할 수 있다. 세번째 문제는 지향체험이 일종의 활동, 즉 실천으로 규정
될 수 있는가, 따라서 지향체험이 본질상 활동적 지향성, 즉 실천적 지
향성인가 하는 문제이기 때문이다. 그러나 두번째 문제 역시 실천적
지향성과 관련된 문제임에는 변함이 없다. 좁은 의미의 지향성 개념으
로 정의된 바 〈무엇을 의도함〉이란 다름아닌 〈무엇을 얻으려 의지함〉
을 의미하며, 이는 다시 〈무엇을 얻으려 노력함〉, 〈무엇을 얻으려 활동
함〉을 의미하기 때문에 두번째 문제 역시 지향성이 본성상 실천적 지
향성으로 규정될 수 있는가 하는 문제라 할 수 있다.

　이러한 두 가지 문제에 대한 후설의 태도를 보면 우리는 실천적 지
향성의 문제와 관련해 그가 『논리 연구』에서 취하고 있는 입장이 다소
혼란스러움을 알 수 있다. 두번째 문제에 대한 그의 태도에서 알 수
있듯이 그는 일군의 지향성, 즉 그가 규정한 바 좁은 의미의 지향성이
〈무엇을 얻으려 의지함〉이라는 계기를 지니며, 그러한 한에서 그 본성

상 실천적 지향성으로 규정될 수 있음을 인정하고 있다. 다른 한편 그는 작용개념과 관련한 세번째의 문제에 대한 그의 태도가 보여주듯이 그 어떤 지향성도 활동으로 규정될 수 없으며, 따라서 그 어떤 지향성도 실천적 지향성일 수 없다는 입장을 취하고 있다. 그러나 이 문제에 대한 그의 입장은 현상학적 분석이 심화되어 감에 따라 그의 후기현상학에서는 수정되고, 실천적 지향성의 문제를 둘러싼 혼란스러움 역시 극복되어 간다.

그러면 우선 방금 살펴본 〈무엇을 의도함〉으로서의 좁은 의미의 지향성 개념과 넓은 의미의 지향성 개념의 구별에 들어 있는 문제점은 무엇이며, 이러한 구별에 대한 후설의 입장이 후기현상학으로 넘어가면서 어떻게 변화하는지 검토해 보기로 하자. 그런데 이러한 구별은 〈무엇을 의도함〉, 즉 〈현재 대상과 현실적인 관계를 가지고 있지는 않으나, 장차 그러한 관계를 가지려고 노력함〉이라는 계기와 〈현재 대상과 현실적으로 관계맺고 있음〉이라는 두 가지 계기가 서로 배타적인 관계에 있다는 전제에서만 가능하다. 그러나 외부지각에 대한 분석을 통해서도 확인할 수 있듯이 이러한 전제는 타당하지 않다. 어떤 집에 대한 외부지각이 이루어질 경우를 살펴보면 알 수 있듯이 매 순간 이루어지는 그 집에 대한 지각작용은 단순히 〈현재 대상과 현실적으로 관계맺고 있음〉이라는 계기만을 지닌 것도 아니요, 그렇다고 단순히 〈관계맺으려 의도함〉이라는 계기만을 지닌 것도 아니며, 늘 이 두 계기가 결합되어 존재하는 것이다. 예를 들면 T_1이라는 시점에서 이 집을 향해 있는 지각작용 W_1은 이 시점에서 주어지는 대상적 의미 S_1와 〈현실적으로 관계맺고 있음〉이라는 계기를 지니고 있을 뿐 아니라, 동시에 T_1에서 주어지지는 않았지만 다음 순간인 T_2에서 주어질 수 있는 새로운 대상적 의미 S_2와 〈관계맺으려 의도함〉이라는 계기도 동시에 지니고 있는 것이다. 이러한 사실은 다음 순간 T_2에 수행되는 이 동일한 집을 향해 있는 지각작용 W_2에 대해서도 타당하다. 즉 이 새로운 지각작용 W_2 역시 그 순간 T_2에 주어지는 대상적 의미 S_2와 〈현실적으로 관계맺고 있음〉이라는 계기와 그 다음 순간 T_3에 주어질 대상적 의미 S_3와 〈관계맺으려 의도함〉이라는 계기로 구성되어 있는 것이다. 이러한 점에서 매 순간 이루어지는 이 집에 대한 지각작용은 단순히 〈현실적으로 관계맺고 있음〉도 아니요, 〈관계맺으려 의도함〉도 아닌, 이 두 계기의 〈혼합물 ein Gemisch〉(XI, 5)로 규정될 수 있다. 그러나 이러한 사실은 단지 이 집에 대한 지각작용에 대해서만 타당한 것이 아니라, 모든 외부 지각작용에 대해서도 타당하며 거기서 한걸음 더 나아가 지향적 체험 일반에 대해서도 타당하다.[25]

그러면 이처럼 모든 지향적 체험이 〈현실적으로 관계맺고 있음〉과 〈관계맺으려 의도함〉이라는 두 가지 계기를 지니고 있다는 사실은 무엇을 의미하는가? 이는 바로 모든 지향적 체험이 그 속에 들어 있는 〈관계맺으려 의도함〉이라는 계기로 인해 본성상 의지적 지향성으로 규정될 수 있음을 의미한다. 〈노력은 여러 가지 양상 속에서 자아의 삶을 규정한다. 모든 지향성은 …… 노력 및 '의식적인' 의지의 모습을 지니고 있다〉(XIV, 172). 그런데 이처럼 지향성이 본성상 의지적 지향성으로 규정될 수 있다는 사실은 비단 좁은 의미의 의지작용에 대해서만 타당한 것이 아니라, —— 지각작용의 예에 대한 분석을 통해 밝혀졌듯이 —— 좁은 의미의 인식작용에 대해서도, 더 나아가서는 좁은 의미의 정서작용에 대해서도 타당하다. 말하자면 모든 유형의 지향적 체험에는 의지적 작용이 관통하여 흐르고 있다고 할 수 있다. 이 점을 후설은 좁은 의미의 인식작용을 예로 하여 다음과 같이 해명하고 있다 : 〈자아의 모든 작용들은 서로 무관하게 병렬적으로 존재하는 것이 아니라, 서로 뒤섞여 있다. 실천적으로 진리를 향해 노력하는 자가 진리를 적극적인 가치를 지닌 것으로서, 즉 의지의 목표로 간주하는 한, 모든

---

25) 이처럼 모든 지향적 체험이 지금까지 설명된 의미에서 혼합물일 수밖에 없는 이유는 지향적 체험의 대상적 상관자가 언제나 아직 해명되지 않은 불투명한 지평 속에서 주어지기 때문이다. 이 글에서 대상의 지평구조에 대한 논의는 생략하기로 하자.

인식적인 판단행위를 관통해 노력함, 의지함, 평가함이 흐르고 있다〉
(VIII, 193).

모든 의지적 지향성의 본질은 그것이 〈불만족스런 상태를 벗어나
만족스런 상태에 도달하기 위해 노력함〉이라는 계기를 지니고 있다는
데 있다. 그런데 불만족스런 상태를 벗어나 만족스런 상태에 도달하기
위한 노력은 신체를 지닌 존재인 인간에게는 오직 〈신체적 활동〉, 즉
〈실천활동〉을 통해서만 가능하다. 이 경우 실천활동은 본격적인 이성
적 숙고 및 결단행위를 통해서 가능한 바 고차적인 의미의 실천만을
의미하는 것이 아니라, 반복적인 습관화된 활동, 단순한 감각작용의 경
우에도 확인할 수 있는 바 〈눈동자를 움직임〉, 〈귀를 쫑긋거림〉 등 감
각과 연결된 신체활동으로서의 운동감각 Kinästhese, 더 나아가 본능
적 지향성과 연결된 무의식적인 신체활동까지 포함하는 넓은 의미의
실천활동을 의미하는 개념이다. 모든 의지적 지향성은 이처럼 실천활
동 속에서만 존재할 수 있으며, 따라서 본질적으로 실천적 지향성이라
할 수 있다.

따라서 모든 지향성은 이러한 의지적 지향성을 본질적인 계기로 지
니고 있기 때문에 본성상 실천적 지향성으로 규정될 수 있다.[26] 지향성
이란 그 본성상 실천활동과 무관하게 독자적으로 존재하는 것이 아니
라, 오직 실천활동 속에서만 자신의 존재의의를 찾을 수 있는 것이다.
여기서 우리는 후설이 그의 후기현상학에서 지향성과 실천활동의 관
계에 대해 그가 『논리연구』에서 견지하였던 근본입장, 즉 〈지향체험을
작용이라고 부를 때 '활동'이라는 생각을 단적으로 배제하여야 한다〉
는 입장을 근본적으로 수정하고 있음을 알 수 있다. 이 점과 관련해
그는 1923/1924년에 행한 〈제일철학〉에 관한 강의에서 지향적 체험의
일종인 판단작용을 일종의 〈행함 das Tun〉, 즉 활동으로 규정하고 있

---

26) 후설은 모든 지향성이 지닌 이러한 실천적 측면을 강조하기 위하여 실제로 〈실
천적 지향성 praktische Intention〉(XIV, 172 ; 유고 AVII 13, 18)이라는 표현을
사용한다.

다 : 〈이제 우리가 앞으로 이 점을 분명히 밝히게 되겠지만, 판단하는 자아의 그러한 모든 작용 속에는, 작용이라는 단어 역시 이 점을 암시하고 있지만, …… 일종의 행위가 들어 있다. 나는 판단하는 행위 속에서 내가 얻기 위해 노력하는 목표로서의 대상의 존재를 …… 향해 있다〉(VIII, 95). 이처럼 후설은 『논리연구』에서와는 달리 후기철학에서는 지향체험으로서의 작용을 작용이라는 단어가 일상적으로 지니고 있는 근원적인 의미인 활동, 행위, 즉 실천으로 이해하고 있다. 여기서 한 가지 더 언급해 두어야 할 점은 지향체험으로서의 작용에 의해 수행되는 구성작용 역시 활동을 통해 이전에 존재하지 않았던 대상적 의미를 〈산출함〉, 혹은 〈창조함〉이라는 보다 더 적극적인 의미를 지니게 된다는 사실인데, 이 점과 관련해 후설은 방금 인용된 대목에 이어 〈지향성은 모든 추측작용, 가능적으로 여김이라는 작용, 또는 의심작용을 관통해 확실성을 통해 산출되어야 할 존재 ein durch eine Gewißheit herzustellendes Sein를 향하고 있다〉(VIII, 95)고 쓰고 있다.

4 실천에 관한 철학으로서의 현상학

지향성이 본질적으로 실천적 지향성이기 때문에 지향성의 구조를 분석한다 함은 실천의 구조를 분석함을 의미하며, 이는 지향성을 탐구 주제로 삼기 때문에 현상학이 본질적으로 실천에 관한 학으로서의 실천철학임을 의미한다. 이러한 점에서 후설이 1920년대에 접어들면서 현상학적 분석을 심화시켜 가면서 다양한 유형의 지향성의 구조를 분석하는 작업은 바로 다양한 유형의 실천의 구조를 분석하는 작업이라 할 수 있으며, 이는 곧 그가 『논리연구』에서 비판하였던 바 〈활동의 신화〉가 아닌, 실천에 관한 학이라는 의미의 실천철학으로서의 현상학을 구축하는 작업이라고 할 수 있다.

그 본성에 있어 실천으로 규정될 수 있는, 서로 다른 다양한 유형의

지향체험을 주제화함에 따라 윤리학, 사회철학, 역사철학, 정치철학, 문
화철학 등 흔히 실천철학 분과로 간주되는 다양한 유형의 실천철학이
정립될 수 있다. 이 점과 관련해 후설은 1988년에 후설전집 28권으로
출간된 『윤리학과 가치론에 관한 강의 *Vorlesungen über Ethik und
Wertlehre*』(1908-1914)가 보여주듯이 여러 차례 윤리학에 관한 강의
를 통하여 현상학적 윤리학을 정립하고자 시도하였다.[27] 그리고 그는
3권으로 출간된 『상호주관성의 현상학 Zur Phänomenologie der Inter-
subjektivität』이 보여주듯이 현상학적 사회철학을 정립하고자 시도
하였으며, 『유럽 학문의 위기와 초월적 현상학 *Die Krisis der euro-
päischen Wissenschaften und die transzendentale Phänomenologie*』
이라는 저술이 보여주듯이 현상학적 역사철학 및 문화철학을 정립하
고자 시도하였다. 그뿐 아니라 그는 〈플라톤적 정치사상을 현상학적으
로 복원함〉(XV, XL) 등을 통하여 현상학적 정치철학을 정립하고자 시
도하기까지 하였다.[28]

실천에 관한 철학으로서의 현상학의 정체와 관련하여 우리는 다음
의 몇 가지 사실에 유의해야 할 필요가 있다.

(1) 인식론처럼 흔히 실천철학으로 간주되지 않는 분야도 넓은 의미
의 실천철학으로 간주될 수 있다. 그 이유는 현상학적 관점에서 인식
론을 정립시키기 위해서는 인식작용과 인식대상의 구조를 분석해야
하는데, 앞서 지적되었듯이 인식작용 역시 일종의 실천적 지향성, 즉
실천활동이요, 인식대상은 이러한 인식활동의 산물이기 때문이다. 바
로 이 점과 관련해 후설은 〈환경세계 속에 살고 있는 인간에게는 여러
가지 방식의 실천이 있는데, 그중에서 이처럼 독특하며, 역사적으로 뒤

---

27) 후설의 현상학적 윤리학에 대해서는 A. Roth, *Edmund Husserls ethische
Untersuchungen. Dargestellt anhand seiner Vorlesungsmanuskripte*(Den
Haag, 1960) ; 이길우, 「현상학적 윤리학——후설의 순수윤리학의 이념을 중심으
로」, 『현상학의 전개』(≪현상학 연구≫, 제3집)(서광사, 1988), 335-364쪽을 참조.
28) 후설의 정치철학에 대해서는 K. Schuhmann, *Husserls Staatsphilosophie*
(Freiburg/München : Karl Alber Verlag, 1988)를 참조.

늦게 등장한 이론적 실천도 있다〉(Ⅵ, 113)고 말한다.

(2) 앞서 제2절에서 우리는 아리스토텔레스의 이론철학과 실천철학의 구별에 많은 문제점이 있음을 살펴보았다. 실천적 지향성 및 실천에 관한 철학으로서의 현상학에 대한 지금까지의 논의를 통해 우리는 지향성의 분석에서 출발하는 현상학의 관점에서 볼 때 아리스토텔레스 이래 전통적으로 행해졌던 이론철학과 실천철학의 구별이 무의미한 구별임을 알 수 있다. 왜냐하면 모든 철학분야는 본질상 실천활동으로 규정될 수 있는 지향성 및 이러한 지향성의 노에마적 상관자로서의 〈실천적 산물〉의 본질구조를 탐구대상으로 삼으며, 따라서 모두 실천철학으로 규정될 수 있기 때문이다. 사정이 이러함에도 불구하고 그 누군가가 이론철학과 실천철학을 구별하고자 하는 욕구를 억제하지 못한다면 그 결정적인 이유는 그가 지향성에 대한 분석이 철학에 대해 지니는 의의 및 철저한 지향적 분석을 통해서만 정립가능한 초월철학의 의의를 아직도 충분히 파악하지 못한 채 —— 후설의 표현을 빌면 —— 자연적이며 독단적인 태도에 머물고 있기 때문이라고 해야 할 것이다. 현상학적 입장에서 볼때 유의미한 철학의 구별이 있다면 그것은 이론철학과 실천철학의 구별이 아니라, 좁은 의미의 실천철학과 넓은 의미의 실천철학의 구별일 뿐이다. 이 점과 관련하여 필자는 후설의 저술 내에서 이론철학과 실천철학의 구별을 발견하지 못하였는데, 이러한 사실은 결코 우연이 아니라고 생각한다.

(3) 앞서 우리는 다양한 유형의 실천이 존재함을 강조하였다. 그러나 이 점과 관련하여 지적하여야 할 점은 동일한 유형의 실천과 관련하여, 이성적 숙고에 따른 실천과 이성적 숙고가 결여된 맹목적인 실천의 구별에서 알 수 있듯이, 서로 다른 발생단계를 지닌 실천들이 서로 구별된다는 사실이다. 물론 이 경우 발생적으로 높은 단계의 실천, 예를 들면 이성적 숙고에 따른 실천은 흔히 본래적인 의미의 실천이라 불리고, 발생적으로 낮은 단계의 실천은 본래적인 의미에서 실천이라 불리지 않음에도 불구하고 우리는 실천에 관한 학으로서의 현상학을

정립시키기 위하여 발생적으로 낮은 단계의 실천에 관한 이론을 결코
도외시해서는 안 된다. 그 이유는 발생적으로 낮은 단계의 실천의 구
조 자체가 우리의 지적 호기심을 유발할 수 있으며, 그러한 한에서 그
에 대한 이론의 정립이 그 자체로 목적이 될 수 있을 뿐만 아니라, 더
나아가 발생적으로 낮은 단계의 실천이 없이는 발생적으로 높은 단계
의 실천이 존립할 수 없으며, 따라서 전자에 대한 이해는 후자에 대한
근본적인 이해를 위하여 필수불가결의 요소라 할 수 있기 때문이다.
바로 이러한 맥락에서 란트그레베는 발생적으로 낮은 단계의 실천에
관한 이론을 올바로 정립하지 않은 채 발생적으로 높은 단계의 이론을
정립하려고 할 경우 우리는 단지 〈추상적이며 개괄적인 행위개념〉[29]에
도달할 수 있을 뿐이라고 말하면서, 발생적으로 낮은 단계의 실천에
관한 이론의 의의를 강조한다. 이 점과 관련하여 언급해야 할 점은
『논리연구』에서 비지향적 체험으로 간주되었던, 발생적으로 낮은 단계
의 체험들도 후기현상학에서는 낮은 단계의 지향적 체험으로 규정되
고, 그에 따라 발생적으로 낮은 단계의 이러한 체험들 역시 낮은 단계
의 실천적 지향성으로 규정되면서 그의 실천적 구조가 해명되고 있다
는 사실이다. 이처럼 여러 가지 점에서 중요한 의미를 지니는 발생적
으로 낮은 단계의 실천에 관한 현상학의 예로는 후설 스스로 발전시키
고자 노력하였던 〈운동감각〉에 대한 현상학, 본능의 현상학, 무의식의
현상학, 기분의 현상학 등을 들 수 있다.

(4) 모든 유형의 실천은 세계라는 토대 위에서 이루어진다. 후설 역
시 〈이제 실천행위에 대해 말하자면 모든 실천행위는 행위자에 대해
이미 존재하는 세계, 즉 그 의미에 따라 볼 때 객관적으로 존재하는
세계와 관련을 맺고 있다〉(XV, 463)고 말하면서, 실천이 지닌 이러한
세계연관성에 대해 언급하고 있다. 그런데 실천이 지닌 이러한 세계연

---

29) L. Landgrebe, "Die Phänomenologie als transzendentale Theorie der
    Geschichte," in *Phänomenologische Forschungen*, Bd. 3(Freiburg/München,
    1976), 35쪽.

관성 때문에 우리는 실천의 구조를 해명하기 위해서 필연적으로 세계, 즉 생활세계의 구조를 해명해야 한다. 이러한 맥락에서 우리는 후설의 생활세계의 현상학을 실천철학으로서의 현상학을 전개하기 위한 이론적 토대로 이해할 수 있다. 이러한 점에서 후설의 생활세계의 현상학을 발판으로 자신의 의사소통행위론을 전개하고 있는 하버마스는[30] 적어도 그 이론적 단초라는 점에서 평가해 보면 후설의 본래적인 의도에 충실하다고 할 수 있다. 여기서 우리는 생활세계의 현상학이 윤리학, 사회철학, 정치철학, 역사철학, 문화철학 등 좁은 의미의 실천철학의 토대일 뿐이라고 생각해서는 안 된다. 생활세계의 현상학이 인식론, 과학론, 형이상학, 자연철학 등 넓은 의미의 실천철학을 전개시키기 위한 토대임은 두말할 나위 없다. 왜냐하면 〈객관과학은 모든 여타의 실천과 마찬가지로 생활세계의 존재를 전제하며〉(VI, 113), 그러한 한에서만 문제제기 및 그에 대한 해결도 가능하기 때문이다. 과학적 인식의 구조를 탐구하는 인식론 및 과학론도 생활세계의 현상학이 없이는 자신에게 주어진 본래의 과제를 충실히 이행할 수 없는 것이다.

5 실천적 함의를 지닌 철학으로서의 현상학[31]

이처럼 지향성을 탐구주제로 하는 현상학은 본성상 실천에 관한 학이라는 의미의 실천철학임이 밝혀졌다. 그러나 이러한 의미의 실천철학으로서의 현상학은 어디까지나 다양한 유형의 실천의 구조에 관한 이론에 불과하며, 따라서 이러한 이론이 실천적인 함의를 지닌 철학,

---

30) J. Habermas, *Theorie des kommunikativen Handelns*, Bd. 2 : Zur Kritik der funktionalistischen Vernunft(Frankfurt/M : sunrkamp, 1981), 171쪽 이하.

31) 제5절의 내용은 이미 다음의 두 편의 논문에서도 다루어졌으니 이를 비교해 보기 바란다 : 윤명로, 「후설 현상학의 현대적 의의」, 『현상학과 현대철학』(서울 : 문학과지성사, 1987), 261-286쪽 ; 이종훈, 「후설 현상학의 실천적 의미」, 『현상학과 실천철학』(《철학과 현상학 연구》, 제7집)(서울 : 서광사, 1993), 139-161쪽.

즉 실천적인 철학인지는 아직 밝혀지지 않았다. 설령 현상학이 실천에 관한 철학이라는 사실을 받아들이는 경우에도 많은 사람들은 현상학이 실천적인 철학이라는 사실을 인정하려고 하지 않을 수도 있다. 그 이유는 현상학적 분석이 가능하기 위해서는 순수이론적 태도에서 일상적인 삶의 실천적인 맥락에 대한 판단중지 및 환원을 수행하여야 하기 때문이다. 앞서 제1절에서 살펴보았듯이 바로 이러한 이유 때문에 비판이론가들은 후설의 현상학이 전통이론의 전형적인 예에 해당하며, 실천적인 철학, 즉 비판이론이 될 수 없다고 생각하였던 것이다.

실제로 후설은 이들의 견해가 타당함을 증명이라도 해주듯 1935년 5월 빈에서 〈유럽인의 위기 속에서의 철학〉이라는 제목으로 행한 강연에서 현상학이 성립하기 위해서 순순이론적 태도의 확보가 꼭 필요하며, 이러한 순수이론적 태도가 〈비실천적〉임을 다음과 같이 지적하고 있다: 〈비록 하나의 직업적인 태도이긴 하지만 이론적 태도는 전적으로 비실천적이다. 말하자면 자신의 고유한 직업적인 삶의 틀 속에서 이론적 태도는 말하자면 자연적인 삶에 봉사하는바 자연적인 실천에 대한 의지적인 판단중지 때문에 가능한 것이다〉(VI, 328). 그러나 이 인용문 속에 있는 〈이론적 태도가 전적으로 비실천적이다〉라는 구절은 정확히 말하면 〈철학은 못박는 기술 하나 제대로 가르쳐주지 못하며, 따라서 철학적 인식의 토대인 이론적 태도는 이처럼 일상적인 의미에서 비실천적이다〉라는 사실을 의미할 뿐이다. 이 점은 이 인용문의 전후맥락을 살펴보면 분명해지는데, 그는 이 인용문에 연달아 〈이러한 사실이 실천적인 삶으로부터 이론적인 삶을 궁극적으로 분리할 수 있음, 내지는 이론가의 구체적인 삶이 서로 무관한 두 개의 삶의 단위로 나누어질 수 있음〉(VI, 329)을 의미하는 것이 아니라고 천명하고 있기 때문이다. 그는 이러한 주장에서 한걸음 더 나아가 〈자체 완결적인 통일성 속에서, 그리고 모든 실천에 대한 판단중지 속에서 발생한 이론(보편학)이 …… 새로운 방식으로 인류에게 봉사하도록 부름을 받는 방식으로〉(VI, 329) 이론적 태도에서 실천적 태도로 이행해

감으로써 양자의 통일이 가능하다고 말하면서, 이러한 통일의 예로서
현존하는 문화 및 인간성에 대해 철학적 비판을 가하는 경우, 참다운
이성의 이념에 따라 새로운 인간성의 모델을 제시하는 경우, 그리고
순수이론을 실천적으로 적용하는 경우 등을 제시하고 있다. 앞서 지적
하였듯이 철학은 못박는 기술 하나 가르쳐줄 수 없을 정도로 일상적인
의미에서 비실천적인 것이 사실이다. 그러나 우리는 철학이 일상적인
의미와는 전혀 다른 방식으로 실천적일 수 있음을 간과해서는 안 된
다. 이 점과 관련하여 우리는 철학을 가능케 해주는 〈보편적인 이론적
관심이 원래 보편적인 실천적 관심의 하나의 가지요, 하나의 기관이라
는〉(VIII, 230) 사실을 간과해서는 안 된다.

　현상학이 실천철학임을 보다 더 쉽게, 그리고 구체적으로 확인하기
위해서 우리는 현상학의 출범동기를 살펴볼 필요가 있다. 『유럽 학문
의 위기와 초월적 현상학』이라는 그의 최후의 저술의 제목에서 알 수
있듯이 그가 현상학을 발전시킨 가장 근원적인 동기는 바로 20세기에
접어들면서 인류가 처하게 된 총체적인 위기, 그리고 이러한 위기의
원천인 학문 일반의 위기 및 철학의 위기를 극복하기 위해서였다. 그
의 시대진단에 의하면 20세기에 접어들면서 인류는 인간으로서의 생
존조차 위협받는 극단적인 위기상황에 처하게 되었는데, 그 일차적인
원인은 학문 일반이 인류의 생존에 대해 지녀야 할 본래적인 의의를
상실함으로써 일대 위기에 처한 데 있고, 그 궁극적인 원인은 비합리
주의, 상대주의, 회의주의가 난무하게 되면서 철학 자체가 위기상황에
봉착하게 된 데 있다. 그는 이러한 위기를 극복하기 위한 방안을 이성
적 존재로서의 인간의 모든 잠재력을 완전히 개발해 줄 수 있는 참다
운 의미의 합리주의 철학인 현상학을 수립하는 데서 찾고 있다. 이처
럼 참다운 의미의 합리주의 철학인 현상학이 수립되어야만 〈합리주의〉
라는 미명 하에 회의주의, 상대주의, 비합리주의로 전락하고 만 사이비
철학의 극복이 가능할 것이며, 더 나아가 〈절대적으로 참되고 근원적
인 삶의 쇄신〉(유고 E III 4, 17) 및 참다운 의미의 이성적 존재로서의

새로운 인간상의 출현도 가능하리라는 것이 현상학에 대해 그가 거는 기대였다.

이처럼 못박는 기술 하나 가르쳐주지 못하며, 그러한 한에서 비실천적이라고 할 수 있는 현상학은 현대에 접어들면서 인류가 봉착하게 된 총체적인 위기상황을 극복함을 그 최종목표로 삼고 있으며, 따라서 그 무엇과도 비교할 수 없이 커다란 실천적인 의의를 지닌다고 할 수 있다. 이러한 맥락에서 후설이 현상학적 반성을 〈우선 종교적 개종에 비교될 수 있는 것, 그러나 이러한 차원을 넘어서 인류로서의 인류 전체에게 부여된 가장 위대한 실존적 변화라는 의미를 자체 내에 간직하고 있는 것〉(VI, 140)으로 규정함은 결코 우연이 아니다. 많은 사람들이 흔히 오해하듯이 현상학적 반성이란 모든 실천적인 삶의 맥락에 대한 판단중지를 통해 확보되리라고 여겨지는 〈탈세계적인 순수자아〉의 영역 속에 머물면서 유아론적 태도 속에서 놀이하듯 명상과 관조를 즐기기 위한 수단이 결코 아니다. 현상학적 반성은 현대가 처한 위기로부터 전 인류를 구하기 위한 수단이요, 전 인류의 참다운 자기보존을 위한 생사를 건 투쟁의 수단이며, 그러한 한에서 인간이 취할 수 있는 가장 극단적이며 근원적인 자기보존 행위라고 할 수 있다. 이러한 점에서 호르크하이머가 말하듯이 비판이론의 핵심이 〈이론이 지닌 실천적, 사회변혁적 함축〉을 강조하는 데 있다면 현상학은 그의 주장과는 달리 결코 전통이론이 아니라, 비판이론의 한 유형이라 할 수 있다.

6 현상학과 비판이론

지금까지 우리는 현상학이 이중적인 의미에서 실천철학임을 살펴보았다. 이러한 논의를 통해 실천철학으로서의 현상학의 전체적인 지형도가 완성된 셈이다. 그 동안 실천철학으로서의 현상학에 대해 이루어진 모든 연구들은——우리가 제1절에서 살펴본 연구들뿐 아니라, 그 이외의 모든 연구들도——이 지형도의 어느 한 부분을 차지할 수 있을 것이다. 물론 실천철학으로서의 현상학과 관련하여 앞으로 우리에게 주어진 과제는 이러한 지형도를 통하여 그 개략적인 모습이 밝혀진 여러 실천철학 분야의 세부적인 내용을 구체적으로 채워나가는 일이다. 예를 들면 현상학적 윤리학, 사회철학, 정치철학, 문화철학, 역사철학 등의 구체적인 내용에 대해서는 이 글에서 거의 다루어지지 않았으며, 따라서 이 분야들의 구체적인 내용에 대한 논의가 활발하게 이루어져야 할 것이다.

실천철학으로서의 현상학의 구체적인 내용에 대한 논의와 관련하여 현상학은 실천의 문제를 철학의 핵심주제로 삼아온 비판이론으로부터 많은 것을 배울 수 있을 것이다. 이제 이 점과 관련하여 현상학과 비판이론의 관계를 간단히 검토하고, 이 두 철학사조 사이의 대화의 필요성을 언급하면서 이 글을 마무리짓기로 하자.

우리는 제1절에서 현상학에 대한 호르크하이머와 아도르노의 견해를 살펴보았다. 그런데 지금까지의 논의를 통해 현상학에 대한 이 두 비판이론가들의 견해가 여러 가지 점에서 온당하지 않음이 밝혀졌다. 우리가 주로 후설의 후기저술 및 미발표 유고들을 검토하면서 현상학이 실천철학으로 규정될 수 있음을 밝힌 점을 고려한다면, 극히 제한적이며 일면적인 문헌만을 접할 수밖에 없었던 이들이 현상학에 대해 그러한 견해를 가지게 되었음은 어쩌면 당연한 일이라 할 수 있을 것이다. 물론 가상의 상황이긴 하지만 이 두 비판이론가들이 우리가 검토한 문헌들을 모두 검토했을 경우 실천철학 논의와 관련해 현상학에 대해 어떤 입장을 취하였을지는 현상학과 비판이론의 관계에 대한 논의와 관련하여 커다란 흥미를 자아낼 수 있는 문제라 할 수 있다. 필자는 이 점과 관련하여 비판이론 제2세대에 속하는 하버마스가 현상학에 대해 취하는 입장은 시사하는 바가 크다고 생각한다. 하버마스의 경우 『후설전집』의 출간 사실을 잘 알고 있었고, 후설의 후기저술 및 미발간 유고에 대한 연구결과를 어느 정도 접할 수 있었으며, 따라서 호르크하이머나 아도르노와는 달리 현상학에 실천철학적 요소가 있음을 어느 정도 알고 있었다고 할 수 있다. 그 직접적인 증거 중의 하나는 앞서 지적되었듯이 그가 생활세계 개념을 의사소통행위론의 핵심 개념으로 발전시키고 있다는 사실이다. 그럼에도 불구하고 하버마스는 우리가 지금까지 살펴본 바 현상학에 들어 있는 실천철학적 요소를 충분히 인정하려 하지 않는데, 이는 그가 비판이론 제1세대인 호르크하이머와 아도르노로부터 물려받은 현상학에 대한 선입견을 아직도 버리지 못한 데서 기인한다. 그도 이들과 마찬가지로 현상학을 전통적인 의식철학, 주관주의철학, 반성철학의 한 유형으로 간주하며,[32] 그러한 한에서 현상학이 실천철학이 될 수 없다고 생각하고 있다.

필자는 바로 하버마스가 비판이론 제1세대로부터 물려받은 선입견을 극복하지 못하는 한 비판적 사회이론의 정립을 위해 현상학을 비판적으로 수용하려는 그의 노력은 참다운 결실을 거둘 수 없으리라 생각한다. 참다운 의미의 비판적 수용이란 참다운 대화의 자세를 견지할 때만 가능한 것이며, 참다운 대화는 오직 대화 상대를 있는 그대로 존중해 주려 노력할 때 가능할 것이기 때문이다. 이러한 의미에서 앞으로 현상학과 비판이론 사이에 상호존중의 원칙에 기초한 참다운 철학적 대화가 이루어지길 기대해 본다. 이러한 참다운 철학적 대화를 통해 현상학과 비판이론 모두 보다 더 튼튼한 철학적 토대를 마련하고, 동시에 보다 더 풍부한 내용을 지닌 철학으로 발전할 수 있을 것이다.

---

32) J. Habermas, *Theorie des kommunikativen Handelns*, Bd. 2, 189쪽 ; *Nachmetaphysisches Denken*(Frankfurt/M : Suhrkamp, 1992), 88쪽 이하.

제 3 장 〈대중문화〉와 사회철학

대중매체의 사회인식론

이기현

1 사회인식론과 대중매체

사회인식론이나 사회존재론적인 관점에서 볼 때, 무엇보다도 가장 근원적인 질문은 나와 다른 사람, 즉 자아와 타자 사이의 관계에 대한 질문일 것이다. 즉, 이 둘을 구분하여 별개의 것으로 간주할 것인가 아니면 이 둘이 서로 불가분의 상호의존적인 관계에 놓여 있는 것으로 이해할 것인가의 문제로 귀착된다. 이른바 이 공존재의 양식에 대한 질문은 사회이론은 물론이고 철학적 관심에서도 결코 우회할 수 없는 주제이다. 이에 대해 근대철학에서는 개체주의와 집단주의라는 두 가지 상반되는 해석을 내리는 입장이 있어왔다. 19세기와 20세기에 걸쳐 있었던 사회과학의 발달은 이 두 가지의 전통에서 후자의 입장이 보다 강조되고 확산된 결과로도 볼 수 있다.

아무튼 인간이 이 공존재의 양식을 벗어나지 못하는 한, 〈나〉라는 자아는 또 다른 자아인 타자와의 관계를 떠나서 생각할 수 없으며, 자아가 타자들로 형성된 사회환경의 영향을 받는다는 것도 자명한 사실이 된다. 자아와 타자 사이에 성립하는 이 상호관계에 대해, 헤겔은 사랑과 투쟁이라는 요소를 통해, 미드는 놀이와 게임이라는 방식을 통해 자기의식이 형성되는 과정을 설명하기도 하였다(차인석, 1987 : 179-190). 이처럼 자기의식이라는 것은 발생적으로 타자의 존재나 타자의 의식을 전제한다. 물론 고립된 인간도 자아의식을 가질 수 있으며, 이 경우 자연세계나 다른 생명체와의 관계를 통해 자아의식이 형성될 것이다. 하지만 일반적으로 특정 사회에서 태어나 가족과 생활하며, 교육을 받고 사회화되는 과정을 거치는 대부분의 인간의 경우, 이 타자와의 관계설정이나 교섭의 방식 그리고 타자의 존재 자체가 자아의식의 형성에 결정적인 요인이 된다.

이 나와 타자 사이의 관계를 현대철학은 상호주관성이라는 개념으로 포착하기도 하였다. 상호주관성은 용어의 딱딱함에도 불구하고 사실상 그리 난해한 개념은 아니다. 즉 상호주관성은 의사소통의 당사자로서 내가 너의 뜻을 알고 네가 나의 뜻을 아는 관계를 의미한다. 이 기본적인 이해를 토대로 하지 않고서는 정상적인 일상생활이나 모든 사회적인 삶이 불가능해진다. 상호주관성에 바탕을 둔 개인 상호간의 기본적 이해 없이 세계에 대한 공통된 경험이나 원활한 의사소통은 가능하지 않다는 말이 된다.

그런데 이 타자와의 관계, 즉 상호주관성의 성립에 있어서 말 혹은 언어가 지니는 위상은 절대적이다. 포이어바흐가 사유와 말하는 것을 동일시한 것이나 하버마스에게서 언어가 의사소통적 행위의 토대로서 중요하게 부각되는 이유도 여기에 있다. 그외에도 소쉬르의 언어학이나 언어철학의 전통 역시 이 공통된 세계경험에 있어서 언어가 지니는 결정적인 위상에 대한 인식에서 출발한 것이라해도 과언이 아니다.

언어가 지니는 힘은 우리가 상상하는 것 이상으로 포괄적일 수 있다. 개개 인간의 설득이나 이해의 차원을 넘어서서, 언어는 특정한 문화의 코드를 함축하기도 한다. 차인석에 의하면, 언어란 사회적으로 객관화된 의미체계이기도 하다. 언어 안에는 사회적으로 정형화된 경험 도식이 침전되어 있기 때문에 그것은 의사소통의 가장 일반화된 수단이 된다는 것이다. 따라서 나와 타자 간의 상호주관적 상호작용도 언어로 구현하는 정형으로써 완수할 수 있게 된다(같은 책 : 210-202).

이러한 철학적 전통에서는 무엇보다도 인간 대 인간의 상호관계에 주목하고, 특히 개별자나 유적 존재로서의 인간을 연구대상으로 삼고 있다. 그러나 여기서 더 나아가 불특정 다수의 대중을 연구대상으로 삼을 경우 문제는 조금 더 복잡해진다. 특히 현대사회에 와서 인간의 상호관계는 보다 복잡한 양상을 보이고 있다. 인간의 상호관계라는 것이 단지 추상화된 나와 타자 일반 사이의 관계를 말하는 것이 아니라, 이제는 익명의 다수와 나, 혹은 다수와 다수 사이의 관계까지 포함하여 고려해야 하기 때문이다. 또한 이러한 복잡한 관계망을 형성하는 데 있어서, 대면적인 관계뿐만 아니라 다양한 매체를 통한 관계의 형성도 연구대상으로서 정당한 지위를 지닌다.

따라서 매체, 특히 대중매체에 대한 사회인식론적인 연구는 현대사회에서 인간들간의 상호관계가 지니는 이러한 복합적인 맥락을 고려해야 한다. 즉 우선 관계형성의 주체인 인간과 인간집단, 둘째 이른바 의사소통적 관계의 콘텐츠가 되는 다양한 상징들(언어, 영상, 음향 등), 셋째 복합화되고 있는 다양한 매체의 기술적 조건들에 대해 논하지 않고서 현대인들의 상호관계나 사회관계를 논한다는 것은 무의미해진다. 상호주관성이나 사회관계를 형성하는 구체적이며 다양한 조건들을 고려함으로써, 일찍이 후설에서 슈츠로 이어지는 생활세계에 대한 관심도 보다 풍부하게 재구성될 수 있을 것이다.

후설의 유아론적 생활세계의 개념에서 상호주관적인 생활세계로의 전환을 시도한 슈츠에게 있어서 가장 기본적인 전제는 생활세계의 직접성과 구체성에 있다고 할 수 있다. 다시 말해, 생활세계는 추상화된 시간적 공간적 범주가 아니라, 나와 너, 즉 우리가 실질적으로 삶을 영위해 가는 구체적인 현실적 조건들을 의미한다. 구체적이고 현실적인 조건으로서 생활세계는 현대사회의 매체기술이 발달하면서 많은 변화를 겪어오고 있다. 후설이나 딜타이, 슈츠 등과 같은 학자들이 미처 상상하지 못한 기술발전의 결과들을 우리는 나날이 체험하면서 살아가고 있는 것이다.

아무튼 슈츠가 전개하는 상호주관성과 일상세계에 대한 논의는 사회과학의 발전에도 지대한 영향을 미쳤다. 적어도 전통적인 철학에서 논의되는 일반개념으로서의 인간을 역사적, 사회적, 생물학적 조건과 결부시킬 수 있는 길을 열어놓은 셈이다. 사회인식론이 사회과학의 보편적 토대를 제공한다면, 그것은 인간관계를 포함한 사회적 환경과 결부시켜 인간을 이해한다는 극히 소박한 태도에서 비롯되는 것이다.

따라서 사회관계의 발생학으로서 사회인식론은 기본적으로 인간 상호간에 의식이 교섭되는 방식에 주목한다. 일종의 반사이론 혹은 거울이론이라 할 수 있는 이 논제는 자아와 타자 사이의 불가분의 관계를 설명하는 데 활용된다. 나의 의식은 타자라는 거울을 통해 형성되며 또한 타자의 의식도 같은 방식으로 형성된다는 것을 전제한다. 이러한 의식의 형성이나 타자경험이 후설에게서처럼 고독한 자아 속에서 이루어지지 않는다는 것을 인정하는 순간, 이미 우리는 사회인식론이나 사회과학적 문제의식의 영역으로 들어오게 되는 것이다.

이제 인간의 의식과 체험에 있어서 타자와의 교섭방식이나, 의사소통의 양식과 수단, 그리고 이러한 의사소통과정에 개입하는 다양한 매체적 환경이 중요한 고려사항이 된다. 특히 현대의 매체기술은 우리의 사회환경을 〈심각하게〉 변질시킬 잠재력을 지니고 있다. 고전적인 의미의 상호주관성은 대중매체를 비롯한 기술매체를 통하여 집단적인 상호주관성, 익명적인 상호주관성 혹은 임의적인 상호주관성으로 변질되고 있다. 물론 이러한 유형의 상호주관성이 나와 타자 사이의 이해와 세계이해의 진정한 토대가 될 수 있는지에 대한 대답은 좀더 세심한 논의가 필요하겠지만, 적어도 이러한 현대적 유형의 상호주관성이 우리의 생활세계를 변질시키고 있으며, 따라서 세계이해에 있어서 순기능과 역기능을 동시에 보여주고 있는 것은 사실이다. 이 글은 특히 매체기술이 우리의 사회환경으로서 기호환경과 물리적 공간으로서의 일상세계를 어떻게 변질시키고 있는지에 초점을 맞출 것이다.

2 매체의 불투명성

의사소통은 기본적으로 투명성을 전제로 한다. 가령, 하버마스가 제시하는 타당성요청의 세 가지 규범도 이러한 투명성의 확보를 위한 최소한의 이론적 장치로서 이해할 수 있다. 그러나 인간들 사이의 일대일 관계가 아닌 대중매체에 의해 연결되는 의사소통의 맥락은 보다 다양하고 복합적인 시각을 요구한다. 우선 대중매체라는 복합기술에 의한 커뮤니케이션 과정은 대면관계에 비해 직접성, 상호성 그리고 구체성에 있어서 상대적으로 열악하다. 이는 대중매체가 시간적·공간적으로 효율적이고 접근이 용이하다는 장점에 대한 일종의 대가인 셈이다. 시공간적 효율성의 증대는 기본적인 커뮤니케이션 과정의 물리적이고 양적인 차원에서 커다란 변화를 가져왔다. 하지만 공감의 형성이나 의사소통의 질적인 차원에서는 오히려 장애요소들이 증대하는 결과를 가져온 것도 사실이다.

하버마스가 궁극적으로 추구하는 것은 언어의 상호주관성에 근거한 이상적 소통상황의 토대를 탐구하는 것이었다. 그럼에도 불구하고 하버마스의 정치한 분석과 심도 있는 논의가 간과하고 있는 것은, 현대사회에서 대면적인 의사소통과 비교하여 매체적인 의사소통의 상황이 급격히 확대되고 있다는 사실에 대한 이해이다. 또한 그는 추상화된 언어개념에 초점을 맞춤으로써 이상적 의사소통의 상황을 위한 실천적 행위규범을 모색하고 있지만, 시청각 매체가 발전하면 할수록 비언어적인 상징들의 기능과 역할이 매우 중요해지고 있다는 사실도 간과하고 있다. 결론적으로 대중매체와 최근에 급격한 성장을 하고 있는 컴퓨터 통신CMC과 같은 기술매체들이 일상인들에게 미칠 수 있는 영향력과 그 결과에 대해서는 깊이 있는 논의가 이루어지지 않은 셈이다.

대중매체가 사회인식론의 중요한 주제가 될 수 있고 또 되어야 하는 이유가 바로 여기에 있다. 대중매체는 모든 기술매체가 표방하듯이

〈보다 많은 정보를 보다 빠르고 현실감 있게 전달〉하는 것을 목표로
하고 있다. 지난 1세기간의 대중매체의 역사를 뒤돌아보면, 효율성과
실용성의 측면에서 획기적인 기능향상이 있었던 것도 사실이다. 그러
나 대중매체의 발달은 현대문화에 있어서 나름대로의 음영을 드리우
고 있으며, 그 색도는 점점 짙어가고 있다. 대중매체는 문자 그대로 불
특정 다수에 대한 비맥락적인(즉 의사소통의 맥락이 매우 불안정하다는
의미에서) 소통수단이라는 점에서, 그리고 시공간을 확장한다는 기능에
도 불구하고 시공간을 제약하는 역효과를 지닌다는 점에서 근본적인
한계를 드러내고 있다. 이와 관련하여 몇 가지의 문제점을 지적해 보
기로 하자.

우선, 대중매체에 의한 의사소통 mass-communication의 상황은 매
우 불투명하다는 점이다. 대중매체는 그 매체적 속성상, 콘텐츠의 생산
자집단, 네트워크의 관리자집단, 그리고 수용자로서의 시청자나 소비
자집단으로 삼분할되어 있다. 이러한 제도화된 생산·유통·소비의 구
조 속에서 정보나 문화적 내용들이 일방적으로 흐르기 때문에, 생산자
와 소비자가 근본적으로 단절된 의사소통체계를 이루게 된다. 최근에
선보이는 쌍방향 매체나 방송과 언론의 옴부즈맨 제도 등도 이러한 한
계를 극복하기 위해 고안된 방편이지만 근본적인 문제점은 해결하지
못하고 있다. 컴퓨터 통신의 경우도 많은 기능적 효과를 가져왔지만,
일대일 관계의 단순한 기술적 복합화라는 한계를 벗어나지 못하고 있
다. 이러한 매체적 의사소통의 상황이 체계화되고 제도화되면 될수록
우리는 하버마스류의 이상적 소통상황과 점점 더 거리가 멀어지게
된다.

둘째, 대중매체를 통해 전달되는 세계는 가공의 세계이다. 아무리
세밀하고 현실감 있게 사실을 구성한다 해도, 그것은 현실을 소재로
한 픽션이며 가공물인 것이다. 그렇기 때문에 이 가공의 세계를 현실
과는 동떨어진 것으로 간주하고, 우리의 일상세계와는 별개의 것으로
인식하는 사람들도 있을 수 있다. 아니면 일상적 삶에서 충족될 수 없

는 욕구를 〈대리충족〉할 수 있는 간편한 도구로서 생각하는 사람도 있을 수 있다. 이 두 가지 어느 경우에서도 가상공간의 현실성이 완벽하게 인정되는 경우는 없다. 다시 말해 가상공간은 이름 그대로 현실과는 근본적으로 다른 세계인 것이다. 따라서 가상공간을 통해 현실공간을 보완하거나 교정할 수 있다는 생각은 존재론적 관점에서 볼 때 오류이거나 환상에 가까운 것이다. 이는 꿈과 현실의 관계와도 유사하다.

셋째, 현대사회의 일상생활이란 가정과 직장 혹은 학교라는 제한된 공간에서 반복적으로 이루어지고, 따라서 일상인들의 인지공간 혹은 인접공간 proximité은 상대적으로 제한되는 경향이 있다. 이 상대적으로 폐쇄적인 공간에서 우리는 세계에 대한 또 다른 창을 필요로 하게 된다. 이러한 창의 역할을 하는 것이 대중매체라고 한다면, 대중매체는 분명 일상공간을 확장하는 효과를 가져다준다. 하지만 인간이라고 하는 정신적 육체적 주체는 시공간적으로 제한된 존재이다. 대중매체를 통한 현실의 확장은 역설적이게도 일상세계의 축소를 가져올 수밖에 없다. 다시 말해 인간은 적어도 시간적으로 제약된 존재이기 때문에 일상공간과 가상공간 사이에서 양자택일을 할 수밖에 없다. 이 점에서 대중매체와 일상세계는 대립적이기도 하다.

넷째, 대중매체가 발달하면 할수록 가시성의 문화, 즉 시각문화가 확산된다. 대중매체는 일상세계에서는 보이지 않는 것, 아니면 볼 수 없는 것을 우리에게 보여준다. 이렇게 보면 대중매체는 매우 투명한 것처럼 보인다. 대중매체를 통해 세상이 넓어지고, 경험의 폭이 넓어진다는 느낌을 가질 수도 있다. 더욱이 사이버문화와 시뮬레이션의 기술이 발달하면 할수록 그러한 가능성이 점점 더 증대되리라 생각하는 사람들도 많다. 하지만 이 과도한 가시적 문화가 근본적으로 매체의 불투명성을 보상하지 못한다는 사실이 중요하다. 다시 말해, 모든 것을 보여줄 수 있을 것 같은 대중매체가 실제로 보여주는 것은 매우 빈약한 세계의 파편들일 뿐이다. 더구나 이 가시성 visibilité의 문화는 오히려 비가시성의 문화에 대한 억압으로 작용한다.

237

우리가 문화의 개념을 풍부하게 설정한다면, 이 보여지고 보여질 수 있는 문화란 문화의 매우 표피적인 일부분에 해당되는 것이다. 대부분의 문화는 매우 개인적인 영역에서 은밀하거나 조용하게 이루어진다. 대중매체를 통한 문화소비는 수동적이고 불연속적이며 불안정하고, 즉흥적이거나 일회적인 측면이 강하다. 이 〈보고 즐기는〉 문화로서 가시성의 문화는 문화의 보이지 않는 부분에 대해서 무관심하다. 메를로-퐁티가 말하는 〈보이는 모든 것은 보이지 않은 것을 함축한다〉는 역설적인 명제가 적어도 대중매체 앞에서는 무의미해진다. 대중매체를 통해 보이는 모든 것은 보이지 않는 것을 희생시키기 때문이다. 이러한 현상은 우리가 일상적으로 접하는 텔레비전의 경우 가장 극명하게 드러나고 있다.

현대의 매체문화가 내포하고 있는 한계와 문제점에 대해서는 수많은 학자들의 지적이 있어왔다. 또한 기술매체의 발달이 가져올 미래의 불확실성도 많은 지식인들이 성찰하고 있는 주제의 하나이다. 데리다도 현대 매체기술의 확산에 대해 비상한 경계를 하고 있는 사람 가운데 하나이다(데리다, 1993). 그의 표현에 의하면, 오늘날의 진보된 정보매체는 일종의 스펙트럼의 효과(분광효과 혹은 유령성)를 발휘한다. 현란한 분광효과나 신출귀몰하는 유령성은 현대매체의 속성을 잘 말해준다. 매체는 우리 앞에 불현듯 나타나서, 우리를 매료하지만 우리에게 아무런 기약도 하지 않은 채 사라진다. 일종의 덧없는 만남이다. 더구나 매체는 매우 현란한 광채로 우리에게 다가온다. 우리의 시선을 장악하고 매혹시키며 우리의 삶을 흔들어놓기도 한다. 하지만 매체는 조만간 우리의 기억에서 사라지고 여운이라기보다는 충격, 기억이라기보다는 차가운 족적만을 남긴다. 이런 의미에서라면 매체는 우리와 매우 불안정하고 소모적이며 덧없는 관계를 맺고 있다.

현대 기술매체는 또 다른 시각에서 바라볼 수도 있다. 정보의 홍수와 무한히 확장가능한 테크놀로지의 미래 앞에서, 현대인은 역설적으로 테크놀로지에 의한 존재의 분쇄(粉碎), 그리고 존재의 위기로 이어지는 상황을 수동적으로 체험하고 있다. 기술매체의 발달과 함께 발전하고 있는 정보공학의 경우가 좋은 예일 수 있다. 영국의 한 연구소에서 발표한 바에 의하면, 21세기 초반에는 인간의 기억과 사고를 저장하고 해독할 수 있는 프로그램이 개발될 수 있다는 전망이 제시되고 있다. 또한 일본의 한 전자회사가 몰두하고 있는 것은 인간의 촉각과 더 나아가 후각의 기능을 대신하는 센서의 개발에 있다. 인공지능 역시 그 행보가 빠르다. 우리가 매일 사용하고 있는 컴퓨터의 기억용량과 정보처리 속도가 〈무서운〉 속도로 개선되고 있는 사실이 그 좋은 징표다.

요컨대, 20세기말의 상황을 두고 역사의 전환인가 아닌가를 논하는 것은 매우 공허한 일이다. 역사는 이질적인 요소가 결합되어 형성해 가는 복합적이면서도 중첩적인 과정이라는 전제에 동의한다면 이러한 시대규정의 논의가 무익하다는 사실은 새삼 강조될 필요가 있다. 하지만 이 거대한 문명사의 흐름을 조망하면서, 우리는 가장 단순하고 소박한 질문을 던지지 않을 수 없다. 즉, 현대기술의 발달에 힘입어 우리는 앞으로 보다 자유롭고 원활한 의사소통이 이루어지는 사회에서 살게 될 것인가? 아니면 적어도 조금이라도 더 쾌적하고 투명한 사회환경이 가능한 것일까?

어쩌면 인간에게 투명하고 쾌적한 사회환경이란 애초부터 존재하지 않을 수도 있다. 투명의 의미는 시간에 묻힌 과거 기억들에 대한 투명한 의식일 수도 있고, 나와 다른 존재의 생각과 감정에 대한 투명성을 의미할 수도 있다. 즉 투명성은 이미 관계를 내포한다. 하나의 전제로시 우리에게 가장 투명하고 자명한 것이 〈자의식〉이라고 한다면(다시 말해, 〈나는 나에게 거짓말을 할 수 없다〉), 모든 유형의 관계맺음은 이미 투명성의 훼손과정이라 해도 과언이 아니다. 성찰이나 관조라는 사유형태가 인간이 자연과 맺을 수 있는 가장 투명성에 가까운 관계설정이라면, 인간과 인간 사이 또는 인간과 사회세계 사이의 관계맺음은 어떻게 투명해질 수 있을까? 매체기술의 발달이 이를 보장해 줄 수 있는가? 적어도 인간에게 이러한 투명성은 완벽하게 확보될 수 없을 것이다. 자의식이나 생리적인 활동을 넘어서는 모든 인간의 활동은 매체를 요구한다. 이러한 의미에서 인간은 매체적인 동물이다. 인간활동의 매체에 대한 의존도가 높아지면 높아질수록, 관계의 투명성은 그와 반비례로 희석된다. 매체적 존재로서 인간에게 매체는 일종의 신기루일 수도 있다.

3 매체문화론 : 매체의 기능과 역기능

그 동안 대중매체로 지칭되던 것들이 매체기술의 복합화에 의하여 정보통신매체로 융합되는 현상이 나타나고 있다. 즉 기존의 인쇄매체나 전파매체가 디지털매체로 흡수 통합되는 조짐이 가시화되고 있다. 물론 그렇다고 기존의 매체들이 효용성을 완전히 상실하는 것은 아니다. 매체기술의 발달은 다른 여타의 분야보다도 중첩적인 발달과정을 밟아오고 있기 때문이다. 이러한 매체기술의 발달은 과학과 기술의 궁극성이라는 차원에서 규명되어야 할 부분이 많다.

우선, 정보매체의 발달은 정보의 축적, 따라서 일회적이지 않은 지속적인 정보의 저장과 전달을 지향하고 있으며, 이는 인간의 사고전개가 전제하는 시·공간적 제약성을 벗어나고자 하는 필요에서 비롯된다. 음소의 시간적 배열에 기초하는 음성매체의 경우나, 문자의 공간적 배열을 시간적으로 해독하여야 하는 문자매체의 경우처럼, 모든 정보매체는 시·공간이라는 범주의 문제를 우회할 수 없다. 정보고속도로 역시 시·공간적 제약성을 극복하기 위한 과제의 하나로 이해할 수 있다. 정보고속도로나 초고속정보망이라는 표현 자체에 시간과 공간의 개념이 내포되어 있듯이, 정보는 보다 넓은 공간을 보다 빠른 시간에 이동할 수 있어야 한다. 이러한 사실은 역으로 보다 작은 공간에 보다 오랜 시간 동안 정보를 집적할 수 있어야 함을 의미하기도 한다. 바로 이 점이 정보와 시·공간의 관계가 지니는 양면성이라 할 수 있다.

한편, 정보매체는 시간 속에서 정보를 안정화하는 것을 목적으로 한다. 정보매체의 발달과정에서, 촉각이나 시각보다 월등한 사정거리와 다방향성을 지니는 청각매체가 가장 중심적인 역할을 해온 것은 사실이다. 우리의 일상적인 의사소통이나 라디오, 음향과 음악 등 기본적인 청각매체는 아직도 그 막강한 힘을 발휘하고 있다. 또한 연구결과에 의하면, 청각매체는 다른 감각의 매체보다 훨씬 더 수용자의 집중을 요구한다. 히틀러 시대에 라디오 대신 텔레비전이 있었다면, 나치의 대중동원이 그렇게까지 가능하지 않았을 것이라는 추측도 이러한 사실에 근거한다.

아무튼 영상매체의 개선에 몰두하고 있는 현재에도 여전히 청각매체의 중요성은 무시할 수 없다. 즉 영화 혹은 TV광고 등도 청각효과를 배제하면 그 기능상 매우 불완전한 매체에 지나지 않는다고 할 수 있다. 메시지의 전달에 있어서 문자매체와 더불어 음성매체만큼 명확한 전달이 가능한 매체는 아직까지 개발되지 않았다. 현대기술에 의해 음성매체는 거의 완벽에 가까운 원음을 재생·복제할 수 있다. 다만 음성매체의 가장 커다란 한계는 정보의 수용과 해독에 있어서 자연적 시간의 흐름을 요구한다는 점이다. 즉 시간적으로 압축이 가능하지 못하다는 점에서 문자매체와 동일한 한계를 지닌다.

이러한 청각매체와 비교하여 시각매체를 논할 수 있다. 시각매체는 공간적으로 매우 제한된 영역에서 기능한다. 즉 시각매체는 시각의 직선성에 따라 매체와 수용자 간에 직선적인 거리의 확보를 전제한다. 이러한 일방향·직선적인 시각매체의 한계를 극복하고자 하는 것이 입체영상이나 홀로그램 또는 가상현실이다. 그러나 여기서 분명한 것은 입체영상과 가상현실의 기술이 아무리 발전하더라도 시각의 일방향성과 직선성이 교정되지는 못한다는 것이다. 적어도 기술의 발달이 착시현상을 효과적으로 활용하지만, 그것이 모사나 복제와 같은 유형의 착시라는 사실을 절대로 극복하지는 못한다.

앞으로 인간의 오감 중에서 후각, 촉각, 미각을 대신할 수 있는 매체의 개발도 이루어질 전망이다. 그 완전성을 불문하고 우리에게 여전히 남는 의문은 〈공감각 synesthésie〉의 문제를 어떻게 해결할 것인가 하는 점이다. 인간의 경험은 공감각에 의해 이루어지며, 메를로-퐁티의 표현을 빌면, 〈총체적인 체험〉이기 때문이다. 다시 말해, 인간의 체험은 개별적인 감각매체의 단순한 결합으로 이루어지지 않는다는 것이다. 따라서 현대를 영상매체나 영상문화의 시대로 단정하는 것도 매우 심각한 오류임에 틀림없다. 어느 특정한 기술매체가 다른 매체를 압도하는 것은 상상할 수 없다. 이는 인간에게 주어진 오감이 각각 고유한 기능을 하고 있다는 사실에 의해 쉽게 설명된다.

아무튼 현대의 정보매체는 매체의 종합화를 지향하고 있다. 현시점에서 정보매체는 문자매체, 영상매체, 청각매체의 결합이 이루어지고 있는 단계라 할 수 있다. PC통신이나 인터넷, 화상회의나 CD롬 등이 그 대표적인 예가 된다. 이렇게 종합화되어 가는 정보매체의 실용적인 편익성을 무시하지 않더라도, 문제는 여전히 정보매체를 통한 지식과 정보의 생산·유통·소비의 과정에 모아진다. 우리가 정보매체를 접하면서 감탄하는 것은 지극히 기술적인 측면에서 보여주는 정보처리의 효율성에 있다. 워드프로세서를 포함한 다양한 소프트웨어들의 복합적인 기능에서도, 일련의 전시효과들을 배제한다면, 그 효율성과 편익성이 개선되었다는 점 외에 다른 본질적인 변화를 찾기 힘들다.

이러한 매체의 종합화는 이미 18세기에 싹트기 시작한 인간의 유물론적 해석의 연장선에서 이해될 수도 있다. 가령 라 메트리 La Mettrie의 〈기계-인간 L'homme-machine〉론은 정신의 유물론적 환원임과 동시에 훈육에 관한 일반이론을 제시하고 있는데, 여기서는 분석가능한 신체에 조작가능한 신체를 결부시키는 〈순종〉이라는 개념이 핵심을 이룬다. 즉 복종시킬수 있고, 쓰임새가 있으며, 변화시킬 수 있고, 나아가서는 완전하게 만들 수 있는 신체가 바로 순종하는 신체인 것이다.

미셸 푸코는 이러한 기계-인간론이 상상하는 〈자동인형〉이 단지 인체를 설명하는 수단에 불과한 것이 아니라, 일종의 정치적 인형이며, 권력의 축약된 모델이라는 점을 강조하고 있다(푸코, 1994 : 204-205). 우리는 여기서 푸코가 갈파한 기계-인간론의 현대적 맥락을 정보매체를 통해 다시금 확인할 수 있다. 정보매체의 지향점이라 할 수 있는 감각기관의 대체나 의사소통의 투명성은 결국 순치할 수 있는 〈가상인간〉의 탄생을 예고하는 것이며, 이는 인간사회가 내포하고 있는 권력관계를 포함한 사회적 패러다임의 총체적인 전환을 의미하는 것이기도 하다. 즉 발달된 정보매체를 통해 타인의 생각과 감정을 읽을 수 있고, 우리 자신의 기억을 자료로 저장하여 언제든지 검색과 분류와 가공이 가능하게 된다면, 이제 인간들 사이의 관계는 매체기술의 확보여부에 따라 결정될 것이며, 의사소통은 데이터-검색의 관계가 될 것이다. 이는 결국 순종하는 자동인형이 탄생할 수 있는 가능성을 암시하고 있는 것이다. 정보매체는 근본적으로 근접성을 지향한다. 이카루스의 운명을 지닌 정보매체는 시간적 근접성뿐만 아니라 공간적 근접성도 지향한다. 보이지 않는 것에 대한 불안감이나, 우리의 신체와 감각이 미치지 못하는 미지의 공간에 대한 일종의 두려움을 제거하는 것이 정보매체의 발전과정과 무관하지 않다. 탐험의 역사, 세계지도의 변천사를 보면 우리는 인간이 얼마나 공간에 대한 인지적 확장에 열망을 품어왔는지 쉽게 알 수 있다. 이는 인간의 신체라는 제한된 연장성을 극복하고자 하는 생물학적 본능을 의미하지만, 매체기술은 이처럼 시간·공간적 근접성의 확보를 목적으로 하며, 이 시공간적 확장의 의지는 문명사의 한 흐름을 반영하기도 한다.

그러나 이 근접성의 확보가 기술매체에 의해 완전히 가능하리라는 생각은 일종의 환상에 지나지 않는다. 인간에게 시공간적 근접성이란 결코 경험의 직접성이나 대상과의 친근성을 의미하는 것이 아니기 때문에, 경우에 따라서 매체의 복합화는 이러한 직접성과 친근성의 확보에 오히려 장애물이 될 수도 있다. 사이버섹스는 이름 그대로 가상섹스이며, 그것이 가상인 한에서는 기술매체를 이용한 마스터베이션에

243

불구한 것이다. 사이버섹스를 통한 성적 체험에는 직접성과 친근성이
확보되지 않기 때문이다.

매체의 양식이 어떻든 간에, 매체는 인간과 자연, 인간과 인간 사이
의 관계에 개입하는 매개물이다. 말이라는 음성매체에서 시작하여 현
재의 인터넷에 이르기까지 그 형식의 변화와 효율성이 증대했다는 것
은 부인할 수는 없지만, 여전히 변하지 않은 것은 매개기능이라는 매
체의 이 기본적인 속성이다. 즉 매체는 인간이 세계와 맺는 관계구성
에 투입되는 요소의 하나라는 사실이다. 이러한 매체의 개입은 필연적
이지만, 투명성의 관점에서 볼 때, 단순한 형식의 매체가 오히려 더 효
과적일 수도 있다. 대면적인 의사소통과 마주보는 눈빛에서, 피부의 접
촉이나 미소 등 우리에게 정보전달의 양식은 무한히 다양하지만, 이
직접적인 전달양식을 대체할 수 있는 보다 효과적인 수단은 없다.

이 점을 염두에 둔다면, 컴퓨터 통신과 같은 현대 정보매체는 많은
양의 정보를 불특정 다수의 수요자들에게 신속하게 전달한다는 것 이
상의 효과가 없다. 또한 그 정보의 확실성이나 정보의 질, 또는 수용자
의 수용능력이나 생산자/수용자 사이의 관계, 정보생산 과정의 사회적
맥락 등은 부차적인 문제가 된다. 아니면 적어도 이러한 문제들에 대
한 논의는 불필요하거나, 의도적으로 배제된다. 이런 점에서, 키드넷운
동을 다투어 벌이고 있는 우리의 언론사들이 인터넷의 공용어가 영어
라는 사실에도 불구하고, 정보통신의 혁명을 운운하는 것은 매우 심각
한 환상이거나 착각이라 할 수 있다.

정보매체가 무한히 많은 양의 정보를 집적하고 유통시킨다는 점이,
우리의 정보환경(혹은 기호환경)에 있어서 중요한 변화인 것은 사실이
다. 하지만 정보환경에서 보다 중요한 것은, 얼마나 필요하고 적절한
정보를 획득할 수 있느냐는 것과, 또 얼마나 명확하게 그 정보를 해독
하느냐의 문제에 있다. 복합화하는 매체기술이 현실을 완벽하게 재현
하지 못하는 이상, 정보에 대한 해석의 혼란은 여전히 해결해야 할 문
제로 남는다. 인간이 가장 즉각적으로 대면할 수 있는 자연의 세계에

도 불가지와 신비의 영역은 남아 있으며, 인간의 자연에 대한 완전한
해독은 애초부터 가능하지도 않은 것이다. 하물며, 여러 종류의 매체를
통과하여, 굴절된 형태로 주어지는 기술매체의 정보환경은 처음부터
해석의 혼란이라는 문제를 잉태하고 있다. 이는 정보환경의 태생적 결
함에 근거하는 것이지만, 다수와 다수를 연결한다는 정보매체의 기본
속성도 그리 바람직한 결과만을 가져오지 않는다. PC통신 ID의 익명
성이나 채팅의 즉흥성이 정상적인 의사소통에 장애가 된다는 점이 그
좋은 증거가 될 것이다.

우리에게 필요하고 해독가능한 정보 외의 다른 정보들은 수용자의
입장에서 본다면 정보폐기물에 지나지 않는다. 이런 의미에서라면, 정
보매체의 복합화는 우리의 기호환경을 더욱더 오염시킬지도 모르며,
이는 산업구조의 복합화와 고도화가 우리의 생태환경을 위협하고 있
는 것과 마찬가지의 형국이다. 움베르토 에코가 정보화 사회에 대해
우려하는 점도 같은 맥락에서 이해할 수 있다. 그에게 지식이나 문화
라고 하는 것은 총체적인 것이며 개별적이며 분산된 정보(혹은 자료)
와는 그 속성이 틀리다. 정보매체는 이러한 총체적인 지식의 확보에
그다지 기여하는 바가 없으며, 오히려 지식을 정보로서 분해하고·파
편화하고 있다. 또한 하버마스가 의사소통의 합리성이라는 관점에서
정보화 사회에 많은 의구심을 가지는 것도 같은 맥락에서 이해할 수
있다. 산업사회가 생태계를 오염시키는 결과를 가져왔다면, 정보화 사
회는 기호환경의 오염을 가져오고 있으며, 그 징후는 나날이 분명해지
고 있다. 이런 점에서 우리는 정보가 곧 문화의 적이 되는 사회를 맞
이하게 될지도 모른다. 정보사회는 결코 이상적인 공동체의 모델이 아
니라 끊임없는 견제와 처방과 치유가 필요한 우리의 상상물에 지나지
않는다.

인간은 인지적인 동물이며, 따라서 어떠한 형식이든 정보를 획득하
고자 하는 욕구를 지니고 있다. 이 자연적인 욕구의 충족은 그 한계가
없으며, 오늘날의 과학과 테크놀로지가 이러한 욕구충족의 프론티어

역할을 하는 것도 사실이다. 그런데 공간적 한계와 시간적 한계를 넘어서려는 노력은 모두 동일한 작업으로 귀결된다. 즉 속도의 증대라 할 수 있는데, 로켓엔진에서 분자가속기, 컴퓨터 모뎀의 속도나 광케이블 등은 모두 속도에 대한 인간도전의 결과들이다. 왜 속도가 중요해지는가? 상대성이론을 거론하지 않더라도, 인간의 속도에 대한 숙명적인 도전은 과학발달사와 그 맥을 같이 한다. 속도의 증대는 공간의 확장(속도의 정의는 속력에 대한 공간적 이동거리)를 의미한다. 그리고 정보처리 속도는 정보용량의 증대(예 : bytes per second)를 의미한다. 정보매체가 대행하는 공간의 확장이나 기억의 증폭은 인간의 신체적/인지적 한계를 기술적으로 극복하게 해준다. 하지만 정보매체를 통한 공간의 체험과 메모리의 작동은 모두가 자족적이지 못하다. 다시 말해 수단의 기술적 완성도가 높아진다는 것이 인식과 체험의 본래적인 목적을 성취하는 것은 아니다. 기술매체는 인간과 대상 사이에서 일종의 음모를 꾸미고 있는지도 모른다. 이 음모는 매우 창조적(?)이기 때문에 우리는 종종 착시와 환상에 빠지게 된다. 그러나 사이버스페이스의 핵심은 전자화된 공간과 기억의 물화에 있을 뿐이다.

4 정보화, 지식과 생활세계의 물화

기술매체에 대한 이상의 분석은 우리를 다시 원점으로 돌아오게 한다. 현대 기술문명의 궁극점을 실용성과 효율성의 극대화에 둔다면, 이는 우리의 삶의 조건에 대해 어떠한 영향력을 행사하는가? 인간 상호 간의 관계와 구체적인 삶의 영역은 어떻게 변화할 것인가? 우리를 둘러싸고 있는 의미세계, 즉 기호환경에 대해서는 어떠한 전망을 할 수 있을 것인가? 이에 대한 대답은 물론 간단하지 않다. 하지만 적어도 소위 의미세계로서의 우리의 생활세계와 의미작용의 결과로서 상호주관성의 관점에서 볼 때, 현대 기술매체는 매우 심각한 결과를 초래할 수도 있는 위험을 내포하고 있다.

최근에 널리 통용되는 견해 중에서, 정보매체는 정보를 가공/유통할 뿐만 아니라 정보를 생산한다는 견해가 있다. 이러한 곡해는, 맥루한의 다소 과격한 표현이었던, 〈매체가 곧 메시지〉라는 견해의 지나친 확대 해석에 근거한다. 맥루한이 정의하는 매체는 전화나 TV뿐만 아니라 자동차와 의복과 같은 일상용품까지를 포괄하며, 매체가 메시지라는 언급은 이러한 정의를 전제할 때 그 의미를 지닌다. 그것은 매체(혹은 사물)가 일종의 메시지로서의 기능을 한다는 지적이며, 이는 사물의 기호화나 기호가치를 언급하는 현대이론의 중요한 패러다임이기도 하다.

하지만 현대 정보매체가 정보 혹은 지식 자체를 생산한다는 발상은 근거 없는 통념의 일종이다. 이제 우리는 정보를 생산하는 주체가 과연 누구인가를 다시 물어보아야 하겠지만, 그 대답은 매우 간단하다. 정보의 생산자는 인간이며, 매체의 기능은 정보의 유통에 있다. 보다 발달된 기술을 고려한다면 정보상품의 포장이나 유통방식에 있어서 고도화가 이루어진 것도 사실이다. 이 과정은 이미 존재하는 정보를 가공입력하는 경우가 대부분이며, 따라서 최초의 정보를 생산하는 주체는 어디까지나 인간이라는 점에 이론이 있을 수 없다.

매체는 지식의 생산·유통·소비과정에 기술적으로 개입하는 것이지, 결코 생산과 소비의 주체가 되지는 못한다. 지식의 생산과 소비의 최종적인 주체로서 인간에게, 지식은 단순한 정보자료나 데이터의 축적을 의미하지 않는다. 지식은 대상과 세계에 대한 해석의 결과이며, 따라서 의미구성체이다. 데이터는 지식의 구성에 투입되는 자료이며, 정보매체는 이 자료들 집적하여, 일정한 양식에 따라 가공하여 전달하는 기능을 수행한다. 슈츠가 말하는 〈축적된 지식 stock of knowledge〉이 단순한 데이터의 전자화된 집적이 아니라는 말이 된다. 슈츠적 의미에서 지식의 축적과 전형화는 인간이 타자와 세계와 맺는 매우 적극적이고 능동적인 행위과정이며, 이를 전자화된 기술매체가 결코 대신할 수는 없는 것이다.

그러나 중요한 변화로서, 이러한 정보매체의 고도화된 기술이 정보와 지식의 생산에 있어서 하나의 기술적인 조건이 된다는 것은 사실이다. 하지만 이 기술적 조건화는 지식생산의 자율성에 대한 새로운 유형의 장애물이 될 가능성이 있다. 다시 말해, 인간은 누구나 말이나 글을 통해 자신의 의견을 표현하고 전달할 수 있지만(사회적, 제도적인 검열을 논외로 한다면), 정보매체를 통한 의사표현은 매우 까다로운 절차와 비용지출을 요구한다. 인터넷상에서 어떤 호스트와 접속하여 유용한 정보를 교환하기 위해서는 그에 상당하는 컴퓨터 지식과 언어적 능력을 지녀야 하며, 일정 수준의 통신 프로그램과 장비를 갖추어야 한다. 실제적으로 이것이 가능한 부류의 인구는 전체인구와 비교할 때 소수에 지나지 않는다.

또한 기존의 평가와는 다른 시각에서, 정보화 사회는 적어도 두 가지의 심각한 문제를 은닉하고 있다. 하나는 의미체계(정보와 지식)의 사회적 차별성이 확대된다는 문제이고, 또 하나는 위에서 언급했듯이 정보의 양에 압도된 기호적 의미의 상실이라는 문제이다. 전자는 지식/정보의 수급과정에서 드러나는 일반대중들 사이의 격차를 의미하며, 후자는 보드리야르가 지적하는 기호와 대상 사이의 내파를 넘어서서, 정보의 단순한 집적이 무의미한 기호의 집적으로 귀결됨을 말한다.

특히 후자의 경우, 내파는 모든 의미체계가 지니는 상징성의 물화나 파괴를 뜻하거나, 아니면 상징(기호)이 지니는 확장성(바르트, 1957)이 차단되는 것을 의미한다. 이는 기호가 갖는 자연적인(사회·역사적인) 생애주기에 매체가 기술적으로 개입한다는 것을 의미하기도 한다. 코드화된 기호는 애초의 기호가 지녔던 의미를 상실한다. 인간의 기억과 컴퓨터 칩에 집적된 정보와의 차이도 여기에 있다. 정보매체에 저장될 수 있는 정보자료의 양은 물론 인간의 두뇌용량을 넘어서지만, 이 정보자료들은 기억의 물화된 데이터일 뿐이다. 다시 말해, 가상공간은 생명력이 상실된 메모리의 창고가 될 위험이 있으며, 여기서는 도서관에서 느낄 수 있는 흔적과 역사와 기억의 궤적을 찾을 수 없다. 이렇게 기억이 물화된 공간으로서 정보공간은 문화가 물화되는 공간이며, 결국에는 인간이 물화되는 공간이기도 하다. 자연적인 세계가 디지털의 세계로 전환되는 공간이며, 기호의 자연적인 생애주기가 물리적으로 분할되고 전자적으로 고정화되는 공간이기도 하다.

이상의 논의를 종합해 보면, 정보공간에서는 적어도 세 가지의 결핍 현상이 일어난다. 첫째, 정보의 양적 증대가 역설적으로 의미의 결핍을 가져온다는 것이고, 둘째, 정보매체에 의한 시공간적 거리의 축소에도 불구하고 친근성이 결핍되는 공간이며, 셋째, 기호환경의 오염과 해석의 혼란이 가져오는 소통성의 결핍이 일어난다는 사실이다. 이러한 결핍공간으로서 정보공간은 가상적이지만 동시에 실재적인 공간이다(버추얼 리얼리티 virtual reality의 이중적 의미). 정보공간은 우리의 삶의 공간을 일정한 방식으로 구획하며, 정보망에 의해 구축된 공간은 우리의 일상공간과 대치한다. 가상공간의 마력은 일상공간의 소외를 토대로 하며, 가상공간의 중독성이나 마약의 중독성은 일상적 삶과 자연적 삶의 폐기라는 점에서 일치한다. 정보망의 구축이나 가상공간에 대해 많은 이들이 느끼는 매력은 결국 인간에게 주어진 물리적 공간과 시간적 제약에 대한 테크놀러지의 도전이 주는 표피적인 문화적 자극에 불과하다.

하지만, 정보매체가 공간을 인위적으로 구획하고 기호를 물화한다는 정보사회에 대한 이러한 우울한 평가는, 정보사회로 치닫고 있는 이 시대의 흐름을 거역하지 못한다. 단지 산업화 과정에서 보다 신중한 계획이 있었다면, 현재와 같은 환경오염과 생태계의 위험이 조금이라도 줄어들었을 것이라는 상상과 마찬가지로, 정보화 시대의 도래를 바라보면서 좀더 신중한 태도가 필요하다는 경고의 메시지를 담고 있을 뿐이다. 이제는 정보매체의 공간적 침범에 대비하여, 그린벨트와 같은 완충공간을 생각할 단계이며, 모든 산업구조와 사회가 정보산업에 매몰되지 않도록, 사회적 삶의 다양한 층위들을 보존·복구할 수 있는 방안을 강구할 단계이다. 또한 인터넷과 같은 네트워크의 상업적인 확산을 견제할 수 있는 견제의 네트워크가 기술적으로 어떻게 가능할 수 있을지를 고민해야 할 시점인 것이다. 이런 고민들이 함께 한다면, 정보사회는 그 목표와는 반대로 더욱더 불투명한 사회가 될 것이며, 이 불투명성을 포용하지 않는 미래적 전망은 비현실적일 수밖에 없다.

5 대중매체의 문화론적 전망 : 일상공간의 복원

이상에서 살펴본 기술매체의 특징을 우리와 가장 가까운 거리에서 확인할 수 있는 것은 다름아닌 대중매체이다. 대중매체는 이미 정보사회론이 대두되기 이전부터 관심의 대상이 되어왔지만, 정보매체의 발달과 더불어 그 효율성과 파급효과가 증폭될 것이라는 점에서 여전히 중요한 연구대상이 된다. 대중매체는 일상 속에서 우리와 밀접한 관계를 유지한다. 아마도 이제 대중매체에 의존하지 않고 사회적 삶을 산다는 것은 근본적으로 불가능할지도 모른다. 대중매체는 우리의 존재적 상황에 매우 자연스럽게 편입되어 있으며, 이 자연스러움이 어쩌면 가장 큰 위험요소일 수도 있다.

포괄적인 문화론의 관점에서 볼 때, 대중매체가 우리의 일상적 삶에 미치는 가장 큰 역기능은 일상공간을 침해하거나 훼손한다는 점이다. 일상공간의 침해는 결과적으로 개인적 차원에서 문화내용을 사유화한다는 착각이나 혹은 텔레비전 수상기나 컴퓨터 단말기를 통해 공적 공간이 확장된다는 환상으로 이어진다. 마치 고전적인 의미의 공적 공간이 매체기술의 발달에 의해 무너지고 새로운 형식의 공적 공간이 탄생하고 있다는 최근 유행하는 통념이 이에 해당한다. 여기서 경계해야 할 부분은 이러한 새로운 공적 공간의 형성이 원칙적으로 불가능하다는 것이 아니라, 적어도 현재 단계에서는 장밋빛 미래를 꿈꾸기에는 매우 불완전한 모습을 보이고 있다는 점이다. 기술매체를 통한 커뮤니케이션 과정이 〈정상적인〉 발전을 이룰 수 있기 위해서도 우리는 이러한 한계에 항상 주목해야 할 것이다.

일상공간의 침해는 사회적 차원에서 볼 때 문화적 내용이 획일화되고 표준화되며, 일반인들이 문화의 주체가 아닌 객체로서 머물게 되는 결과를 낳는다. 이는 일상공간이 적극적인 문화공간으로서 기능하는 것을 저해하는 요인이 된다. 즉 매체화된 문화는 적극적인 활동의 공간으로서 일상공간이 활성화되는 것을 방해한다는 것이다. 이러한 우려는 일상생활의 리듬과 대중매체의 기술적 편리성이 서로 부합되지 않는 부분이 존재한다는 사실을 의미한다. 기술발전이 반드시 우리의 일상적 삶을 〈질적으로〉 풍요하게 만드는 것은 아니라는 지적과도 부합한다.

대중매체가 이처럼 일상적 삶의 공간을 잠식하고, 그 내용에 있어서 표준화된 내용을 일방적으로 부과한다면, 이는 또 다른 문화의 빈곤이라 해도 과언이 아니다. 이제까지 고안되었던 시청자참여나 쌍방향 매체의 기술적 발달은 무시할 수 없지만, 그렇다고 그 효과가 분명하게 나타나고 있는 것은 아니다. 오히려 이러한 기술적인 개선이 발휘하는 전시효과의 허구성을 예의 주시해야 할 것이다.

인간이 일상을 벗어나서 존재할 수 없다는 점은 확실하다. 우리의 삶의 토양이기 때문이다. 이런 의미에서도 우리에게 일상공간과 문화의 훼손은 사소한 문제가 아니다. 일상공간이 훼손되고 있다면, 그것을 방지하고 훼손된 부분을 복구하는 작업에 관심을 가져야 할 것이다. 일상공간과 문화의 복원을 위해서는 두 가지 방향의 실천이 뒤따라야 할 것이다.

우선 첫째, 일상인들의 자각이다. 물론 일상인들이 전적으로 수동적이며 소극적인 활동만을 하는 억압받는 객체는 아니다. 그들은 그들 나름대로의 지혜와 감각이 있으며, 일상을 살아가는 방식에 대해서는 일종의 전문가들이다. 이 범속한 전문인들의 삶의 양식을 일종의 창조적 작업 poiesis으로 보는 견해도 있듯이(de Certeau, 1990 : 35-52), 일상인들에게 부과된 주체로서의 짐은 무겁다. 현실도피나 나르시시즘의 사이를 오가며 항상 자각하고 깨어 있는 실천적 감각이 필요한 것이다.

둘째, 일상공간의 환경을 개선하는 일이다. 여기서 환경이란 도시공간과 같은 물리적인 환경뿐만 아니라, 갖가지 문화적 내용들이 산재해 있는 문화환경(혹은 기호환경)을 포함한다. 이 복합적인 환경의 개선을 위한 설계는 간단한 문제가 아니겠지만, 적어도 가장 원칙적인 가치가 존중되어야 한다는 점은 강조될 필요가 있다. 즉 산업과 자본의 논리도 아니며, 국가와 정치적 논리도 아닌 일상인의 삶의 방식이 중심에 위치해야 한다는 원칙이다. 지난 수세기 동안의 산업화와 지구촌화는 사실 일상세계를 소외시키고 있는 역사라 해도 과언이 아니다. 일상세계의 복원이 궁극적으로 생태주의적 환경론과도 상통할 수 있는 이유도 여기에 있다. 다만 물리적 환경이 아닌 삶의 질과 문화적 내용이 관건이 되는 문화환경에 보다 비중을 두고 있을 뿐이다.

마지막으로, 이와 관련하여 중요한 것은 우리에게 〈문화의 공개념〉이 부족하다는 점이다. 문화는 우리의 삶이 어우러지는 현실적인 환경이다. 생태론적 환경주의가 인간환경의 물질적인 측면에 대한 경고의 메시지를 담고 있다면, 문화환경론은 우리가 공유하는 상징적 환경에 대한 관심과 주의를 요구한다. 따라서 문화는 토지나 대기처럼 공개념에 입각하지 않는 한, 해결할 수 없는 많은 문제들을 안고 있는 것이다.

이러한 지적이 대중문화가 항상 엄숙하고 교육적이며 윤리적이어야 한다는 것은 결코 아니다. 사실 대중문화는 엄숙주의나 경건한 윤리의식과는 거리가 멀다. 적당한 정도의 퇴폐와 저질스러움과 비속함에 대해 관용하지 않으면 대중문화는 설 땅이 없어진다. 대중문화의 영역에서는 문화생산자들의 자정능력만큼이나 수용자들의 관용이 필요한 것이다. 문화를 〈삭은 맛〉으로 표현한다면, 날 것과 썩은 것이 적당히 배합되고 발효되어 성기는 것이 문화의 진수일 것이기 때문이다.

그러나 텔레비전과 같은 대중적 매체의 경우는 좀더 세심한 관심이 필요하다. 우리가 사회공간을 개인영역과 공공영역으로 구분할 수 있듯이, 문화환경도 사적 영역과 공적 영역의 구분이 필요한 시점에 이르렀다. 무분별한 잠입취재, 몰래카메라, 초상권침해는 말할 것도 없고, 파파라치 Paparazzi의 경우에서 드러난 엿보기문화의 극치를 우리는 매일 텔레비전을 통해 접하고 있다. 우리의 대중매체가 파파라치의 문화를 조장하지 않기 위해서도 문화공간의 구획과 공적·사적 영역 사이의 관계설정에 대한 고민은 필요하다.

텔레비전이라는 가상공간을 일종의 공공영역으로 이해할 때, 시청자들에게 보지 않을 권리가 있는 것처럼, 방송매체는 시청자들이 원하지 않는 장면이나 정보를 보여주지 않아야 할 의무가 있는 것이다. 이 경우 감초처럼 거론되는 〈국민의 알 권리〉는 방송사의 표리부동을 정당화하는 논리로 이용될 위험이 다분하다. 대중매체에 의한 공개와 비공개의 룰이나, 가시화할 문화의 영역과 그렇지 않은 영역 사이의 미묘한 관계를 다루는 자세는 한 나라가 문화적으로 얼마나 성숙했는지를 보여주는 척도라 해도 과언이 아니다.

정보사회를 맞이하면서 공적 공간과 사적 공간의 전통적 개념이 무너지고 있는 것을 우리는 목격하고 있다. 양자 사이의 통합이 기술적으로 가능하다면, 이 기술적 환경의 변화에 대한 우리의 수용능력을 키우기 위해서라도 우리는 문화공간의 공적·사적 영역의 관계에 대해 보다 세심한 고민을 할 필요가 있다. 대중매체가 문화의 공개념을 상실하고 사적 영역을 지나치게 침범하거나 들추어낼 때, 그 문화는 관음의 문화나 자기도취의 문화가 될 위험이 있기 때문이다.

우리의 생활세계를 철학적 논의에서 사회과학적인 논의의 수준으로 끌어내려야 하는 이유도 여기에 있다. 생활세계가 단순히 우리에게 조건으로서 주어지는 환경이 아니라 제도적이고 매체적인 장치에 의해 구획되고 변질되는 인위적 조정의 대상이 되기 때문이다. 특히 이러한 인위적 조정에는 항상 권력의 문제가 은폐되어 있다. 문화와 매체와 의사소통에 관한 이론이 근본적으로 정치적 함의를 띠지 않을 수 없는 이유도 여기에 있다. 또한 일상세계와 상호주관성의 문제를 권력적 차원에서 바라보고, 그 실천적인 함의를 모색하는 일도 중요하다.

기술매체는 인간들 사이에 자연스럽게 형성되는 상호주관성과 생활세계를 왜곡시킬 위험이 많다. 그것은 기술매체가 우리에게 가져다준 원활한 의사소통과 생활세계의 확장에 대한 대가인지도 모른다. 과학과 기술은 가치연관적이고 양가적이라는 지극히 자명한 사실을 염두에 둔다면, 앞으로 도래할 사회에서는 인문사회과학자들의 역할과 몫이 더욱 커질 것이다.

【참고문헌】

Barthes, R(1957), *Mythologies*, Paris, Seuil.
Baudrillard, J.(1992), *Simulacres et simulation*, Paris, Galilée.
_____(1979), *De la Séduction*, Paris, Galilée.
Bourdieu, P.(1996), *Sur la Télévision*, Paris, Liber.
Cayrol, R.(1997), *Médias et Démocratie ; la Derive*, Paris, Presse de FNSP.
Collins, R. & als. ed.(1986), *Media, Culture and Society ; A Critical Reader*, London, Sage Publication.
De Certeau, M.(1990), *L'Invention du quotidien ; 1. Art de faire*, Paris, Gallimard.
Derrida, J.(1993), *Echographies de la télévision*, Paris, Galilée.
Derrida, J(1993), *Spectres de Marx*, Paris, Galileé.
Eco, U., 『해석의 한계』, 서울, 열린 책들, 1995.
Escarpit, R.(1972), 『정보와 커뮤니케이션』, 서울, 민음사, 1995.
Foucault, M., 『감시와 처벌』, 서울, 나남출판, 1994.
Habermas, J.(1995), 『새로운 불투명성』, 서울, 문예출판사, 1995.
Jenks, Chris. ed.(1995), *Visual Culture*, London, Routledge.
Kubey R. & als.(1990), *Television and Quality of Life*, Hillsdale, Lawrence Erlbaum Associates.
McCraken, G.(1996), 『문화와 소비』, 문예출판사.
McLuhan, M.(1968), *Pour comprendre les média*, Paris, Seuil.
Monod, J.(1970), *Le hasard et la nécessité*, Paris, Seuil.
Poster, M., 『뉴미디어의 철학』, 서울, 민음사, 1994.
Simmel, G.(1988), *La tragédie de la culture*, Paris, Ed. Rivages.
Webster, F.(1995), 『정보사회이론』, 사회비평사.
김상환, 「매체와 공간의 형이상학」, ≪언론과 사회≫, 1995, 제9호.
이기현, 「매체의 신화, 문화의 야만」, ≪언론과 사회≫, 1995, 제9호.
일상문화연구회, 『한국인의 일상문화 ; 자기성찰의 사회학』, 한울, 1996.
차인석, 「생활세계의 현상학」, 『현대사회과학방법론』, 민음사, 1997.
차인석, 『사회인식론 —— 인식과 실천』, 민음사, 1987.
최정호 외, 『매스미디어와 문화』, 나남출판, 1990.

대중매체와 계몽

서도식

1 들어가는 말

맥루한은 매체를 〈마사지 massage〉에 비유했다. 맥루한에 따르면 매체가 주무르는 대상은 인간이다. 매체가 인간을 〈주무른다〉는 것은 매체가 인간의 육체적, 심리적 기능을 대신하여 인간의 사물지각의 비율과 나아가 인간의 사고와 행동방식까지도 변화시킨다는 뜻이다.[1] 기능적 효과의 측면에서 본다면 매체는 곧 인간의 연장 the extensions of man이며, 이러한 연장의 변화, 즉 매체의 형식적 변화는 인간의 사고와 행동방식의 변화, 즉 매체의 내용적 변화를 결정한다. 이런 뜻에서 맥루한은 매체는 〈메시지 message〉라고 말했다.[2]

---

1) M. McLuhan, *The Medium is the Massage : An Inventory of Effects*(New York, London, Toronto : Bantam Books, 1967), 26-41쪽.

2) 〈매체는 메시지이다 The Medium is the Message〉라는 말은 맥루한의 주저 1964년에 출간된 『매체의 이해 : 인간의 연장』의 1장의 제목이다. 맥루한은 이 책에서 제시된 자신의 매체이론을 보다 분명하게 설명하기 위해서 1967년 다시 『매체는 마사지이다 : 효과들의 목록』라는 책을 썼다. 위의 책 및 M. McLuhan, *Understanding Media : The Extensions of Man*(New York : McGraw-Hill, 1964) 참조.

〈매체=마사지=메시지〉의 정식으로 대표되는 맥루한의 매체이해는 한마디로 매체결정론—— 혹은 정확히 말하면 의사소통의 매체가 언어가 아니라 프린트, 전기 및 전자기기 등 기술공학적 매체라는 점에서 기술결정론——에 입각해 있다. 의사소통의 내용인 의미의 생산 및 교환방식을 전적으로 기술매체가 결정한다는 식이다. 오늘날 정치, 경제, 사회, 문화, 교육, 예술 등 생활영역 전반에 걸쳐 인간의 의사표현 및 소통행위의 의미들이 하이테크미디어에 의해 조작적으로 생산되고 있는 현실은 과연 맥루한식의 매체결정론을 옹호하는 데 유리한 조건을 제공하고 있는 것처럼 보인다. 더욱이 온갖 대중매체들이 시시각각 창출하는 〈버추얼〉 리얼리티가 〈액추얼〉 리얼리티를 대체하는 경향은 가히 〈맥루한 르네상스〉를 외칠 만큼 폭발적인 듯이 보인다.

그러나 맥루한식의 매체결정론은 매체가 지닌 위력적인 효과를 충분히 강조하고 있음에도 불구하고 기술결정론 일반이 지닌 결점으로부터 결코 자유로울 수 없는 것 또한 사실이다. 즉 맥루한의 매체이해는 매체의 위상과 그 기능적 효과를 이해함에 있어 메시지의 생산과 교환이 실질적으로 이루어지는 장소인 사회—— 생활세계 또는 사회체계—— 의 대(對)매체결정력을 과소평가하거나 무시하고 있다. 왜냐하면 매체는 처음부터 메시지의 생산과 교환이 이루어지는 인간의 의사소통행위의 영역에 있지 않고 그 자체가 일종의 사물로서 인간의 생활세계로부터 자유로운 실재가 되어 있기 때문이다. 즉 맥루한식의 매체결정론은 매체를 총체적으로 사물화시키며, 그 결과 사회가 매체를 규범적으로 통제할 수 있는—— 맥루한의 용법을 사용하면 인간이 매체를 마사지할 수 있는—— 여지를 사전에 봉쇄한다.[3]

---

3) 맥루한 자신은 〈기술결정론〉이라는 말을 반대하므로 굳이 이런 표현을 쓰지 말고 〈매체원인론〉이라는 말로 대체하자고 주장하는 자도 있다. 가령 김경용이 그러한데, 그럼에도 그는 맥루한의 매체이해에서 모든 매체가 인간과 사회의 형태를 결정한다는 생각이 시사되고 있음을 부인하지 않는다. 김경용, 「마샬 맥루한의 이해 : 이론과 은유 사이에서」, 《현대사상》, 1997년 봄호(창간호), 70–102쪽 참고.

매체, 특히 오늘날의 대중매체는 과연 계몽적 잠재력을 가지고 있는가? 필자는 이 물음에 답하고자 한다. 매체결정론에서처럼 매체가 생활세계의 규범적 구속력으로부터 자유롭다면 매체가 갖고 있을지도 모를 해방적 효과는 처음부터 우리의 시야에서 사라진다. 따라서 필자는 대중매체의 계몽적 잠재력의 소유 여부는 기술발전의 논리가 아니라 사회발전의 논리에 따라 결정되며, 이런 의미에서 매체이론은 기술이론이 아니라 사회이론의 위상에 근접해 있다는 점을 논의의 실마리로 삼고자 한다.

매체이론을 사회이론과 관련시킬 경우, 사회를 체계로 볼 것이냐 생활세계로 볼 것이냐에 따라 대중매체의 잠재력은 판이하게 규정된다. 이 점과 관련하여 필자는 궁극적으로 대중매체의 계몽적 잠재력은 제도화된 매체의 체계보존적 기능이 아니라 매체가 지닌 생활세계적 의사소통형식에서 구할 수밖에 없다는 점을 주장하고자 한다. 필자의 이러한 주장은 호르크하이머와 아도르노의 문화산업론을 비판적으로 평가함과 아울러 하버마스의 의사소통행위 이론을 적극적으로 수용한 결과임을 미리 밝힌다.

2 문화산업론의 대중매체 이해

프랑크푸르트학파의 비판이론가들은 맥루한식의 기술결정론과는 전혀 다른 맥락, 곧 사회비판의 맥락에서 대중매체와 계몽의 관계에 대해 진지한 탐구를 수행했다. 1947년 호르크하이머와 아도르노는 〈문화산업 Kulturindustrie〉[4]이란 용어를 창안, 자본주의 사회의 대중문화의

---

4) 〈문화산업〉이란 용어는 호르크하이머와 아도르노가 1947년 네덜란드의 Querido 출판사에서 독일어로 펴낸 『계몽의 변증법』 가운데 실린 한 논문의 제목이다. 필자가 참고한 책은 M. Horkheimer/Th. W. Adorno, *Dialektik der Aufklärung* (Leibzig : Verlag Philipp Reclam, 1989)이다.

성격과 그 반(反)계몽적 효과를 분석했는데, 여기서 대중매체는 상품으로서의 대중문화가 대량으로 생산, 판매되어 대중의 계몽의식을 희석시키는 결정적 통로임이 판명된다.

엄밀히 말하면 비판이론가들이 대중매체에 대한 독립적인 이론을 개진했다고 보기는 어렵다. 호르크하이머와 아도르노는 형식으로서의 매체와 내용으로서의 문화를 구분하지 않고, 대중매체를 대중문화, 그것도 자본주의 사회의 제도화된 대중문화 속에 포함시킨다. 그래서 대중매체에 대한 그들의 분석은 언제나 제도화된 대중문화, 구체적으로 말하면 자본주의 사회의 문화산업에 대한 분석과 동일한 차원에 놓여 있다.

호르크하이머와 아도르노에게서 〈문화산업〉이란 용어는 문자 그대로 문화의 생산, 유통, 소비가 산업생산물의 그것과 동일한 경로를 거친다는 것을 뜻한다. 하나의 산업적 상품으로서의 문화는 그 생산목적이 이윤의 극대화 이외에 다른 곳에 있지 않다. 이윤의 극대적 실현을 위해서 문화상품은 소수의 특정 계급이 아니라 가능한 한 익명의 다수, 즉 대중의 소비를 목표로 가능한 한 저렴한 가격으로, 또 가능한 한 대량으로 생산, 유통, 판매되어야 한다. 문화상품은 이제 더 이상 고유의 아우라를 간직한 개체일 수 없으며, 그것을 생산하는 활동도 더 이상 완성품에 대한 일상의 추측을 불허하는 장인적 노동이 될 수 없다. 오히려 문화상품의 대량적 보급은 그에 상응하는 재생산 메커니즘을 요구하며, 이러한 메커니즘을 거쳐 산출되는 문화상품 역시 그에 상응하는 특성을 지닐 수밖에 없다. 호르크하이머와 아도르노에 의하면 전자는 문화상품을 〈기계적으로 복제가능한 틀 속에 천편일률적으로 끼워놓을 수 있는 능력〉[5]으로, 그리고 후자는 문화상품의 〈동질성〉과 〈반복성(또는 예측가능성)〉이란 특성[6]으로 나타난다.

---

5) 같은 책, 146쪽.
6) 같은 책, 139, 144쪽.

문화산업론은 이러한 문화상품의 동질화, 규격화, 일상화가 문화생
산물에 대한 대량의 기계적 복제를 가능하게 한 대중매체의 기술공학
적 발전과 매체산업의 성장에 비례해서 그 정도가 심화되어 왔음을 인
정한다.[7] 프린트, 영화, 라디오, TV 등 각종 매체와 하이테크의 결합,
그리고 이러한 하이미디어의 대중적 보급은 각종 문화적 메시지와 이
를 소비하는 대중의 개체의식을 〈양화 Quantifizierung〉시킨다. 대중매
체가 겉으로는 각계 각층의 사람들을 위해 질적으로 다양한 문화상품
을 제공하고 또 대중의 편에서는 상품선택의 자율성이 확대되는 듯 보
이지만, 이러한 질적 다양성과 선택의 자율성은 실제로는 시장에서의
〈경쟁과 선택가능성이란 가상을 영구화〉하는 것에 지나지 않는다.[8] 결
국 양화의 법칙이 말하고자 하는 것은 모든 문화상품들의 외관상의 질
적 차이는 소비자인 대중의 시선을 얼마나 잘 끄는가, 얼마나 잘 포장
하는가의 차이, 그러니까 실제로는 교환가치의 양적 차이이며, 각 개인
이 갖는 선택의 자율성은 실제로는 소득수준에 따라 분류되는 소비자
의 구매력의 차이라는 것이다.

그러나 문화산업의 성장이 대중매체의 기술적 발전과 매체산업의
성장에 따른 것일지라도 대중문화의 동질적, 표준적, 상투적, 획일적
특성은 대중매체의 기술적 본성에서 오는 것이 아니다. 오히려 문화산
업론은 대중문화뿐만 아니라 대중매체조차 그러한 특성을 공유하게끔
만드는 보다 근본적인 원인이 있다고 본다. 호르크하이머와 아도르노
에 따르면 그것은 자본의 보편적인 법칙이 지배하는 자본주의 경제체
계이다. 위에서 열거한 대중문화의 특성들은 대량생산과 대량소비의

---

7) 호르크하이머와 아도르노는 문화산업의 체계가 자유주의 산업국가에서 출발했
   으며 문화산업의 모든 특정적인 매체들이 그러한 곳에서 번창한 이유가 있다고
   주장한다. 즉 매체의 진보가 자본의 보편적인 법칙을 따르기 때문이라는 것이다
   (같은 책, 151쪽 이하). 호르크하이머와 아도르노의 문화산업 테제는 실제로 그들
   이 나치의 폭압을 피해 미국에서 망명 생활을 하면서 미국이라는 거대한 산업국
   가에서 확산되고 있던 〈대량문화〉의 실상을 목격한 결과 나온 것이다.
8) 같은 책, 142쪽.

서클을 따라 움직이는 상품 일반의 특성에서 오는 것이지, 이른바 기술 자체가 불러일으키는 마사지 효과가 아니다. 대중매체의 기술적 발전은 그러한 특성을 보다 심화시킬 뿐이다. 문화산업론에서는 대중매체 역시 맥루한이 인정한 것과 같은, 사회체계로부터 독립된 본성과 효과를 지닌 것이 아니라, 그 자체가 하나의 상품인 한 자본주의 경제체계에 의해 그 사회적 본성과 효과가 결정된다. 맥루한식으로 이야기하자면 사회체계가 대중매체와 그 메시지인 대중문화를 마사지한다는 것이다.

문화산업론의 대중매체 이해는 자본의 논리에 철저히 종속되어 있다. 매체의 본질적 기능이 송신자와 수신자 사이에 메시지로서의 문화를 소통시키는 매개역할에 있다면, 문화산업론이 이해하고 있는 대중매체의 가장 중요한 기능은 그 자체가 하나의 상품으로서 또 다른 상품, 즉 대중문화를 생산자에서 소비자에로 일방적으로 판매하는 매개역할에 있다. 그런데 여기서 주목해야 할 점은 〈자본의 승리〉를 위한 대중매체의 이러한 기능이 단순히 경제적 차원에 머물지 않고 대중으로 하여금 자본주의 경제체계에 〈순응〉케 하는 사회심리적 효과까지 불러일으킨다는 점이다. 아도르노는 대중매체에 의해 보급되는 대중문화가 일종의 〈사회적 접착제〉로 작용한다는 사실을 대중음악의 사회심리적 기능을 통해 분석했는데, 이에 따르면 대중음악은 대중에게 리드미컬한 복종적 심리유형과 현실의 고통스러운 상황을 망각하는 감상적 심리유형을 불러일으킨다는 것이다.[9] 여기서 대중매체는 대중의

---

9) 「대중음악에 관하여」에서 아도르노는 이외에 대중음악의 다른 두 가지 특징도 함께 열거하고 있다. 대중음악의 〈규격화〉와 〈수동적 청취〉의 조장이 그것이다. 물론 이 세 가지 특징들은 상호관련적이다. 대중음악의 규격화, 결정화는 그것에 대한 소비를 수동적이고 반복적이게끔 만들며, 결국 소비자들로 세계를 있는 그대로 받아들이게끔 유도한다(Th. W. Adorno, "On Popular Music," S. Frith/A. Goodwin(ed), *On Record: Rock, pop and the written word*(London: Routledge, 1990), 311쪽 이하). 스토리는 이 점에 대해 아도르노가 이 글을 쓴 1941년 당시의 대중음악과 지금의 대중음악과의 차이성을 지적하면서 가령 록큰

심리를 향한 대중문화의 공격적 침투와 대중문화에 대한 대중심리의 피동적 수용을 효과적으로 수행하는 역할을 떠맡는데, 이것은 사회체계의 입장에서 보자면 대중매체의 이데올로기적 기능에 해당하는 것이다. 〈대중매체가 장사 이외의 아무것도 아니라는 진리는 그 자신이 의도적으로 만들어낸 쓰레기들을 정당화하는 이데올로기로 사용된다는 것〉[10]을 뜻한다.

간추리자면 문화산업론에서 대중매체의 사회적 기능은 두 가지로 이해할 수 있다. 즉 대중매체는 이를 매개로 생산, 판매되는 대중문화와 더불어 본성상 하나의 상품이며, 따라서 일차적으로 자본주의 경제체계의 자기보존적 명령을 자본의 확대재생산을 통해 수행하는 경제적 기능을 떠맡는다. 또 대중매체는 이를 매개로 소통되는 대중적 메시지와 함께 정치체계의 자기보존적 명령을 대중적 순응을 통해 수행하는 정치적 기능도 함께 떠맡는다. 이로부터 우리가 대중매체에게 기대할 수 있는 것은 또 하나의 아우라적 권위를 갖게 된 사회 체계의 억압적 잠재력밖에 없다는 사실이 드러난다. 대중문화의 기술적 합리성은 그 자체가 〈지배의 합리성〉이며, 〈스스로로부터 소외된 사회가 갖게 된 강압적인 특성〉을 지닌다.[11] 호르크하이머와 아도르노의 〈계몽의 변증법〉은 여기에서도 확인할 수 있다. 즉 문화산업은 신화로부

롤과 비틀즈의 대항음악, 펑크록, 반인종차별적 록, 애시드 하우스, 인디 팝, 레이브 등의 대중음악이 아도르노가 말한 것처럼 그렇게 단조로운 것이 아니며 대중음악의 소비 또한 그렇게 수동적이 아니라고 반박한다. 스토리의 이러한 반박은 대중문화에 대한 아도르노와 벤야민의 견해 차이에서 체계에 대한 대중문화의 능동적인 저항력을 인정하는 벤야민의 입장에 서는 것이다. 벤야민은 문화의 기계적 복제로 인한 변화들이 문화의 사회적 기능을 변화시킨다고 믿는데, 스토리에 따르면 이러한 벤야민의 믿음은 〈아우라〉의 문화에서 〈민주적〉 문화로 옮겨가는 길을 열어놓고 있으며, 대중문화의 소비 문제를 〈사회심리적〉 문제가 아니라 〈정치적〉 문제로 전환시키는 의의를 갖는다는 것이다(J. Storey, 『문화연구와 문화이론』, 155쪽 이하).

10) M. Horkheimer/Th. W. Adorno, 앞의 책, 140쪽.
11) 같은 책, 같은 곳.

터 해방된 근대의 계몽적 이성의 승리로 보여지나, 아이러니컬하게도 그것은 총체적으로 사물화된 사회체계라는 또 다른 신화의 지배를 받게 된다. 따라서 대중매체의 계몽적 기능에 대한 문화산업론의 견해는 한마디로 비관적일 수밖에 없다. 문화산업론이 대중매체와 대중문화를 생산패러다임의 틀 안에서 하나의 산업적 상품으로 규정하는 한, 그리고 그것이 야기하는 사회체계에 대한 대중의 심리적 순응효과를 의식의 사물화와 같은 것으로 해석하는 한, 그러한 비관적인 견해는 처음부터 약속되어 있었던 것이다.

그러나 비록 문화산업과 결탁된 대중매체의 반계몽적 기능을 강조했음에도 불구하고 문화산업론은 매체와 계몽의 관계를 바라보는 우리의 시선을 교훈적인 방향으로 이끄는 면이 있다. 그것은 매체와 계몽의 관계는 기술이론이 아니라 사회이론의 문제라는 점을 명확히 드러냈다는 점이다. 앞에서 이야기했듯이, 문화산업론에서 대중매체의 계몽적 잠재력이 부인된 결정적인 이유는 대중매체의 본성이 인간상호간의 의사소통의 매체가 아니라 생산과 소비의 대상, 즉 상품으로 규정되었다는 점, 또 그것의 상품적 특성이 대중심리의 조작을 통해 정치체계에 대한 정당화 기능을 하는 것으로 규정되었다는 점에 있다. 이것은 문화산업론이 자본주의 사회를 경제 및 행정체계가 인간의 사회생활을 총체적으로 지배하는 사회, 즉 호르크하이머의 표현을 빌면 〈총체적으로 관리되는 사회〉[12]로 규정하고 있음을 뜻하는 것이다.

이러한 사회관은 무엇보다도 인간의 사회적 삶의 영역에 경제 및 행정체계라는 목적합리적 행위의 하부체계가 출현했음을 인정하고, 나아가 이러한 하부체계의 출현을 인간의 사회적 삶의 관계가 사물화된 것으로 해석한 데 따른 것이다. 이런 점에서 호르크하이머와 아도르노의 사회이론은 베버의 합리화이론과 루카치의 사물화이론을 결합한

---

12) M. Horkheimer, *Gesammelte Schriften*, Bd. 8(Frankfurt a/M. : Fischer Verlag, 1988), 340쪽.

형식이라고 할 수 있다. 총체적으로 사물화된 사회체계 내에서 대중매체는 하부체계로서의 문화적 제도체계에 종속되며, 그 기능도 마치 토대/상부구조의 관계처럼 경제체계로부터 일방적으로 규정될 수밖에 없다. 즉 대중매체는 자본주의 사회체계 전체의 자기보존을 위해 상품으로서의 일반적 기능과 이데올로기로서의 특수한 기능을 담당하는 것으로 규정된다. 이 과정에서 대중매체가 펼쳐보이는 잠재력이란 오직 억압적인 힘, 이를테면 또 하나의 반계몽적이고 신화적인 힘일 뿐이다. 따라서 대중매체의 계몽적 효과에 대한 문화산업론의 이 같은 비관적인 전망을 극복할 수 있는 하나의 가능한 대안은 사회를 총체적으로 사물화된 체계와 동일시하지 않는, 그리하여 대중매체와 대중문화를 경제적 생산과정에 종속시키지 않는 하나의 가능한 사회이론에 달려 있다고 해도 좋을 듯싶다. 그러한 대안들 가운데 하나로 필자는 하버마스의 2단계 사회이론을 수용하고자 한다.

3 대중매체와 생활세계/체계

하버마스는 도구적 이성만이 총체적으로 실현되는 사회, 즉 총체적으로 관리되는 사회에서는 삶의 사적 영역과 공적 영역이 각각 경제체계와 행정체계로 해소되는 등 존재하는 모든 것들이 〈실재 추상Real-abstraktion〉[13]으로 간주될 수밖에 없다고 주장한다. 호르크하이머와

---

13) 〈실재 추상〉은 마르크스의 정치경제학 비판의 규범적 토대인 가치론에 그 기원을 두고 있다. 마르크스는 추상노동 및 교환가치가 지배하는 자본주의 경제체계를 인간의 구체노동 및 노동생산물의 사용가치로부터 추상된 것으로 간주하고, 자본의 자기증식 과정이 그러한 추상적인 경제체계와의 연계 속에서 인간의 삶을 총체적으로 사물화시킨다고 주장한다. 호르크하이머와 아도르노 역시 이러한 관점을 견지하고 있다. 다만 그들에게서 사물화된 체계로 간주되는 것은 베버의 합리화론에 의거하여 경제체계뿐만 아니라 행정체계까지 포함된다는 점이 다를 뿐이다. 이 점에 대한 자세한 논의는 서도식, 「하버마스 사회이론에서 사물화 문

아도르노는 후기자유주의 사회의 통합형식을 체계통합과 동일시했기 때문에, 문화산업의 확장이 결국 문화를 저급한 것으로 만들고 문화로부터 이성적 요소를 박탈하며 인간의 의식을 조직적으로 통제한다는 결론을 내릴 수밖에 없었다는 것이다.[14] 대중매체의 경우도 마찬가지이다. 즉 영화와 라디오, 그리고 나중에는 TV 같은 매체상품들이 일상언어에 대한 지배력을 점점 강화시킴에 따라, 한때 공공영역에서 공중의 공개토론과 자기표현을 가능하게 했던 언어적 의사소통이 마침내 대중매체에 의해 체계적으로 조절되는 의사소통으로 대체되었다는 것이 그들의 견해라는 것이다.[15]

하버마스에 따르면 이러한 견해는 역사적으로 진행되어 온 부르주아적 사적 영역과 공적 영역의 구조변동을 전혀 염두에 두지 않은 데에서 나온 것이다. 하버마스는 사회진화 과정에서 새로운 체계메커니즘이 출현, 그것이 구조형성적 효과를 야기하는 데까지 나아가려면 규범적 제도가 그에 상응하는 수준으로 발전해야 한다고 주장하는데,[16] 이것은 후기자유주의 사회에도 마찬가지로 적용된다. 따라서 만일 우리가 근대사회의 진화과정을 사물화된 체계의 출현과 그 복잡성의 증대과정 하나로만 설명하지 않고 생활세계의 구조변동까지 함께 포함시켜 고려한다면, 그리고 이를 바탕으로 후기자유주의 사회의 통합형

제」, ≪철학≫, 제51집, 275쪽 이하 참고.

14) J. Habermas, *Theorie des kommunikativen Handelns*, Bd. 2(Frankfurt a/ M. : Suhrkamp Verlag, 1981), 557쪽.

15) 같은 책, 572쪽.

16) 하버마스에 따르면 사회진화의 〈페이스 메이커〉인 규범구조의 발달은 그때그때 새롭게 나타나는 체계메커니즘의 정당화 기반이 된다. 가령 근대사회에서 자본주의 경제체계의 출현과 발전은 그에 상응하는 규범, 예를 들면 베버가 이야기한 〈프로테스탄트 윤리〉를 제도화한 데 힘입고 있다. 또 뒤르켐식으로 말하자면 근대사회의 유기적 연대성 형태는 노동분업에 따른 기능적 통합만으로 설명될 수는 없으며, 가치와 규범, 도덕과 법에 의거한 사회적 통합력, 즉 〈집단의식〉에 의해 산출되는 것으로 간주되어야 한다는 것이다. 하버마스에 따르면 사회진화에서 규범구조의 발전은 일반적으로 법과 도덕의 제도적 발전으로 나타난다(같은 책, 257쪽 이하 참고).

식을 생활세계의 사회통합적 질서와 목적합리적 행위의 하부체계의
체계통합적 질서가 상호결합된 것으로 설명한다면, 대중문화와 대중
매체의 잠재력을 해명함에 있어 우리는 문화산업론의 아포리아로부
터 빠져나올 수 있다는 것이 하버마스의 생각이다. 이렇게 본다면 문
화산업론의 아포리아로부터 벗어날 수 있는 하나의 가능한 대안은
대중문화와 대중매체로부터 체계이론적 요소들을 성공적으로 제거하
는 데 있다고 말할 수 있겠는데, 〈2단계 사회구상 das zweistufiges
Gesellschaftskonzept〉으로 명명되는 그의 사회관은 이를 위한 이론적
실마리가 될 수 있다.

　하버마스는 사회를 〈사회적으로 통합된 집단들의 체계적으로 안정
된 행위연관〉,[17] 곧 생활세계와 체계의 결합체로 이해한다. 그러나 여
기서 오해하지 말아야 할 것은 〈2단계 사회〉라고 해서 그것이 이해사
회학에서 사용되는 총체적 질서개념으로서의 생활세계와 체계이론에
서 사용되는 총체적 질서개념으로서의 사회체계가 기계적으로 결합된
것이 아니라는 점이다. 하버마스에게서 생활세계와 체계는 언제나 하
나의 경험적 사회질서 안에서 〈분석적〉으로만 구분될 수 있는 사회통
합 gesellschaftliche Integration의 서로 다른 두 가지 방식일 뿐이다.[18]
전자는 인간 상호간의 〈의사소통행위〉가 〈상호이해 Verständigung〉를
목표로 삼는 〈언어〉를 매개로 해서 〈조정되는 koordiniert〉 질서, 즉
〈사회통합 Sozialintegration〉적 질서인 반면, 후자는 인간 상호간의

---

17) 같은 책, 228쪽 및 J. Habermas, "Entgegnung," A. Honneth/H. Joas(Hrsg.),
　　Kommunikatives Handeln(Frankfurt a/M. : Suhrkamp Verlag, 1986), 379쪽.
18) 하버마스는 생활세계와 체계가 영역적 실재가 아님을 분명히 하기 위해 「반론」
　　에서 다음과 같이 말한다 : 〈나는 체계와 생활세계 개념을 분석적 질서 개념으로
　　사용한다는 점을 먼저 밝히고자 하며, …… 체계통합과 사회통합을 '분석적으로'
　　구분되어야 하는 사회의 통합의 두 '측면'으로 도입하겠다〉(J. Habermas, "Ent-
　　gegnung," A. Honneth/H. Joas(Hrsg.), 앞의 책, 379쪽). 이에 관한 논의는 서도
　　식, 앞의 논문, 288쪽 이하 및 장춘익, 「하버마스의 근대성 이론. 진보적 실천의
　　가능성과 한계에 관한 모색」, 장춘익 외, 『하버마스의 사상. 주요 주제와 쟁점들』
　　(나남, 1996), 264쪽 이하 참조할 것.

〈전략적 행위〉가 〈효율적인 성과〉만을 목표로 삼는 〈매체〉를 매개로
해서 〈조절되는 steuert〉 질서, 즉 〈체계통합 Systemintegration〉적 질
서이다. 예를 들면 한 사회의 경제질서의 경우, 인간의 상호행위는 화
폐라는 매체에 의해 자동적으로 조절되지만, 여기에는 이러한 통합을
지탱해 주는 사법적 제도가 굳건히 결합되어 있다. 한 사회의 법적, 도
덕적 제도, 즉 규범적 제도는 행위결과의 비의도적인 조절이 아니라
행위지향의 의도적인 합의에 의해 출현하고 변동하는 것이다.

이러한 2단계 사회관에 입각하여 하버마스는 문화의 위상을 체계가
아니라 생활세계에 두는 방안을 모색한다. 파슨스와 달리 하버마스는
문화를 일반적 행위체계의 한 하부체계로, 나아가 그것을 사회체계의
환경으로 이해하지 않는다. 하버마스에 따르면 문화는 사회, 인성과 더
불어 의사소통행위의 맥락을 형성하는 생활세계의 한 구성요소이다.
문화, 사회, 인성 등 생활세계의 3가지 구성요소들은 각각 자기 자신뿐
만 아니라 다른 두 구성요소들의 유지를 위한, 다시 말해서 생활세계
전체의 재생산을 위한 독자적인 기능을 수행한다. 가령 문화의 경우에
는 자기 자신의 재생산을 위해서는 구성원들의 〈의사소통적 합의에 적
합한 해석적 도식〉을 제공하는 기능을, 사회통합적 질서의 재생산을
위해서는 〈기존 제도를 정당화〉하는 기능을, 그리고 사회화를 위해서
는 〈교육적 영향력을 지닌 행동유형〉을 산출하는 기능을 수행한다.[19]

이를 대중문화와 관련지어 설명하자면, 대중문화는 첫째, 사회진화
의 후기자유주의적 단계에 이르러 생활세계 자체의 발전논리에 따라
이미 의사소통적 합의를 위한 하나의 해석틀로서 자리잡았으며, 둘째,
후기자유주의 사회의 경제 및 행정체계와 이를 지탱하는 도덕적 법적
제도에 정당성을 부여하고 있으며, 셋째, 성장세대의 사회화를 위한 교
육과정에 이미 표준적인 행동유형을 마련해 주었다고 할 수 있다. 이
와는 달리, 문화산업론은 후기자유주의 사회에 상응하는 생활세계의

---

19) J. Habermas, *Theorie des kommunikativen Handelns*, Bd. 2, 212쪽 이하.

구조기능적 측면을 전혀 인정하지 않았기 때문에, 대중문화의 기능, 즉 국가자본주의적 질서를 정당화하고 이에 순응하는 인격을 산출하는 기능을 단순히 체계에 의한 의식의 사물화 효과와 한가지로 볼 수밖에 없었다. 생산패러다임에 따를 경우 대중문화는 그 자체가 하나의 산업적 생산물로서 사물화의 논리를 따르게 되지만, 의사소통 패러다임에 따를 경우 그것은 생활세계의 구성요소로서 합리화의 논리를 따르게 된다. 전자는 총체적 합리성을 도구적 합리성과 똑같은 것으로 간주하여 합리화를 사물화와 같은 것으로 보지만, 후자는 복합적 합리성을 인정함으로써 합리화와 사물화를 별개의 것으로 간주한다.

한편 대중매체로부터 체계이론적 요소를 제거하려는 하버마스의 작업은 그 자신의 독특한 〈매체이원론〉의 관점에서 조망될 수 있다. 여기서도 하버마스의 방안은 대중매체를 체계가 아니라 생활세계의 맥락에 자리매김하는 것이다.

하버마스에게서 인간 상호간의 상호이해를 지향하는 의사소통행위의 매체는 언어, 정확히 말하면 화자에 의해 표명된 메시지에 대해 청자가 합리적 근거를 갖고 긍정 또는 부정의 태도를 취할 수 있는 〈명제적으로 분화된 언어〉이다. 송신자가 의사소통을 목적으로 〈세계-내-존재〉에 관한 메시지를 명제적 언어행위를 통해 전달하는 한, 그의 언어행위 속에는 이미 메시지의 타당성요구가 암묵적으로 제기되고 있으며, 수신자 역시 의사소통적 의도에서 언어행위를 수행하는 한 언제나 세계-내-존재에 관한 자신의 지식을 근거로 그러한 타당성요구에 합리적으로 반응한다. 하버마스가 언어의 〈텔로스〉라고 명명한 〈상호이해〉라는 것은 특정 메시지의 타당성에 대한 송수신자간의 실제적인 합의 내지 행위조정을 가리키는 것이 아니라, 이것을 가능케 하는 〈최소한의 조건〉, 즉 언어로 표현된 메시지의 의미를 쌍방이 동일하게 해석해 내는 것을 뜻하는 말이다. 즉 실제상황에서의 의사소통적 합의는 그것이 언어를 매개로 수행되는 한 언제나 상호이해를 전제하고 있지만, 그 역은 성립하지 않는다. 메시지에 대한 해석의 일치

가 곧바로 메시지에 대한 합의로 이어지지 않는 경우는 현실에서 허다하다.[20]

그런데 하버마스에 따르면 합리화가 진행되면 될수록 이처럼 상호이해의 조건과 의사소통적 합의의 조건이 일치하지 않는 경우가 더욱 많아진다는 것이 문제이다. 이것은 의사소통적 합의의 조건이 더욱 복잡해짐을 뜻하는 것인데, 그 이유는 행위동기 및 가치의 일반화가 진행되면 될수록 의사소통행위는 전통적인 규범적 행위유형으로부터 더욱 멀어지게 되며, 그만큼 행위지향의 다양성도 증대되기 마련이기 때문이다. 이런 상황에서는 의사소통적 합의라는 것이 모종의 내용적 권위를 갖는 특정한 규범에 따라 강제적으로 이루어지기란 불가능할 뿐아니라, 합리성의 증대과정에 역행한다는 점에서 바람직하지도 않다. 하버마스에 의하면 이런 상황에서 권위 있는 행위조정 메커니즘은 오직 언어적 합의형성밖에 없다.[21] 비록 특정한 내용을 갖는 표준적인 행위유형이 없어 때로는 행위조정 작업이 매우 모험적이고 낭비적으로 진행된다 하더라도, 의사소통적 합리성은 결코 효율성만을 목적으로 한 강제적인 합의를 인정하지 않는다.

그러나 실제로는 사회진화의 과정에서 모험적이고 낭비적인 행위조정메커니즘의 부담을 경감시켜 주는 〈구제메커니즘〉이 출현, 작동하고 있음을 하버마스 자신도 인정하고 있다. 〈조절매체〉와 〈대중매체〉가 그것이다.[22] 조절매체는 합리화의 과정에서 목적합리적 행위체계가 생활세계로부터 분리되는 가운데 행위조정 방식 또한 언어적 합의형성으로부터 떨어져나간 결과로 등장한 것이다. 경제 및 행정체계의 경우가 그러한데, 여기서 상호행위는 상호이해가 아니라 성공을 지향하

---

20) 형식화용론에 입각한 언어적 상호이해와 행위조정의 관계에 대한 하버마스의 설명은 J. Habermas, *Theorie des kommunikativen Handelns*, Bd. 1(Frankfurt a/M. : Suhrkamp Verlag, 1981), 369~452쪽 참고.

21) J. Habermas, *Theorie des kommunikativen Handelns*, Bd. 2, 267쪽 이하.

22) 같은 책, 269쪽 이하.

는 행위이며, 이러한 성과의 효율성을 위해서는 모험적이고 낭비적인
언어적 의사소통보다 화폐 및 권력이라는 조절매체를 통해 행위를 조
절하는 것이 유리하기 때문이다. 조절매체라는 것이 어디까지나 행위
성과들만을 기능적으로 통합시키는 매체인 한, 그것은 처음부터 행위
지향의 일치 문제와는 무관할 수밖에 없다. 하버마스의 표현을 빌자면,
조절매체는 언어적 합의형성을 〈대체 ersetzen〉하는 방식으로 의사소
통적 부담을 경감시키는 〈탈언어적 의사소통매체〉이다.

그러나 같은 구제메커니즘이라 하더라도 대중매체의 경우에는 사정
이 전혀 다른데, 하버마스에 따르면 대중매체는 언어적 합의형성을
〈응축 kondensieren〉시키는 방법으로 행위조정 메커니즘의 부담을 감
해주는 〈일반화된 의사소통형식〉이다. 여기서 〈응축〉이라는 말은 언어
적 합의의 복잡한 논증절차를 축소시킨다는 의미가 아니라, 〈단지 일
차적으로만 nur in erster Instanz 상호작용을 비판가능한 타당성요구
들에 대한 긍정 또는 부정의 태도로부터 구제한다〉[23]는 것, 그리하여
의사소통과정을 제한된 시공간적 맥락으로부터 해방시켜 의사소통의
국지적 성격을 제거하는 것, 다시 말해서 의사소통행위를 다면적인 맥
락에서 실행함으로써 공적 영역을 확장시킨다는 것이다. 일반화된 의
사소통형식으로서의 대중매체는 〈시공간적으로 먼 거리에 있는 의사
소통의 내용들을 추상적 동시성을 지닌 가상적인 네트워크로 묶어 다
양한 맥락에 대한 보고, 통지를 마음대로 처리할 수 있도록 해준다.〉[24]

---

23) 여기서 〈일차적〉이라는 말은 특정 시공간적 맥락에서 이루어지는 직접적인 언
　　어적 의사소통관계를 뜻한다. 하버마스는 의사소통이 테크놀로지화된다고 해서
　　그것이 언어적 의사소통을 대체하는 것이 아니라는 점을 다음과 같이 분명히 한
　　다 : 〈왜냐하면 그러한 테크놀로지는 '공적 영역의 형성'을 가능하게 하기 때문이
　　다. 다시 말해 그러한 테크놀로지는 아주 복잡해진 의사소통의 네트워크라 할지
　　라도 문화적 전통에 연결되어 있도록 하고, '궁극적으로는' 그러한 의사소통 네트
　　워크가 책임성 있는 행위자들의 행위에 의존하면서 머물러 있도록 보장해 주기
　　때문이다〉(같은 책, 275쪽).
24) 같은 책, 573쪽.

이런 맥락에서 하버마스는 문자, 출판, 전자매체들의 출현을 아주 중요한 진화적 혁신으로 간주하는데, 그 이유는 이러한 매체들이 의사소통을 일반화시킴으로써 역사적으로 공공성의 형성과 구조변동을 가능하게 한 것들이기 때문이다. 그래서 하버마스는 대중매체를 〈의사소통의 테크놀로지〉[25]라고도 명명한다.

대중매체의 종류가 어떤 것이든 그것이 일반화된 의사소통형식인 한, 이를 통한 행위조정은 언제나 언어적 합의형성의 틀 속에서 이루어지며, 생활세계의 배경적 자원들을 이용한다. 하버마스에게서 대중매체는 의사소통의 매체이며, 이런 까닭에 본질적으로는 언어와 동일한 위상을 지닌다. 하버마스는 언어를 〈세계-내-존재〉가 아니라 〈생활세계 자체를 구성하는 것〉이라고 말하는데,[26] 이것은 그가 언어를 사물화하지 않겠다는 의도의 표시이다. 그렇다면 우리는 대중매체에 대해서도 똑같은 이야기를 할 수 있다. 즉 대중매체는 객관적 세계 속에 있는 사물화된 존재, 가령 문화산업론에서와 같이 일종의 상품과 같은 것이 아니라 생활세계 자체를 구성하는 것이라고 말할 수 있다. 하버

---

25) 같은 책, 274-275쪽.
26) 하버마스에게서 〈생활세계〉와 〈세계〉는 상이한 차원에 있는 개념들이다. 즉 생활세계는 그 자체로는 문제시될 수 없고 주제화될 수 없는 것이지만, 의사소통행위자들이 거기에 대해 어떤 형식화용론적 근본태도를 취하느냐에 따라 그것은 상이한 〈형식적 세계〉로 문제시되고 주제화된다. 가령 생활세계는 행위자가 거기에 대해 객관화하는 태도를 취하면 객관적 세계로, 규범순응적 태도를 취하면 사회적 세계로, 표현적 태도를 취하면 주관적 세계로 형식화된다. 〈세계-내-존재〉란 이러한 3가지 형식적 세계를 구성하는 실재들로서 의사소통 당사자들 사이의 합의 또는 불일치의 대상이 되는 것들이다. 반면 생활세계는 이러한 문제시되는 세계-내-존재에 대해 의사소통 당사자들간의 상호이해 및 행위조정을 위한 배경적 지식이 되는 것이다. 〈형식적 세계개념이 상호이해가 가능한 '대상'das, worüber Verständigung möglich ist의 준거체계를 구성하는 것이라면, 생활세계는 상호이해 '자체'Verständigung als solche를 구성하는 것이다〉(J. Habermas, Theorie des kommunikativen Handelns, Bd. 1, 126쪽 이하 및 324쪽 참고). 하버마스에 따르면 이러한 상호이해 자체를 구성하는 것들로는 언어 이외에도 〈문화〉가 있다(J. Habermas, Theorie des kommunikativen Handelns, Bd. 2, 190쪽 이하 참고).

마스가 대중매체를 시종일관 의사소통의 일반화된 〈형식〉이라고 표현하는 까닭은 바로 여기에 있는 것으로 보인다. 필자는 대중매체가 언어와 마찬가지로 하나의 사물적 존재가 아니라는 견해로부터 대중매체의 계몽적 잠재력을 해명하는 실마리를 찾고자 한다.

4 대중매체의 계몽적 잠재력

호르크하이머와 아도르노의 용법에 따르면 계몽은 예로부터 〈인간에게서 공포를 몰아내고 인간을 주인으로 세운다〉[27]는 목표를 갖고 있었다. 그들은 인간을 억압하는 당대의 공포를, 한때 신화의 공포로부터 인간을 해방시킨 이성 자체에서 찾았다. 물론 그들이 신화로 선포한 이성은 도구적 이성이며, 탈인간적인 경제 및 행정체계는 그러한 도구적 이성이 사회적 삶의 영역에 총체적으로 실현된 것이다. 앞에서 이야기했듯이, 문화산업론이 당대의 계몽에 대해 비관적인 전망을 내릴 수밖에 없었던 이유는, 그것이 대중문화와 대중매체를 함께 산업적 생산물로 취급함으로써 그것들의 상품적 특성이 인간의 의식에 침투해 들어와 인간의 의식마저 사물화시킨다는 견해를 피력했기 때문이다.

그러나 앞에서 이야기했듯이, 하버마스에게서 대중문화와 대중매체는 그 어느 것도 객관적 세계 속에 존재하는 어떤 사물적 존재가 아니다. 그렇다고 해서 사회적 세계 속에 존재하는 어떤 제도도 아니요, 주관적 세계 속에 존재하는 어떤 욕구나 감정도 아니다. 한마디로 그것들은 〈실재 Entitäten〉가 아니다. 대중문화는 그것이 문화인 한에서, 의사소통 당사자들이 세계-내-존재에 관한 모종의 메시지를 해석할 때 갖게 되는 해석도식이며, 대중매체는 그러한 협동적 해석작업이 시공간적 제한을 넘어 용이하게 이루어질 수 있도록 만드는 테크놀로지화

---

27) M. Horkheimer/Th. W. Adorno, 앞의 책, 16쪽.

된 의사소통형식이다. 그것들은 한마디로 생활세계 자체를 구성하는 형식적인 틀이다.

대중매체가 일반화된 〈의사소통형식〉이라는 하버마스의 견해는 의사소통과정 자체의 형식이 대중매체의 형식적인 차이를 불문하고 공통적으로 진행된다는 것을 시사한다. 예를 들어 TV는 호르크하이머와 아도르노가 이야기한 것처럼 영화와 라디오의 종합으로 볼 수 있는데, 이것은 TV가 송신자의 메시지를 오디오와 비디오의 합성형식으로 표현하기 때문이다. 맥루한에게서는 TV가 메시지를 오디오와 비디오로 표현하는 형식, 즉 인간의 감각을 마사지하는 형식이 중요하겠지만, 하버마스의 관점에서 보면 오디오로 표현하든 비디오로 표현하든 TV가 송신자의 메시지를 수신자에게 소통시키는 과정 자체의 형식이 중요하다. 즉 TV를 통해 전달되는 송신자의 메시지가 명제적으로 분화된 언어로 번역될 수 있다면, 그 메시지의 표현방식은 의사소통의 목적달성에 중요한 변수가 되지 못한다. 의사소통행위에서 중요한 것은 송신자가 메시지의 타당성요구를 제기하고 있는가, 그리고 수신자가 생활세계의 배경적 지식을 근거로 그러한 타당성 요구에 합리적으로 대응할 수 있는가 하는 것이다. 매체의 형식이 어떤 것이든, 다시 말해 메시지가 어떤 형식으로 표현되든, 메시지가 명제적으로 분화된 언어로 번역될 수 있다면 그 메시지는 이미 상호이해의 조건을 만족시키는 것이다.

하버마스에게서 대중매체가 메시지를 표현하는 형식, 즉 대중매체의 형식이 중요성을 획득하게 되는 이유는 다른 곳에 있다. 의사소통과정 자체의 형식이 동일함에도 불구하고 대중매체의 형식적인 차이는 곧 의사소통행위가 이루어지는 시공간적 맥락의 차이, 달리 말하면 언어적 합의형성을 응축시키는 정도의 차이를 뜻하기 때문이다. 하버마스에 따르면 이러한 차이는 공적 영역의 구조변동을 야기하는 원인으로 작용한다는 것이다. 가령 〈국가에 의해 조직된 사회로의 이행은 '문자'의 발명과 함께 이루어졌다. 문자는 처음에는 행정기술적인 목적에 이

용되었고 나중에는 교육받은 계층에 문필적 교양을 심어주는 데 이용
되었다. 이러한 과정을 통해 자신의 발언을 불특정한 일반 대중에게로
향할 수 있게 한 저자의 역할, 전통을 교육과 비판을 통해 발전시키는
해석자의 역할, 읽을 거리를 선택함으로써 전승되어 온 의사소통 중
어느 것에 참여하고 싶은지를 결정하는 독자의 역할이 형성된다. '출
판'은 근대사회에 들어와서야 비로소 그 문화적, 정치적 의미를 획득한
다. 출판은 의사소통행위의 제한을 해방시킨다. 그러한 제한으로부터
의 해방은 20세기에 발전된 '전자대중매체'를 통해 다시 한 번 큰 힘을
얻게 된다.〉[28] TV는 오늘날 거의 전 계층이 이용하는 대표적인 일반화
된 의사소통형식이다. 화자와 청자 간의 의사소통행위를 제한하는 요
소가 드문 매체로는 TV만한 것이 없다. 〈텔레크라시〉라는 신조어가
등장했다는 사실은 이미 TV가 정치적 의미까지 획득했다는 것을 입
증하는 것이다. 향후 있게 될 PC와 쌍방향 TV의 대량보급은 언어적
합의형성을 더욱 응축시킬 것이며, 삶의 공적 영역도 그만큼 구조변동
이 있으리라는 것은 충분히 예상가능한 일이다.

하버마스는 대중매체가 의사소통을 응축시키는 과정, 달리 말하면
공공성을 형성시키는 과정에서 그 양면적 성격과 이중적 잠재력이 나
타난다고 주장한다. 즉〈매체의 공공성 Medienöffentlichkeit은 가능한
의사소통의 지평을 '위계화 hierarchisieren'시키며, 동시에 그것을 '제
한으로부터 풀어놓는다 entschränken'〉[29]는 것이다. 가령 대중매체가
의사소통을 모험적이고 낭비적이게끔 만드는 시공간적 장애들을 제거
하는 방식은 가능한 한 광범위하고 밀도 있는 의사소통 네트워크를 구
축하는 일일 것이다. 물론 이러한 작업은 매체공학의 발전과 매체산업
의 성장에 의해 주도되는 것이 사실이다. 그러나 기술공학적 내지 산
업적 효과가 아니라 매체의 의사소통적 효과의 측면에서 본다면, 그러

---

28) J. Habermas, *Theorie des kommunikativen Handelns*, Bd. 2, 274쪽.
29) 같은 책, 573쪽.

한 언어적 합의형성의 응축작업은 메시지에 대한 합리적 정당화 또는 비판의 공적 영역을 시간적, 공간적으로 확장시키는 결과를 가져온다.

언어적 합의형성의 응축은 불가피하게 의사소통 네트워크를 중앙집중화시키기 마련이다. 다시 말하면 네트워크의 확장과 심화는 의사소통의 지평을 중심부와 주변부 또는 상부와 하부로 나누며, 이러한 위계화로 인해 의사소통의 흐름은 일방적인 통로를 거치게 된다. 하버마스에 따르면 대중매체가 〈권위주의적 잠재력〉을 갖는 것은 바로 이 때문이다. 즉 대중매체는 공적 영역의 위계화를 통해 〈사회적 통제의 위력〉을 엄청나게 강화시킬 수 있다는 것이다.[30] 그러나 하버마스가 말하는 대중매체의 권위주의적 잠재력을 굳이 문화산업론에서처럼 대중심리의 조작과 같은 것으로 해석할 이유는 없다. 하버마스에게서 대중매체가 갖는 사회적 통제의 위력은 대중의식의 사물화를 야기하는 힘이라기보다 언어를 전략적으로 사용하는 힘과 같은 것으로 보는 것이 타당하다. 하버마스에 따르면 언어를 매개로 한 전략적 행위란 〈최소한 한 명의 (의사소통) 참여자가 자신의 언어행위를 통해 상대방에 대해 발화결과적 효과를 불러일으키려는 상호행위〉[31]를 말하는데, 가령 대중매체를 장악하고 있는 권위주의적 정권이 대중에게 권력에의 순응효과를 불러일으키기 위해 대중매체를 매개로 공적 영역을 통제하는 행위가 바로 그 경우라고 하겠다.

그러나 대중매체가 언어적 합의형성을 응축하는 일반화된 의사소통 형식인 한, 대중매체는 언어의 〈해방적 잠재력〉 또한 소유하고 있다는 것이 하버마스의 주장이다.[32] 하버마스에 의하면 이러한 해방적 잠재력은 언어적 의사소통의 실천에 내재한 것이다. 〈의사소통적 실천은 생활세계를 배경으로 합의를 의도하고 달성하고 갱신하는 것을 목표로 삼으며, 더구나 이러한 합의는 비판가능한 타당성요구들을 상호주관적

---

30) 같은 곳.
31) J. Habermas, *Theorie des kommunikativen Handelns*, Bd. 1, 396쪽.
32) J. Habermas, *Theorie des kommunikativen Handelns*, Bd. 2, 573쪽.

으로 인정하는 데 의존한다. ── 이러한 일상적인 의사소통적 실천이 합리적이라면 그 이유는 그러한 실천이 바로 논증적 실천을 심급으로 삼기 때문이다.⟩³³⁾ 그러니까 합의를 위해 논증 이외의 그 어떠한 신화적, 종교적, 형이상학적 권위도 인정하지 않는 것이 의사소통합리성의 핵심적인 내용이다. 화자에 의해 제기된 비판가능한 타당성요구에 대해 오로지 합리적 근거만을 갖고서 ⟨예⟩ 또는 ⟨아니오⟩의 태도를 취하는 것이야말로 의사소통을 강제적인 합의로부터 해방시키는 길이다. 대중매체가 해방적 잠재력을 갖고 있다는 하버마스의 주장은 이런 맥락에서 이해되어야 한다. 왜냐하면 대중매체는 이러한 언어적 합의를 대체하는 것이 아니라 응축시키는 형식이기 때문이다. 하버마스에 따르면 의사소통의 시공간적 탈제한성은 ⟨[대중매체의 ── 역자] 권위주의적 잠재력을 남김없이 사용하는 것을 어렵게 만든다. 왜냐하면 의사소통구조 자체에는 해방적 잠재력이라는 반대방향의 평형추가 또한 내재해 있기 때문이다. 의사소통이 아무리 추상화되고 다발화된다고 하더라도 그것은 확실히 판단성과 책임성을 지닌 행위자들의 저항가능성으로부터 스스로를 보호할 수 없을 것이다⟩.³⁴⁾

물론 이러한 ⟨반대방향의 평형추⟩는 의사소통에 대한 경험적 연구에서 확인되어야 한다. 그러나 하버마스는 의사소통에 대한 연구가 ⟨경험주의적으로 축소되지 않고⟩ 앞에서 말한 합리적인 의사소통적 일상실천의 차원을 고려하기만 한다면 대중매체의 해방적 잠재력을 충분히 확인할 수 있다고 믿는다. 그래서 그는 아도르노의 문화비판 테제에 반대하는 켈르너, 싱글우드, 라자펠트 등의 견해들을 대중매체의 해방적 잠재력을 드러내는 증거들로 삼고 있다. 첫째, 방송국들의 이해관계가 서로 경쟁적이므로 정치적, 경제적, 이데올로기적, 직업적, 매체미학적 관점들은 결코 빈틈 없이 통합될 수 없다는 점, 둘째, 대중

---

33) J. Habermas, *Theorie des kommunikativen Handelns*, Bd. 1, 37쪽.
34) J. Habermas, *Theorie des kommunikativen Handelns*, Bd. 2, 573쪽.

매체는 대개 저널리스트적 사명에서 비롯하는 책무들을 아무런 갈등 없이 회피할 수 없다는 점, 셋째, 방송국들은 대중문화의 수준에만 부응하는 것이 아니라, 설사 그렇다 하더라도 가령 〈대중적 보복으로서의 대중문화〉처럼 비판적인 메시지를 포함할 수가 있다는 점, 넷째, 이데올로기적 통지는 특정한 하부문화적 배경의 수용조건에 따라 그 의미가 전도될 수도 있다는 점, 다섯째, 일상적인 의사소통적 실천은 대중매체의 직접적인 조작, 간섭에 저항하는 고유한 특징이 있다는 점, 여섯째, 비디오 다원주의 및 텔레크라시가 비록 무정부의적인 비전에 지나지 않는다 하더라도, 전자매체의 기술적 발전이 반드시 네트워크의 중앙집중화로 나아가는 것은 아니라는 점 등이 그것들이다.[35]

대중매체의 해방적 잠재력은 하버마스가 말하는 계몽의 프로젝트를 실현하는 유용한 수단이 될 수 있다. 하버마스에게서 인간을 억압하는 당대의 공포의 대상은 더 이상 호르크하이머와 아도르노에게서처럼 사물화된 체계 그 자체가 아니며, 당대의 신화 역시 더 이상 도구적 이성만으로 총체화되는 이성 그 자체에 있지 않다. 하버마스의 비판적 사회이론이 비판하고자 하는 당대 자본주의 사회의 사물화는 루카치적 전통 아래에 있는 의식의 사물화가 아니라 〈의사소통관계의 사물화〉[36]이다. 하버마스에 따르면 의사소통의 사물화는 〈체계의 명령이 가하는 구조적 폭력이 사회통합 형식 자체를 침범하는 것〉,[37] 〈합의에 의존하는 행위조정이 다른 것으로 대체될 수 없는 영역, 즉 생활세계의 상징적 재생산이 관건인 그런 영역에서도 궁극적으로 체계메커니즘이 사회통합 형식들을 몰아내는 것〉[38]을 말한다. 그러니까 언어적 합의형성의 고유한 영역을 조절매체를 통한 조절영역으로 대체하는 것, 즉 체계에 의한 생활세계의 〈내적 식민화〉가 하버마스적 의미의 사물

---

35) 같은 책, 574쪽 이하.
36) 같은 책, 566쪽.
37) 같은 책, 292쪽.
38) 같은 책, 293쪽.

화이다. 하버마스는 당대 자본주의 사회의 사물화 문제를 루카치, 호르크하이머, 아도르노에게서처럼 체계 자체를 사물로 번역하는 〈의미론적 물음〉이 아니라 〈경험적 물음〉임을 강조한다.[39] 즉 의사소통관계의 사물화 현상은 예를 들어 〈근로자 및 소비자의 행위영역〔경제체계와 교환관계를 맺는 사적 영역 ── 역자〕과 국가 시민 및 관공서 민원인의 행위영역〔행정체계와 교환관계를 맺는 공적 영역 ── 역자〕이 화폐와 권력에 의해 조절되는 Monetarisierung und Bürokratisierung〉[40] 경험적 사건이다.

이런 맥락에서 보면, 하버마스에게서 〈인간을 억압하는 공포〉는 의사소통관계의 사물화이며, 당대의 〈신화〉는 의사소통합리성의 증대를 가로막는 〈기능주의적 이성 funktionalistische Vernunft〉이라고 할 수 있다. 도구적 이성이든, 기능주의적 이성이든 그것이 총체적 이성을 자임할 경우, 그러한 이성은 복합적 이성이 갖는 다양한 측면을 억압한다. 총체적 이성은 그에 상응하는 선택적 가치를 갖고 의사소통적 합의를 강제적으로 달성케 하는 또 하나의 형이상학적 권위이다. 총체적 이성이 아니라 복합적 이성으로서의 의사소통적 이성, 즉 다양한 측면들의 〈통일〉이 아니라 그것들의 〈연합〉으로서의 의사소통적 이성은 그러한 형이상학적 권위로부터 인간의 의사소통행위를 해방시킨다. 하버마스에게서 계몽의 의미를 간단히 말하면, 그것은 말을 사물로부터 해방시켜 인간에게로 되돌려주는 것이라 할 수 있다.

앞에서 이야기했듯이, 대중매체는 그 본성상 언어적 합의형성을 대체하기보다 그것을 응축시키는 구제메커니즘이다. 따라서 대중매체를 통한 의사소통행위의 교환은 언어를 매개로 한 그것과 마찬가지로 의사소통적 합리성이 고스란히 보존되어 있다. 하버마스의 주장을 받아들이면, 한 사회가 문화적 재생산, 사회통합, 성장세대의 사회화를 위

---

39) 같은 책, 548쪽.
40) 같은 책, 566쪽 이하.

해, 즉 자신의 상징적 재생산을 위해 대중매체의 해방적 잠재력을 적
극 활용하는 것은 그 자체가 인간의 해방, 즉 계몽의 프로젝트를 실현
하는 일이다. 하버마스 자신도 예로 사용하고 있듯이, 오늘날 비디오다
원주의나 TV 민주주의라는 것이 전적으로 그러한 매체를 지배하고
있는 산업자본가나 정부의 전략대로 대중의 심리를 조작하고 기만하
는 이데올로기적 효과만을 자아낸다고는 보기 어렵다. 가령 다양한 상
품의 광고나 정책홍보 따위는 전적으로 시청자들을 수동적인 수신자
로만 만들지 않는다. 〈말하고 행위하는〉 주체로서 책임성과 판단력을
지닌 시청자들은 오히려 산업자본가나 정부의 의도와는 반대로 광고
메시지나 정책홍보에 대한 합리적인 비판을 통해 상품선택의 자유를
누리거나 특정정책에 대해 시정을 요구할 수도 있다. 만일 우리가 이
러한 대중매체들을 한갓 기계나 상품 또는 조절매체로 간주한다면, 우
리는 대중매체를 자신의 독자적인 논리에 따라 탈규범적으로 움직이
는 하나의 사물로 만들게 되며, 궁극적으로는 인간 상호간의 의사소통
의 교환을 체계의 자기조절적 운동으로 만들어버릴 위험에 처할 수 있
다. 대중매체가 그 본성상 세계-내-존재가 아니라 이에 관한 메시지를
교환하는 일반화된 의사소통형식이라는 하버마스의 주장은 인간이 매
체를 규범적으로 통제할 수 있는 여지를 허락해 준다.

5 나가는 말

역사철학적 의미에서 계몽은 사실이라기보다 규범에 가깝다. 그래서
예로부터 계몽은 한마디로 〈좋은 삶gutes Leben〉을 향한 진보를 의
미하는 것이었다. 〈좋은 삶〉이 어떤 삶인지에 대해서는 다양한 의견이
있을 수 있으나, 한 가지 분명한 사실은 그러한 삶의 내용을 결정하는
주체는 사물이 아니라 인간, 구체적으로 말하면 사회적 존재인 인간이
라는 점이다. 그래서 대중매체와 계몽의 관계문제를 해명함에 있어 시

종일관 필자에게 지침이 된 것은 그 문제는 기술이론이 아니라 사회이론을 근거로 해명되어야 한다는 생각이었다.

맥루한의 매체이해는 기술결정론에 입각, 대중매체의 기술적 본성과 기술적 효과만을 중시한다는 점에서 처음부터 계몽의 문제로부터 자유로울 수밖에 없다는 것이 필자의 생각이다. 이와는 달리, 호르크하이머와 아도르노의 문화산업론은 그 직접적인 주제가 문화산업과 계몽의 관계에 관한 것이다. 문화산업론은 또한 나름대로의 사회이론적 근거를 갖고서 주제에 접근했다는 점에서 필자의 관심을 끌기에 충분했다. 그러나 문화산업론은 대중매체와 대중문화를 한꺼번에 상품이라는 사물적 존재로 규정함으로써 스스로 대중매체의 계몽적 효과를 무망하게 만들었다. 이러한 결과는 문화산업론이 전제하고 있는 사회이론이 체계이론의 흔적을 강하게 갖고 있었던 데에서 연유하는 것이다. 이러한 문화산업론의 아포리아로부터 벗어날 수 있는 길은 결국 사회이론적 근거를 갖고서 대중매체를 탈사물화시킬 수 있는 매체이론을 정립하는 것인데, 필자는 이에 부응하는 하나의 가능한 대안으로 하버마스를 끌여들었다. 하버마스의 2단계 사회이론은 체계의 조절논리에 지배되지 않는 규범적 토대로서의 생활세계의 고유 영역를 인정하고, 대중매체를 생활세계 속에서 인간이 처리할 수 있는 일반화된 의사소통형식으로 규정함으로써, 대중매체와 규범, 대중매체와 계몽의 관계 문제를 상호주체적인 인간의 입장에서 해명할 수 있는 길을 열어놓고 있다는 것이 필자의 견해이다.

오늘날 대중매체의 기술공학적 발전과 이에 따른 의사소통 네트워크의 확장, 그리고 공적 영여외 구조변동 등이 매체산업의 성장에 의해 주도되고 있다는 것, 그리고 온갖 대중매체들이 상품으로서 생산, 판매되고 있다는 것은 부인할 수 없는 사실이다. 그러나 대중매체가 하나의 상품이라고 해서 그것이 지닌 의사소통형식으로서의 본성이 사라지는 것은 아니다. 대중매체가 상품이라는 것은 관찰자의 관점에서 본 사물로서의 본성이고, 그것이 의사소통형식이라는 것은 의사소

통참여자의 관점에서 본 매체로서의 본성이다. 좋은 삶, 즉 계몽된 삶
이 어떤 삶인가에 대한 대답은 신화적으로 또는 종교적으로 또는 형이
상학적으로 예정된 것이 아니라 우리가 지속적인 대화를 통해 자율적
으로 합의해야 할 사안이다. 대화의 참여자로서 우리에게 주어져 있는
유일한 의무는 논증의 권위에 복종하는 것뿐이다. 아무리 그 존재를
부인하려고 애써도 어쨌든 매체는 〈지금 여기에〉 있다. 계몽은 사물로
서의 매체가 인간을 주무르기보다 인간이 의사소통형식으로서의 매체
를 주무를 것을 요구하고 있다.

【참고문헌】

Th. W. Adorno, "On Popular Music," S. Frith/A. Goodwin(ed), *On Record : Rock, pop and the written word*, London, Routledge, 1990.

J. Habermas, *Theorie des kommunikativen Handelns*, Bd. 1, Frankfurt/M., Suhrkamp Verlag, 1981.

———, *Theorie des kommunikativen Handelns*, Bd. 2, Frankfurt/M., Suhrkamp Verlag, 1981.

———, "Entgegnung," A. Honneth/H. Joas(Hrsg.), *Kommunikatives Handeln*, Frankfurt/M., Suhrkamp Verlag, 1986.

M. Horkheimer, *Gesammelte Schriften*, Bd. 8, Frankfurt/M., Fischer Verlag, 1988.

M. Horkheimer/Th. W. Adorno, *Dialektik der Aufklärung*, Leibzig, Verlag Philipp Reclam, 1989.

M. McLuhan, *The Medium is the Massage : An Inventory of Effects*, New York, London, Toronto, Bantam Books, 1967.

———, *Understanding Media : The Extensions of Man*, New York, McGraw-Hill, 1964.

J. Storey, 『문화연구와 문화이론』, 박모 옮김, 서울, 현실문화연구, 1995.

김경용, 「마샬 맥루한의 이해 : 이론과 은유 사이에서」, ≪현대사상≫, 제1권 제1호, 서울, 민음사, 1997.

서도식, 「하버마스 사회이론에서 사물화 문제」, ≪철학≫, 제51집, 한국철학회, 1997.

장춘익, 「하버마스의 근대성 이론. 진보적 실천의 가능성과 한계에 관한 모색」, 장춘익 외, 『하버마스의 사상. 주요 주제와 쟁점들』, 서울, 나남, 1996.

대중문화적 가치지평과 민주주의
—— 헤겔의 시민사회론을 통해 본 〈민주적 인륜성〉의 이념과 문제 ——

장은주

우리나라의 민주주의는 지난 14대 대통령 선거를 통해 50년만에 최
초로 선거를 통한 이른바 〈수평적 정권교체〉를 이룩함으로써 그 발전
과정에서 분명 일정한 분기점을 통과한 것처럼 보인다. 아직 역사적
평가는 이르지만, 선거를 통해 여야간의 정권교체가 이루어졌다는 단
순한 사실만으로도 우리 정치사의 얼룩진 과거에 비추어 대단한 성취
가 아닐 수 없다. 선거라는 민주적 자기지배 행사의 가장 기본적인 수
단이 작동하는 데 성공함으로써 우리 사회의 정치문법의 새로운 토대
가 마련된 것이다. 그리고 그 새로운 문법이 우리 사회에 이전과는 다
른 새로운 활력을 불어넣을 것이라는 점은 단순한 기대의 수준을 넘어
정권교체를 원했던 주권자들의 실천적 의지의 결과로 나타날 것임에
틀림없다.

그러나 나는 이러한 분기점을 조금만 냉정하게 반성해 보더라도 여
기에서 우리가 지금까지 도달한 민주주의의 성과와 가능성보다는 더
많은 한계와 문제가 훨씬 더 잘 드러나리라고 본다. 지난 대선과정에
서 여전히 폭발적인 영향을 발휘한 지역감정만 해도 그렇고, 특정 인
물들의 정치적 구도와 연관된 판세형성도 그렇고, 선거운동 과정의 정
치담화의 질도 그렇고 문제는 한두 가지가 아니다. 새 정부 들어서 진

행되는 〈개혁〉도 그 청사진의 내용과 실행의 과정이 정권교체의 태생적 한계와 이른바 보수층 또는 기득권층의 저항이라는 이중의 장애와 맞물려 있다는 점도 놓쳐서는 안 된다. 구체적인 경과야 지켜보아야 하겠지만 우리는 민주주의의 실현에 결코 사소한 제약으로 작용하지 않을 이런 문제들이 단순한 희망만으로는 극복될 수 없을 것이라는 사실을 너무도 잘 알고 있다.

그렇다면 우리가 여기서 그와 같은 문제들이, 일시적으로 형성된 것이 아니라, 지난한 노력에도 불구하고 우리 사회의 민주적인 집합적 의지형성의 과정이 원활한 자기궤도를 아직도 제대로 완성해 내지 못했기 때문에 생겨났음을 인정하는 데 인색해야 할 이유는 없을 것 같다. 또 그렇다면, 그리고 〈자기지배〉라는 민주주의 이념의 왜소화와 희화화를 감수하지 않고자 한다면, 우리가 이러한 과정에 대한 최소한의 자기진단이라도 가지는 것은 앞으로의 민주화를 더욱 진척시키는 데 절실한 필요가 아닐 수 없을 것이다. 물론 구체적인 정치과정의 의의와 문제들을 평가, 분석하는 것이 여기서 나의 관심사는 아니다.

내가 여기서 우리나라 민주화 과정에 대한 약간의 언급을 실마리 삼아 주목을 환기시키고자 하는 것은 그러한 과정의 바탕 또는 심층에 있다고 여겨지는 〈시민사회와 민주주의의 관계〉에 대한 좀더 일반적인, 고전적이면서도 현재적인 문제다. 나는 우리나라의 민주주의의 미성숙의 문제는 기본적으로 〈시민사회〉의 미성숙이라는 관점에서 접근해야 한다고 본다. 한 사회의 정치적 민주주의의 완성의 정도와 수준은 시민사회의 발전과 성숙에 달려 있다는 것이 나의 출발점이다. 이 글에서 나는 헤겔의 시민사회론을 살펴보면서 바로 이러한 출발점을 어느 정도나마 분명히 밝히고자 한다. 그런데 여기서 미리부터 주의를 시켜두어야 할 두 가지 사항이 있다.

우선 내가 사용하는 〈시민사회〉라는 개념이 일반적으로 이해되고 있는 개념과는 다소 다르다는 점이다. 앞으로 곧 살펴보겠지만, 사실 이 개념은 무척 혼란스런 내용과 역사를 가지고 있다. 나는 이 개념을 헤겔-그람시의 전통에 비추어 이해한다. 물론 이 전통의 개념 사용 역시 줄곧 오해되어 왔기는 마찬가지이지만, 나는 이 전통에서는 시민사회가 무엇보다도 〈인륜성 Sittlickeit〉으로 이해되어 왔음을 우선 환기시키고자 한다. 이 전통에서 시민사회는 단순한 경제적 관계와도 나아가 국가 또는 정치사회와도 구분되는 문화적-사회적 삶의 영역을 가리키는 개념이다.[1] 여기서 중요한 것은 다양하고 분절된 그 사회적 삶의 영역을 관통하면서 하나의 전체로 접합시켜 주는 사회통합적 가치지평이 경제 및 국가의 조직과 운동에 심층적 영향을 미친다는 통찰이다. 그러한 사회통합적 가치지평은 무엇보다도, 〈자명성〉의 형식을 띠고 한 사회성원들의 평균적이고 일반적인 사고 및 행동양식, 세계경험의 양식, 일상세계적 가치지평 등을 통해, 표현되는 것으로 이해된다. 우리는 그러한 대중들의 평균적이고 공동적인 삶의 양식의 상징적, 제도적 표현들 전체를 넓은 의미에서 그러나 본래적인 의미에서 〈대중문화〉라고 부를 수 있을 것이다. 시민사회는 그러니까 그와 같은 의미에서의 대중문화의 규범적-실천적 가치지평이 형성되고 전승되고 변화되는 사회적 영역이다. 이러한 개념이해에서 보면 내가 옹호하고자 하는 관점은 민주주의를 단순한 정부의 형식이 아니라 특정한 종류의 〈삶의 양식〉으로 이해해야 한다는 제안으로 바꾸어 이해될 수 있을 것이다.

다음으로 나는 이렇게 이해된 시민사회와 국가 또는 정치적 민주주의의 관계가 결코 결정론적, 환원론적으로 이해되어서는 안 된다는 것을 처음부터 지적해 두고 싶다. 내가 위에서 〈달려 있다〉라는 표현을 썼을 때, 그것은 어떤 〈결정-종속〉의 관계라기보다는 중요성과 의미의 정도와 관련된 것이다. 시민사회가 〈넓고〉, 〈두껍고〉, 〈심층적〉이라면, 국가는 〈좁고〉, 〈가늘고〉, 〈표층적〉이다. 그러나 양자는 충분히 의미

---

1) 헤겔의 시민사회가 일차적으로 〈욕구의 체계〉로서 경제생활을 가리킨다는 것은 잘 알려진 사실이다. 그럼에도 불구하고 내가 헤겔의 시민사회 개념을 이렇게 규정할 수 있다고 보는 이유는 뒤에서 드러날 것이다.

있는 방식으로 상호작용하며 따라서 환원적으로 작동하지 않는다.

나는 이 글에서 이와 같은 시민사회와 민주주의의 관계를 밝히기 위해, 그러나 본격적인 입론이라기보다는 일차적인 문제제기로서, 헤겔의 시민사회론을 살펴보려고 한다. 오늘날 하버마스를 비롯한 많은 시민사회 논의에서 헤겔의 시민사회 개념은, 헤겔이 마르크스와 더불어 시민사회를 경제적 생산의 세계와 등치시켰다는 이유에서, 부정적으로만 다루어지고 있다. 그러나 나는 오히려 헤겔의 시민사회 개념이야말로 오늘날의 많은 시민사회론들이 부딪히고 있는 근본적인 문제들을 피해갈 수 있는 실마리를 제공한다고 생각한다. 내가 이해한대로라면 헤겔의 시민사회 개념에는 오늘날 자유주의와 공동체주의적 공화주의의 시민사회 및 민주주의 모델들이 각기 나름의 방식으로 놓치고 있는 근대민주주의 이론의 어떤 근본문제를 해결하려는 의도가 들어 있다. 그 문제란 다름아니라 특수성의 발현을 특징으로 하는 근대사회의 성과를 전제로 할 때 어떻게 그와 같은 특수성을 사회적, 정치적 보편성과 매개시킬 수 있을 것인가 하는 것이다. 헤겔은 그 문제를 시민사회에서 가장 극명하게 드러나는 〈근대적 인륜성〉의 필요를 분명히 함으로써 해결하고자 했다. 비록 헤겔 자신이 그와 같은 의도를 민주주의 이론적으로 정식화하지는 않았지만, 나는 헤겔의 시민사회와 인륜성 개념에서 새로운 차원의 민주주의 이론의 실마리를 본다.

나는 우선 오늘날의 시민사회론의 논의의 대강의 구도를 간단히 정리해 보면서 많은 사람들의 이른바 〈시민사회의 정치〉에 대한 열광에도 불구하고 왜 우리가 그에 대해 좀더 냉정한 태도를 가져야만 하는지를 보여주고자 한다(1절). 다음으로 나는 역시 대강이나마 〈시민사회〉라는 개념의 서양 정치철학사에서의 의미변화 과정을 헤겔의 새로운 개념규정과 연관지어 살펴보고(2절), 그의 시민사회 개념을 그의 근대민주주의 이론들에 대한 비판의 맥락에서 근대적 〈인륜성〉의 문제상황과 연관시켜 해명해 볼 것이다(3절). 마지막으로 나는 그렇게 민주주의 이론적으로 이해된 그의 인륜성 개념을 벨머 Wellmer를 따라

〈민주적 인륜성〉의 이념으로 요약하면서, 그러나 그 이념이 벨머 자신
이 제안하는 절차주의 민주주의 모델만으로는 충분히 담아내기 힘든
고유한 차원의 문제와 요구를 담고 있음을 문제로 제기하면서 논의를
마치고자 한다(4절).

1 근본민주주의와 시민사회 : 자유주의냐 공화주의냐?

소련과 동구의 〈실제로 존재했던 사회주의〉의 몰락은 전통적 생산
주의적 사회주의 패러다임의 설득력의 소진과 함께 민주주의의 해방
적 잠재력에 대한 관심의 증대를 가져왔다. 우리는 그러한 관심을 〈근
본민주주의radical democracy〉에 대한 기획으로 요약할 수 있을 것이
다. 근본민주주의 기획은 크게 보아 민주주의의 역사적 성과를 서구
근대에서의 민주주의의 역사적 발생맥락으로부터 분리시켜 민주주의
가 가진 규범적 지평(자유, 평등, 연대)을 좀더 근본적인 차원에서 실현
하려고 시도함으로써 민주주의 기획을 그 자체로 해방기획으로 자리
매김하려는 시도라고 이해할 수 있다.

지금까지 좌파 내부에서 〈사회주의를 향한 민주적 길인가 아니면
혁명적 길인가〉 하는 식의 대립구도를 생각해 본다면, 근본민주주의
기획의 고유성이 분명히 드러난다. 지금까지는 이른바 〈사회민주주의〉
진영에서조차 민주주의와 사회주의는 별개의 차원으로 인식되고, 조금
폄하해서 말하자면, 민주주의는 사회주의를 이룩하기 위한 〈수단〉 정
도로만 인식되었다. 그러나 근본민주주의 기획은, 만약 〈사회주의〉라
는 말이 고수되어야 한다면, 민주주의 그 자체의 확대가 곧 사회주의
라는 인식에서부터 출발한다. 만약 우리가 민주주의 자체의 내용과 의
미도 단지 민주주의적으로만, 다시 말해 시민들의 집합적 의지형성의
결과를 통해서만 규정될 수 있다고 볼 수 있다면, 민주주의와 자본주
의적 자유주의의 역사적이긴 하지만 필연적이지는 않은 결합의 고리

를 해체하여[2] 민주주의를 그 자체로 비판사회이론의 정치적 차원으로 파악할 수 있다는 것이다.

그런데 동구의 몰락과정 자체는 다른 한편으로 그와 같은 동구사회주의의 한계에 대한 극복의 방향도 함께 제시하는 것처럼 보였다. 동구사회의 민주화 과정은, 제3세계의 민주화 과정의 경험과 중첩되면서, 〈시민사회〉의 활성화를 통한 민주주주의 확대라는 새로운 전망을 제시해 주는 것처럼 보였던 것이다(Keane, 1988 ; Cohen/Arato, 1992 참고). 우리나라의 민주화 과정에서의 시민사회의 역할에 대한 긍정적 경험과 무관하지 않을 우리나라에서의 시민사회에 대한 관심도 이런 맥락에서 이해될 수 있을 것이다. 비록 오늘날 동구 및 제3세계 민주화가 부딪친 뚜렷한 난관과 각성을 불러일으키는 경험에도 불구하고, 다른 한편으로 서구에서조차 70년대 이래 이른바 〈신사회운동〉의 활성화의 경험에 대한 새로운 인식과 더불어(무엇보다도 Touraine, 1992, 특히 III-2 ; Rödel/Frankenberg/Dubiel, 1989 참고) 시민사회는 단순히 〈죽었던 것에 대한 회상〉(Keane, 1988)이라는 차원을 넘어 당당한 부활을 경험하고 있다.

그러나 시민사회론은 출발부터 곤란한 문제에 직면하고 있음이 드러났다. 이미 많은 사람들이 지적했지만(Taylor, 1993 ; Honneth, 1994 ; Bobbio, 1989 등) 오늘날 〈민주주의의 확대〉라는 문제와 연관한 시민사회 논의들이 봉착한 우선적인 어려움과 혼란은 무엇보다도 개념 자체의 불투명성과 모호함에 있는 것처럼 보인다. 확실히 〈시민사회〉라는 개념은 너무 많은, 너무 다양한 내용과 의미와 지향을 담고 있다. 때문에 가장 중립적으로 보이는 개념규정의 시도조차도 이 개념을 선명하게 구획짓지는 못하는 것처럼 보인다. 왜냐하면 무엇보다도 이 개

---

2) 그래서 예를 들어 〈권리〉와 〈소유적 개인주의〉의 결합의 해체를 주장하는 맥퍼슨 Macpherson(1973)은 〈탈자유주의적 민주주의〉의 가능성을 이야기한다. 자본주의와 민주주의의 긴장에 대한 하버마스의 강조도 이런 맥락에서 이해될 수 있다.

넘에 대한 단순한 사회위상학적 개념규정의 시도도 그 개념이 사용되고 있는 이론적, 규범적 배경틀에 따라 다양한 함축들을 포함하지 않을 수 없을 것이기 때문이다. 예를 들어 이런 식이다. 〈시민사회〉의 한 이론적 사용에서 그 개념에 속하는 대상들(예를 들어 가족, 정당, 교회)이 다른 이론적 사용에서는 그 개념에서 배제된다. 그래서 하버마스의 지적처럼 〈시민사회〉에 대해 일정한 특징들을 기술하는 것을 넘어서 분명한 정의를 내리려는 시도는 〈헛된〉 일인 것처럼 보인다(Habermas, 1992: 444). 그러나 더욱 근본적인 문제는 다양한 시민사회론들이 추구하는 정치적-규범적 지향 자체의 모호성에 있는 것처럼 보인다.

시민사회론은 대부분 시민사회 개념의 사용 자체에서 이미 국가와 (시민)사회의 이분법(또는 국가/(시민)사회/경제의 삼분법)을 어떤 식으로든 전제하고 있는 것처럼 보인다. 왜냐하면 시민사회라는 개념은 소극적으로는, 〈국가의 잔여〉 또는 〈비국가적인〉, 다시 말해 국가에 의해 통제되지 않는 사회영역이라는 식으로 규정될 수밖에 없기 때문이다(Bobbio, 1989: 23 참고). 그런데 만약 여기서 〈시민사회〉라는 개념을 국가에 대비해서 강조적인 의미로 사용하게 되면(예를 들어 〈자율적 사회의 이념〉), 이 개념의 사용은 처음부터 강한 자유주의적 지향을 드러낼 수밖에 없는 것처럼 보인다. 때문에 어떤 사람들은 다양한 시민사회적 기획을 정치적 자유주의의 한 변종으로서 〈시민사회적 자유주의〉라고 규정한다(특히 Nullmeier, 1991: 14 참고). 물론 정치적 자유주의의 지향 자체가 우선적인 문젯거리일 수는 없다. 문제는 그 정치적 자유주의의 시민사회론적 관철방식이다.

여기서 문제는 우선 시민사회와 국가의 관계규정이 일원적이지 않다는 데 있다. 시민사회는 국가와의 관계에서 대부분 〈전국가적 pre-state〉이거나 〈반국가적 anti-state〉으로 규정되어 이해된다(Bobbio, 1989: 24 이하; Schmalz-Bruns, 1994 참고).[3] 시민사회는 한편으로 국

---

3) 또한 보비오는 그람시에서와 같이 시민사회를 〈탈국가 post-state〉로 규정할 수

가에 앞서 있는, 고유의 이익의 충족을 위한 다양한 개인들의 결사로서 말하자면 〈국가의 조건〉 정도로 이해된다. 그러나 시민사회는 다른한편으로 적극적인 의미규정을 부여받아 국가에 맞서 있는, 정치권력의 일면적인 지배로부터의 해방을 추구하는 사회세력들 또는 집단들의 활동장소로서, 말하자면 〈국가의 대안〉으로 이해되기도 한다. 그러나 오늘날의 대부분의 시민사회론에서 이 두 함축은 분명하게 이론적으로 결합된 것처럼 보이지 않는다.

대부분 시민사회론자들은 〈자율적 (시민)사회〉의 이념으로부터 출발한다. 그러나 여기서 〈시민사회〉는 대부분 〈국가에 의해 보장되는 개인의 자유 및 자율적 사회관계에 바탕한 비국가적 영역〉으로 이해된다. 이유는 분명하다. 민주주의에서 〈시민사회〉의 역할에 대한 강조에도불구하고 그 시민사회 운동이 추구하는 이념의 정치적 실현은 궁극적으로 〈국가〉를 통해서만 가능하기 때문이다. 그리고 단지 민주적 국가만이 민주적 시민사회를 생성시켜 낼 수 있다. 그렇다면 시민사회적기획은 동시에 불가피하게, 그것도 아주 강한 의미에서 국가지향적 기획일 수밖에 없다. 그러나 이런 식의 국가이해는 시민사회적 자유주의의 이론적 국가이해는 아니다. 그래서 그 자신 민주주의에서 시민사회의 역할을 강조하는 마이클 월처 M. Walzer(1995, 21 이하, 특히 23 참고)는 이를 〈시민사회의 역설〉이라고 인정했다.

그러나 시민사회론은 다른 한편으로 시민들의 자발적 결사와 참여를 통한 민주주의의 확대라는 이념을 고취함으로써 공화주의 전통에도 한 발을 디디지 않을 수 없는 것처럼 보인다(대표적으로는 Münkler, 1992). 시민사회의 활성화를 위해서는 가능한 한 많은 그리고 가능한한 적극적인 시티즌십 citizenship, 그러니까 우리식으로 표현해서 시민

있는 가능성을 논의한다. 그에 따르면 그람시는 시민사회를 강제적 지배의 계기로서의 〈국가 또는 정치사회의 해소 또는 흡수〉를 지향하는 윤리적 합의의 형성장소로 이해했다. 나는 이 글에서 그람시의 시민사회 개념에 대해서는 자세히 논의하지 않겠다.

정신 또는 시민적 실천이 요청된다. 뮌클러는 이를 민주주의의 사회-도덕적 토대로서의 시민들의 정치적 〈덕(목)〉에 대한 요청으로 이해했다. 곧 민주주의 사회의 시민들은 자발적이고 강제되지 않는 방식으로 기꺼이 개인의 이해를 공공의 복지와 안녕을 위해 희생할 자세를 갖추어야 한다는 것이다. 그래서 〈시티즌십〉은 시민들의 실천적 활동에서 가장 중요한 의미와 지위를 차지해야만 한다. 문제는 여기서도 단순히 그러한 시민적 덕에 대한 강조 그 자체가 아니다. 실제로 시민들의 참여를 통하지 않고 이룩된 민주주의는 아마 없을 것이다.

여기서도 문제는 그렇게 중요한 것으로 간주되는 시민의 덕을 어떻게 민주주의 이론적으로 정립할 수 있는가에 있다. 여기서 중요한 것은 민주주의 국가는 시민들의 정치적 참여나 덕을 강제해서도 안 되고 또 그렇게 할 수도 없다는 점이다. 국가는 민주주의적 〈권리〉로서의 〈시티즌십〉, 그러니까 〈참여권〉으로서의 〈시민권〉에 대해, 다른 권리들과 마찬가지로, 그 권리를 보장하기만 할 뿐 그 구체적 사용은 시민들의 자율에 맡겨야 한다. 예를 들어 선거에 참여하지 않았다고 시민들을 벌줄 수는 없다. 그리고 시민의 입장에서 보더라도 시민들은 보통의 경우 시민으로서의 참여적 실천에 다른 여러 일상생활적 실천들과 똑같은 정도의 중요성만 부여하거나 아니면 정치적 참여를 아예 등한시할 수밖에 없다. 민주주의는 바로 그러한 시민들의 〈반정치anti-politics의 자유〉를 보장하는 정치체제다. 그렇다면 시민사회의 정치는 시민들의 반정치의 보장을 위해 시민들의 덕이 필요한 정치가 되는 셈이다. 우리는 또 다시 시민사회의 역설에 부딪히게 된다.

이러한 시민사회의 역설은 이미 〈시민사회〉라는 개념의 정치철학사적 발전의 비순수성에서 기인한다고 볼 수 있다. 테일러(1993)와 호네트(1994)는 서양 근대 정치철학사에서 시민사회를 이해하는 두 가지 노선을 구분해 내었다. 하나는 로크 전통이다. 이 전통에서 시민사회는 경제적 노동 및 교환의 영역, 그리고 그에 바탕한 시민들의 공적인 의견형성의 영역이다. 이러한 모델로부터 시민(부르주아)사회에 대한 특별히 근대적인 개념이 발전되었다.[4] 그러나 또 다른 전통도 있다. 그것은 몽테스키외 전통이다. 이 전통에 따르면 시민사회는 시민들의 자발적인 결사와 조직의 전체 연결망으로서 여기서는 시민들의 직접적인 정치적 참여가 문제다. 여기서는 고대의 폴리스가 모델을 이룬다.

여기서 우리는 오늘날의 시민사회론이 시민 bourgeosie과 공민 cito-yeon의 구분과 대립이라는 전통적 민주주의 이론의 문제와 한계를 고스란히 지니고 있음을 커다란 어려움 없이 확인할 수 있다(이런 전통적 시티즌십 개념의 문제와 한계에 대해서는, Nauta(1992) 참고). 물론 자유주의와 공화주의 각각의 전통적, 현대적 형태의 문제와 한계에 대해서는 그 자체로 따져볼 일이기는 하다. 그러나 그러한 사정이 시민사회론에 처음부터 곤란한 문제를 제기하고 있음은 벌써부터 확인할 수 있다. 다시 말해 시민사회 개념은 필연적이라고 할 수 있을 정도로 두 전통의 대립구도를 응축적으로 담고 있을 수밖에 없는 것처럼 보인다는 것이다. 그리고 그에 따른 양진영 사이에서의 불가피한 동요(Rödel/Frankenberg/Dubiel(1989)에 대한 Honneth(1994)의 비판 참고)는 근본민주주의 기획으로서의 시민사회론에 의심을 던지기에 충분한 실마리가 되리라고 본다.

여기서 자세히 논의할 수는 없지만(황경식(1993) 참고 ; 비교적 최근의 성과로는 Forst(1996)), 그 동안 이 대립구도에서 결국 해결해야만 하는 문제는 〈주관적 자유의 권리〉의 우선성이라는 자유주의의 정당한 논점과 그러한 권리의 보장과 실현이 공동체적 맥락 속에서만 가능하며 따라서 시민들의 정치적 참여가 공동체적으로 실현되는 좋은 삶의 차원으로 자리잡아야 한다는 공화주의의 강조를 어떻게 하나의 이론틀 안에 묶어낼 수 있을 것인가의 문제임이 드러났다. 이 대립구도는 오늘날의 조건에서, 특별할 수 있는 권리의 인정이라는 역사적 성

---

4) 독일어의 〈bürgerliche Gesellschaft〉는 일면적으로 이 전통을 강하게 함축한다. 때문에 오늘날 많은 사람들은 〈Zivilgesellschaft〉라는 새로운 용어를 쓴다.

과를 전제할 때, 어떻게 개별자와 보편자의 매개와 통일이 정치적으로
가능할 것인가 하는 문제로 요약될 수 있다. 이러한 문제설정은 오늘
날 대부분의 시민사회론의 부정적 관계에도 불구하고 오늘날의 시민
사회적 근본민주주의 기획의 가능성과 한계를 점검하기 위해 헤겔의
시민사회론으로 되돌아갈 필요를 분명히 해준다. 왜냐하면 바로 헤겔
의 시민사회론이야말로 바로 그와 같은 대립구도를 지양하면서 〈근대
의 주관적 자유의 이념과 고대 폴리스적 이상의 통일〉이라는 과제를
해결하기 위한 시도로 이해될 수 있기 때문이다.

2 〈시민사회〉와 〈부르주아 사회〉

헤겔의 시민사회론의 의도를 이해하기 위해서는 우선 〈시민사회〉의
개념사를 간단히 살펴볼 필요가 있다. 헤겔에게 이르기까지 서구의 정
치사상에서 시민사회는 그 자체로 〈정치사회〉, 곧 국가를 의미했다.
이에 반해 헤겔은 국가와 사회의 분리라는 근대적 현상을 처음으로 철
학적으로 확인하면서 그와 같은 현실을 〈시민사회〉라는 개념에 담아
내고자 했다. 그러나 헤겔은 동시에 근대화 과정에서 해방된 사회적,
경제적 관계는 단지 그 정치적, 법적, 인륜적 질서와의 매개를 통해서
만 유지되고 기능할 수 있다는 기본통찰과 문제의식을 전통적으로 국
가를 의미했던 이 〈시민사회〉라는 개념에 함께 담고자 했다. 우리는
이미 이러한 개념규정에서부터 헤겔이 시대의 현실에 직면해서 해결
하고자 했던 문제를 파악할 수 있다. 헤겔은 국가와 사회의 분리라는
근대적 현실을 철학적으로 규정하면서 그와 같은 근대적 현실이 어떤
과제를 제기하는지를 인식하고 있었던 것이다.

앞에서 언급한 대로 오늘날의 시민사회 논의에서, 비록 〈시민사회〉
라는 개념이 각 이론적 시각에 따라 다양한 의미규정을 받고 있음에도
불구하고, 국가/시민사회의 이분법은 거의 당연한 것으로 전제된 공통

분모다. 다시 말해 〈시민사회〉는 국가의 상관개념으로써, 그러니까 국가의 바깥에서 작동하고 있는 사람들 사이의 상호관계의 총체라는 식으로 이해된다. 오늘날 〈시민사회〉가 국가와 구분되고 대립적인 사회관계의 총체를 의미할 때, 이러한 언어사용은 명백히 마르크스(그리고 그 원천으로서의 헤겔)에 힘입은 것이다(Bobbio, 1989 : 27 이하). 마르크스는 『독일 이데올로기』에서 이렇게 쓰고 있다 : 〈시민(부르주아)사회 bürgerliche Gesellschaft라는 말은 18세기에, 그러니까 소유관계가 이미 고대와 중세의 공동체로부터 벗어나 형성되었을 때 등장했다. 시민(부르주아)사회 그 자체는 부르주아지와 더불어 비로소 발전한다. 생산과 교통관계로부터 직접적으로 발전하는 사회적 조직, 모든 시대에 국가와 그 밖의 관념적 상부구조의 토대를 이루는 이 사회적 조직은 이후 계속해서 시민(부르주아)사회라는 이름으로 불리게 되었다〉(*MEW* 3, 6). 그리고 『정치경제학 비판』「서문」에서 그는 그와 같은 사회적-물질적 관계 전체를 〈헤겔은 18세기의 영국인과 프랑스인의 선례를 따라 〈시민(부르주아)사회〉라는 이름으로 불렀다〉(*MEW* 13, 8)고 적고 있다. 이러한 마르크스의 진술에 따르면 〈시민(부르주아)사회〉는 자본주의적 생산관계에 기초를 두고 있는 특별히 근대적인 발견물이다. 설사 우리가 시민사회를 경제로 환원시키는 마르크스주의적 시각을 공유하지 않는다 하더라도 우리는 전체적으로 마르크스의 이러한 언급에 동의할 수 있다. 왜냐하면 우리가 비록 〈시민사회〉 개념을 우선적으로 민주주의적 이념과 연결시킨다 하더라도, 자본주의 경제의 발전과 부르주아지의 절대국가와의 투쟁을 통해 형성된 근대 민주혁명이 없다면 우리는 국가/시민사회의 이분법의 의미토대를 갖지 못할 것이기 때문이다. 국가와 사회의 분리는 바로 이러한 근대사의 산물인 것이다.

그런 만큼, 우리가 근대에 이르기까지 유럽 정치철학의 전통에서는 〈시민사회〉라는 개념이 한 번도 국가/사회의 이분법의 틀 안에서 사용된 적이 없다는 사실을 확인하게 된다는 것은 얼마간은 놀라운 일임에 틀림없다. 심지어 근대에 이르러서조차 홉스와 로크로부터 시작해서 칸트에 이르기까지 시민사회라는 개념은 〈국가〉와 같은 뜻으로 사용되었다(다음의 내용은 주로 Riedel 1974/1975 ; Bobbio, 1989 참고). 우리가 오늘날 시민사회라는 용법의 주요한 한 기원이라고 생각하고, 마르크스가 위의 진술에서 아마도 염두에 두었을 아담 퍼거슨 A. Ferguson 의 「시민사회의 역사에 관한 논고 Essay on the History of Civil Society」(1767)에서조차[5] 시민사회라는 개념은, 비록 이 개념이 〈문명화된 사회 civilized society〉를 가리키면서 소유관계에 더 많은 강조를 두기는 했지만, 결코 국가/사회의 이분법 속에서는 사용되지 않았다.[6] 이러한 사실의 확인은 이 개념의 역사적 기원의 확인이라는 단순한 차원보다는 더 큰 의미를 갖는다. 왜냐하면 이러한 변화과정에는 현실의 변화와 함께 그러한 변화가 정치철학에 제기하는 문제의 변화가 숨어 있기 때문이다.

전체 유럽 고대와 중세의 사유전통에서 시민사회 societas civilis는 정치사회 societas politica와 동의어였다. 키케로의 〈societas civilis〉는 아리스토텔레스의 〈koinonia politike〉의 라틴어 번역이다. 이런 사유전통에서는 국가 polis/civitas는 그 자체로 시민사회 koinonia politike/ societas civilis였다. 여기서는 국가와 사회의 구분은 없다. 국가는 그 자체로 결속, 결사, 즉 koinonia=societas=communitas였다. 그리고 사회는 언제나 그 자체로 시민적인, 그러나 여기서는 곧 〈정치적인〉 사회였다.

이런 의미의 시민사회 개념은 국가와 사회가 분리되어 있지 않았고, 도시국가라는 조건에서 노예제도에 기반한 시민적-정치석 사회의 동

---

5) 마르크스는 퍼거슨의 책을 프랑스어 번역으로 알고 있었다(*MEW* 4, 147 참고).
6) 때문에 다음과 같은 하버마스의 언급은 오해의 여지가 있다 : 〈근대 자연법 사상, 그러나 또한 스코틀랜드 도덕철학자들의 사회이론에서도, 시민사회는 전체로서 사적인 영역으로 언제나 공적인 폭력 또는 정부에 맞서 있는 것으로 파악되었다〉(1990 : 24 ── 강조는 하버마스).

질적 지배틀이 형성되어 있던 정치적 세계의 중심적 근본범주였다. 이런 시민사회 개념의 대립쌍은 국가가 아니라 사적인 것의 영역으로서의 〈가족사회 oikos〉였다. 여기에서는 societas civilis/societas domestica의 이분법이 작동했다. 시민사회가 자유롭고 평등하며 독립적인 시민들의 영역이었다면, 노예, 그리고 부분적으로는 가계공장에 결박된 수공노동자, 여성은 가족사회에 속하고 따라서 〈시민〉으로서의 자격이 주어져 있지 않았다. 그래서 〈노예에게는 폴리스가 없(었)다〉(아리스토텔레스). 근대의 자연법 전통이 아리스토텔레스의 국가/가족의 대립쌍에 국가(=시민사회)/자연상태라는 또 하나의 이분법을 첨가하기는 했지만, 이런 구분은 그 이후 상당기간 동안 그대로 유지되었다.

아리스토텔레스의 폴리스적 국가는 자족성, 독립성을 특징으로 하는 〈도시〉에 기반하는 것이었다. 이러한 사실은 국가를 사회의 형식으로 파악하기 위한 충분한 현실적 토대를 제공했다고 볼 수 있다. 그러나 근대의 현실은 더 이상 그런 토대를 갖지 않았다. 이미 근대국가의 민족 단위의 지역성만 보아도 그러한 사실은 명백하다. 여기에다 〈정치적인 것(행정, 헌법, 전쟁수행)의 국가로의 집중과 '시민적인 것'의 사회로의 전치〉(Riedel, 1975 : 256)라는 역사적 과정은 더 이상 전통적인 시민사회의 이론틀 안에서 파악될 수 없었다.

헤겔은 개념사적으로 처음으로 이러한 근대현실의 고유성을 인식하고 전통적 정치개념과의 단절을 완성했다. 그러한 단절은 시민사회 개념의 새로운 규정으로 결과했다. 헤겔은 국가의 정치적 영역과 〈시민적〉으로 규정된 사회의 영역을 개념적으로 구분한다. 여기서의 〈시민〉개념은 정치적-법적 의미로부터 해방된 시민, 즉 〈부르주아〉로서의 시민이다(같은 글, 255). 바로 이 시민개념이 경제적-법적으로 국가로부터 해방된 사회개념과 용어상의 결합을 이룬다. 근대국가의 현실은 시민개념의 일반적 의미, 즉 보편적 관심사를 위해 일하는 공민으로서의 시민의 의미토대를 갖지 못한다. 근대사회의 시민은 전통적인 polis/oikos의 구조에서와는 달리 스스로 경제활동의 기능을 떠맡은 시민이다. 개별자의 이해관계가 근대시민의 최우선적 관심사다.

그러나 이런 시민들의 〈자기이해 추구의 보편성〉은 〈전면적 의존의 체계〉로 연결된다. 이로부터 욕구와 노동의 토대 위에서 끊임없이 재생산되는 〈사인(私人)〉들 사이의 연관구조, 즉 국가와 구분되는 그리고 다른 한편으로 친밀성의 영역으로서의 〈가족〉과도 구분되는 〈사회〉, 즉 〈시민사회〉가 성립한다(『법철학』 §182, 보충설명 참고).[7]

헤겔의 이러한 새로운 개념규정은, 비록 그 개념 자체는 근대적인 것이 아님에도 불구하고, 국가와 사회의 분열이라는 근대적 현실의 이론적 파악의 결과였다. 시민사회 개념의 근대성은 그래서 그후 너무도 자명한 것이 되어서 이 개념의 기원은 18세기, 특히 헤겔에게로 놓여지고(마르크스), 부르주아 계급의 해방과 역사적으로 연결된다. 우리는 여기서 왜 이 개념이 개념사적으로는 전통적 용법을 고수했던 자유주의적 자연법 전통(테일러/호네트의 로크 노선의 시민사회 모델)과 연결되는 것이 자명한 것으로 여겨지는 지를 이해할 수 있다.

그러나 〈시민사회〉라는 개념 자체의 기원은 고대 폴리스에 있다. 그렇다면 우리는 이 개념의 근대성이라는 자명함에서 벗어나 이렇게 물어볼 필요가 있다. 왜 헤겔은 이 전통적 개념 전체를 포기하지 않은 채 그 개념의 새로운 의미규정을 통해 근대의 현실을 파악하고자 했는가? 우리는 이 물음과 더불어 헤겔이 근대의 현실에 직면해서 해결하고자 했던 고유한 문제, 그러나 그 이후로 자주 무시되곤 했던 근대의 고유한 문제가 무엇이었는지에 접근할 수 있게 된다.

헤겔의 〈시민사회〉 개념은 오늘날 그의 이름과 결부되어 이해되는 내용보다는 훨씬 많은 차원을 포함하고 있다. 마르크스가 자본주의적 경제체계를 〈시민사회〉라는 이름으로 규정한 것을 헤겔의 공으로 돌렸을 때, 그러나 사실 그는 그렇게 함으로써 헤겔의 〈시민사회〉 개념

---

7) 『법철학』의 경우 패러그라프의 번호만 제시한다. 다만 긴 패러그라프의 경우에만 쪽수를 함께 제시한다.

을 결정적으로 축소시키고 말았다. 잘 알려진 대로 헤겔의 시민사회는 세 가지 계기로 이루어져 있다. (1) 욕구의 경제적 체계 (2) 사법체계 (3) 경찰(자치행정)과[8] (직업)조합이 그 세 가지 계기들이다(§188). 여기 서 우리가 주목해야만 하는 사실은, 마르크스는 완전히 무시한 것처럼 보이지만, 헤겔이 노동과 욕구의 체계말고도 법적이고 행정적인 요소 를 함께 〈시민사회〉라는 범주로 파악하고 있다는 것이다.

이 두번째와 세번째의 계기(그중에서 특히 〈경찰〉)는 전통적인 의미 의 시민사회, 곧 국가의 계기다. 그래서 헤겔 자신도 자신의 시민사회 개념이 〈국가〉와 혼동되지 말아야 함을 경고했다. 〈사람들은 이 체계 를 외적 국가, 곧 궁핍 또는 필요국가 Notstaat, 오성이 이해하는 국가 로 보기 쉬울 것이다〉(§183). 헤겔은 여기서 명백히 자연법적 계약론 전통의 자유주의를 염두에 두고 있다. 이 견해에 따르면 국가는 공적 인 행정의 기구로서 그 전체가, 시장경제적으로 구조화된 사인들의 관 계의 체계로서의 (시민)사회의 이해에 봉사할 수 있게끔 조직되어 있 어야 한다. 국가는 그러니까 사적인 관계, 특히 소유관계의 보호를 위 한 수단이다(§157 ; 특히 §187 참고). 그러나 헤겔은 그런 자연법 이해 를 조롱하면서 그런 국가는 국가가 아니라고 단언한다. 〈만약 국가가 다양한 개인들의 통일적 단위체 Einheit로 이해된다면, 다시 말해 그런 개인들의 단지 공통적인 측면만을 나타내는 통일적 단위체로 이해된 다면, 그런 이해는 단지 시민사회의 규정을 나타낼 뿐이다. 오늘날의 많은 국가론자들은 국가에 대해 이런 정도 이상의 통찰에 도달하지 못 했다〉(§182, 보충설명). 우리가 논의를 〈시민사회〉 개념에만 한정시킨 다면, 여기서 헤겔의 핵심은 자신의 시민사회 개념은 흔히 국가에 속 하는 것으로 이해되기 쉬운 계기들도 포함하며 그리고 바로 여기에 헤

---

8) 헤겔 당시에 〈경찰 Polizei〉은 오늘날의 의미와는 전혀 다른 의미로, 곧 국가에 의한 사회의 관리, 행정 일반이라는 뜻으로 사용되었다. 이에 대해서는 리델, 1975 : 266 이하 참고. 곧 보게 되겠지만, 헤겔은 경찰이라는 말로 내용적으로는 〈자치행정〉 정도를 염두에 두고 있었던 것 같다.

겔 자신의 시민사회 이해의 특징이 들어 있다는 것이다.

우리는 여기서 쉽게 헤겔의 국가주의적 지향을 발견해 낼지도 모른다. 그래서 예를 들어 코헨과 아라토는 헤겔의 그와 같은 시민사회 규정을 〈국가의 시민사회로의 침투〉라고 이해한다(1992 : 104). 그러나 그런 식의 이해는 〈자율적 사회의 이념〉과 같은 자유주의적 지향을 전제로 할 때에만 가능하다. 그러나 헤겔은 바로 그들이 바탕에 깔고 있는 시민사회와 국가의 관계에 대한 이해방식을 문제삼고 있다. 만프레드 리델은 헤겔의 시민사회 개념규정에서 그와 같은 자유주의적 이해와는 전혀 다른 통찰을 읽어낸다. 곧 헤겔에 따르면 〈사회는, 만약 그것이 법적으로, 인륜적으로, 그리고 정치적으로 질서잡히고 유지되지 않는다면, 결코 〈시민적〉일 수 없다〉(1975 : 264)는 것이다. 다시 말해 시민사회가 〈시민적〉인 것은, 사회의 운동이 고유한 이해관계를 추구하는 사적 개인들의 욕구의 체계를 통해 규정되기 때문만이 아니라, 이 사회가 이미 그 자체로 〈사법체계〉를 통해서 조직되어 있고 또 나아가 〈경찰(자치행정)〉과 〈(직업)조합〉이라는 인륜적인 것과 정치적인 것의 요소를 포함하고 있기 때문이라는 것이다(같은 글, 265 이하 참고).

헤겔이 대면하고 있었던 현실은 국가와 사회의 분리로 나타난 근대 혁명에서 완성된 역사적 과정이었다. 그러한 분리의 주된 추동력은 물론 자본주의 시장경제의 자율적 영역으로의 분리였다. 헤겔은 하나의 〈체계〉로 묶여진 그와 같은 욕구와 노동, 교환과 분업, 가치와 재산을 근대 시민사회의 일차적인 범주적 규정으로 파악한다. 그러나 이러한 규정에서 중요한 것은, 이후의 마르크스의 환원에도 불구하고, 단순히 자본주의 경제 자체의 〈시민사회〉로서의 개념적 규정이 아니다. 나아가 이후의 많은 헤겔 해석가들이 강조했듯이(루카치와 마르쿠제), 헤겔이 자본주의 경제의 내적 모순을 날카롭게 통찰하고 있었다는 것도 우리의 맥락에서는 중요하지 않다. 여기서 중요한 것은 그와 같은 경제적 생산의 영역에서만 해도 사회적인 것은 단순한 욕구의 체계 그 자체보다는 많은 것을 포함한다는 헤겔의 통찰이다. 이미 사적 개인들의 고유한 이해관계의 추구가 하나의 〈체계〉를 이룬다는 사실, 다시 말해 그러한 개인들의 지향은 단지 〈보편성의 형식으로〉(§182와 §183 참고)만 사회적 타당성을 얻을 수 있다는 사실 자체가 근대의 경제관계는, 그 경제관계가 기능하기 위해서라도, 단순한 경제운동 원리와는 다른 차원의 사회적인 것의 논리에 의존해야 함을 보여준다.

우선 욕구의 체계는 그 자체로 이미 사법적으로 조직된 사인들의 이해관계의 연결망의 체계일 수밖에 없다(§208 참고). 그렇지 않고는 사람들의 시장에서의 관계는 자의적인 것으로 머물고 말 것이고 예를 들어 시장에서의 〈계약〉은 엄밀한 의미에서는 성립할 수 없다. 또 개인들이 시장에서 자신의 고유한 〈이해〉를 추구한다는 것은 이미 개인들의 인격과 소유에 대한 자유를 전제한다(§209 참고). 다시 말해 근대적 욕구의 체계의 성립은 근대적 인간들의 정치적 해방을 전제한다(리델, 1974 : 471 참고). 그래서 우리는 헤겔의 시민사회 개념에는 국가와 사회의 분리만이 아니라 또한 동시에 그러한 분리 속에서의 〈내적〉 연관도 표현되어 있다고 볼 수 있다. 그 시민사회는 나아가 경찰과 조합을 통해 〈통제〉되고 〈인륜화〉되지 않으면 안 된다(특히 §236 및 §253 참고). 중요한 것은 욕구의 체계는 최하 수준에서만 시민사회의 계기라는 것이다. 바로 여기서 헤겔이 왜 근대적 현실에 대한 새로운 규정 속에서도 〈시민사회〉라는 전통적 개념을 계속 유지하는지 그 이유가 드러난다. 헤겔의 〈시민사회〉 개념은 유럽의 근대화 과정에서 해방된 사회적, 경제적 관계를 고대의 폴리스적 시민사회가 보여주었던 것과 같은 정치적, 법적, 인륜적 질서와 매개시키려는 시도의 결과인 것이다.

여기서 〈경찰〉조차도 단순히 국가기구로 이해되어서는 안 된다. 시민사회가 이런 경찰을 필요로 하는 것은 탈정치화된 사회와 정치국가를 매개시키기 위해서이다. 그러나 여기서 중요한 것은 코헨과 아라토 등의 해석에서처럼 국가의 시민사회로의 침투라는 것이 아니라, 사회의 방해받지 않는 작용과 영향력을 제한하는 기능이다(§235 참고). 〈경찰〉은 욕구의 체계의 〈우연성〉에 대한 〈예방〉(§188 참고)이고 〈공적인 권력의 감독〉(§235)이자 〈보편자의 (안정)보장적 권력〉(§243)이다. 그러나 그와 같은 경찰의 활동은 어디까지나 국가로부터 독립된 시민사회 안에서 가능한 것으로 남아 있는 정치적 활동이다. 헤겔이 구체적으로 어떤 것을 염두에 두었는지는 불분명하지만,[9] 〈경찰〉은 말하자면 시민사회의 자치행정, 시민들의 자발적인 자기통제다.

물론 그와 같은 사법이나 행정과 같은 요소들은 그 국가적 성격을 쉽게 부정할 수 없다. 그래서 우리는 시민사회 안의 이 국가를 내적 국가라고 말할 수 있다(Bobbio, 1989 : 32 이하 참고). 다시 말해 이 국가는 국가의 윤리적-정치적 계기의 표현으로서 시민들을 자신들이 그 한 부분인 전체에 내적으로 묶어주는 기능을 하는 국가다. 이 내적 국가는 도덕의 감시라든가, 노동의 분배라든가, 교육이라든가, 빈민구제라든가 하는 데 개입함으로써 보편적 관심사를 돌본다. 이 국가는 또 아마 사적 차원에서 활동하는 국가로 규정될 수 있을 것이다. 왜냐하면 이 국가의 주요임무는 사람들 사이의 관계의 정의로운 관리를 통해 사적인 관계에서 생겨난 이해갈등을 조정하고, 개인들의 이기주의적 다원주의가 지배할 때 생길 수 있는 해악으로부터 시민들을 보호함으로써 시민들의 복지를 돌보는 데 있기 때문이다(같은 글, 33 참고).

여기서 물론 시민사회와 국가의 구분 자체가 의미 없다는 이야기는 아니다. 그래서 또 보비오 자신이 그러는 것처럼(같은 곳), 헤겔이 오늘날의 〈복지국가〉——이는 국가와 사회의 날카로운 구분의 극복을 전제한다——같은 것을 염두에 두고 있었는가 아닌가 하는 것도 우리의 맥락에서는 중요하지·않다. 여기서 중요한 것은 헤겔이 〈시민사회〉라는 개념 안에서 사회통합의 새로운 형식과 논리를 접합시켜 내고 있다는 것이다. 욕구의 체계는 단순히 〈만인의 만인에 대한 투쟁〉으로

---

9) 헤겔의 『법철학』은 사회학적 저술이 아니라는 것을 기억해 두자. 헤겔의 개념들은 단순히 경험적 개념들이 아니라 또한 〈규범적〉 개념들이기도 하다.

귀결되는 것이 아니라——그런 사회는 헤겔에게는 이미 탈조직화된 시민사회일 뿐이다——그것은 또한 〈보편적 이해〉를 대변하는 규범적-정치적 요소들에 의해 통제되고 조절되어 있고 또 그래야만 한다는 것이다. 즉 시민사회는 그 자체로, 비록 국가와 분리된 상태에서라 하더라도, 자기 자신의 고유한 윤리적-정치적 요소들을 발전시켰고 또 발전시켜야 하며, 단지 그럴 경우에만, 〈시민〉사회는 자기해체의 위협으로부터 스스로를 보호해 낼 수 있다는 것이다. 우리는 여기서 비록 자유주의적인 〈공/사〉 구분의 틀 안에서는 포착되기 힘들겠지만, 좁은 의미의 국가의 바깥에서 진행되고 따라서 전통적 〈공/사〉 구분을 가로지르는 정치적인 것의 새로운 차원을 본다.

아마도 오늘날 사람들이 우리나라의 〈경제자유실천연합(경실련)〉 같은 단체를 두고 시민사회라고 말할 때 그에 가장 가까운 헤겔의 시민사회 개념의 요소는 〈조합〉일 것이다. 〈조합〉은 고대의 〈oikos〉의 근대적 변형태로 사람들이 그들의 직업, 거래, 이익에 따라 자신들을 조직화하는 자발적인 조직체이다. 그래서 헤겔의 〈조합〉은 〈경실련〉에 비해 훨씬 더 경제생활에 직접적으로 연결되어 있다. 그러나 여기서도 중요한 것은 이 자발적인 조직체가 시민사회의 구성원들의 이기적 목적을 보편적 구조에 연결시키는 장치라는 사실에 있다. 조합은 일차적으로 〈공통의 특수한 이해의 보호〉(§188)를 위해 조직된다. 그러나 조합의 주요활동은 역시 사회운동의 우연성과 특수성의 폐해를 막는 데 있다. 예를 들어 조합은 〈천(빈)민들을 산출해 내는 사업운영 계급의 사치욕 및 소비욕〉이나 〈지속적인 노동의 기계화〉(§253)로부터 시민들을 보호하는 활동을 한다. 그래서 이러한 활동은 시민사회에 기초를 둔 국가의 인륜적 뿌리(§255)다.

조합은 근대 시민사회에서 또 다른 중요한 기능도 수행한다. 〈우리의 근대적인 국가에서는 시민들은 국가의 보편적 과업과 관련하여 단지 제한적인 몫의 일만을 수행한다. 그러나 인륜적 존재인 인간에게 그의 사적인 목적말고도 보편적인 활동을 수행할 수 있도록 보장하는 것도 필요하다. 인간은 근대국가가 언제나 충분히 제공하지는 못하는 이 보편적인 것을 조합 속에서 발견한다〉(§255, 보충설명). 그러니까 이 조합은 바로 시민과 공민의 매개와 통일이 이루어지는 장소이다. 말하자면 이 영역은 〈사적이자 동시에 공적인 시민생활의 영역〉이다. 오늘날의 용어로 말한다면, 헤겔은 이 조합 속에서 근대의 조건에서의 시민생활에 뿌리를 둔 〈참여〉의 가능성을 개념화하고 있다. 이러한 정치적 참여 역시 전통적인 폴리스 시민의 정치적 참여는 아니다. 여기서도 중요한 것은 바로 사회적인 것의 수준에서 요청되고 드러나는 정치적 차원인 것이다.

헤겔의 〈시민사회〉 개념은 그 개념사적 수용에서와는 달리 〈시장사회〉라는 의미를 단지 부분적으로만, 그것도 가장 낮은 단계에서만 갖는다. 오히려 우리는 헤겔의 〈시민사회〉 개념, 나아가 〈시민사회〉 개념의 원래의 정치철학적 범주로서의 의미의 진수는 경제적 관계를 넘어서는 데에 있다고 말할 수 있다. 헤겔의 〈시민사회〉의 정치철학적 개념화 시도는 그 자체가 이미 자유주의 전통에 대한 비판이다. 역설적으로 마르크스는 시민사회를 상부구조의 토대로 만듦으로써 시민사회를 국가에 선행할 뿐만 아니라 또한 대립하고 그 기초가 되는 것으로 만들었고 그 개념의 자유주의적 수용과정에서 시민사회 개념을 〈사회의 자율〉과 같은 자유주의 이념의 전유물——오늘날의 시민사회론의 부활의 시도에서도 결코 사소하지 않은——로 만들었다. 그러나 그것은 불가피한 역사과정의 결과였는지는 몰라도 정당했다고까지 말할 수는 없다.

3 인륜성으로서의 시민사회

헤겔의 전체 정치철학을 주도하는 중심문제는 고대적 인륜성의 이념, 곧 폴리스의 생활에서 드러나는 정치적 이상을 근대 자연법 전통의 개인주의적 시도들과의 대결에서 구해내려는 프로그램이었다(Horstmann, 279 이하 참고). 헤겔에게서는 고대국가의 이상이 근대국가의 이상에 비해 우월하다는 것이 하나의 신념이었다. 그러나 헤겔은 근대의 특수한 조건이 그러한 이상을 실현불가능하게 만든다는 것을 잘 알고 있었다. 그러나 또 다른 한편으로 개인들의 사적 이해추구 그 자체만으로는 어떤 기능하는 사회질서도 작동불가능하다는 사실 또한 의식하고 있었다. 그래서 양계기의 매개가 필요했다. 그의 시민사회 개념은 바로 그와 같은 중심문제에 대한 답이다. 헤겔의 출발점은 욕구의 체계와 함께 성립한, 그러나 욕구의 체계 그 자체와는 다른 수준에서 작동하는 사회통합의 새로운 형식과 논리였다. 그러나 그 새로운 형식과 논리는 또한 〈정치적인 것〉의 새로운 형식과 논리이기도 했다. 비록 근대가 정치적인 것의 국가에로의 집중과 시민적인 것의 사회에로의 전이라는 과정을 전제로 성립했지만, 그러한 과정은 사회통합의 새로운 형식과 논리에 따른 정치적인 것의 존재방식과 작동방식의 변화를 동반하는 것이었다. 헤겔은, 비록 자기시대의 한계에 갇혀 있기는 했어도, 사회통합적인 규범과 가치가 지니는 정치적 의미를 포착했고 새로운 형식의 정치적 참여의 문제를 파악했다. 그는 이러한 정치적인 것의 새로운 차원이 이제 근대적 조건의 특수성과 개인의 자율과 같은 근대적 성과를 무시함이 없이 고대적 정치의 이상인 인륜성과 정치의 매개를 가능하게 해주기를 기대했던 것이다.

　헤겔의 시민사회론에서 우리가 주목해야 할 것은 그의 시민사회가 지닌 이중성 또는 〈역설〉(Avineri, 1987)이다. 헤겔에서 시민사회는 한편으로는 근대사회의 역사적 성과로서의 주관적 자유의 무제한의 실현의 장소이자 다른 한편으로는 그러한 주관적 자유의 공동체적 〈차원〉에 대한 인식을 학습하게 되는 장소다. 그러니까 한편으로 보편적인 이해갈등의 전개가 이루어지는 곳이면서 다른 한편으로 그러한 자기이익을 제한하고 초월하여 연대와 상호성의 영역으로 만드는 곳이다(Avineri, 1987 ; Arndt/Lefèvre, 1986 ; Theunissen, 1982 참고). 많은 오해에도 불구하고 헤겔도 근대 자연법 사상가들과 마찬가지로 개인의 자유, 〈특별할 수 있는 권리〉가 출발점을 이루며(예를 들어 §154 참고), 개별자의 의지야말로 모든 정치적 현실의 토대라고 본다. 그러나 헤겔은 그와 같이 개인의 의지가 자의적인 것으로 추락하는 것을 비판한다. 대신에 그는 다만 한 개인의 자유가 다른 개인의 자유의 〈제약〉이 아니라 〈실현〉이 되는 그와 같은 자유의 이념을 옹호하려고 했다(Theunissen, 1982 : 318-319 참고). 그러나 그는 그러한 가능성을 근대 민주주의 이론들에서 나타나는 〈사회적 시민〉과 〈국가적 시민(즉, 공민)〉의 대립을 통해서가 아니라 시민사회 그 자체 안에 존재하는 긴장을 통해 파악하고자 했다(Avineri, 1987 : 217 참고).

헤겔에게서 시민사회는 특수성과 보편성이 서로 분리되어 있는 곳이면서 동시에 양계기가 서로 연결되고 제약하는 곳이다(§184, 보충설명). 헤겔의 시민사회는 개인이 자신의 특수성을 지닐 수 있는 권리가 발현되는 장소로서 한편으로 인륜성의 근대적 성격이 극명하게 드러나는 곳이면서 다른 한편으로 그러한 특수성의 발현이 〈이미〉 어떻게 단지 보편성과의 매개를 통해서만 가능하며, 그리고 그러한 특수성의 발현이 자기파괴적으로 작용하지 않기 위해서 어떻게 보편자와 매개되어야만 하는지가 분명하게 드러나는 곳이다. 앞에서 살펴본 대로, 이미 〈욕구의 체계〉로서의 시민사회의 파악이 시민사회 안에 불가피하게 작동하는 〈보편성〉의 계기를 드러낸다. 즉 시민사회의 자기이해의 경쟁적 추구관계는 그러한 관계가 단순히 기능하기 위해서라도 일정한 인륜적, 정치적 관계를 전제하지 않으면 안 된다. 이러한 매개장치가 없이는 시민사회는 기능할 수 없다. 나시 말해 시민사회는 탈봉합, 해체, 자기파괴의 경향으로 치달을 수밖에 없다. 바로 여기에 헤겔의 근대 시민사회에 대한 비판의 핵심이 나타난다. 헤겔이 보기에 그가 관찰한 근대 시민사회는 〈아노미〉를 방지할 수 있을 만큼 충분히 구조화되어 있지 못하고, 사람들의 개인적 권리, 주관적 자유, 개인의 행복을 집단적으로 추구될 수 있는 보편적 목적으로 주조할 수 있을 만큼 충분히 응집적이지 못하다(Wood, 1990 : 260 참고). 헤겔은 이러한 근대 시민사회의 한계와 문제를 극복하기 위해서 특수와 보편의 매개의 필요성과 가능성을 탐색함으로써, 특수성의 가장 극명한 전개와 발현이 이루어지는 전형으로서 근대적인 시민사회의 영역이 어떤 문제에 직면하고 있고 또한 어떤 문제를 해결하지 않으면 안 되는지를 보여주고자 했던 것이다. 헤겔의 이와 같은 시민사회 이해의 바탕에는 홉스 이래 서양 자연법 전통, 무엇보다 자유주의적 국가이론에 대한 그의 불만이 깔려 있다.

그의 자연법 이론에 대한 비판의 일차적인 핵심은 그 이론이 모든 인간이 전(前)정치적인 자연상태에서 가진 기본적이고 보편적인 욕구나 필요로부터 국가의 이념과 목적을 근거지으려 한다는 데 있다. 그러나 헤겔에 따르면 이미 방법론적으로 역사, 관습, 전통, 공동체 등의 영향으로부터 추상화된 채 단순히 자신의 필요와 욕구, 행복만 추구하는 공리주의적-원자론적 인간이해는 보편적이고 필연적인 관계로서의 자연법적 권리의 정당성을 보여줄 수 없다(Smith, 1989 : 67-69 참고; 『자연법』, 445). 다시 말해 자연법 이론은 〈권리〉가 보편적, 필연적인 것임을 보여주려 하지만, 그들의 경험적이고 원자론적인 방법론 자체가 그런 것을 허용하지 않는다는 것이다. 왜냐하면 〈경험적인 것 das Aposteriorische〉으로부터 그들이 옹호하고자 하는 권리와 같은 〈선험적인 것 das Apriorische〉은 도출될 수 없기 때문이다(『자연법』, 447).[10]

자연법적 이론들의 출발점은 단지 근대 시민사회의 현실을 반영하고 있을 뿐이다. 그러나 그와 같은 이론은 개인의 자기사회 또는 국가와의 일체화의 토대를 제공할 수 없다. 왜냐하면 자연법 이론에서 개인과 국가의 관계는 〈외적〉으로만 규정될 수 있기 때문이다(『법철학』, §187 참고). 다시 말해 자연법 이론들이 가정하는 인간들은 특수한 자

---

10) 우리는 여기서 헤겔이 〈자연주의의 오류〉 논변을 선취하고 있음을 알 수 있다 (Smith, 1989 : 65 참고).

기이해, 욕구 등의 충족을 〈절대적 목적〉으로 삼고 있기 때문에 국가
생활이란 그들에게 단순한 〈수단〉으로 이해될 수밖에 없기 때문이다.
그래서 앞에서 언급한 대로 그들에게 국가는 〈궁핍 또는 필요국가〉일
뿐이다. 여기서 헤겔의 초점은 개인의 욕구, 필요 등으로부터 출발해서
는 이론적으로나 실천적으로나 그러한 개인의 욕구와 필요의 충족의 바
탕인 권리도, 기능하는 사회질서도 도출할 수 없다는 것이다. 그의 루
소와 칸트에 대한 비판도 동일선상에 있다.

국가이론적으로 볼 때, 루소의 〈일반의지〉나 칸트의 보편법에 따른
법치국가의 이념은 〈어떻게 각 개인의 자의 Willkür를 제한하여 다른
사람들과의 보편적 원리에 따른 삶을 살게 할 수 있을 것인가〉에 대한
홉스 이래의 근대 정치철학의 고유문제에 대한 답으로 제시된 것이다
(§29 참고 ; Taylor, 1983 : 487). 루소의 〈일반의지〉와 칸트의 보편-추
상법이 사회질서의 도출과 관련하여 가지는 함축은 대략 다음과 같은
방식으로 이해될 수 있다. 근대사회가 제기하는 정치의 문제는, 각 개
별자의 절대적 자유를 전제하는 가운데, 그러한 개별자와 전체를 매개
하고 조화시킬 수 있는 방법을 찾는 데 있다. 그런데 전체를 규정하는
보편적 원리가 또한 각 개별자의 의지를 규정하는 것이 되기 위해서
는, 그러한 보편적 원리가 미리부터 주어진 것일 수 없다고 할 때, 그
러한 보편적 원리를 산출하는 과정에 모든 개별자들이 참여하는 방법
밖에 없다. 단지 그럴 경우에만 그러한 보편적 원리에 대한 복속이 또
한 개별자들 각자의 자신에 대한 복속이 될 수 있다. 왜냐하면 그러한
보편적 원리는 각 개별자 자신들이 참여해서 산출해 낸 것이기 때문
이다.

루소와 칸트의 답은 두 가지 계기를 가지고 있다. 하나는 〈보편성〉
과 〈공평성〉이라는 기준의 계기다. 곧 원칙적으로 한 사회의 〈모든〉
성원들이 지지할 수 있는 정치질서만이 정당성을 가질 수 있다는 이념
이다. 다른 하나는 〈급진적 자율〉의 계기이다. 곧 한 사회의 모든 개인
들이 개인으로서 가지는 〈의지〉와 자율이 정당한 정치적 질서의 최초

의 계기, 〈실체적 토대〉라는 이념이다(§258 참고). 그와 같은 두 계기의 통일로서의 〈형식적 자유〉 또는 〈소극적 자유〉(§5)의 이념이 각 개인의 자의를 제한하여 보편적 의지 아래 종속되게끔 할 수 있다는 것이다. 그러니까 루소와 칸트는 자연법 전통에서처럼 자연상태에 고정된 권리로부터 정당한 사회질서를 도출하려는 것이 아니라 처음부터 사회질서의 정당성을 한편으로는 보편화가능한 이해관계라는 기준과 그리고 다른 한편으로는 인민들 자신의 주권의 행사를 조화시킴으로써 이끌어내려고 했다.

조금 단순화해서 두 사람의 차이를 부각시킨다면, 그 차이는 그와 같은 〈형식적 자유〉의 이념을 개별의지의 집적으로 이해할 것인가 (Rousseau ; §258 참고)[11] 아니면 처음부터 〈초월적 자아〉를 전제하여 그로부터 이끌어낼 것인가(칸트)[12]의 차이라고 볼 수 있을 것이다. 그러니까 루소가 구체적 인민의 주권행사를 통한 보편적 원리의 구성과정에 좀더 많은 초점을 맞추었다면, 칸트는 처음부터 전제된 것으로 이해된 절대적 개인의 자율을 제도화하는 보편법의 이념에 따른 절차의 의미를 강조했다고 볼 수 있다. 오늘날의 자유주의/공화주의의 대립구도에서 보자면, 루소는 공화주의에 가깝고 칸트는 자유주의에 가깝다.[13] 그러나 루소와 칸트는 인민들의 보편적 참여를 보장하는 절차를 통해 정당한 사회질서를 도출하려 했다는 점에서 근본적인 친화성을 지닌다. 어쨌든 헤겔에 따르면 루소나 칸트의 이와 같은 형식적 자유개념도 정치적 질서를 도출할 수 없다. 우리가 여기서 근대의 조건에서의 개별자와 보편자의 매개라는 문제에만 초점을 맞춘다면, 루소

---

11) 테일러(1983 : 488)가 지적하듯이 이런 식의 루소 이해는 물론 논란의 여지가 없는 것은 아니다. 테일러는 헤겔의 루소 이해가 프랑스혁명 당시의 자코뱅주의자들의 실천으로부터 나온 것이라고 추측하고 있다.

12) 루소와 마찬가지로 칸트가 자연법 전통에 가까운가 아니면 사회계약론 전통에 가까운가 하는 데 대해서는 논란의 여지가 많다.

13) 논란의 여지가 없는 것은 아니지만, 나는 하버마스(1992 : 130 이하)로부터 빌려온 이런 해석틀을 헤겔의 독특한 입지를 좀더 분명히 보여주기 위해 채택한다.

와 칸트의 형식적 자유의 이념에 대한 헤겔의 비판은 그와 같은 보편
적인 형식적 자유의 〈공허성〉에 집중된다.

헤겔이 칸트의 〈정언명법〉에 대해 그런 도덕원칙은 형식적이고 추
상적이어서 아무런 구속력 있는 행위규범을 제공할 수 없다고 비판한
것은 잘 알려져 있다. 헤겔의 출발점은 〈도덕성 Moralität〉이라는 것은
역사, 공동체, 다른 인간의 행위 및 사유로부터 독립된 고유의 영역을
가진 것이 아니며, 언제나 전반성적인 관습이나 습관, 곧 공동체적 맥
락과 함께 고찰되어야만 한다는 것이다. 『법철학』, §135에서 헤겔이 칸
트의 정언명법의 〈모순배제〉라는 기준에 대해 가한 비판은 이런 관점
을 잘 보여준다. 헤겔에 따르면 예를 들어 〈도둑질〉이나 〈살인〉이 모
순을 이끄는 경우는 단지 〈소유〉와 〈인간의 생명〉이 존중되어야 한다
는 것이 그 자체로 타당한 것으로 이미 전제되어 있을 경우일 뿐이라
는 것이다. 즉, 칸트의 정언명법은 그 뒤에 어떤 사회제도나 관행 등의
정당성이 이미 전제되어 있는 경우에만 구체적 내용을 제시할 수 있다
는 것이다.

헤겔의 형식적 자유개념에 대한 비판도 같은 맥락에서 이해될 수
있다. 헤겔에 따르면 만약 정치적 질서를 형식적 자유로부터 도출하려
한다면 그러한 자유의 담지자로서의 각 개인들의 구체적 역사성은 고
려될 수 없다. 그래서 자신들의 행복만을 추구하는 개인들의 사회라는
공리주의적 사회는 극복될 수 없다. 그와 같은 공리주의적 개인들은
그대로 전제된다. 왜냐하면 형식적 자유개념은 내용을 제시하지 않기
때문에 그 내용을 〈자연(본성)〉으로부터 빌려올 수밖에 없기 때문이다
(Taylor, 1983 : 487). 그러나 그것은 근대적 현실 그 자체의 용인일 뿐
이다. 그리고 그렇게 되면 각자의 자의를 보편적 원칙을 통해 타인의
자의와 일치시킴으로써 개인들의 자의를 제한하겠다는 원래의 목적은
달성될 수 없다. 왜냐하면 형식적 자유개념은, 공리주의적 자연법 이론
에서 그랬던 것처럼, 그러한 자유개념이 도출한 〈보편자〉(일반의지/보
편적 법)를 각 개인들에게 외부에서 강제되는 제한으로밖에는 제시할

수 없기 때문이다. 다시 말해 각 개인들의 내적 필연성으로 그러한 보편자가 도출되지 못하는 것이다(§29 ; §258 참고).

보편적 참여를 보장하는 절차의 이념도 같은 맥락에서 비판될 수 있다. 그 이념의 출발점은 각 개인들의 절대적 자유와 모든 당사자들의 평등을 전제로 할 때 모든 사람이 자유롭기 위해서는 모든 사람이 참여해야 한다는 데 있다. 그런데 그와 같은 보편적-형식적-절대적 자유가 실현될 수 있으려면 인민들 사이의 완전한 의지의 일치를 전제하지 않으면 안 된다. 그러나 그와 같은 의지의 일치가 미리부터 주어진 것일 수 없다고 할 때, 그와 같은 보편적 참여의 이념은 결코 실현될 수 없다. 〈결정과정에 대한 만인의 참여는 일치를 위한 근거가 있거나 공통의 근본목적을 위한 근거가 있을 때에만 가능하다. 급진적 참여는 그것을 만들어내지 못한다. 오히려 전제할 뿐이다〉(Taylor, 1983 : 541 — 강조는 테일러). 그러한 이념은 아마 법치국가의 이념, 시민적 질서의 정당성의 기준은 정초할 수 있을 것이다. 곧 정당한 사회적, 국가적 질서의 일반적이고 형식적인 틀은 설정할 수 있을 것이다. 그러나 단순히 전제된 의지의 일치를 통해서는 구체적으로 사회가 지녀야 할 사실적 모습은 제시할 수 없다(같은 글, 492 참고). 그리고 형식적 자유를 통해 얻어진 전제된 보편성은 다시금 개인에 대한 외적 제약으로서만 개인과 매개될 수 있다. 그러나 이미 그러한 답은 불완전한 것일 수밖에 없다. 왜냐하면 그와 같은 외적 제약으로서의 보편성은 개인들의 절대적 자유의 다양성을 더 높은 수준에서 하나의 전체로 묶어줄 수가 없기 때문이다. 여기서 문제는 그와 같은 형식적 자유의 이념이 그 자체만으로는 개별자와 보편자의 매개, 말하자면 근대사회에서의 개인들의 사적 이익추구와 공공선 지향과의 조화를 산출해 낼 수 없다는 데 있다. 이 문제를 오늘날의 민주주의 이론의 관점과 연결시켜 조금 더 살펴보자.

롤즈(1993, 18 이하)는 자신의 〈원초적 입장〉이라는 이론장치가 형이상학적인 원자론적 인간개념에 바탕하고 있다는 공동체주의자들의

비판에 응답하면서 그의 정치적 자유주의는 두 가지 형식적 능력을 갖
는 〈인격에 대한 정치적 개념〉을 바탕으로 하고 있음을 밝혔다. 이러
한 인격개념의 한 측면은 민주사회의 시민들이 각자 자신만의 가치관
을 바탕으로 〈좋은 삶〉을 실현하려고 노력한다는 것이다. 롤즈 자신의
명명은 아니지만, 아마 우리는 이런 측면에 초점을 둔 인격개념을, 윌
리엄스Williams나 하버마스의 〈윤리〉와 〈도덕〉의 구분을 받아들여,[14]
〈윤리적 인격〉이라고 부를 수 있을 것이다. 그러나 롤즈에 따르면 정
의로운 사회가 가능하기 위해서는 그런 윤리적 인격으로서의 시민들
은 다른 한편으로 자신들의 구체적 가치지평이나 이해관계의 처지의
저편에서, 말하자면 〈대승적 견지에서〉 정의를 이해하고 적용하고 추
구할 수 있는 정의감 a sense of justice을 가지고 있어야 한다. 이런
인격을 우리는 〈도덕적 인격〉이라고 부를 수 있을 것이다. 우리가 롤
즈의 맥락을 떠나 이 구분을 전제한다면, 우리의 맥락에서 문제는 이
두 가지 인격들의 관계다. 우리는 아마도 루소의 〈사회계약〉이나 칸트
의 〈법치국가〉를 민주주의를 가능케 할 〈도덕적 인격〉의 문제와 연관
된 이론적 장치로 이해할 수 있을 것이다.

　루소는 〈사회계약〉이라는 이론적 장치를 통해 그 관계를 해명하려
고 시도했다고 볼 수 있다. 말하자면 〈사회계약〉이란 일종의 인간의
본성의 변경과정으로, 그러니까 자연상태에서 자연적 자유를 누리던
사람들이 〈계약〉이라는 자발적이고 의식적인 행위를 통해 보편적 의

---

14) 하버마스(특히 1991 : 100 이하)는 실천철학에서 각 개인들의 〈좋은 삶〉에 대한
　　지향, 〈나는 누구이고 또 누구이고 싶은가?〉라는 정체성에 관한 물음, 이해관계
　　의 추구 등과 관련된 윤리적-평가적 물음과 그 개인들이 다른 사람들과의 모둠살
　　이에서 제기되는 정의로운 관계에 관한 물음, 다시 말해 〈무엇이 모든 사람들에
　　게 똑같이 좋은가?〉에 대한 물음과 연관된 도덕적 물음을 구분한다. 윌리엄스
　　(1985)도 비슷하게 〈나는 어떻게 살아야 하는가?〉라는 소크라테스의 물음으로부
　　터 출발하는 〈윤리〉와 그러한 윤리의 특정한 측면으로서 정언명법적 의무 등과
　　관련된 〈특별한 제도〉로서의 〈도덕〉을 구분한다(특히 10장 참고). 나는 이런 구
　　분이 날카롭게 유지될 수 있다고 믿지는 않지만, 일차적인 문제접근의 분석적 수
　　단으로서 여기에 도입한다.

지에 복속하는 도덕적 인격으로 이행하는 과정이라고 이해할 수 있다. 그러한 이행과정을 통해 시민사회의 각 개인들은 자신의 구체적인 이해관계의 저편에서 공공선을 지향할 수 있게 된다는 것이다. 헤겔의 비판은 바로 그러한 이행과정이 루소의 개념장치만으로는 불가능하며 심지어 위험하기까지하다는 것을 보여주려는 것으로 이해할 수 있다. 근대사회에서 모든 시민들이 정치적 삶 자체를 자기실현의 본질적 요소로 받아들이는 폴리스적 관계가 불가능하다는 것을 전제로 할 때, 다시 말해 시민의 덕civic virtue을 더 이상 당연한 것으로 전제할 수 없다고 할 때, 그와 같은 이행은 결코 자연스러운 결과로 이루어질 수 없다. 만약 그러한 이행과정이 사람들이 공공선의 지향이라는 덕을 갖춘 시민으로 되는 과정으로 이해된다면, 그러한 과정이 자기이해의 절대적 추구의 자유를 지닌 근대사회의 시민들에게 어떤 윤리적 부담을 지울지는 명백하다. 다시 말해 〈공공선의 지향〉은 시민들에게, 공동체적 가치지평을 자신들의 좋은 삶의 본질적인 부분으로 받아들여야 한다는, 강제적 덕목이 되고 말 것이다. 그래서 자코뱅주의적 테러는 그와 같은 일반의지론의 필연적인 결과인지도 모른다(특히 §258 참고).

칸트는 루소의 일반의지를 구체적인 개별적 의지들의 윤리적 자기실현을 통한 집적으로 이해할 때 생길 수 있을 이와 같은 문제를 잘 인식하고 있었음에 틀림없다. 칸트는 루소와는 달리 〈공화국〉이 공공선의 지향이라는 덕을 함양한 시민들, 곧 〈천사들〉이 아니라 〈좋은 조직〉을 통해 유지되어야 한다고 보았다(『영구평화론』, 223 이하). 다시 말해 칸트는 문제를 시민의 덕이 아니라 제도적 절차를 통해 해결하려고 했다. 그에 따르면 우리는 공화국의 제도를, 아무리 이기적인 개인들 사이에서라도, 그들의 이기적인 지향이 서로서로 맞물려 상쇄효과를 일으켜 결국 그 파괴적인 효과가 무화되게끔 조직화해서, 시민들이 비록 〈도덕적으로 선한 사람들〉은 아니더라도 〈좋은 시민들〉이 되도록 강제할수 있다는 것이다(같은 책, 224 참고). 그래서 그에 따르면 법치공화국은 〈악마들로 이루어진 인민들〉 사이에서도, 만약 그

들이 〈오성 Verstand〉만이라도 가지고 있다면, 가능하다. 그러나 문제
는 바로 이 전제된 오성에 있다. 그 오성이 루소에게서 요청된 시민의
덕과 어떻게 다른지도 문제지만,[15] 더 큰 문제는 그 오성이 칸트에게서
단지 전제되고 있을 뿐 어떻게 가능할지 설명되지 않았다는 것이다.
이러한 한에서 칸트는, 그에게서의 보편적 의지가 개별자들에게 〈내재
적으로 이성적인 것〉이 아니라, 〈외적이고 형식적인 보편자〉로서 단지
그들의 자유를 제한하는 것으로서만 작용한다는 헤겔의 비판(§29 참
고)을 피할 수 없을 것처럼 보인다.

물론 이런 헤겔의 비판이 그와 같은 형식적 자유의 정당한 사회질
서의 기준으로서의 의의마저 부정하는 것으로 이해될 필요는 없다. 헤
겔도 근대 계약론적 전통의 정치철학, 특히 루소와 칸트의 중요한 두
계기를 수용한다. 첫째, 헤겔은 계약론적 전통의 주의주의적 지향으로
부터 출발한다. 여기서 핵심은 인간의 의지, 역사적-내재적 실천이 모
든 사회질서의 바탕을 이룬다는 것이다. 그에게서도 〈반성적 의지〉만
이 법과 국가의 기초다(§21, §4, §11 등 ; Taylor, 1983 : 484 참고). 둘째,
각 개인의 자율의 이념이다. 인간을 목적으로 다루고, 자율적 개인의
권리를 인정하는 것을 그는 고대인이 알지 못했던 근대인의 자유임을
분명히 한다(§206, §260, §273 보충설명, §279 보충설명 등 ; Taylor,
1983 : 491-492 참고). 우리는 아마도 이 두 가지 계기를 민주주의 이론
으로 〈인민주권〉과 〈인권〉의 이념의 다른 표현이라고 이해할 수 있을
것이다. 그런 점에서 나는 잘 알려진 헤겔의 민주주의에 대한 비판
(§273)은 어떤 보수주의의 표현이라기보다는 다른 관점에서 이해되어
야 한다고 본다. 그는 인민의 자기지배의 이념 그 자체를 비판했다기
보다는, 민주주의의 인민주권의 이념이 기존의 전통과 제도에 대한 전
면적 부정에 바탕하여 〈단순한 개인들의 원자적 집적〉(같은 책, 439)으

---

15) 뮌클러(1992 : 37)는 시민사회적 덕을 요청하는 공화주의적 입장에서 비슷한 문
　　제제기를 하고 있다.

로 이해되는 것을 비판했다고 볼 수 있다. 다시 말해 그는 자코뱅주의
를 비판했을 뿐이다.[16] 오히려 그는 민주주의냐 입헌군주제냐 하는 정
부형식의 문제를 부차적인 것으로 보면서, 〈자유로운 주관성의 원리를
담아내지 못하고 또 충분히 성숙한 이성에 상응할 줄 모르는 모든 형
식의 헌법은 일면적임〉을 분명히 한다(같은 책, 보충설명). 헤겔의 초점
은 다른 곳에 있다.

그의 초점은, 그와 같은 의지의 계기와 자율이라는 근대적 이념은
그것을 역사적으로 가능하게 했던 공동체적 맥락으로부터 추상될 수
없다는 데 있다. 그러니까 헤겔의 자연법 사상, 그리고 무엇보다도 루
소와 칸트 비판의 핵심은 그들이 완전히 무규정이고 추상적인 인간의
행위로부터 사회질서를 도출하려 하기 때문에 그러한 원리만으로는
구속력 있는 사회질서를 정초할 수 없다는 것이다. 그러나 헤겔에 따
르면 개인의 정체성은 그 개인이 속하고 그 안에서 성장하고 살아가고
있는 문화적-인륜적 전체, 그러니까 언어, 세계경험의 양식, 감정의 해
석의 양식, 타인들과의 관계맺음의 양식 등(Taylor, 1983 : 498 이하 참
고), 한마디로 삶의 양식과 불가분의 관계에 있기 때문에, 의지와 자율
의 이념이 역사적으로 구체적으로 존재하는 제도와 관행과 결합되지
않고서는 그러한 이념은 공허하게 머물러 있을 수밖에 없다는 것이다.

우리는 여기서 헤겔의 〈인륜성〉이 근대 정치철학의 중심문제, 그러
니까 자신들의 욕구와 필요의 무제한적인 추구로부터 출발하는 개인
들 사이의 관계가 어떻게 반공동체적이고 자기파괴적인 무질서로 귀
결되지 않고 모든 사람들의 자유가 보장되는 조화로운 관계를 낳을 수
있을 것인가, 다시 말해 무제한의 주관적 자유의 보장이라는 전제 위
에서 어떻게 개별자와 보편자의 매개가 가능할 수 있을 것인가라는 문
제에 대한 답임을 확인할 수 있다(무엇보다도 §260 참고 ; 같은 책, 보충

---

16) 벨머(1993 : 183-184)도 비슷하게 헤겔의 민주주의에 대한 비판을 공화주의에
   대한 비판으로 읽을 수 있음을 지적하고 있다.

설명). 헤겔의 답변의 핵심은, 바로 보편자, 〈목적의 보편성〉(§260 보충설명)이 공동체의 관습, 전통, 실천, 제도, 간단히 말해서 서로 구분되지만 중첩되는 다양한 삶의 영역들 전체를 관통하는 하나의 삶의 양식으로 되어야 한다는 것이다. 보편적-형식적 자유나 법은 개별자들에 대한 외적 제한이어서는 안 되고 개별자들 자신들의 자발적 의지의 표현(§22 참고), 〈자기의식의 현실적 생명성〉(§147)으로 나타나야 하고 그러기 위해서는 그러한 보편자가 각 개인의 〈제2의 자연(본성)〉으로서 가장 기본적인 가족생활에서부터 직업생활을 포함한 이해관계의 추구, 선린관계와 같은 타인들과의 관계맺음, 교육 등 시민들의 일상생활 전체를 규정할 수 있어야 한다는 것이다.

그러니까 단지 그와 같은 인륜성으로서의 보편성의 이념만이 자유의 제한이 아니라 자유의 〈차원〉(Smith, 1989 : 233) 또는 자유의 〈가능조건〉으로 작용할 수 있다. 단지 그럴 경우에만 시민들은 〈시민적 질서〉의 보편성을 〈자기 자신의 본질, 자신의 내적 보편성〉(§153 ── 강조는 헤겔)으로 받아들일 수 있는 것이다. 그래서 예를 들어 근대적 권리, 그러니까 모든 인간이 〈유대인이거나, 가톨릭 교도이거나, 프로테스탄트 교도이거나, 독일 사람이거나, 이탈리아 사람이기 때문이 아니라, 인간이기 때문에〉(§209 ── 강조는 헤겔) 가지는 권리는, 어떤 추상적인 원리의 표현(〈양도불가능한 천부인권〉)이 아니라, 한 공동체의 시민들의 〈상호인정〉의 역사적 관계를 통해 획득되고 형성되어 삶의 양식으로 관철된 것으로 이해되어야 한다(같은 곳 참고 ; Honneth, 1992, 특히 5장 참고). 그렇게 되면 권리와 법은 시민들의 일상적 자기실현에 대한 외적 제한 또는 강세로서가 아니라 또는 〈다원주의의 사실〉에 대한 소극적 인정으로서가 아니라 바로 그 자기실현의 적극적인 계기로서 이해되어야 한다(헤겔의 권리론에 대해서는 Smith, 1989 : 106 이하 참고).

그와 같은 인륜성의 〈근대적인 특징〉은, 그 인륜성의 핵심이 칸트적 의미의 〈도덕성〉, 급진적 자율, 곧 〈개별자의 인륜성 Sittlichkeit des

Einzelnen〉(『자연법』, 504)이라는 것, 따라서 단지 〈반성적〉인 관계로
서만 인륜성이 존재한다는 데 있다. 시민사회는 바로 그와 같이 특별
히 근대적인 인륜적 관계의 가능성과 요청이 가장 극명하게 드러나는
곳이다. 이 시민사회에서 인륜성의 이념은 〈특수성에 대해서는 모든
방면을 스스로를 발전시키고 펼칠 수 있는 권리를, 그리고 보편성에
대해서는 스스로를 특수성의 근거이자 필연적인 형식으로, 또한 특수
성과 궁극적 목적을 지배하는 힘으로 입증할 수 있는 권리를〉(『법철
학』, §184) 부여한다. 바로 여기에 인륜성으로서의 시민사회가 인간들
의 근대적인 정치적 삶에 대해 가지는 특별한 의미가 있다.

4 문제제기 : 근본민주주의와 민주적 인륜성

비록 헤겔 자신이 인륜성의 문제를 그 자체로 민주주의 이론적으로
접근하지는 않았지만, 앞에서 살펴본 대로 우리가 헤겔의 인륜성을 민
주주의 이론적으로 재정식화하는 것은 조금도 부당한 것처럼 보이지
는 않는다. 왜냐하면 헤겔이 근대적 인륜성으로 해결하고자 했던 문제
는 다름아니라 오늘날 민주주의 이론이 직면하고 있는 바로 그 문제와
차원과 깊이에서 궁극적으로 동일할 뿐만 아니라, 헤겔 자신이 기초하
고 있는 기본적인 정치철학적 전제들——무엇보다도 개별자들의 자유
와 평등(인권), 그리고 집합적 의지의 표현으로서의 국가(인민주권)——
은 또한 민주주의 이론이 오늘날 탈형이상학적 조건에서 의거할 수 있
는 유일한 이론적 기초들이기 때문이다. 비록 우리가 오늘날 헤겔의
답이 의거하고 있는 형이상학적 전제들, 다시 말해 그러한 근대적 인
륜성이 어떤 우주적 원리로서의 절대정신의 발현이라는 식의 전제들
을 받아들일 수 없다고 해도 헤겔이 제기했던 문제는 그대로 남아
있다.

헤겔의 문제는 오늘날 벨머(1993 : 183 이하)의 정식화처럼 〈민주적

인륜성〉의 문제로 제기된다. 벨머는 헤겔의 통찰을, 오늘날 자유주의
자들에 의해 강조되고 있는 인권은 단지 공동체적 인륜성의 현대적 형
식의 실현으로서만 생각가능하다는 것을 보여주는 것으로 이해하면서,
그러한 통찰을 〈민주적 인륜성 demokratische Sittlichkeit〉에 대한 요
청으로 재정식화한다. 민주적 인륜성은 〈자유적이고 민주적인 행태양
식의 습관화〉로서, 그러한 습관화는 〈단지 연관된 제도들, 전통들 그리
고 실천적 관행들이 뒷받침해 줌으로써만 일어날 수 있고 또 재생산될
수 있다〉(같은 책, 185). 민주적 인륜성이란 그러니까 민주적인 원칙에
바탕한 문화가 전 사회적으로 구현되는 것을 나타낸다.

그러나 벨머는 이 민주적 인륜성의 실체는, 오늘날의 다원주의의 조
건에서 다양하게 나타나는 여러 〈좋은 삶〉을 위한 지향들에 대해 중립
적인 공공선——롤즈의 표현으로 말하자면 〈좋음〉에 대해 우선성을
가지는 〈옳음〉——, 그러니까 시민들의 가치관들의 다양성과 이질성과
갈등을 조정하고 해결하기 위해 필요불가결한 민주적인 절차 그 자체
일 수밖에 없다고 본다. 다시 말해 민주적 인륜성은 그 자체로 어떤
좋은 삶에 대한 지향을 내용으로 갖는 것이 아니라 경쟁하는 다양한
좋은 삶에 대한 지향들의 평등한 공존의 형식을 의미한다는 것이다.

그러나 나는 이 문제가 벨머가 〈절차의 실체화〉라고 역설적으로 정
식화했던 것보다는 훨씬 더 복잡한 문제군을 포함하고 있다고 생각한
다. 왜냐하면 헤겔의 인륜성 개념에서 애초 문제가 되었던 것은 추상
적인 형식적 원리로서의 절차적 원칙 그 자체가 아니라 그러한 원칙을
사회생활의 정당한 조직원리로서 타당하게끔 만들어주는 사회성원들
의 문화적 가치지평이었기 때문이다. 그러한 문화적 가치지평이 오늘
날의 다원주의의 조건에서 〈나〉뿐만 아니라 〈모든〉 사람이 자기만의
고유한 좋은 삶을 평등하게 추구할 수 있는 권리를 가지는 데 대한 사
회성원들의 상호인정과 같은 〈절차적 핵심〉을 가져야 한다는 데 대해
서는 아무런 이의가 있을 수 없다. 그러나 그러한 절차적 핵심이 작동
하기 위해서는, 그 문화적 가치지평을 통해 자기정체성을 획득하고 그

럼으로써 또 그 가치지평을 재생산하는 사회구성원들이 그러한 절차적 핵심을 공유하고 내면화하는 것이 필요하며 그러기 위해서는 또 오랜 역사적 학습과정이 필요하다는 점은 서로 다른 차원의 문제에 속한다. 헤겔이 문제삼고 있는 것은 바로 이 나중의 차원이다. 간단하게 말해서 절차라는 〈뼈대〉는 그것을 에워싸고 보호하고 생명을 불어넣어줄 수 있는 두터운 〈살〉을 필요로 한다는 것이 헤겔의 논점이라고 보아야 한다.

헤겔의 인륜성의 이념의 바탕에는 공동체의 실천적 관행과 제도는 개인의 정체성을 가장 기본적인 수준에서 규정하는 규범 및 가치들을 표현하며, 거꾸로 그러한 실천적 관행과 제도는 그와 같은 정체성을 가진 개인들에 의해서만 유지, 발전된다는 기본통찰이 놓여 있다. 민주주의도 이런 연관 속에서 이해되어야 한다. 민주적 인륜성에서 문제되어야 하는 것은 그러니까 민주주의를 유지하고 재생산하며 발전시켜 나가는 사회 각 성원들의 심층적 수준에서의 정체성, 그리고 그러한 정체성을 규정하는 가치지평이다. 민주적 인륜성은 예를 들어 남녀간의 애정관계까지도 민주적인 가치지평 안에서 일어날 것을 요구한다. 물론 이러한 애정관계의 민주적-절차적 틀은 남녀 상호간의 평등한 자유의 권리를 상호인정하는 것 이상의 어떤 것일 수 없을 것이다. 그러나 아무런 권력/억압관계도 배제된 〈순수한 관계〉(Giddens, 1992)로서의 애정관계가 가능하기 위해서는 그러한 관계에 참여하고 있는 당사자들의, 말하자면 〈민주적인 정체성〉이 전제되지 않으면 안 된다. 다시 말해 민주적인 애정관계는 당사자들이 그러한 애정관계를 통해 얻고자 하는 자기실현의 차원의 변화를 필요로 한다. 민주적 인륜성은 그 실체적 핵심으로서 바로 이와 같은 민주적 정체성의 전 사회적 구현을 필요로 한다.

헤겔의 인륜성 개념은, 오늘날의 맥락에서 보자면, 민주주의의 문제를 문화적 총체성 또는 전일성의 패러다임 속에서 이해하자는 제안으로 이해될 수 있다(Smith, 1989: 31). 민주주의는 그러니까 〈절대적인

인륜적 총체성die absolute sittliche Totaltität〉(『자연법』, 481)으로서
만 가능하다는 것이다. 물론 이 제안을 예를 들어 근본주의적 민족주
의에서와 같이 어떤 구체적인 실체적 인륜성, 어떤 특정한 좋은 삶의
가치지평의 절대화로 이해해서는 안 된다. 아마 벨머의 절차적-형식적
인륜성에 대한 고집에는 그와 같은 위험에 대한 우려가 바탕에 깔려
있을 것이다. 그러나 민주주의적 인륜성이 불가피하게 〈형식적〉일 수
밖에 없다는 사실이 인륜성으로서의 차원을 잃어버려도 좋다는 이야
기는 아니다. 여기서의 논점은 민주주의 국가의 시민들은 민주적 인륜
성을 통해 민주적인 원칙과 규범, 행태양식을 자신들의 일상생활 전
영역, 전 차원에 걸쳐 〈제2의 자연(본성)〉으로 받아들이고 표현하고 재
생산할 수 있어야 한다는 것이다. 민주주의가 가능하기 위해서는 애정
관계에서부터 사회생활에 이르기까지, 친우관계에서부터 교사-학생의
관계에 이르기까지의 기본적인 일상적 모듬살이의 양식, 그리고 가족
으로부터 경제생활에 이르기까지, 학교로부터 정당에 이르기까지의 중
추적인 사회적 제도들 전체에 민주적인 가치와 문화가 구현되어야 한
다는 것이다. 그러니까 헤겔의 제안의 핵심은, 민주주의 이론적으로 보
자면, 민주주의는 그 자체로 시민들의 구체적인 삶의 양식이 되어야
한다는 데 대한 요청에 있는 것으로 이해되어야 한다. 그러나 그러기
위해서는 단순한 절차의 정당성의 확인 이상의 어떤 것이 필요하다.

　각 개인들이 특별할 수 있는 권리를 가진다는 데 대한 보편적이고
평등한 상호인정이 〈좋음에 대한 옳음의 우선성〉이라는 식으로 소극
적으로 정당화될 수 있기 위해서라도, 그러한 상호인정의 틀을 이끌어
낼 수 있기 위해서는, 사회의 성원들이 서로서로를 〈똑같이 자유로운〉
일원으로서 존중하는, 그 성원들 사이에서 적극적으로 공유된 가치지
평이 전제되어야 한다는 것이 헤겔의 논점이다. 그러나 그러기 위해서
는 무엇보다도 사회의 성원들이 민주주의를 자기실현의 본질적 차원
으로 파악할 수 있어야 한다. 그러니까 사회성원들 사이에서의 기본적
인 민주적인 권리의 보장은 그러한 권리가 각 개인들의 공동체 안에서

의 자기실현에 대해 가지는 의미를 통해서만 사회적으로 확립되고 타당한 것으로 관철될 수 있다는 것이다. 그렇다면 이러한 차원에서 민주주의는, 존 듀이에서처럼, 단순한 정치적 이상이기 이전에 시민들의 연대적 자기실현과 연결되어 있는 사회적 이상이어야 한다(Honneth, 1997 참고).

우리가 헤겔에게서 제거해야만 하는 것은 단순히 그의 외관상의 비민주성이 아니다. 문제는 그가 충분히 민주적일 수도 있는 이념에 바탕한 문제제기를 형이상학적인 방식으로 해결하려 했다는 것이다. 다시 말해 우리의 문제는 이제 헤겔이 제기했던 인륜성의 이념을 형이상학적으로가 아니라 민주적인 과정 그 자체를 통해 역사적-내재적으로 실현할 수 있을 것인가 하는 것이다. 헤겔은『법철학』에서 개인의 주관적 자유의 연대적 관계를 통한 실현이라는 인륜성의 이념을 실체주의적으로 상호주관성 없는 국가성을 통해 해결하려고 시도했다(Honneth, 1989 : 183 ; Teunissen, 1982 참고). 그러나 우리가 헤겔의 형이상학적 전제들을 곁에 제쳐놓고 추상적 권리의 관계조차 단지 인륜성의 표현으로서만 사회적으로 타당하게 될 수 있다는 헤겔 자신의 전제로 되돌아와서 생각해 볼 때, 헤겔 자신이 예나 시대에서도 암시했듯이, 그와 같은 규범적 지평을 〈사회적 원자화의 과정이 새로운 인륜적 통일의 형성의 계기가 될 수 있는 정치적 길〉(Honneth, 1989 : 181 — 강조는 필자), 다시 말해 민주적인 정치적 의지형성의 과정 자체를 통해 실현할 수 있는 가능성을 모색하는 것은 부당한 접근만은 아닐 것이다. 권리와 법이 그렇듯이 또한 사회성원들 사이의 반성적 수준에서의 연대의 관계, 곧 사회적 이상으로서의 민주주의적 가치지평도 자기실현의 기회와 조건을 스스로 규정하고자 하는 사회성원들의, 말하자면 근본민주주의적인 인정투쟁의 역사적 성과로서, 단지 집합적 의지형성의 과정 그 자체를 통해서만 제도화되고 공고화될 수 있을 것이다. 민주주의적 연대라는 규범적 지평의 역사적-내재적 실현이 말하자면 프랑스혁명의 〈영구혁명〉으로서, 다시 말해 민주주의적 혁명

그 자체의 정치적 논리의 심화와 확장으로서 이루어질 수 있는 그러한
가능성이 문제인 것이다.

【참고문헌】

황경식(1993), 「자유주의와 공동체주의」, 차인석 외 지음, 『사회철학대계』, 제2권, 서울,
　　　민음사.
Arnt, A./Lefèvre, W.(1986), "System und System-Kritik. Zur Logik der bür-
　　　gerlichen Gesellschaft bei Hegel und Marx," in: Hegel-Jahrbuch 1986.
Avineri, Sh.(1987), "The Paradox of Civil Society in the Structure of Hegel's Views
　　　on 'Sittlichkeit'," in: Hegel-Jahrbuch 1987.
Bobbio, N.(1989), "Civil Society," in: Bobbio, N., Democracy and Dictatorship,
　　　Minneapolis.
Cohen, J./Arato, A.(1992), Civil Society and Political Theory, Cambridge/Mass.
Forst, R.(1996), Kontexte der Gerechtigkeit: Politische Philosophie jenseits von
　　　Liberalismus und Kommunitarismus, Frankfurt/M.
Giddens, A.(1992), Transformation of Intimacy. Sexuality, Love and Eroticism in
　　　Modern Society, Oxford: 『현대사회의 성, 사랑, 에로티시즘, 친밀성의 구조변
　　　동』, 서울, 새물결, 1997.
Habermas, J.(1990), Strukturwandel der Öffentlichkeit, Neuauflage, Frankfurt/M.
_____, (1991), "Vom pragmatischen, ethischen und moralischen Gebrauch der
　　　praktischen Vernunft," in: Habermas, J., Erläuterungen zur Diskursethik,
　　　Frankfurt/M.
_____, (1992), Faktizität und Geltung, Frankfurt/M.
Keane, J.(1988), Democracy and Civil Society, London.
Hegel, G. W. F., Grundlinien der Philosophie des Rechts, Werke in zwanzig
　　　Bänden, Bd. 7, 1970, Frankfurt/M.
_____, Über die wissenschaftlichen Behandlungsarten des Naturrechts, seine Stelle
　　　in der praktischen Philosophie und sein Verhältnis zu den positiven
　　　Rechtswissenschaften, in: Werke in zwanzig Bänden, Bd. 2, 1970,
　　　Frankfurt/M.
Honneth, A.(1989), "Atomisierung und Sittlichkeit. Zu Hegels Kritik der Fran-
　　　zösischen Revolution," in: Forum für Philosophie Bad Homburg(Hg.), Die
　　　Ideen von 1789, Frankfurt/M.
_____(1992), Kampf um Anerkennung. Zur moralischen Grammatik sozialer Kon-

flikte, Frankfurt/M : 『인정투쟁. 사회적 갈등의 도덕적 형식론』, 문성훈·이현재 옮김, 서울, 동녘, 1996.

_____(1994), "Fragen der Zivilgesellschaft," in : Honneth, A., *Desintegration*, Frankfurt/M.

_____(1997), *Demokratie als reflexive Kooperation. John Dewey und die Demokratietheorie der Gegenwart*, Ms.

Horstman, R. P.(1975), "Über die Rolle der bürgerlichen Gesellschaft in Hegels politischer Philosophie," in : Riedel, M.(Hg.), *Materialien zu Hegels Rechtsphilosophie*, Bd. 2, Frankfurt/M.

Kant, I., *Zum ewigen Frieden. Ein philosophischer Entwurf*, in : Weischedel, W. (Hg.), Werkaugabe XI, Schriften zur Anthropologie, Geschichstphilosophie, Politik und Pädagogik 1, Frankfurt/M. 본문 내 『영구평화론』으로 약칭.

Macpherson, C. B. (1973), *Democratic Theory : Essays in Retrieval*, London.

Marx, K.(*MEW* 3), *Die deutsche Ideologie*, in : Werke, Bd. 3, Berlin.

_____(*MEW* 4), *Das Elend der Philosophie*, in : Werke, Bd. 4, Berlin.

_____(*MEW* 13), "Vorwort : Zur Kritik der politischen Ökonomie," in : Werke, Bd. 13, Berlin.

Münkler, H.(1992), "Politische Tugend. Bedarf die Demokratie einer soziomoralische Grundlegung?," in : Münkler, H.(Hg.), *Die Chancen der Freiheit*, München/Zürich.

Nauta, L.(1992), "Changing Conceptions of Citizenship," in : *Praxis International* 12(1), April 1992.

Nullmeier, F.(1991), "Zivilgesellschaftlicher Liberalismus-Schattenseiten eines Trends politischer Theorieentwicklung," in : *Forschungsjournal* NSB, 4/1991.

Rawls, J.(1993), *Political Liberalism*, New York.

Riedel, M.(1974), "Gesellschaft, bürgerliche," in : *Historisches Wörterbuch der Philosophie*, Bd. 3, Basel/Stuttgart

_____(1975), "Hegels Begriff der bürgerlichen Gesellschaft und das Problem seines geschichtlichen Ursprungs," in : Riedel, M.(Hg.), *Materialien zu Hegels Rechtsphilosophie*, Bd. 2, Frankfurt/M.

Rödel, U./Frankenberg, G./Dubiel, H.(1989), *Die demokratische Frage*, Frankfurt/M.

Schmalz-Bruns, R.(1994), "Zivile Gesellschaft und reflexive Demokratie," in : *Forschungsjournal* NSB, 1/1994.

Smith, S.(1989), *Hegel's Critique of Liberalism : Rights in Context*, London.

Taylor, Ch.(1983), *Hegel*, Frankfurt/M(영어 원본 : *Hegel*, 1975).

_____(1993), "Der Begriff der bürgerlichen Gesellschaft im politischen Denken des Westens, in : M. Brumlik/H. Brunkhorst(Hg.), *Gemeinschaft und Gerechtigkeit*, Frankfurt/M.

Teunissen, M.(1982), "Die verdrängte Intersubjektivität in Hegels Philosophie des Rechts," in : Henrich/Horstmann(Hg.), *Hegels Philosophie des Rechts : Theorie der Rechtsformen und ihre Logik*, Stuttgart

Touraine, E.(1995), *Critique of modernity*, Oxford.

Walzer, M.(1995), "The Concept of Civil Society," in : Walzer, M.(ed.), *Toward a Global Civil Society*, Oxford.

Wellmer, A.(1993), "Bedingungen einer demokratischen Kultur. Zur Debatte zwischen Liberalen und Kommunitaristen," in : M. Brumlik/H. Brunkhorst(Hg.), *Gemeinschaft und Gerechtigkeit*, Frankfurt/M.

Williams, B.(1985), *Ethics and the Limits of Philosophy*, London

Wood, A.(1990), *Hegel's Ethical Thought*, Cambridge.

가상(假象)과 초실상(超實相)

—— 〈대중문화〉의 사회적 존립양상을 파악하기 위한 하우크와
보드리야르의 대립적인 범주의 고찰 ——

홍윤기

1 문제단서 : 〈경제적인 것〉과 〈문화적인 것〉의 상관관계와 시장교환에서 가치유인의 매개체로서의 〈문화적인 것〉의 위상

1994년 어느 가을날. 베를린, 슈테글리츠, 라인슈트라세의 한국 식품점. 20대 후반으로 보이는 어느 독일 남자가 아시아 식품점이라는 데 호기심을 느꼈는지 진열장, 선반, 바닥할 것 없이 벌려놓은 각종 식품들을 기웃거린다. 끝내 눈길이 멎은 곳은 외국에서 직수입한 라면들을 보기 좋게 정리해 놓은 가게 구석의 선반. 한국 라면만 아니라 태국에서 온 지독하게 값싼 쌀라면도 있고, 우리 라면의 두 배 가격을 부르는 비싼 일본제 라면도 있다. 이것저것 살피다가 마침내 우리나라에서 온 〈안성탕면〉을 집어든다. 그리고 포장에 찍힌 그림을 가리키며 슬그머니 묻는다.

「뜯어서 요리하면 바로 이대로 되나요?」

그럴 리가. 〈포장〉에는, 노릇노릇하게 잘 삶아져 먹음직하게 면발이 잡힌 라면 위에 잘게 썬 파, 바알간 고추, 여린 당근, 수육 두어 점, 잎이 생생한 파슬리, 버섯 반쪽 등이 보기 좋게 둘러져 있고 생달걀 노른자위까지 얌전하게 가운데 자리잡은 〈완전한 라면〉이 천연색으로 찍혀 있다.

「이건 라면을 삶은 다음 자기 입맛대로 더한 거죠. 안엔 생라면과 수프 가루만 있어요. 하지만 맛있어요. 시험삼아 먹어보세요.」

약간 불안한 눈빛이다가 포장그림이 시원치 않은 태국이나 일본 것은 슬쩍 되밀어놓고는 화사한 한국 라면 2봉지를 들고 계산대로 간다. 그는 69페니히 하는 태국 쌀라면이나, 2.99마르크 하는 일본 라면보다 가격으로 치면 그 중간쯤 나가는 1.99마르크짜리 한국 라면을 선택한 것이다(당시 환율로 1마르크는 대략 490원 정도에 해당된다).

필자가 묘사한 위의 광경은 현재 시장경제가 통용되는 나라라면 매일 수없이 일어나는 평범한 일상적 〈교환〉의 한 장면이다. (하지만 현재 이런 교환이 이루어지지 않는 나라는 이 지구상에서 사실상 거의 없다고 보아야 한다.) 여기에서 부각시키고자 한 것은 라면이라는 한 상품을 구매하기로 〈결정〉한 독일인 고객의 판단에 내재된 규정요인들이다. 일반적인 소비자 행태이론에 따르면 위의 독일인 고객은 라면이라는 물건의 사용가치, 즉 유용성을 취득하기 위해 자신이 보유하는 화폐를 그것과 교환하기로 〈합리적으로 결정한〉 것이다. 왜냐하면 그는 자신이 지출할 수 있는 화폐부분 내에서 무리 없이 그 유용성을 얻어낼 수 있다는 관점 아래 그 물건을 선택했기 때문이다.

그런데 문제는 이 독일인 고객이 동양문화권에서라면 누구나 〈숙지〉하고 있을 라면의 유용성, 그 사용가치의 구체적 내용에 대해서는 전혀 〈무지〉하다는 것이다. 이 라면의 맛, 그 조리법에 대해서 그가 합리적인 구매를 결정할 정보를 가지고 있다는 어떤 증거도 전혀 없다. 그는 라면을 먹어본 적이 없으며, 라면의 조리법을 적어놓은 동아시아의 언어에 대해서도 전혀 모른다. 단지 그는 라면의 내용물을 감싸고 있는 〈포장〉을 통해 라면에 대해 〈시각적인 차원에 국한된 인상〉만 얻었을 뿐이다. 이 인상을 통해 〈라면〉(독일어로는 보통 〈Ramen〉이라는 아주 부정확한 발음문자로 표기된다)이 국수 Nudel의 일종이라는 있으나마나 한 정보가 전달되기는 한다. 그러나 분명히 이 인상은 완전

326

히 조리된 상태를 보여주긴 하지만 늘상 라면을 먹는 이들이라도 극히 예외적으로 첨가할 부가식품들로 화사하게 치장된 〈예외적으로 완전한 라면의 영상 image〉에 관련된다. 그리고 이 고객은 이 실재하기가 극히 어려운 인상만 보고 구매를 결정하였다. 이런 측면에서 보면 그 구매자는 소비자로서 전혀 합리적인 결정을 내린 것이 아니다. 하지만 교환은 실질적으로 성립하였다.

엄밀하게 말하자면 이 고객은 자신의 화폐를 특정 사용가치와 교환한 것이 아니라 그 사용가치를 약속하는 듯한 그 사용가치담지물 추정체를 포장한 〈겉모습〉과 교환한 것이다. 그런데 이 포장에 그려진 그림은 다음과 같은 기능을 발휘하였다.

(1) 라면봉지는, 그것이 아무리 화사한 영상을 담고 있더라도, 1.99마르크의 가치를 갖지 못한다. 그러나 제작 원가가 5페니히(약 20원)도 못 미치는 이 포장은 그보다 약 20배 가량의 〈가치를 유인〉하는 데 성공했다. 이 포장의 가치유인에 힘입어 포장에서 전하는 정보와는 아주 미약한 상관관계에 있는 그 내용물, 즉 생산된 라면의 〈상품가치가 실현〉되었다.

(2) 그러나 보다 중요한 것은 이 내용물의 사용가치에 대한 정보가 영점(零點)에 있어 그 고객에 있어서만큼은 라면의 사용가치가 전혀 없는 상태에서 〈사용가치의 겉모습〉인 그 포장의 영상이 준 인상은 사실상 〈사용가치의 역할을 대행〉하였다.

(3) 나아가 이 〈한국〉 라면의 봉지는 태국 라면이나 일본 라면에 비해 〈보다 완전한 사용가치의 실현상태를 보여줌〉으로써 한 고객의 내면에서 순간적으로 벌어진 〈선택경쟁에서의 우위〉를 확보하였다.

사실상 이 사용가치의 겉모습은 그 시각적 효과를 통해 그 내용물에 대해서는 아주 희박한 정보내용만 갖고 있음에도 불구하고 라면이라는 미지의 상품에 대한 고객의 선택상황에 있어서만큼은 〈그 현존의 정화(精華) die Blüte seines Daseins〉를 보여주는 데 성공했다. 헤르더가 한 인민의 현존방식을 고찰할 때 그 인민의 〈문화 Kutur〉에 적용한

327

이 개념은 인간의 특정 생활권(이를테면, 국가, 인민, 공동체 등)을 배경으로 〈시작, 변모, 완성, 해체의 과정을 거치는 〔그 생활권의〕[1] 생활자태 내지 생활형태〉가 그 의도하는 바 최고의 완성수준에 도달한 상태를 가리킨다(이상 Perpeet(1976), 1309). 이와 유사한 시각에서 문화를 〈인간들이 자신의 주변세계와 대결하는 과정에서 최상의 시대, 최상의 지역에서 성취한 인간적 산출물들의 총체〉(Helle(1988), 700)라고 했을 때, 라면봉지에 그려져 시장에 유출된 완성된 라면의 시각적 영상은 라면의 상품성을 넘어, 오히려 그 상품성이 가지는 살풍경한 경쟁성을 가리면서, 그 고객의 생활권에서 취득할 수 있는 요리재료에 대한 최고의 완성수준을 현시한다. 따라서 이 고객의 구매행위 및 그에 따른 화폐와 상품의 교환은 결정적으로, ——그 두 재화의 가치에 대해 등가성 원칙에 의거한 합리적 선택에 의해 경제적으로 매개되었다기보다는—— 문화적으로 매개되었다.

선진 자본주의 사회(ACS, Advanced Capitalist Society)의 한 구석에서 성립된 이 교환의 광경은 이런 사회를 움직이는 규정요인들 가운데 중요한 것으로 꼽히는 경제요인과 문화요인의 상관관계에 대해 여러 문제점을 제기하게 만든다. 분명히 필자는 이 평범한 광경을 놓고 과도한 개념화를 행했다는 인상을 줄 수 있다. 그러나 그 제품에 대해서 거의 알려진 바가 없는 낯선 시장에 와서도 그 제품이 상품으로서의 경제적 가치를 실현하게 만드는 것이 그 제품의 문화적 특질에 있다고 한다면, 우리는 충분히 〈경제적인 것〉의 가능조건으로서 작동하는 〈문화적인 것〉의 사회적 존립양상을 탐구주제로 삼을 수 있을 것이다. 그렇다면 이 두 요인 사이의 상관관계에 대해서는 이 문제를 놓고 똑같이 마르크스의 발상에서 유래하는 다음의 두 대립적 가설이 성립할 수 있을 것이다.

---

1) 인용문에서의 〔 〕는 필자가 보충한 것임을 알려둔다.

▶ 가설 1: 〈경제적인 것〉은 —— 마르크스가 『정치경제학비판』, 「서문」에서 거시적으로 묘출한 바로 그런 의미에서(Marx(1859), 100)——〈정신적 생활과정〉으로서의 〈문화적인 것〉이 존립하기 위한 〈물질적 생활양식〉이라는 방식으로 존재하는 〈조건〉으로서, 이 물질적 생활형태 안에서 성립하는 〈인간들의 사회적 존재〉가 〈그 인간들의 〔일정〕 의식을 규정〉하는 그런 관계에 있다. 이 명제에 따르면, 구체적인 사회적 생활과정에서 문화적인 것이 경제적인 것의 합리적 핵심을 은폐하는 방식으로 작동할 경우, 문화적 현상은 경제적 현실에 대해 —— 역시 마르크스적인 의미에서 —— 전적으로 이데올로기적인 관계에 놓이게 된다 (Marx/Engels(1845/46), 26).[2] 이렇게 되면 문화적인 것은 경제적인 것의 〈가상 Schein〉으로 단정되고(Haug(1971), 17), 궁극적으로는 가상이 아닐 수 있게끔 거기에 실천적인 교정이 가해져야 할 것이다.

▶ 가설 2: 그러나 〈문화적인 것〉은, 〈경제적인 것〉을 그 여러 관계들로써 실연(實演)하고 그 각종 행위들로써 실행하는 경제적인 인간적 활동분자들을 그 경제활동 이전에 사전형성 vorbilden시킨다는 점에서, 〈경제적인 것〉의 역사적 발전가능성 정도를 선규정한다. 마르크스는 『자본론』 제1권의 노동력가치의 규정을 논하는 곳에서 노동력의 가치는 일차적으로 〈평균노동자들에 있어서 통상 관습적으로 필수적인 (식)생활수단의 양에 따라 규정된다〉고 주장하였다(Marx(1890), 542). 그러면서 그는 노동력의 가치규정에는 두 가지 다른 요인들, 즉 〈노동력 개발비용〉 및 (성별 및 성인 여부에 따른) 그 〈자연적 차이〉가 개재돼을 인정하였다(같은 곳).[3] 이 노동력의 개발을 주노하는 〈자연적 욕

---

2) 같은 곳, 같은 쪽: 〈의식 das Bewußtsein은 의식된 존재 das bewußte Sein 이외의 다른 어떤 것일 수 없으며, 인간들의 존재는 그들의 현실적인 생활과정이다. 전체 이데올로기에서 인간들 및 그들의 관계들이 마치 사진기의 암실에서처럼 머리가 거꾸로 세워진 모습으로 나타난다면, 망막 위에서 대상들이 거꾸로 돌아가는 현상이 인간의 직접적인 신체적 과정에서 나오듯이, 이런 현상은 인간들의 역사적 과정에서 유래한다〉.

구들, 즉 의식주·난방 같은 것 등은 기후를 비롯한 한 나라의 기타 자연적 특성에 따라 판이하게 나타난다〉(같은 책, 185). 그러나 〈반면에 소위 필수적 욕구들의 범위라든가 그 충족의 양태 그 자체는 하나의 역사적 산물이고, 그 때문에 이 점들은 대체로 한 나라의 문화단계, 그 가운데서도 자유로운 노동자들의 계급이 어떤 조건들, 즉 어떤 관습들과 생활상의 요구를 갖고 형성되었느냐에 본질적으로 좌우된다〉(같은 곳 ── 고딕 강조는 필자). 바로 이 점을 들어 마르크스는 〈다른 상품들과는 반대로 노동력의 가치규정에는 역사적이고 도덕적인 요소가 포함된다〉는 점을 상기시키고 있다(같은 곳). 따라서 경제적 행위들에 개재된 비합리적 요인들은 그 경제적 행위를 방해하는 부당한 가상이 아니라 도리어 〈경제적인 것〉을 매개로 그것의 실현조건이 되어 〈문화적인 것〉이 요구하는 바를 총체적으로 실현하는 완결요인으로 간주된다. 이런 관점에서는 〈문화〉에 대한 보드리야르의 규정이 해석상 타당하다. 즉, 〈문화는 '표상'에 의해 의식과 상관관계를 맺은 상태로 의식들 사이에서 실질적인 가치처럼 유통하는 내용들의 초월성으로 규정된다〉(보드리야르(1992a), 160).

2 대중문화 비판의 위치설정과 그 문제점 : 예술주도적 문화 개념과 문화의식의 고립화

현대에 타당한 대중문화 이론의 정식화에 마르크스의 이론적 고찰이 여전히 적절한 것은 비록 독립적인 주제로 취급하지 않았지만 그의 정치경제학 비판의 이론에서 간헐적으로 등장하는 문화의 개념이 그 적용시대가 언제이든 각 형태의 사회에서 가장 넓은 인구부분을 포섭

---

3) 여기에서 마르크스가 표준적인 노동력 보유자로 상정한 것은 자기 가족의 재생산을 책임진 상태에서 자신의 노동력 가치를 유지해야 하는 〈성인 남성노동자〉로 명기되어 있다(Marx, 본문 인용과 같은 곳).

하고 있는 그 사회의 주도적 생산양식의 형성과 연관되어 있다는 점 때문이다. 다시 말해서 그의 문화개념은 어떤 경우에든 각 시대 대중의 일상규정적 사회활동, 즉 〈경제적인 것〉과 밀접하게 연관되어 있다. 그 러나 마르크스는 자본주의적인 경제관계들이 전제된 사회에서 부의 진정한 원천인 잉여가치가 어디에서 발생하는가를 추적한다는 문제의 식 아래 〈특정 시기, 특정 나라에서 노동력 상품의 가치를 주도적으로 규정하는 필수적인 평균 생계수단은 이미 주어진다〉는 추상화의 전제 를 설정하였다(같은 곳 및 542쪽). 이를 통해 마르크스는 경제적인 것 들의 포괄적 전제인 문화적인 것의 요인들을 연구과정에서 전적으로 배제시켰다. 그러나 역사적으로, 그리고 무엇보다 일정 언어적 담론이 매개할 수밖에 없는 문화적인 것을 통해 선규정되어 있는 생활환경을 역추상화함으로써, 이런 방법론상의 추상화를 통해 부각되는 생산과 유통의 경제적 행위들이 실질적으로 그 배후가 되는 〈문화적인 것〉에 이미 코드화되어 있는 사태들을 추종하는 의태적 활동(擬態的 活動, simulating activity)일 수밖에 없으리라는 가설은 전혀 부당한 것이 아 니다.

〈문화적인 것〉에다 현실에서 이루어질, 또는 현실에서 이루어져야 할 이상적인 삶의 형태를 선규정시키는 일은 현대 초기 혁명적인 자유 가 실현된 상태를 예술로써 형상화시키고자 한 미학적 시도로서 체험 된 바가 있었다. 〈실러는 '의사소통을 촉진하고, 공동성을 발양시키며, 연대감을 조성하는 힘,' 즉 예술의 공적인 측면에 그 기획의 성패를 걸 었다. 예술의 이런 측면은 현대사회의 사상적 원칙이 된 이성의 현실 적 한계를 보완하는 것으로 생각되었다. 현대에서 이성의 힘이 확장될 수록 이성이 내세우는 추상적 도덕법칙들과 고삐가 풀린 욕구의 체계 사이의 적대적 항쟁은 항시 한 사회의 통합을 위협하는 요인으로 작용 하였다. 그러나 예술은 엄격한 도덕법칙을 옹호하는 세력에 대해서나 무한욕구를 추구하는 집단 모두에 대해 그 경계를 넘나드는 '탈(脫)분 화'의 능력을 발휘한다. 왜냐하면 예술은, 하버마스가 파악한 대로, 놀이와 가상으로 이루어진 즐거운 왕국으로서 각 인간들을 묶고 있는 족쇄를 풀어주며 육체적이든 도덕적이든 그 모든 강제를 단절시키기 때문이다. 사실 모든 강제에서 해방된 이 자유로운 공간이야말로 현대의 모든 사회혁명이 지향하는 삶의 이상이다〉(홍윤기(1997), 80).

하지만 마르크스의 사적 유물론을 통해 계몽된 사회이론적 대중문화비판론들은 자본주의적 현대의 대중문화를 자본주의적 사회구성체 전반을 특징적으로 선규정하는 〈문화적인 것〉의 역사적 코드체라기보다는 전적으로 자본주의적 생산양식의 상부구조적 요인으로 파악하는 데서 출발한다. 따라서 이런 관점에서 보면 〈문화적인 것〉은 그 자체 사회분화과정에서 독자적인 특성을 가진 별도영역으로 분립되면서도, 그 작동양식의 골격에 있어서는 자본주의에서 〈경제적인 것〉을 주도하는 생산력 발전의 종속변수로 특징지어진다. 그러므로 이들이 자본주의적 상품관계의 보편화를 중점으로 두고 문화적인 것의 고유성을 논할 때, 이들은 참으로 기묘하게도 자본주의 시장경제 특유의 문화양식을 발견하고자 시도하지 않았다. 자본주의적 대중문화에 대한 비판적 고찰의 주조는 전통적인 문화관념에서 문화적인 것의 특질을 가장 전형적으로 실행해 왔던 예술장르가 새로운 조건 아래에서 겪어야 했던 운명의 추적이었다. 다시 말해서 대중문화론은 전적으로 대중예술론으로 대체되었다. 문화(culture, Kultur)를 예술(art, Kunst)이라는 독립영역에 국한시킨다면, 문화논의에서 소수 예술주도층과 그 산물인 예술작품의 다수 향유층으로 이분화된 구조를 가진 (부자연스러운) 문화담론의 등장은 불가피하다.

1930년대 대중정치적인 행동을 미학적으로 극화시키면서, 즉 정치의 미학화를 통해 정치적인 권력의 장악에 성공하는 파시즘의 등장에 즈음하여 발터 벤야민은 〈[과거] 원칙적으로 복제가능했던 예술작품〉이 석판술과 사진술로 대표되는 〈대량복제 기술의 등장〉으로 〈근본적으로 새로운 단계에 진입〉했다는 문제구도를 설정하였다(Benjamin(1963), 11-12). 이 문제구도의 핵심은 전통적으로 하나의 독창적인 예술작품에 비정되었던 고유성, 즉 〈예술작품이 위치하는 장소에서 그것이 누리는 일회적 현존태 sein einmaliges Dasein, 즉 예술작품의 여기, 그리고 지금 das Hier und Jetzt des Kunstwerks〉이 복제기술의 발전에 따라 유실됨으로써 나타나는 문제가 무엇이냐를 해명하는 것이다(같은 책, 13-14). 이것이 문제인 것은 〈자연물이라면 결코 그렇게 훼손시킬 상태에 있지 않을 가장 민감한 핵심사안, 즉 진품 여부 Echtheit가 그 작품의 탄생에서부터 시작하여 그 물질적 존속 및 역사적 증언에 이르는, 즉 그 작품과 결부되어 전승될 수 있는 모든 것의 총괄개념이기〉 때문이다(같은 책, 15).

복제기술의 발전으로 인해 예술작품의 진품성 여부가 예술에 대한 관심영역에서 최우선적인 위치를 상실당함으로써, 벤야민은 그 진품성을 바탕으로 행해지던 예술작품에 대한 역사적 증언의 가능성과 그것을 근거로 예술작품이 가졌던 권위, 즉 〈휘광(輝光, Aura)이 유실되었다〉고 보았다(같은 책, 15-16). 인간적인 예술노동의 산물인 예술작품에서 휘광의 존립 여부가 중요한 것은 그것이 〈거대한 역사적 시대공간들 안에서 인간집단체의 전체적 현존양식과 더불어 변화되는 인간 감각지각의 방법〉(같은 책, 17)과 밀접하게 결부되어 있기 때문이다. 자연대상에 비추어 〈휘광〉이라는 것을 〈아무리 가까운 데 있을지라도 멀리 놓여진 것으로 놓고 볼 때 나타나는 단 한 번의 현상〉(같은 책, 18)이라고 정의한다면, 그런 휘광은 그것을 감지하는 인간에게 그것을 외경(畏敬)으로 대하게 한다. 벤야민은 예술작품의 이런 효과를 바로 〈경배에 봉사하려는 목적으로 제작되기 시작하였던〉 예술작품들이 본래적으로 가졌던 가치, 즉 〈경배기치 Kultwert〉로 규정한다. 이 예술품의 경배가치에 대해서 말하자면, 그것이 중요한 것은 〈인간의 눈에 보여지고 있다는 사실보다는 그것이 이미 존재했다는 점〉에서 찾아진다(같은 책, 21-22). 그러나 예술작품에 대한 기술적 복제가능성이 현격하게 증대하면서 복제되는 에술품에서는 경배가치 대신 전시가치 Ausstellunswert가 더욱 중요하게 된다. 이 전시가치로의 양적 이동은 예술작품의 기능에 질적인 변화를 가져오기 때문에 주목에 값한다. 벤야민이 지적하는 것은 현재 이른바 〈예술적 기능〉이라는 것이, 사진과 영화에서 보듯이, 추후 〈일개 부수적인 eine beiläufige〉 성격의 것으로 간주될지도 모른다는 점이다(같은 책, 23). 그의 이런 우려는 영화예술이 대중들을 〈사회적으로 조작가능한 피동체〉로 만들었음을 보여주기 위해 인용한 뒤아멜의 급진적인 언명을 통해 단적으로 표명된다. 뒤아멜은 영화에 대해 다음과 같이 말하고 있다.

　　노동노예들을 위한 하나의 심심풀이, 무식하고 비참한, 근심걱정으로 초췌해진, 일이 지친 피조물들을 위한 기분풀이 …… 어떤 정신집중도 요구하지 않으며 어떤 사고능력도 전제하지 않는 구경거리 …… 사람들의 가슴 속에 어떤 등불도 타오르게 하지 않으며, 어느 날 로스엔젤레스의 스타가 될 것이라는 가소로운 희망 이외의 그 어떤 다른 희망도 불러일으키지 않는 구경거리이다(같은 책, 45).

영화에 대한 이런 비판은 〈대중이란 심심풀이 Zerstreuung를 찾는 반면 예술은 그 관람자로부터 정신통일 Sammlung을 요구한다는〉, 〈근본적으로 진부한 불만〉의 재탕이다(같은 곳). 그러나 벤야민은 예술과 대중을 대립적으로 규정하는 이 감각지각상의 특이점에 대해 정치적 태도로 변환시켜 해석할 여지를 주는 세밀한 규정을 가한다. 즉, 〈예술작품 앞에서 스스로를 정신통일시키는 이는 자신을 그 예술작품 안으로 침잠시킨다. 다시 말해 그는 이 작품 안으로 들어가는 것이다. …… 이와 반대로 심심풀이에 노출된 대중은 자기 쪽에서 예술작품을 자기 안으로 침잠시킨다〉(같은 책, 46). 이 규정은 〈(사진이나 영화) 예술이 대중에게 제공하는 심심풀이를 통해〉 파시즘의 대중장악 전략, 즉 〈대중집단이 그렇게 배제하려고 애쓰는 소유관계들을 건드리지 않은 채 …… 대중집단에게 (그들의 권리가 아니라) 자신을 표현할 기회를 줌으로써 파시즘의 구제를 모색하는 정치생활의 미학화 Ästhetisierung des politischen Lebens〉, 그리고 그 절정으로서의 전쟁의 찬미가 먹혀들 대중적 소지를 밝히는 것으로 이어진다(같은 책, 46-47). 여기 에서 벤야민이 〈예술의 정치화Politisierung der Kunst〉를 통해 파시 즘에 대항한다고 했을 때, 그때의 〈예술〉개념은 명백히 자본주의 아래 서 형성된 우민화된 대중들로부터 전혀 소외된 위치로 몰린 그런 체 험, 즉 〈여기, 그리고 지금 단 한 번 현존하는 것〉으로 존재하는 예술 작품을 경건하게 마주함으로써 그 마주하는 이에게 흡입되는 휘광으 로 보강되어 부정적 현실에 대해 감행하는 정신적 레지스탕스를 암시 한다.

파시즘 대중문화에 대한 벤야민의 비판은 문제구도의 측면에서 그 이후 비판이론이 주도하는 문화비판의 단초적 원형을 제공한다. 예술 에 있어서 〈대중〉예술이란 범주의 등장은 생산력에 있어서 전통예술 의 장인적 노동을 대체하는 문화상품의 대량생산 기술의 발전에 정확 하게 상응하는 변화이다. 그러나 비판이론의 문화개념은 그 자체가, 경 제적 토대의 급변에 직면하여 아주 완만하게 변화하는 것으로 마르크 스가 상정한 상부구조의 특징적 면모를 고스란히 체현한다. 이들이 채 택한 문화, 즉 대중문화 비판의 입지점은 급변하는 토대에 역행하는 쪽에 설정되었다. 따라서 기술에 의한 대중조작의 이데올로기에 입각 했다는 파시즘의 정치가 비판이론이 채택한 전통적 예술정신을 통한 저항이 아니라, 파시즘보다 더욱 강력한 경제적 생산구조로 정착된 미 국식 내지 소비에트식 과학기술 체제를 통해 극복되었다는 사실은 비 판이론을 역설적 상황에 빠뜨리는 것이었다. 다시 말해 파시즘의 역사 적 극복은 과학기술적으로 주도되는 생활권계들을 위축시키기는커녕 그것을 더욱 확장시켰다. 그리고 이번에는 전쟁의 미학이 아니라 풍요 로운 소비와 복지, 그리고 자유가 넘치는 진정한 대중사회의 도래가 과학기술주의적 이데올로기의 대중적 추진체로 나타난다. 이쯤되면 당 연히 비판이론의 비판적 논조는 포기되었어야 했을 것이다. 그러나 이 런 상황에 대해 비판이론은 그 나름의 변증법적인 역설이 통용될 수 있는 중요한 현실적 단서를 발견한다.

아도르노는 이런 역설을 다음과 같이 표현하였다 : 〈손에 잡힐 듯이 가까워진 물질적 충족과 아울러 헤아릴 수 없이 많은 인간들의 전멸이 위협적으로 임박하는 그런 사태에 직면하여 승화(昇華)의 존엄성이 점점 의심스러워질수록, 과도한 긴장상태에 있으면서도 정신의 운동에 재차 내재되기에 이른 문화적 욕구는 저 [물질적 생활]관계들과의 거리를 더욱 크게 벌려가고 있다〉(Adorno(1949), 8). 이런 식으로 고립되는 상황 속에서도 문화적 욕구의 제기가 정당한 것은 자신에게 고유한 자유의 능력을 부당하게 위축당하는 정신의 자율성 때문이다. 〈문화비판이 근거하고 있는, 시민사회에서의 자유로운 의견표명, 그리고 당연히 정신적 자유 그 자체의 개념은 자신의 고유한 변증법을 갖고 있다. 왜냐하면 정신이 신학적-봉건적 후견에서 몸을 빼면서, 정신은 인간들 사이의 모든 관련들이 사회화되는 과정이 진전되는 힘에 밀린 나머지, 현재 존립하는 관계들을 통해 보다 항상적으로 익명의 통제에 빠지고 말았다. 이 익명적인 통제는 정신에 대해 외면적으로 그것을 거스르는 데 그치지 않고 정신의 내재적 소질 안에 이입되었다. …… 정신이 스스로를 시장이 요구하는 판매성에 맞춤으로써 사회적으로 우월한 범주들을 재생산하게 되었을 뿐만 아니라, 정신이 아무리 주관적으로는 스스로를 상품화시키지 않았다 하더라도 객관적으로는 현재 존립하는 것과 닮아가는 것이다. 교환행위의 모델에 따르는 전체적인 것의 그 물코는 점차 촘촘하게 되어간다〉(같은 글, 9). 이런 와중에서 아도르노는 사회가 존립할 수 있는 최후의 근거를 〈인간성〉에서 찾는다. 즉 〈자기에게 고유한 개념, 다시 말해 인간성의 개념에 모순되는 그 어떤 사회도 자기 자신에 대한 완전한 의식을 가질 수 없다〉(같은 글, 17). 이와 같은 〈사회적 동력에 힘입어〉 아도르노는 〈문화의 개념을 고수하면서도 현재로서는 순전히 상품이나 우매화 수단으로만 나타나는 이 문화의 현상들을 뒤엎어 버릴 문화비판 Kulturkritik〉을 고취한다(같은 글, 18).

3 〈대중〉문화의 현상에 대한 또 다른 미학적 접근법 : 아우라에서 엑스터시로의 이행에서 확인되는 대중예술의 독자적 감성구조, 그리고 상품미학과 소비미학

하지만 〈사회적으로 필수적인 가상(假像)으로서의 이데올로기가 오늘날에는 실재하는 사회 그 자체〉(같은 글, 22)로 되어 있는 한, 카플란의 표현대로, 사회적 조건에 있어서 〈소외되고 뿌리뽑힌 것은 인간이 아니라 바로 예술이다〉(카플란(1964), 496)라는 현실상황은 조금도 변하지 않는다. 대중문화를 예술중심으로 말할 때 논자들은 〈예술〉이라는 독립장르의 고유한 속성에 의거하여 〈대중'문화'〉를 폄하하든가 아니면 예술에서 〈'대중'문화적인 것〉의 관철을 인정하는 두 방식 중에 하나를 선택할 수밖에 없을 것이다. 예술중심적인 관점에서 보면 대중예술은 전적으로 현대 산업사회의 새로운 현상이다. 하지만 예술행위를 인간이라면 누구나 실행할 수 있는 문화적 활동의 한 양상이라고 보면, 어느 시대에나 예술가들이 장인적인 작업방식으로 수행하는 노동분업의 한 분야로서의 전문적인 예술활동과 아울러 그와는 별도로 대다수 민중들의 생활과정에서 자발적인 외양을 갖고 성립된 민속예술 folk art 내지 통속예술 popular art이 존재해 왔다(하우저(1958)).[4]

〈어떤 의미에서 예술의 기술적 속성은 예술 그 자체 만큼이나 오래된 것〉이며, 〈예술가의 활동이 기술화되는 과정은 줄곧 계속되어 그

---

4) 〈민속예술과 통속예술은 논리적으로 말하면, 등위적(等位的)인 종(種)으로서, 하나의 공통된 기원에서 각각 유래한 것이기 하니기 다른 하나로부터 종속적으로 파생되어 나온 것이 아니다. 민속예술은 소박하고 조잡하고 솜씨 없고 구식임에 반해, 통속예술은 비록 그것이 속악하고 피상적이며 빠른 변화에 지배되기 쉬운 것이지만, 흔히 교묘하고 기술적인 가치가 있다. 그러나 통속예술 그 자체는 보다 근본적인 탈바꿈이나 보다 세련된 예술을 이룩할 능력이 없다. 민속예술은 진정한 예술을 모조리 써먹고 분해시키고 단순화시킨 것이라면, 통속예술은 진정한 예술을 오염시키고, 거기에 삭제·왜곡·추가를 가한 것이다〉(하우저(1958), 467).

과정 중에 당대의 경제적·기술적 조건의 변화에 기인한 괄목할 만한 비약들이 없지 않았다〉(같은 글, 452). 따라서 현대의 대중문화가 복제기술의 현저한 발전에 근거한다고 해서 그것이 원천적으로 예술적 속성을 박탈당한 것처럼 취급하는 것은 역사적으로 부당하다. 〈대중〉을 〈사회적 민주화의 산물〉로 보고, 〈대량생산〉을 〈기술적 진보에 따른 새로운 제조방법의 기계화에 의한 결과〉로 파악한다면, 〈대중예술은 모든 계층을 포괄하는 거대한 군중에게 동일한 예술적 오락을 제공하며, 다른 한편으로는 지극히 획일화된 작품을 방대한 규모로 내놓는다〉. 대중예술은 모든 제품을 표준화하고 상품화시키는 현대 산업사회에 특유한 통속예술에 다름아니다(같은 글, 451, 455). 하우저는 대중예술 내지 대중문화의 발전을 주로 사회학적으로 규명되는 조건연관에서 찾는다. 즉 〈현대 산업사회의 구조와 도시생활의 기계적 규칙성, 그리고 거기에 따라 필연적으로 ── 대체로 비의도적이고 무의식적이지만 ── 공통된 행동방식에 개인을 적응시키는 일이 사람들을 대중지향적으로 만든다. 그리고 이런 과정은 신문, 라디오, 영화, 광고, 포스터, 다시 말해서 눈으로 보고 귀로 듣는 모든 것에 의해 결속적으로 강화된다. 주목할 사실들, 계정할 쟁점, 수용되어야 할 해결책들이 모두 한 모금에 삼켜버릴 수 있는 형태로 사람들에게 제공되는 것이다〉(같은 글, 458). 이런 상황에서 사람들은 〈일반적으로 아무런 선택권을 행사하지 못하지만 거기에 대한 불만 또한 없다〉(같은 곳). 그럼에도 불구하고 이런 대량의 오락수단을 보유하지 못했던 시절의 민중들이 현대 산업사회의 대중보다 〈더 나은 판단력, 더 독립적이거나 더 신뢰할 만한 취향을 가진 것은 아니었으며, 그들의 정신적 자양이 그들의 소화를 위해 미리 정제된 형태로 주어진다는 것에 대해 어떤 반대도 하지 않았다〉(같은 곳). 이와 같이 예술의 존립을 역사적으로 고찰함으로써 하우저의 견해는 현대 산업사회의 대중문화 국면에 이르러 대중의 우민화현상 Verdummungsphänomen이 두드러진다는 대중문화비판론자들의 진단과 정확히 대립적인 위치에 선다. 따라서 〈심각한 상황이 없는 것은 아니지만, 통속예술이 이전 시대에 처했던 상황보다 더 악화된 것은 아니다. 현재의 상황에 대한 지나친 비관주의는 과거를 지나치게 미화해서 평가하는 입장의 다른 측면이기 쉽다〉(위의 글, 466).

하우저의 고찰에 따르면 현대적 통속예술이 주도하는 대중문화의 특징적 양상은 〈불특정 군중으로 이루어진 문화수용자층의 욕구〉가 그 어느 시대보다도 강하게 문화적 생산의 내용과 형태를 결정하고 있다는 점에서 발견된다. 〈현대 통속예술의 역사는 19세기 중엽에 이르러서는 위안(慰安)이라는 생각이 일어나고, 예술 안으로의 집중보다는 기분전환을, 교육이나 깊은 이해보다는 오락의 수단을 찾으려는 욕구가 팽배해짐과 더불어 시작되었다. 그 이전에 언제나 그래왔던 것처럼 어느 정도 성공적이며 다소 야심적이며, 또 다소간 복잡한 예술형식들이 있었다. 그러나 이제 처음으로 어떤 난해함이나 문제의식을 제기하지 않고도 곧 알아볼 수 있는 예술이 가능하다는 생각이 일어났다. 오늘날 경음악, 가벼운 독서, 가정용 장식 등의 제목 아래 만들어지는 모든 것은 그 이전까지는 실제로 존재하지 않았던 것이다〉(위의 글, 461). 이런 상황전개는 전통적으로 예술에 기대했던 것과는 다른 특징을 대중예술에 부여하게 만든다. 하우저가 진정한 현대 예술가로 꼽는 세르반테스, 볼테르, 스위프트와 같은 문필가나 루벤스나 와보와 같은 화가들 역시 재미에 치중한 즐거운 작품들을 만들기도 하였다. 〈그러나 이런 예술가들 중 아무도 사람들에게 맹목적인 만족감을 주도록 설계된 작품을 내놓자는 생각이 떠올랐던 것은 아니다. 삶의 심각한 면, 인간존재의 불안정함에 대한 감정은 그들의 중요한 작품들에서 결코 빠지지 않았다. 그들은 현실도피 없이 삶의 기이한 굴곡들을 묘사함으로써 그들 자신과 다른 사람들에게 즐거움을 주었다. 그들은 세상의 부조리와 어색한 상황들을 회화화시켰지만, 결코 그런 것들이 존재하지도 않은 양 꾸밀 생각은 하지 않았다〉(위의 글, 462 —— 고딕 강조 필자). 하우저가 현대 대중예술에 〈현실도피〉라는 매우 부정적인 뉘앙스의 특징을 배정하기는 했지만, 그가 이 용어로써 대중예술에 그 어떤 비판적 진단을 내리려고 하지 않았던 것은 분명하다. 왜냐하면, 그에 따르면, 〈행복감을 느낀다는 것은 현실을 무시하거나 왜곡하는 방법으로는 비교적 무해한 것〉이기 때문이다(같은 곳).

　일반적으로 이런 상황에서 제작되는 대중예술은 그 형식이 복잡함과는 전혀 무관한 단순하고도 표준화된 성격을 가지고 있으며, 그에 따라 지극히 상투적인 도식화를 따르게 되어 있고, 이런 가운데서 철저하게 스타시스템을 통해 대중의 주목을 한데로 고정시키면서, 그 어떤 미적인 맥락과도 무관한 아주 추상적인 공식에 따라 그 어떤 참신성보다는 그런 것 같은 외양을 통해 〈대중이 아주 수동적인 상태에 머물러 있는데도 무엇인가 성취한 듯한 착각〉에 빠지게 한다(카플란, 앞의 글, 482-486). 카플란은 이 수동적인 상태의 성격에 대해 〈미학적으로〉, 아니 〈미학 aesthetics〉이라는 말의 어원에 가깝게, 〈감성적으로〉 상세한 분석을 가한다. 대중예술의 수용자인 대중이 그것을 대할 때 동원하는 지각능력은 그 어떤 미적 지각이 아니라 〈우리가 현재 보고 있는 것이 무엇인지 알 수 있는 정도에서 중단되고 마는 단순한 인지〉에 지나지 않는다(같은 글, 486). 그리고 〈정신역학 수준에서 대중예술과의 접촉에서 일어나는 미적 반응이라는 것은 단지 반작용에 지나지 않는다〉(같은 곳). 카플란의 감성분석이 여기에 그쳤다면 논의의 줄기는 벤야민의 파시즘적 대중분석으로 회귀하는 인상을 준다. 이에 따라 대중예술의 가장 두드러진 공통점이 불가피하게 일종의 〈도피주의적〉 성격에 있다는 것은 카플란도 지적한다(같은 글, 492). 하지만 대중예술이 다분히 오락적 성격을 보유함으로써 생겨나는 이 도피상태가 단순한 심심풀이 수준을 넘어선 그 어떤 폭발적인 감성체험을 담보받는 상태에 있다는 것이 문제이다. 그것은 〈그 어떤 감정을 그것을 초월하여 우리들에게 그에 대한 이해를 갖게 함으로써 감정을 지배하게 만드는 데 주안점이 두어진〉 진정한 예술과는 달리 대중예술에서는 〈감정 그 자체가 바로 궁극적인 주제〉인 데서 가능하다(같은 글, 490). 명백히 이런 감정들은 〈객관화된 어떤 어떤 사물에 대한 체험의 성질이 아니라 단지 그 대상을 통해 자극된 것일 뿐이다〉(같은 곳). 그러나 〈감상적 자극에 의해 해방된 정서는 사적인 흥미를 만족시키면서 그 흥미는 개인의 내부를 향해〉 집중적으로 퍼부어진다. 〈분명히 대중예술은 일종의 마취상태, 즉 행동은 물론 사고나 감정이 일시적으로 정지되는 무감각한 상태, 한마디로 (성적인) 황홀경(또는 무아지경, extasy)을 조성한다. 우리는 대중예술을 차분하게 살펴보는 것이 아니라 마치 불꽃이나 출렁이는 물결을 보듯이 넋을 잃고 바라본다. 따라서 …… 대부분의 대중매체, 즉 영화나 텔레비전이 어둠 속에서 관람된다는 것은 결코 우연한 일이 아니다〉(카플란, 앞의 글, 492). 매체중심적으로 작동되는 대중예술의 궁극적 지향점은 자기를 잊어버릴 정도로 자기에게 몰입하는 황홀경(엑스터시)의 직접체험에 있다. 여기에서 대중예술은 —— 자기를 멀리 보는 상태에서 그 자기를 또렷이 인식하게 만드는—— 초월적 휘광(아우라) 안에서의 원거리 경배에 주안점이 두어진 고전적 의미에서의 예술과 뚜렷이 구별되는 개념적 독자성을 획득한다.

하지만 이 대중예술이 주는 황홀경은 결코 지속적으로 〈우리들 자신으로부터의 해방〉을 주는 것이 아니라 거기에서 깨어나면 〈더 깊은 고독에 빠진다〉는 역설적 상황을 항상 동반한다(같은 글, 490). 그렇다면 이 황홀경은 불완전한 것일 수밖에 없다. 그러면서도 대중문화가 압도적인 후기자본주의 단계의 현대사회에서 이런 황홀경의 추구가 지속적으로 이루어지고, 이루어질 수 있으며, 또 이루어질 수밖에 없다는 사실은 대중문화를 가능케 하는 요인을 단지 거시사회적 맥락에서 고찰되는 상부구조적 성격의 것으로만 탐색하는 데 만족하지 못하게 만든다. 고전적 의미에서의 예술과는 달리 대중예술은 사회구성체적 토대의 변화에 대해 그런 변화를 〈전체적으로〉 객관화하여, 그 객관화된 전체를 자기실존의 환경으로 전면적으로 포진시키는 가운데 고유의 전문적 논리에 따라 그 환경에 반응하는 별도의 대응집단을 통하는 그런 방식의 가동메커니즘을 갖는 것이 아니다. 대중예술은 대중사회에 실존하는 대중들 개개인 생활과정 그 자체의 감성적 체질임으로 해서 존립할 수 있다. 이렇게 되면 대중들 개개인 생활과정의 작동구조로 문제의 초점이 이동된다. 현대 대중사회에서 이루어지는 대중들 개개인의 생활과정에서 가장 특징적인 면모는 〈생존유지와 자기계발을 비롯한 일체의 욕구를 상품형태의 물건을 구입하여 소비함으로써 충족〉시키는 데서 찾아진다. 사회학에서 이 측면은 일상성이라는 다소 애매한 개념으로 처리되어 그 규정적 측면이 산만하게 분산되는 반면, 경제학에서 이 과정은 생산된 가치의 실현과정 또는 자본의 유통과정이나 아니면 가계회계 부분으로 경직되게 취급됨으로써 욕구라는 인간적 요인이 추상화되는 결과를 빚는다. 그러나 〈상품의 교환과 소비를 통한 욕구의 충족〉이라고 명세화시킬 수 있는 이 규정은 가계단위의 경제적 활동에 있어서 문화적인 것이 규정적인 조건으로 작용하며, 그와 동시에 문화적인 것은 경제적으로 실현될 수밖에 없다는 양자 사이의 —— 단지 보완관계가 아닌 —— 밀착관계를 보다 분명히 정식화할 것을 요구한다.

또한 이런 문제의식에는 사회실천상의 역사적 체험이 현실적 배경이 되어 있다. 1968년 5월을 기점으로 70년대 초반까지 서유럽과 미국의 대학을 휩쓸었던 학생반란은 자본주의 체제의 역사적 운명에 대한 거시적인 계급분석에 입각하여 노동자혁명을 실천적 지향점으로 설정하고 있었다. 그러나 이 반란은 당시까지 체제의 피압박자로 간주되었던 노동자계급과 그것을 대변한다고 믿어졌던 좌파정당들이 체제와 이해를 같이 한다는 사실을 역설적으로 입증하기에 이르렀다. 당연히 이런 사태는 이론적 계몽을 요구하였다. 전통적인 마르크스주의 이론에 따라 프롤레타리아트의 소시민화 테제가 제기되었는가 하면, 체제이론에 입각하여 사회민주주의적인 체제통합론이 제출되기도 하였다. 그러나 일군의 이론가들은 노동자를 비롯하여 자본주의 생산양식에 관련된 대중 전반을 포괄하는 문화적 분위기에 주목하였다.

이들의 공통된 견해는 학생반란에서 제기한 해방의 요구가 그 내용과 강도에 있어서 노동자 및 일반대중들이 처한 경제적 모순관계를 격렬하게 비판하는 데 치중하여 그 모순관계의 상위에서 작동하는 문화적 체계를 간과하거나 아니면 그것의 끈질긴 지속성의 기반을 포착하지 못했다는 것이다. 이런 사태는 곧 자본주의 〈생산〉양식의 토대에 내재하는 모순이 사회 전체의 혁명을 성립시키는 규정적 요인이라는 이론적 신념에 심대한 타격을 가하는 것이었다. 이로 인해, (1) 우선 마르크스가 그의 사적 유물론을 통해 제시한 생산의 개념을 경제적 제품생산에 국한시켜 너무 협소하게 이해했다는 반성이 일어남과 동시에 (2) 생산양식에 대한 정치경제학적 고찰을 생산 그 자체에 제한된 경제적 견해로만 파악했다는 문제점이 제기되었다. 이런 문제의식에 대해 두 가지 대립적인 견해가 성립되었다. (1)에 대해서는 상품으로 귀결되는 생산의 보다 다면적인 측면, 즉 경제적 생산과 동시에 생활의 생산 및 감성의 재생산이라는 측면들을 고찰의 대상에 포함시켜야 한다는 시각조정이 이루어진다. 이럴 경우 생산개념은 이전에 오직 자본의 등가적 가치실현이라는 관점에서만 고찰되었던 교환의 과정까지 포괄하는 것으로 재조정된다. (2)에 대해서는 생산의 위상 자체를 전적으로 소비에 종속시켜 소비에서 지정된 내용을 해석하여 실현에 옮기는 일종의 하위의 실연과정으로 재배치하는 대안이 제시된다. 이 경우 생산의 담론은 전적으로 문화담론의 부속체로 간주된다.

이 대안들의 현실적 적합성 여부는 차치하고라도 이런 움직임들은 대중문화의 위상을 사회연구의 중심사안으로 격상시키는 데 지대한 공헌을 했다는 점에서 공통된 효과를 갖는다. 동시에 이론진영에서의 이런 동향은 해방의 정치의 초점을 경제투쟁에서 문화투쟁으로 이동시켰다. 그러면서 각각의 대안이 제시하는 대중문화 이론은 거시적인 사회적 고찰에서 보다 생활과정에 대한 미시석 분석으로 연구의 기소를 바꾸었다. 이 분석의 일차적 초점은 자본주의 정치경제학의 서론을 장식하는 가치분석을 새로운 문제의식에 부합하게끔 다시 정식화하는 데 맞추어졌다. 볼프강 하우크는 (1)의 대안의식에 입각하여 마르크스가 가치개념의 추출을 위해 추상화시켰던 사용가치의 개념을 마르크스 가치이론 안에서 다시 복구시키는 시도를 행하였다. 연구범위를 똑

같이 잡은 장 보드리야르는 (2)의 대안의식에 입각하여 마르크스의 정
지경제학적 가치이론 전체를 기호의 정치경제학의 해석코드로 재편집
하였다. 이로써 필자의 논의는 이 글의 서두에서 제시한 아주 일상적
인 상품교환의 광경으로 되돌아간다.

4 마르크스적 교환과정 분석의 역추상화 내지 재현실화

순전히 계량적 측면에서 보면 위 과정은 1.99마르크의 독일 화폐와
그 등가물인 한국산 안성탕면 사이에 이루어진 등가교환이다. 즉 특정
화폐, 그리고 그것이 표시하는 가치와 등가인 특정 가치담지물의 맞바
꿈인 것이다. 이것은 같은 가치와 같은 가치의 교환, 등가교환이다.

교환 1: 등가교환
〈안성탕면 가치 1〉＝1.99DM 가치 2

위의 항등식은 좌변에 나타난 안성탕면의 가치(〈가치 1〉)가 우변에
〈마르크〉라는 특정 〈화폐의 명칭〉으로 표시된 이른바 〈가격〉(Marx
(1890), 116)을 통해 표현된 〈가치 2〉와 전적으로 동일함을 표현할 따
름이다. 교환 1은 화폐와 물건의 교환이 이루어지는 일체의 교환과정
에 보편적으로 타당한 등가성의 원칙을 역점적으로 부각시킬 뿐이다.
따라서 교환 1은 이 특정 화폐 및 그것과 교환되는 특정 물건의 사용
가치에 대해서는 함구하고 있다는 점, 즉 교환이 이루어지는 것들의
사용가치들은 철저하게 추상화시키고 있다는 그런 의미에서 〈추상적
인 교환〉이다. 이런 교환 당시의 특정 가치량은 〈교환되는 것들의 사
용가치와는 전적으로 독립적인 것〉(같은 책, 53)이다. 그러므로 교환
1은 다음과 같은 항등식으로 다시 정식화시킬 수 있다.

교환 1.1 : 추상적 교환

가치 1(물건가치)=가치 2(화폐가치)=교환 당시의 특정가치량(화폐 명칭, 즉 가격)

그러나 필자가 목격한 이 사소한 교환과정에는 자본주의적 시장경제에서 이루어지는 교환의 역사적 특이성이 포함되어 있다. 즉 그런 교환은 교환당사자들이 우연적으로 만나 즉석에서 이루어지는 물물교환이 아니라 시장을 제도적 배경으로 하여 〈화폐〉에 대해 〈상품〉으로서의 물건이 교환되는 〈시장에서의 판매─구매─과정〉이다. 시장에서 교환되는 이 상품과 화폐는 당연히 〈제발로 시장까지 걸어가 자기들끼리 교환될 수 있는 것들이 아니다〉(같은 책, 99). 이 교환이 시장에서의 교환으로 성립되려면 각기 상품과 화폐의 사적인 소유자로서 그 법적인 실존상태를 공인받은 최소한 두 명의 개인이 자신들이 소유물을 시장에서 처분할 수 있다는 권리보장 아래 시장으로 가서 서로의 소유물을 교환하겠다는 〈의지관계〉를 자발적으로 형성할 수 있어야 한다(같은 쪽). 여기에서 화폐소유자는 구매자로, 그리고 상품소유자는 판매자로 나타난다. 따라서 교환 1─1.1이 화폐를 매개로 하는, 어느 정도 발전된 시장에서 구체적인 상품을 취득하는 상태를 표현하려면 보다 복잡한 경제관계들과 교환참여자들의 동기 및 교환결정 과정 등이 다층적으로 배후에 깔려야 한다.

무엇보다도 위의 교환의 첫번째 전제는 개인의 욕구충족을 위해 어떤 경로로든 확보된 사용가능한 물건들에 대해 각 개인의 〈사적 소유〉가 석어노 준(準)규범적으로 공인되어 있는 사회적 제도관세들이 실재해야 한다는 것이다. 그리고 이런 사회적 정황이 교환을 보장하는 교환의 구체적 현장인 〈시장〉이 현존해야 한다. 동시에 위에서 제시한 광경에서 보여주는 것과 같이 단지 교환이 물물교환적인 성격의 것이 아니라 화폐를 매개로 한 판매-구매의 형태를 띠려면 각 물건들의 상품가치를 제3자적 위치에서 균질적으로 표시해 줄 공인화폐가 존립해야 하고, 동시에 사용가치를 가진 모든 물건이, 판매자가 원하는 한, 원칙적으로 상품화될 수 있어야 한다. 이런 점들이 일단 〈사회적 차원에서의 교환전제들〉을 구성한다.

그러면서도 현실적인 시장에서의 상품교환이 이루어지려면 화폐소유자가 구매자로 전신하는 계기, 즉 특정 물건을 시장에서 상품이라는 형태로 취득하고자 하는 주관적 계기가 있어야 한다. 이 주관적 계기는 그 특정 물건의 〈사용가치〉를 취득하여 자신의 목적에 맞게 〈유용하게〉 활용하고자 하는 화폐소유자 개인의 사적으로 동기지어진 〈욕구〉이다. 즉, 〈한 물건의 유용성은 그 물건을 사용가치로 만든다〉(같은 책, 50). 따라서 〈구매자〉란 〈화폐를 소유하였지만 사용가치를 담은 물건을 아직 소유하지 못한 욕구담지자〉로 규정된다. 이런 구매자의 실존에 상응하여, 자신의 것이 아니라 〈오직 타인의 사용가치〉를 위해서만 존재하는 물건, 즉 〈상품〉을 소유하면서 그 사용가치를 매개로 화폐를 취득하고자 욕구하는 인간, 즉 〈판매자〉가 시장에 나와 있어야한다. 따라서 상품의 물건으로서의 사용가치는 그 상품에게 〈교환가치〉를 부여하는 결정적인 계기이다. 교환가치는 상품으로 등장한 물건의 사용가치가 그것과 교환될 가능성이 있는 다른 물건의 사용가치의 양에 맞추어진 계량적 표현이다. 즉, 〈교환가치는 일차적으로 한 종류의 사용가치가 다른 종류의 사용가치에 대해 교환되는 비율로서의 양적 관계인 바, 이 관계는 시간과 장소에 따라 지속적으로 변모한다〉(같은 곳).

여기에서 마르크스는 한 물건이 다른 물건들과의 교환상태에 들어가면서 애초에 사용가치를 기반으로 하여 성립한 그 물건들 상호간의 교환가치들이 오직 양적인 형태로 존립하는 과정을 거듭하면서 한편으로는 사용가치 자체의 질적인 측면이 추상화되어 교환의 시야에서 도외시되고, 다른 한편으로는 이 교환가치들 사이의 상대적인 양적 표현들도, 통일적인 하나의 척도를 설정할 경우, 그 척도에 맞추어 통일적인 양적 표현으로 환산될 수 있음을 발견하였다. 마르크스에 있어서

이 통일적인 척도는 자의적으로 설정되는 것이 아니다. 그는 각기 상이한 특질을 가진 사용가치를 그 담지자인 각 물건들로부터 사상시킬 경우, 그 물건들에는 〈오직 하나의 속성, 즉 노동생산물이라는 속성만 남는다〉고 보았다(같은 책, 52). 그러나 인간마다 각기 다른 형태로 실행되는 활동으로서의 각 노동의 질적 다양성도 표준적인 한 인간이 해당되는 각가의 물건을 생산하기 위해 작업한다고 한다면, 〈노동〉이라는 것도 그 어떤 활동이 아니라 단지 〈동일한 인간노동력의 지출〉이라는 측면으로 균질화시킬 수 있다고 보았다(같은 곳). 이에 따라 상품으로 교환되기 위해 시장에 나온 모든 물건은 그 물건의 생산에 지출된 표준노동력의 지출량에 따라 객관적으로 비교가능하게 측정될 수 있다. 이 통일적인 척도와 비교하여 각 물건에 부여된, 그 물건의 상품으로서의 교환가치가 교환이 이루어지는 그 순간에 각 물건이 고유하게 획득하는 〈가치, 즉 상품가치〉이며(같은 곳), 이 가치를 〈화폐명칭으로 표시〉한 것이 그 물건들의 상품으로서의 〈가격〉이다(같은 책, 114).

이런 방식을 통해 각 물건의 상품가치가 확정되고 나면 그 다음 교환은 전적으로 상품으로 나온 물건에 대한 화폐소유자의 사용가치 확인과 그에 대해 상품소유자가 그 상품의 가치를 화폐로 표시한 것, 즉 가격을 기준으로 화폐의 가치를 확인하여 서로간에 물건과 화폐를 양수양도하는 것으로 완결된다. 이렇게 발전된 자본주의 사회에서 상품교환이 완결되는 데 개입되는 요인들을 『자본론』의 목차를 거슬러가며 재구성한 것을 요약하면 다음 도식이 나온다.

교환 2: 시장에서의 상품교환의 실현요인들(PE-ED-DE-Elements)

교환 2.1: 사회적 차원에서의 교환전제들(PE: Presuppositions of Exchange)

(F₁) 경제관계 1: 〈사적 소유〉의 거의 규범적인 인정(대체로 사적 소

유의 합법성)

　(F₂) 경제관계 2 : 교환의 정상경로로서의 〈시장〉의 성립

　(F₃) 경제관계 3 : 가치척도로서의 〈화폐〉의 성립 및 각 물건들의 〈상품〉으로의 전형

　교환 2.2 : 교환당사자들의 등장(ED : Element of Desire)

　시장을 배경으로 한 상품교환의 현실적 계기로서의 〈사용가치〉의 발생/욕구요인

　(F₄) 화폐소유자의 〈구매자〉로의 전신 : 물건취득 욕구/주관적 사용가치의 관념적 발생

　(F₅) 상품소유자의 〈판매자〉로의 전신 : 화폐취득 욕구/대타적 사용가치의 현실적 장악

　교환 2.3 : 교환결정(DE : Decision of Exchange)

　(F₆) 구매자의 주관적 사용가치와 판매자의 현실적 사용가치 사이의 〈사용가치상의 일치성〉 확인 → 〈교환가치〉의 성립

　(F₇) 특정량의 화폐와 특정질 및 특정량 상품 사이의 〈교환가치상의 가치등가성〉 상호인정 → 〈가치〉의 확정

　교환 2.4 : 교환의 실현 내지 완결

　〈가치 1〉(물건가치로 환산된 물건의 사용가치)

　= 〈가치 2〉(화폐가치)

　= 〈교환 당시의 특정 가치량〉(화폐명칭으로 표시된 가격)

5 하우크에게서 〈상품미학〉의 필연성 논증: 교환관계에서
　의 사용가치와 교환가치의 실현양상의 모순과 그 모순의
　실천적 엄폐로서의 〈가상〉의 생산

　하우크에게서 현대의 대중문화적 현상이 발생하는 근거, 그것도 필
연적 근거는 문화수용자로서의 대중들의 문화적 욕구라는 주관적 심
리요인에 있다기보다는(이것은 하우크의 입장에서는 대단히 우연적인 성
격의 것이다), 자본주의적 시장경제의 필연적 존립방식 중에 하나인 교
환관계에서 발견된다. 하우크가 주목하는 것은 교환 2를 통해 전면적
으로 재구성된 상품교환 요인들 가운데 교환당사자들이 등장하는 교
환 2.2부분이다. 이 부분은 본래 마르크스에게서는 교환가치의 양적 관
계를 부각시키기 위해 사용가치를 단지 노동생산물로 환원시킴으로써
정치경제학적 고찰의 시야에서 추상화되어버린 곳이다. 하우크는 그
추상화된 부분을 다시 복구시킨 후 거기에서 교환관계에서의 모순을
읽어낸다. 우선 F_5에 있어서 상품의 등장은 〈사용가치를 위한 것이 아
니라 판매를 위한 생산이 목적〉이 됨으로써 가능한 것이다. 이때 사용
가치는 〈상품생산자의 계산 속에서 감안해야 하는 구매자의 기대라는
역할을 담당할 뿐이다〉. 입장을 바꾸어 F_4, 즉 사용가치를 필요로 하는
쪽에서 보면 상품소유자의 판매행위와 교착되는 자신의 구매행위는
교환가치를 위한 것이 아니라 상품의 형태로 사들인 물건의 사용과 향
유에 그 목적이 있다. 하우크는 이런 상태를 〈판매자와 구매자에 있어
서의 목적과 수단의 대립〉 또는 〈사람들 사이에 사방으로 갈라져 퍼진
사용가치와 교환가치의 모순〉이리고 표현한다(이상 Haug(1971), 16).
이렇게 사람들 사이에 퍼진 모순으로부터 〈상품형체, 그 사용내용물을
항상 새로운 변형 속으로 몰아넣고자 하는 경향〉이 출구를 갖게 된다.
〈이로부터 모든 상품생산에 있어서 이중적인 것, 즉 첫째로 사용가
치, 둘째 것이면서 동시에 부가적인 것으로 사용가치의 외관이 생산
된다. 왜냐하면 교환가치 입장이 자기의 목적에 도달하게 하는 판매

행위의 종결에 이르기까지 사용가치는 구매자가 상품으로부터 그것을 약속받은 그런 한에서만 모종의 역할을 수행하기 때문이다. 교환가치의 입장에 입각하면 구매계약은 자신이 제공하는 사용가치 약속 Gebrauchswertversprechen에 입각해서만 종결, 즉 매매계약의 완결에 이르게 된다.〉여기에서 핵심은 〈사용가치 약속〉이라는 개념이다. 사용가치 약속은 당연히 판매자가 상품에 대해 구매자에게 행해야 할 법적인 의무이다. 그러나 순간적으로 이루어지는 상품의 매매에서 어느 누구도 이런 법적인 절차를 필수적인 매매경로로 생각하지 않는다. 도리어 판매자는 생산과정중에 상품의 외관에다 〈경제적으로 강한 기능을 발휘하는 요인〉을 장착시키는 쪽을 택한다. 따라서 상품의 외관은 법적인 성격의 절차를 부당하게 대체하면서 실질적으로는 그 절차를 밟은 것과 똑같은 경제적 효과를 판매자에게 안겨준다. 이 과정에서 개개의 매매행위를 고찰하면, 상품화된 물건 그 자체가 전면적으로 가상화되는 현상이 발생한다. 즉, 사용가치의 외관이 매매행위에서 점차 주도적인 역할을 하면서 〈사용가치(그 자체)는 점차 가상이 되는 경향을 띠게 된다〉. 이와 아울러 〈가장 넓은 뜻에서 상품이 지닌 미적인 것 das Ästhetische der Ware, 즉 감각적 외관과 사용가치의 의미는 여기에서 물건 자체로부터 분리된다〉. 따라서 〈판매행위의 완성을 위해 가상 Schein은 아주 중요하게 되며, 그것도 사실상 존재 Sein보다 더 중요하게 된다. 단지 그 어떤 것으로 존재하기만 하고 '존재'하는 '것처럼 보이지 않는 것'은 팔리지 않는다. 그 어떤 것으로 존재하는 '것처럼 보이는 것'은 잘 팔린다. 판매-구매-체제와 아울러 미적인 가상, 상품의 사용가치 약속도 독립적인 판매기능으로 등장한다〉(같은 책, 17). 이 같은 교환관계 분석을 통해 하우크가 보여주고자 한 것은 대체로 다음과 같이 요약될 수 있다.

(1) 자본주의적 대중사회의 대중문화를 주도하는 대중예술은 그 미적인 것의 원천을 교환 및 그를 통한 자본의 가치증식이 목적인 상품생산 과정 그 자체 안에 두고 있다. 따라서 미적인, 또는 감성적인 가

상, 즉 상품미학이 이와 같은 근거를 갖고 있다면 그 가상의 현상은 사회의 거시적인 제도적 변화로는 결코 뿌리뽑히지 않는 자립적인 존재근거를 확보하고 있는 셈이다. 이런 측면에서 볼 때 자본주의적인 문화현상은 단지 특정 기술의 현실적 적용으로 설명할 수 없는 고유한 요인을 내포한다. 〈기술장치가 대중의 표현언어를 창출한 것이 아니라 기술은 단지 미적 복사가 응용될 수 있는 곳에서 단지 강화제로 작용할 뿐이다〉(같은 책, 170). 이런 견지에서 보면, 〈벤야민은 시민사회가 정상상태에서 지탱하는 경제구조로부터 이미 완전하게 주어져 있고, 경제적인 기본관계들로부터 불가피하게 초래되는 순전한 가상이 자본주의에서 차지하는 지위를 간과하였다〉(같은 책, 172). 다시 말해서 자본주의에서 문화적인 가상은 생산양식의 토대에서 일어나는 변화의 단순한 종속변수가 아닌 것이다.

(2) 이 가상은 그 미적인 표현양식에도 불구하고 그 원천의 성격에서 이미 자본에의 봉사성을 선규정받고 있다. 이와 같은 상품미학의 재생산은 그것의 가동을 위한 독자적인 기술관료 체제를 존립하게 하는 근거가 된다. 미신적인 수단을 통해 교회권력의 재정적 근거를 확보했던 중세 시대의 종교적 미학과 상품미학이 다른 점은 상품미학이 〈특정 성지나 힘을 재현하는 장소에 한정하지 않고 감각세계의 전 영역에 적용된다〉는 점이다(같은 책, 57).

(3) 이와 같은 가상이 가상임에도 불구하고 대중적인 지배력을 발휘하는 것은 그 가상 속에서 욕구실현의 완벽한 상태를 선취하게 만들기 때문이다. 이것은 특히 광고와 디자인이 주도하는 일차적 대중문화의 효과를 고찰하면 극명히게 드러난다. 〈상품의 표면은 상품으로부터 분리되어 제2의 피부가 되는데, 이 피부는 대체로 상품 자체와 비교할 수 없을 만큼 완벽하며, 상품이라는 형체를 떠나 상품의 오색찬란한 정신 bunter Geist der Ware으로서 세계 만방으로 날아올라 각 가정에 무선으로 순환되어 들어가 상품의 진짜 순환로를 개척한다〉(같은 책, 61). 사실상 욕구충족을 약속함에 있어서 가상은 실상보다 완전하다.

그리고 이와 같은 가상은 자본주의적 부의 원자적 형태인 단위 개개의 상품에 각인되어 있다.

상품미학은 명백히 상품의 미학화에 반대하는 의도에서 고안된 개념이지만, 그렇다고 아름다움의 창출 Verschönerung 자체를 반대하는 것은 아니었다. 그것의 진정한 의도는 다분히 계몽적이다. 즉 〈그것은 오직 고삐풀린 자본주의의 경제적 기능이 자연재해와 같은 위력으로 어떻게 감각세계를 휩쓸어가 버렸는지를 보여주고 …… 자본의 지배를 확고히 하기 위한 지배적 위치로 어떻게 올려졌는가를 보여주려는 것이다〉(같은 책, 141). 중요한 것은 이런한 가상의 비판과 계몽에도 불구하고 그것의 절멸, 아니면 최소한 그 억제라도 가능한 해방책이 거의 효력을 발휘하지 못하고, 오히려 그러한 해방책 자체가 가상의 재생산 메커니즘에 끊임없이 흡수되어, 최악의 경우 자신이 알지도 못하는 상태에서 거기에 동화된다는 사태가 빈번하게 벌어져 왔다는 점이다. 이렇게 되면 사태는 상품미학을 핵심으로 하는 자본주의 체제에서의 문화적인 것의 존립양상을 〈가상〉의 범주로 포획하는 것이 더 이상 무의미하다는 것이다. 그 가상의 진원지가 사회유지의 토대인 생산과정에 내재해 있는 한 〈생산패러다임〉 그 자체를 떠날 수 있는 새로운 입지점이 생산영역이 지배하는 현실세계를 넘어서는 곳에서 모색될 수밖에 없다는 발상이 거의 동시에 제기되었다.

6 보드리야르의 초실상체 정립과 황홀경(엑스터시)의 감성 구조 : 차가운 의사소통과 〈문화적인 것〉의 의태적 모출로 서의 〈경제적인 것〉

그 이론작업의 초기에 보드리야르의 사회이론은 명백히 하우크의 상품미학 비판과 궤를 같이 하고 있었다. 〈풍요로운 사회〉로서의 〈소비사회〉는 〈배려의 사회임과 동시에 억압의 사회이며, 평화로운 사회임과 동시에 폭력적인 사회〉로서 그 자체 거대한 〈아노미상태〉에 빠져 있는 것으로 파악되었다(보드리야르(1991), 265). 이 소비사회에 대한 그의 비판의 논점은 벤야민과 그 동료들이 제기한 수준을 크게 넘어서는 것은 아니었다. 이 사회에서 욕구는 〈어떤 생산물(사물, 재화, 서비스)과 욕구충족 사이에 항상 완전하고 긍정적인 상호관계에 적응하기를 강요당해, 일방적이면서도 항상 긍정적인 계획의 합목적성에에 따르게 되는〉 그런 현실에 처한다(같은 책, 273). 따라서 부정적인 측면이 발생할 경우 그것은 〈욕구의 충족 그 자체에 의해 무시되고 검열되어 버린다. 그 결과 욕망의 부정적 측면은 자신을 투입 내지 정신집중시킬 대상을 찾지 못하고 고뇌의 거대한 잠재력으로 결정(結晶)한다〉(같은 곳). 그에게서 풍요로운 사회란 〈욕구의 끊임없는 충족을 낳는 사회〉이긴 하지만, 그와 동시에 〈이 충족에서 생기는 고뇌를 완화시키고자 전력을 다하는〉 〈애매한 존립상태〉에 놓여 있다(같은 책, 275). 그에게서 소비사회라는 것은 현대사회의 불가결한 특징적 면모이다. 〈'현대사회가 소비사회로서 살아가고 있다는 의식'이야말로 현대사회에 대한 객관적 분석의 출발점이어야 한다〉(같은 책, 302). 일차적으로 이 언명은 소비사회라는 명목을 내세운 현대사회의 현실이 그 명목과 결부된 풍요로움의 이미지에 전혀 부합하지 않는다는 뜻을 함축하고 있었다. 이런 의미에서 그의 소비사회 비판은 비판이론의 대중문화 비판 및 하우크의 가상비판과 똑같은 실천적 비판을 함축한다. 그러나 그는 이미 이 초기작업의 결론에서 그 이후에 감행한 이론적 전향의 씨를 뿌려놓았다. 소비사회라는 말에 대해 보드리야르는 다음과 같은 메타인이적인 활용법을 적용한다 : 〈소비사회가 이전의 사회와는 달리 더 이상 신화를 만들어내지 못하게 되었다면, 그 이유는 소비사회 그 자체가 소비사회에 대한 신화이기 때문이다〉(같은 책, 300). 다시 말해 소비사회는 그 긍정적이고도 부정적인 애매한 존립상태 전체를 결코 전면적으로 보편화시킬 수 없는 소비사회의 명목적 존립근거까지 동원하여 자신을 존립시킨다. 〈악마의 가장 악마다운 점은 악마가 실

제로 존재한다는 것이 아니라 실제로 존재한다고 믿게 하는 것과 마찬
가지로, 풍요로움은 현실에는 존재하지 않지만 이 풍요함이 유효한 신
화가 되기 위해서는 그 존재를 믿게 하는 것으로 충분하다〉(같은 곳).
소비사회는 〈소비사회란 풍요한 사회이다〉라는 믿음과 더불어, 아니
이 믿음을 전제할 때만 존재할 수 있다. 즉 소비는 소비를 소비한다.
따라서 현실의 소비사회란 이 믿음 속의 소비사회가 우연적으로 그 의
미내용물로 관련을 맺게 된 그 믿음, 오직 상징이기만 한 그 믿음(記
意, signifiant/Sa)의 피지시체(記標, signifié/Sé)일 뿐이다. 다시 말해
서 소비사회의 풍요로움에 대한 믿음과 전혀 풍요롭지 못하면서도 여
전히 소비사회로 불리고 있는 이 현대사회의 현실 사이에는 그 기호적
공통분모가 필연적인 것임을 보증해 줄 어떤 강제적 근거도 없다. 믿
음과 그 믿음의 현실체는 전혀 상관없이 겉돌면서 그 두 개를 표시하
는 오직 기호의 세계 안에서만 통사론적으로 연관되어 있을 뿐이다.
따라서 보드리야르가 소비사회의 풍요의 약속이 실현되어 있지 않음
을 간파하고, 동시에 더 중요한 것은, 그 약속불이행의 메커니즘이 자
신의 비판력을 넘어서는 엄청난 위력을 보유하고 있음을 간파하는 그
순간, 그의 소비사회 비판은 그 비판마저도 흡수하는 소비사회의 균형
력에 반쯤 홀린 듯이 빠져들고 있었다. 〈중세사회가 신과 악마 위에
균형을 유지하였듯이, 우리들의 사회는 소비와 그 고발 위에서 균형을
취하고 있다. …… 그것은 포화상태에 달한 사회, 현기증도 역사도 없
는 사회, 자기 이외에는 어떤 다른 신화도 갖지 않은 사회의 예방위생
적인 백색의 순결성이다. 그러나 우리들도 사물과 그 겉보기의 풍부함
의 올가미에 걸려 음침하고 예언적인 언설에 다시 도착하였다. 그렇지
만 사물이 아무것도 아니라는 것을 알고 있다. 사물의 배후에는 텅 빈
인간관계가 있고, 엄청난 규모로 동원된 생산력과 사회적 힘이 물상화
되고 돋보이게 된다〉(같은 책, 305).

1973년에 발표된 『생산의 거울』(1994)에서 보드리야르는 〈이 물상화
된 상태에 있는 엄청난 규모의 생산력과 사회적 힘〉을 현실적 배경으

로 하여 마르크스, 보다 정확하게는 마르크스주의의, 정치경제학 비판
의 개념체계 전체를 기호학적인 견지에서 전면 폐기하려고 시도하였
다. 우선 그는 마르크스가 상정한 사회적 부의 근원이 이 생산력과 사
회적 힘이 축적된 범위에 훨씬 미치지 못함을 지적하였다. 〈노동과 생
산에 근거를 둔 양식 이외에 다른 사회적 부의 양식을 생각해 낼 수
없기 때문에, 종국에 가서도 마르크스주의는 자본주의에 대한 실제적
대안을 더 이상 제시하지 못하였다〉(같은 책, 22). 그리고 이론과 역사
의 관계에 비추어 바로 이 노동 및 생산의 코드에 개념적인 운명을 맡
긴 마르크스의 사적 유물론 및 정치경제학적인 사회분석은 그 어느 역
사시대의 사회들이 존립했던 방식을 제대로 해명하지 못한다는 것을
낱낱이 지적하였다(같은 책, 제3부의 원시사회에 대한 논의와 제4부의 고
대·봉건양식에 대한 설명 참조). 따라서 마르크스와 마르크스주의에서
제시하는 〈개념〉은 〈정치경제학의 소멸로서 환상적인 효과로 나타날
수 있으며, 그 소멸의 기호로서 정치경제학의 영역 속에 다시 빠져든
다. 그것은 '새로운 사회'의 계획적인 영역에 파고들기 위해 이미 혁명
적인 것에서 벗어나고 있다〉(같은 책, 34). 결국 마르크스주의에서 상
정한 노동과 부의 연관은 역사적으로, 그리고 현재적으로 존립하는 생
산력의 구체적 양상들과 거의 아무런 연관이 없다. 즉 〈마르크스주의
의 노동은 가치를 산출하는 합리적 활동으로서 자연적 필연성과 그 변
증법적 초월의 절대적 범위 안에서 정의된다. 노동이 산출하는 사회적
부는 물질적이다. 그것은 가치의 파괴와 해체, 위반이나 지출에 반해서
생겨나는 상징적 부, 그리고 자연적 필연성을 비웃는 상징적 부와는 아
무런 관련이 없다. 부의 이 두〔물질적, 그리고 상징적〕개념은 양립불
가능하며, 심지어 서로 어울리는 것도 아니다〉(같은 책, 36). 〈이 개념
들이 보편적인 것으로 구성되자마자 그것들은 분석적이 되지 못하며,
의미에 대한 신성화가 시작된다〉(같은 책, 41). 따라서 〈우리가 만일
〔노동과 생산이 그 핵심인〕경제적 가치를 넘어선 영역을 발견하고자
한다면, 서구의 모든 형이상학이 반영되는 생산의 거울은 깨어져야 한

다〉(같은 책, 40). 이런 진단에 따라 보드리야르는 전통적인 정치경제
학 비판에 대해 특단의 조치를 감행한다. 즉 〈마르크스가 실천했던 것
과 같은 혁명적인 운동에 따라 그 비판을 넘어서 정치경제학의 결정적
인 해결을 가능하게 하는 근본적으로 다른 차원, 바로 상징적 교환과
그 이론의 차원으로 옮겨가야 한다〉(같은 책, 44). 그리고 그는 이 근본
적인 상황의 변화의 전제조건을 〈실제적이고 이데올로기적인 그 모든
범위 안에서의 '기의와 코드의 형이상학에 대한 비판'〉에다 설정하고
그것을 〈기호의 정치경제학 비판〉으로 명명한다(같은 곳). 이런 시각에
서 마르크스의 정치경제학은 비판받아야 할 기호의 정치경제학, 형이
상학화된 기호/코드/체계로 취급된다.

　자신은 마르크스를 넘어섰다고 생각하지만 실제로는 마르크스가 자
본주의 정치경제학을 비판하기 위해 추상화시킨 것을 재활성화시키고
있는 보드리야르는 각 경제행위, 그 가운데서도 소비활동에 개재된, 언
뜻 이데올로기적인 것으로 보이는 요인들이 실제로는 〈상품이 즉각 기
호로서, 가치/기호로서 생산되고, 기호(문화)가 상품으로 산출되는 그
단계를 정확하게 확정짓는〉 것으로 상정한다(보드리야르(1992a), 163).
따라서 시장에서의 교환을 통해 성립되는 것은 사용가치를 가진 상품
과 가치를 담지하는 화폐의 등가적으로 완결된 경제적 교환계약이
아니라, 〈사용가치, 교환가치, 가치/기호를 [총체적으로] 아우르는 형
태/물건〉(같은 책, 164)의 〈자리옮김〉에 지나지 않는다. 따라서 〈상
품-화폐-시장-소유-생산〉이라는 다층적 교환전제들의 연관(F_1-
F_3)은 그 안에서 정치경제학상의 개념으로서는 그 명칭이 박탈되었던
형태/물건, 즉 〈특정 형태의 물건들〉과 그 이동경로를 선규정하는 거
대한 〈기의체〉가 된다. 그러나 이 경제적인 것으로 나타나는 특정 기
의체는 불특정하게 기호들 사이를 연결하는 〈자의적인〉, 그리고 경우
에 따라서 비로소 합의를 성립시키기도 하는, 〈기호들의 자율적인 체
계〉 안에서 선규정된다(같은 책, 165-166 참조). 마르크스 정치경제학
은 이 기의체의 기표를 노동생산물에다 고정시킴으로써 보드리야르로

부터 형이상학적이라는 비판을 받는다. 이 기호/코드/체계는 우리가 〈현실〉 내지 〈실재〉로 포착하는 모든 구체적 내용물을 초월하는 위치에서 그 현실 내지 실재의 구체적 내용을 지정하고, 동시에 그 지정을 해지한다.

바로 그런 의미에서 이와 같은 기회코드/체계는 〈현실〉이 그것에 따라 존립하는 것을 선규정하는 〈초실상체 hyperreality〉이다. 이 초실상을 구성하는 기호체계는 그에 따라 존재할 실제의 현실을 〈의태적(擬態的)으로 모출(模出, simulation)〉한다. 이 의태적 모출의 세계가 구상할 수 있는 현실의 가능성은 정확하게 기호의 구문론적 결합가능성의 수준과 일치한다. 이 세계에서는 〈억압조차도 기호로써 통합된다〉(보드리야르(1992b), 139). 이 의태적 모출의 초실상은 그 안에서의 기호적인 조합에 따라 실재의 세계를 무한하게 재생산한다(같은 책, 16). 이럴 경우 경제적인 것은 전적으로 욕구의 상징적 표상이 지시하는 바 소비의 무한가능성에 종속된다.

분명히 2,500년을 끌어온 철학의 역사는 우리의 경험권 안에 있는 실재 내지 현실reality에 대해 그것을 초월하는 위치에서 그것을 선규정하는 존재영역을 상정하는 사고방식을 한두 번 체험한 것이 아니다. 다양하고도 가변적인 경험현실의 혼란스러움과 방향부재 상태에 질린 철학적 사고들은 현실에서 발견하지 못했던 진리나 고귀한 가치들을 초현실적인 것의 구상을 통해 구원하고자 하였다. 하지만 이런 경우 초현실적인 것은 언제나 〈이념적인 것〉으로 상정되었다. 이념은 현실에 말려들어 자신의 존재상태를 오염시키지 않는다는 의미에서 순수하고도 모범직인 것, 따라서 순결한 것이있다. 플라톤의 이데아론에서부터 시작하여 후설의 현상학적 환원에 이르는 끈질긴 〈인식 유토피아〉의 전통은 인식의 〈진리근거〉가 적어도 그 존립양태에 있어서만큼은 감각경험과 무관하기 때문에 그 초현실성 transreality이 오히려 현실적인 감각경험보다 더 현실적인 것임을 주장하였다. 그리고 인식 유토피아의 발상은 바로 이 순결성에 대한 결벽증 때문에 대다수 대중이 추구하거나 획득할 수 있는 것으로 생각되지 않았다. 그것은 그 상태를 묘출할 언어, 즉 개념언어의 특이성 때문에 노에마 noema라든가 아니면 로고스, 아니면 현대에 와서는 이성 같은 특출한 인식능력을 발휘할 수 있는 소수의 인식특권자, 예를 들어 철학자라든가 과학자들이 전유하는 영역이었다.

그러나 보드리야르가 기대고 있는 기호/코드/체계는 몇 가지 구문상의 법칙만 제외하고는 자신을 언어적으로, 아니면 하다못해 그 어떤 임의적 상징으로 표현하고 이해할 줄 아는 이면 누구나 구성할 수 있는 일상언어, 아니 통상적인 기호 내지 부호로 구성되는 것이다. 그것은 언어적 표현능력이란 것을 항상 한정적인 표상이라 하여 불신하는 비가시적 〈개념〉이 아니라 언제나 화면 위의 영상으로 떠오르는 가시적인 〈부호〉로 존립하기 때문에 특출한 인식능력이 아니라 통상적인 신호해독 능력만 요구한다. 그리고 이 영상 위의 부호는 추상적인 개념에 못지않게, 아니 즉각적인 반응의 유발이라는 측면에서는 개념보다 훨씬 신속하고도 정확하게 효력을 발휘한다. 현실과의 거리라는 측면에서 이 부호들은 임의적이긴 하지만 감성에 더 밀착되어 있는 반면, 개념은 그것이 심오하고 인간의 내면에 더욱 침윤해 들어갈수록 감성과 더욱 멀어진다. 개념은 인간의 감성을 초월하는 방식, 즉 내포로 존립하면서 감성을 그 외연으로 규정하려고 하지만, 이런 부호는 내포와 외연의 거리를 일거에 일소시키면서 현실 그 자체의 감성이고자 한다. 엘리베이터나 핸드폰의 버튼에 부착된 부호는 개념 못지않게 보편타당하고 추상적이지만 그 보편타당성의 근거는 이성이라는 간접경로를 통해 확보되지는 않는다.

이성이라는 경로를 통해 세계를 인식할 경우 우리는 오직 이성으로만 체험할 수 있는 세계를 만난다. 따라서 이 세계는 항상 인간의 감성적 활동들 피안에 존재하면서 감성으로는 결코 도달할 수 없다는 환상을 자아내는 〈객체들의 체계〉(Baudrillard(1987a), 11)일 뿐이다. 보드리야르에 따르면 〈이런 객체들에 대한 비판은 지금까지 [사실상]

환상적이고도 무의식적인 기호의 논리, 그리고 그 서열에 의거하여 정해진 미분적인 논리를 포함하여 일정 의미로 채워진 기호에 대한 비판이었다〉(같은 쪽). 실질적으로는 주관과 독립된 상태에서 존재한다는 이 객체들이란 전적으로 그렇게 몽상하는 주관의 자기투사, 즉 주관의 〈거울〉일 뿐이며, 그 체계란 것은 여러 주관들의 〈무대〉이다(같은 책, 11-12). 이런 환상의 거품을 거둬내면 남는 것은 단지 〈객체임〉을 표시하는 부호들과 그 부호들을 영상적으로 띄우는 자막뿐이다. 만약 이성으로만 접근할 수 있던 객체들이 현실초월적이라면, 이것을 표시하는 부호와 그 자막에도 일종의 현실초월성을 부여할 수밖에 없다. 하지만 이 부호는 현실과 맞닿아 있으면서 그 신호에 따라 실제 현실을 즉각 조형해 낸다. 그것은 현실을 초월하는 위치에서 현실을 지배하는 것이 아니라 현실을 압축하고 있다가 그에 응하는 것에 자기가 안고 있던 현실을 풀어낸다. 이런 의미에서 부호에 내장된 현실은 지극히 현실적인 것, 더 이상의 매개가 필요없는 그 자체의 표피가 곧 현실인 가장 현실적인 것, 즉 초실상 hyperreality이다. 엘리베이터의 버튼은 결코 현실을 초월하지 않는다. 그것은 우리 손가락 끝에 놓여 있다. 그 버튼이 내장하고 있는 현실을 우리 것으로 만들기 위해 우리는 〈이성적 사고〉를 할 필요가 없다. 우리는 단지 버튼의 〈껍데기를 살짝 건드리기〉만 해도 버튼의 현실은 엘리베이터의 작동으로 실현된다. 〈오늘날 무대나 장면은 더 이상 없다. 있는 것은 화면과 연결망이다. 초월이라든가 내면이 아니라 기능작동을 내장한 껍데기들, 매끄럽고 기능을 잔뜩 담은 통신의 껍데기들뿐이다. 이 새로운 시기의 가장 아름다운 원형이 되는 사물인 텔레비전 영상에 대해 우리를 둘러싼 이 우수 전체와 우리 자신의 육체는 일종의 통제화면이 된다. …… 아직도 세밀하게 재생해낼 수는 있지만 심리적 차원은 갈수록 휘발해 버린다〉(같은 책, 12).

사물은 더 이상 주관의 의식과 독립적인 물자체가 아니다. 보드리야르는 사물과 인간을 인식객체와 인식주관이라는 〈인식-관계의 틀〉이 아니라 물건과 소비자라는 〈사용기능-용법 안내의 작동〉이라는 관점에서 포착한다. 사용자로서의 인간은 더 이상 그 물건에 대해 〈권력이라든가 속도, 소유 내지 점유〉 같은 〈지배관계를 행사〉하는 것이 아니라 그 물건의 가능한 기능을 사용하기 위한 정보의 습득자로서 〈그 물건에 자신을 투사〉한다. 물건과 그 사용자 내지 소비자의 이런 관계에 대해 보드리야르는 〈커뮤니케이션〉이라는 용어를 적용한다. 이 용법에 따르면 〈우리는 우리가 모는 자동차와 커뮤니케이션한다〉(같은 책, 13)는 말도 가능하다. 하지만 이 경우의 커뮤니케이션은 결코 우리가 흔히 그것을 해석할 때 상정하는 〈두 주체간의 의견의 상호일치〉라는 의미는 아니다. 그것은 오히려 자동차와 우리가 교신하여 그 정보내용을 우리가 습득함으로써 우리 자신을 통해 자동차의 가능성이 현실화되도록 우리 자신이 자동차의 〈기능단절 없는 상호접속면 interface〉이 되게 하는 것이다(같은 쪽). 이 과정에서 자동차는 더 이상 〈나〉와 동떨어져 나의 수단이 되기만 하는 〈객체〉가 아니라 내 신체활동의 일부로 완전히 전형되는 〈실연물질〉이자 동시에 내 신체활동을 가동시키는 〈정보망〉으로 기능한다(같은 쪽). 이렇게 되면 〈나〉는 〈자동차〉를 〈소비한다〉는 말조차 〈자동차를 모는 나〉의 상태와 〈내가 모는 대로 몰아지게 나를 몰게 하는 자동차〉의 역할을 충분히 표현하지 못한다. 여기에서 중요한 것은 나와 자동차가 〈몬다/달린다〉는 상태의 주체나 객체라는 것이 아니라 둘 다 이 기호/코드가 지시하는 바의 실연자가 된다는 것이다. 나와 자동차가 구성하는 현실은 〈몬다/달린다〉에서 표현되는 바로 그 완벽한 상태의 〈의태적 모출물 simulacre〉로서 존재한다. 여기에서 〈나〉는 자동차를 사용해도 좋다는 가능성과 그 자동차에 대한 정보를 이 〈몬다/달린다〉라는 기호와 그 코드에서 〈수신〉한다. 따라서 이 기호/코드는 내가 도달하고자 〈뜨겁게 욕구〉하는 것에 응해 그 방법에 대한 〈정보를 차갑게 송신〉(같은 책, 20)한다. 따라서 이 정보통신체는 나와 자동차의 현실에 대해 〈초실상체〉로서 그 현실을 기표하고, 나와 자동차는 이 기의체에 대해 다른 〈나들〉이나 다른 〈자동차들〉과 함께 그 주변을 맴도는 〈위성〉이 된다. 바로 여기에서 커뮤니케이션이라는 용어는 정보의 〈통신〉이라는 의미를 갖게 된다. 이 〈즉(卽)현실적인〉 정보-통신이 가능해짐으로써 〈현실의 위성화〉는 〈형이상학의 종말이며, 초실상체 시대의 개막〉(같은 책, 15)이 된다. 따라서 이런 기호/코드체와의 정보통신이 전면적으로 가능해진다고 전제하면, 〈여기에서 단지 관념으로 구상되었던 것, 이 세속의 주거상황에서 비유로 구상되었던 것들은 장차 전면적으로 일체의 비유도 없이, 그것도 의태적 모출(시뮬라시옹)이라는 절대공간 안으로 구상될 것이다〉(같은 쪽)라는 전망이 제기될 수 있다.

　문제는 이런 정보통신의 절대공간이 전면화되는 것이 어떻게 가능하게 되느냐는 것이다. 여기에서 보드리야르는 앞에서 카플란이 포착해 낸 대중문화 특유의 감성상태, 즉 〈절정의 황홀경(엑스터시)이 발휘하는 성적 유혹〉이 이제는 단지 〈대중〉이라는 비속한 집단의 저열한 취향이 아니라 이 사회 전체를 움직이는 커뮤니케이션망을 그 기초에서 떠받치는 기본감성임을 입증하려고 한다. 의태적 모출이 현시하는 초실상체의 기호/코드/체계는 인간에게 불가능하다거나 아니면 금기시되어 있던 것들을 〈세밀하게 부각시킴〉으로써 불가능한 것이 실제로는 가능한 것이었으며, 금기되어 있던 것들은 투명하게 드러내어 수치심을 중화시킨다. 예를 들어 포르노그라피는 성기의 모습을 집중적으로 그림으로써 성기에 대한 인간의 태도와 사용방식을 현격하게 변화시켰다. 그것은 다량으로 흩어진 정보의 수집과 전달의 〈기술〉이 고도로 발전함으로써 가능해진 일이다. 그러나 이 기술은 단지 공학적인 편의성만 승대시키는 것이 아니라 그것을 가능조건으로 하는 새로운 감성구조를 창출하고 요구할 수 있는 그런 성격의 것이다. 포르노그라피에 집약된 기술은 성기에 대한 모든 것을 적나라하게 드러내보일 만큼 치밀한 동영상을 구상함으로써 인간이 성기에 대해 품고 있는 모든 종류의 환상을 완벽하게 응축한다. 그에 따라 포르노는 이런 장면과 연관된 모든 종류의 감성, 즉 정신 없는 음란욕구에서부터 혐오증에 이르는 모든 감정의 폭을 완벽하게 감당한다. 지금까지 산업사회의 생산패러다임을 끌고 온 기존의 가치구조는 각 개인의 〈자발적인 욕구〉를 중심으로 편성되었다. 각 개인은 이 욕구 속에서 그것을 〈충족〉시켜 줄 대상물을 〈뜨겁게〉 추구하였다. 그러나 참으로 기묘하게도 이 욕구의 충족을 위한 물적 기반은 사회적으로 조직된 생산을 통해 조달됨에도 불구하고 욕구충족의 완료 여부와 그 완성도는 전적으로 각 개인의 사적인 소관사항이었다. 그러나 컴퓨터를 물적 매개로 하여 결정화(結晶化)된 기호/코드/체계는 각 개인들 사이에 산발적으로 충족되었던 다양하고도 사적인 욕구들의 가능성을 그 욕구들이 욕구했던 이상으로, 그리고 그 욕구들에서는 영원한 환상이었던 것을 완벽한 정보로써 〈차갑게〉 응축하여 각 개인들에게 통신해 준다. 따라서 보드리야르가 의태적 모출(시뮬라시옹)에서 기대하는 초실상은 단지 욕구의 충족이 아니라 욕구의 절정, 그 완성상태인 엑스터시 extase이다. 이 엑스터시를 창출하는 시뮬라시옹 속의 장면들은 각 개인에게 자신이 느껴야 하고 느끼고자 하는 완전한 욕구충족의 상태, 즉 오르가슴이 어떤 것인가에 대한 아주 치밀한 정보를 체험시킨다. 따라서 포르노그라피의 음란성 obscénité은 각 개인의 성욕을 소외시키는 것이 아니라 그 성욕의 최고점에 대한 완벽한 정보로서 각 개인을 압도한다. 이미 그것은 무대 위에서 벌어지는 쇼나 관객과 거리를 둔 장면, 따라서 영원히 환상으로반 경험해야 하는 연기가 아니라 개인의 내면에서 꿈틀거리는 그 개인 자신의 욕구 그 자체의 현실적 지향점이다. 따라서 이런 구도에서 보면 각 개인의 사적인 오르가슴은 포르노그라피의 정보통신망에서 응축되어 거기에서 전달되는(즉, 시뮬라시옹된) 엑스터시의 모출물(시뮬라크르)이다. 바로 이런 의미에서 보드리야르는 〈[정보와 통신의 차갑고도 냉정한 빛에 모든 것이 노출되었을 경우] 우리는 소외의 드라마가 아니라 통신의 엑스터시를 체험한다〉(같은 책, 20)라고 주장할 수 있다. 여기에서 음란하다는 것은 〈일체의 시선, 일체의 장면에 끝장을 내는 것〉, 따라서 보는 장면과 겪는 감정 사이에 있을 수 있는 모든 거리가 없어진 상태이다. 따라서 이런 개념구도에서 보면 〈(추구하는 욕구가 완성되는) 엑스터시 그 자체는 음란하다〉(같은 쪽).

주목할 만한 것은 보드리야르가 이 엑스터시와 그것의 추동력인 음란성을 단지 섹스에 국한해서 적용하는 것은 아니라는 점이다. 〈오늘날에는 그 모든 것이 정보와 통신의 포르노그라피로 존립한다. 순환과 연결망의 포르노, 읽어낼 수 있고, 움직일 수 있으며, 처분할 수 있고, 규제할 수 있는 상태에 있는 객체들의 포르노, 강요된 의미, 실연되는 활동, 사방으로 뻗친 배선, 다양한 값어치, 자유로운 표현자질 등등을 갖춘 객체들의 포르노가 있는 것이다〉(같은 쪽). 이 모든 것이 음란하다는 것은 그것들이 감추어져 있기 때문이 아니라 오히려 완전히 드러나 환하게 볼 수 있는 상태에 있기 때문이다. 즉 중요한 것은 〈결코 더 이상 비밀이 아니라 정보와 통신으로 완벽하게 분해할 수 있게 하는 것〉의 음란성이다(같은 쪽). 이런 점에서 보드리야르는 마르크스가 〈가격이라는 형태로 그 모든 객체들의 가치를 균일하게 취급하는 능력〉이 있다고 본 〈상품〉에서 〈현대 세계 최초의 위대한 〔정보통신〕매체〉를 본다(같은 책, 21). 하지만 마르크스가 이 상품에서 읽어낸 메시지가 〈단지 교환가치〉임에 비해 보드리야르는 이 상품에서 〈순수한 순환 속에서 스스로를 덮어씌우는 매체〉, 즉 〈절정의 황홀상태(엑스터시)〉를 보다 본질적인 것으로 포착한다(같은 쪽).

보드리야르의 이와 같은 엑스터시 구도는 마르크스가 비판한 상품 물신성의 핵심인 상품세계의 주술적인 파노라마(만화경)를 완전히 거꾸로 뒤집어 〈시장에서의 상품순환〉을 절대시하는 가운데 상품의 가치를 상대석인 것으로 해소시킨 것이다. 〈마치 매춘과 포르노가 성적 교류의 엑스터시적 형태인 것처럼 시장은 재화교류의 엑스터시 형태이다〉(같은 쪽). 그리고 생산에서의 가치형성이 아니라 시장에서의 교환을 절대시하는 이런 발상은 시장이 상품판매자와 구매자라는 최소한 두 인격이 만나 형성하는 교환관계가 아니라 그런 인격적 요인과는 전혀 독립적으로 작동하는 물적 운동기반, 즉 정보 및 통신의 매체망을 확보한 상태에서 〈투명성과 음란성을 특징적으로 보이는 통신의 우주 *l'univers de la communication*〉일 수 있기 때문에 가능하다(같은 책, 21).

이러한 논지에 입각한 보드리야르의 관점은 후기자본주의 사회에서 일어나고 있는 생산양식상의 거대한 변화, 즉 정보사회의 도래를 배경으로 할 때만 이해될 수 있다. 정보사회의 도래란 이른바 현대사회에서 이루어진 다음의 두 가지 특징적인 발전이 현대경제 전반을 지배하게 됨으로써 가능해진 일이다.

우선 첫째, 현대사회에서 거의 단절 없이 지속되어 온 과학기술의 발전은 인간의 체력을 기계적이고도 자동적인 물리력으로 대치함으로써 획득한 대규모 생산력으로 자연을 지배하는 역학적 차원을 넘어가는 새로운 양상의 기술, 즉 정보통신 기술에 도달하였다. 이른바 디지털혁명의 결과물인 정보통신 기술은 정보이론에 입각하여 인간의 다양한 정신능력을 디지털로 처리하는 방식을 개발함으로써 물적인 생산능력뿐만 아니라 인간의 두뇌와 연관된 거의 모든 지적 능력 및 감성적 반응능력을 즉현실적으로 의태모출(시뮬레이션)시키는 것을 가능하게 만들었다. 지금까지 인간의 정신활동은 모든 지적·감성적 기획을 단지 관념적인 차원에서 구상하는 것에 만족하고 그것의 실현은 사회적 생활과정의 역사적 전개에 맡김으로써 (완전한) 이념과 (불완전한) 현실의 긴장된 이원성을 항상 안고 있어야 했던 비극적인 숙명을 갖고 있었다. 따라서 정신활동에서 대단히 앞질러 나타난 모든 관념적 구상은 언제나 〈가상〉일 수 있다는 위협에 시달려야 했다. 그러나 이런 숙명적인 분열은 이른바 사이버공간의 구축을 가능하게 하는 정보통신 기술의 발전에 힘입어 사이버공간에서 이미 완성을 맛본 현실, 즉 보드리야르의 말대로라면 〈초실상〉과 아직 불완전한 채로 머물러 있는 낙후한 〈현실〉이 단지 컴퓨터 화면상의 인터페이스 정도의 거리를 두는 정도로 급격하게 좁혀졌다. 다시 말해 사이버공간 안에서의 시뮬레이션으로 실연되는 초실상과 그것을 인터테이스로 대면하는 현실의 거리는 전통적인 이념과 현실의 괴리보다 훨씬 좁다. 이것은 곧 전통적으로 〈이념이라는 사고공간〉 안에서만 유지될 수 있었던 초실상의 선조들은 정보통신 기술의 발전으로 인해 이제 강력한 기술적 지원 아래 독립적인 운동메커니즘을 확보한 〈사이버공간〉 안에서 결코 이념적이기만 한 것이 아닌 현실태를 획득한 것이다. 경우에 따라서 이런 새로운 현실공간의 출현은 인간이 지금까지 정상적이라고 생각한 현실관계 그 자체를 동요시키는 것으로 비치기도 하였다. 그러나 이 사이버공간 안에서 의태모출되는 모든 것은 그것이 지적인 것이든 감성적인 것이든 이른바 현실공간에서 인간의 자연적인 지력과 감성력으로 연출되는 것보다 모든 면에서 우월할 수 있다는 가능성이 점차 현실화될 수 있다는 점이 문제이다. 따라서 이념과 현실의 대립적 분열의 구도가 초실상과 현실의 인터페이스 접합으로 바뀐다는 것은 단지 또 하나의 현실기획이 나타나는 정도가 아니라 현실에 대한 초실상의 우위가 이제 현실생활의 필수적인, 그리고 실증적인, 활성화 조건으로 정착됨을 의미한다. 이렇게 현실에 대해 강력한 우의를 주장하는 관념체가 나타날 경우 철학에서 전통적으로 택한 전략은 이 관념체를 이념의 틀 안에 집약시키고 나서 현실과 비판적인 거리를 유지시키는 것이었다. 그러나 이제 더 이상 자신의 완벽성을 주장하는 관념체가 이런 소극적이고도 부정적인 현실규제에 만족할 필요는 없게 된 것이다.

그리고 둘째, 초실상의 형성은 단지 기술적으로만 가능한 것이 아니다. 즉 그것에 정치적 의미를 부여할 수 있을 정도의 대중적 기반은 현대사회에서 발전한 〈대중문화〉를 통해 이미 확보되어 있었다. 민주주의가 여타의 경쟁사상들을 이겨낸 후 해빙직 의미가 급격히 되색하고 단지 일인일표주의에 입각한 투표를 핵심으로 한 일종의 선거의식으로 전락하고, 자본주의가 대규모 생산력을 전 사회적으로 보편화시키면서 시장에서의 상품순환이 주도적인 의미를 갖게 된 조건 아래서 정치적인 시민은 일반적으로 확보된 구매력을 바탕으로 오직 소비자로서만 유의미한 사회적 주권을 행사하는 대중으로 변모하였다. 대중사회란 익명의 투표력과 구매력을 가진 유권자와 소비자들이 대량으로 출현한 현대사회의 가장 특징적인 귀착점이다. 벤야민이 대중예술을 논하던 시기에 이 대중은 전적으로 정치적 조작에 놀아나는 우민(愚民)집단에 불과했다. 하우저는 이 대중들이 어느 정도 분별력을 갖춘 2차 대전 이후의 서구와 미국 사회를 통찰할 수 있었다. 그러나 카플란이 대상으로 한 60/70년대의 미국 사회에서 대중은 더 이상 전통적 예술 장르의 부속요인으로 만족하지 않은 자의식을 〈대중문화〉라는 독자적인 표현양식으로 정착시켜 가고 있었다. 다시 말해서 *대중문화는 대중의 정신을 결집시켜 그 범위만큼이나 다양한 감성적 욕구를 다양한 방식으로 표현시키는 위력을 점거해 가고 있었던 것이다. 그럼에도 불구하고 정치와 경제는 이런 대중을 놓고 일정한 조작이 가능하다고 믿는 엘리트군에 의해 지배될 수 있었다. 그러나 그 진로의 긍정성 내지 부정성과는 별도로 거시적으로는 현대사회의 정치적·경제적 조건 아래서 그 단초가 무수히 형성된 대중들의 다양한 존립양상은 단순한 대인적 결사망(對人的 結社網)으로 감당할 수준을 넘어섰다. 실질적으로 현대사회의 이상적 지도원칙인 이성과 주체성의 원칙은 자신의 인식과 행위에 있어서 전적인 주권을 행사하는 각 개인들 사이의 개인간 관계형성의 논리이다. 이런 고전적 이상을 가장 협소하게 표현한 개인주의와 자유주의에서부터 합리주의에 입각한 보편윤리에 이르는 현대사회의 정치사상적 스펙트럼은 그 사상들이 추구하는 다양한 목적표상들 사이의 현격한 차이에도 불구하고 인식과 행위의 기본단위를 〈개인〉에다 설정하고 있다는 점에서 그 윤곽조건은 전적으로 동일한 것이었다. 그러나 이성과 주체성의 전적인 부재(不在)나 부족이 아니라 그와 같은 현대성의 과포화가 일상적인 현실이 되어가면서 보다 거시적인 차원에서 자신의 행위와 인식을 조정하고 규정할 총합적 연결망(總合的 連結網)의 형성이 보다 시급한 요구로 제기되었다. 이런 요구는 실제로 제도적, 비제도적 언론매체들에 의해 부분적으로 충족되어 왔다. 문제는 각 개인들이 필요로 하는 총합적 준거점이 한두 가지가 아니라는 점이다. 이런 요구는 예를 들어 대략 정치·경제·사회·문화 등의 4개 지면을 기본으로 하는 신문의 지면분할 수준 정도로는 더 이상 감당할 수 없는 것이었다. 사실상 여론은 이렇게 제도적으로 규격화되고 정형화된 분류의 억압 속에서 일정 방향으로 그 문제제기와 의견형성 폭을 제약당하도록 규제되었다. 각 개인의 진정한 의견은 그 의견을 형성하기 위해 각 개인들이 필요로 하는 관심사항을 무리하게 좁은 폭에 가둠으로써 언제나 불만족스럽고 다급하게 내뱉는 반응 정도로 국한되었다. 기존 언론매체들이 총합적 연결망이 아니라 실질적으로는 정보전체주의적인 규제망으로 활용될 가능성은 언제나 존재하고 있었다. 무엇보다 중요한 것은 이런 상태에서 개인들이 가져야 하는 의견의 종류와 폭 그 자체가 극히 제약된다는 점이다.

이런 식으로 대중적 욕구가 서서히 기반을 잡아가는 가운데 대량의, 그리고 다양한, 나아가 신속한, 궁극적으로 부족함이 없는 정보처리가 가능한 기술적 호조건이 주어지면서 현대사회를 주도하던 기본적인 개념들 자체가 그 내부에서 의미변화를 일으키는 것, 보드리야르식으로 표현하면, 〈내파(內破, implosion)〉가 발생하는 빈도가 점차 증가한다. 내파는 단지 정신 내에서 이루어지는 이념의 관념의 관념적 반란이 아니라 전화통화, 텔레비젼 시청, 라디오 청취, 영화 관람, 급기야는 각 개인이 가정에 들여놓은 멀티미디어 컴퓨터 등의 일상적 이용을 통해 각 개인에게 실질적으로 체험되는 초실상의 의태모출이 보증하는 각 개인의 아주 자연스러운 경험이다. 이와 같은 정보통신 기재의 근접장착은 그것을 사용하는 개인들에게 매순간마다 정규적으로 어김없이 〈매료와 중독의 상태〉를 조성함으로써, 〈우리 문화 전체의 빌진은 표현형태라든가 경쟁형태가 전반적으로 사라지고 우연과 중독의 형태가 확산되는 그런 상태로 귀착된다.〉(같은 책, 23) 이와 같은 우연과 중독의 형태들은 〈더 이상 거울이라든가 무대, 또는 도전의 연기가 아니라 절정황홀에 몰두한 고독하고도 나르치스적인 연기(演技)이다〉(같은 쪽). 이와 같은 상태에서는 〈그 어떤 강제가 가해지지 않더라도 지각과 쾌락

의 형태에 심각하고도 근본적인 변화가 일어난다〉(위의 책, 24). 현대
사회의 철학적 반성을 이끌었던 주도개념들의 이분법으로 이런 변화
들의 실상을 제대로 포착하고 평가하기는 대단히 어렵다고 보드리야
르는 생각한다. 그에 따르면 가령 우리가 감성적인 열정이 극도로 충
족된 상태로 이해하는 절정황홀(엑스터시)는 거기에서 우리가 현대적
인 감성으로 느끼는 뜨거움 그 자체와는 아무런 상관이 없다. 물론 초
실상에서 기호화된 엑스터시는 현실의 우리들에게 뜨거움을 갖도록 〈매
혹〉한다. 그러나 절정황홀 그 자체가 〈유혹〉하지는 않는다. 〈절정황
홀은 열정이라든가 욕구, 유혹 등과는 정반대이다. 이런 것들은 뜨거
운 우주에서 행해지는 연기들이다. 절정황홀, 매혹, 음란성, 통신 등은
…… 차가운 우주의 연기들이다(중독제, 특히 약물중독제 그 자체가 차
가운 것이듯이)〉(같은 쪽). 분명히 차가운 우주는 뜨거운 우주에서 제기
되는 욕구들이 극대화되고 정교화된 형태를 완벽하게 체현한 것이다.
하지만 그 자체 뜨거운 것이 아니기 때문에 이 차가운 우주에 도달하
여 그 메시지를 통독하게 되는 과정은 뜨거운 우주에 묶여 있던 감성
형태와 지각 및 인식의 형태 전반에 파괴적으로 작용하고, 이런 관점
에서 그 자체 지극히 부정적이고 비정상적이다. 모든 것을 절대적으
로 가까운 데 놓고 그 구석구석을 세밀하게 투시하고자 하는 투명성의
욕구는 이제 그 어떤 것도 내면이라는 곳에 숨길 수 없이 모든 것을
겉에 드러난 것으로 종명한다. 이 과정에서 투명성의 욕구에 기반한
합리적 인식의 최절정은 그 어떤 은폐도 불가능하게 모든 것이 벗겨진
음란성으로 전이한다. 투명성은 그 자체의 요구에 따라 음란성으로 전
이한다. 하지만 이 음란성은 비가역적인 것이 아니라 언제든지 투명성
의 만족을 줄 수 있는 것이다. 이와 같이 초실상에서 코드화된 변화
중에는 되돌릴 수 없는 변혁이란 결코 일어나지 않는다.

　문제는 이런 매료와 중독의 상태가 각 개인에게, 그야말로 사회 전
체가 존재한다는 것을 전혀 신경쓸 것 없는 각 개인에게, 바로 그 개
인 나름의 현실로 발생한다는 것이다. 정보통신 매체의 확산은 지금까

지 전개되어 왔던 그 어느 개인주의보다도 철저하게 각 개인〈에게〉 그 개인〈만〉이 몰두할 수 있는 주거공간을 보장한다. 여기에서는 〈각자에게 자기 캡슐을!〉이라는 법칙이 통용된다(같은 책, 36). 이 캡슐은 그 모든 정보통신 기재를 장착하고 있기 때문에 지금까지 각 개인이 보다 폭넓은 체험을 위해 택하는 방도였던 여행까지도 그 캡슐 안에 처박혀 인터페이스에서 처리할 수 있게 한다. 이런 지적을 통해 보드리야르가 부각시키고자 하는 바는 이제 단지 감성형태의 급변 정도를 넘어선다. 그는 이런 과정의 발전을 통해 궁극적으로는 〈유의미한 감성기반으로서의 육체라는 현상 자체의 종말〉을 거론하는 것이다. 〈이런 관점에서 불구(不具, le handicap)란 사실상 미래를 선취하는 현장, 다시 말해 육체, 감각기관, 두뇌에 있어서, 그리고 특히 정보학 l'informatique에 대해, 일종의 객관적인 실험으로 제공된다. 정보학은 비물질적이고 비인간적인 새로운 생산력이며, 불구란 비인간적으로 변화된 비정상적 우주 안에서 이루어지는 미래 노동의 조건을 선취하는 것이다〉(같은 책, 46). 보드리야르는 크리켓 놀이를 하는 장님이 보여주는 태도야말로 공상과학소설의 주인공들이 광대한 우주공간에서 벌이는 모험상황과 똑같다고 생각한다. 인간의 정상적 시각작용이 전혀 무의미해지는 이 우주공간에서 인간이 의지할 수 있는 것은 아주 기초적인 청각과 그에 따른 조건반사뿐인 것이다. 결국 보드리야르는 현재의 대중문화 상황에서 축적되고 있는 감성의 변화 양상이 궁극적으로는 〈육체의 사이버네틱적인 돌연변이〉에 귀착함으로써 전통적으로 이런 육체의 정상적 반응과 결부되어 있었던 감정작용이 전반적으로 해소되리라고 전망한다. 이와 같은 보드리야르의 논의에 입각하여 현대사회를 철학적으로 반성할 때 동원되었던 주도개념들의 내파양상과 그 귀결을 요약하면 다음과 같은 도식적 조감이 성립한다.

현대의 주도개념	내파	새로운 주도개념	초실상의 구성
(1) 주체/객체 ⇒ 객관성 (2) 의사소통 ⇒ 합의 (3) 진리 ⇒ 거울로서의 인식 (4) 실재/가상 ⇒ 투명성 (5) 생산/소비 ⇒ 창출 (6) 기표/기의 ⇒ 비가역적 의미 (7) 가치 ⇒ 선과 악 (8) 형태변형/비유 ⇒ 같음: 변혁으로서의 변화 (9) 안/밖 ⇒ 주체성/대상 체계	정보통신망의 보편화 정보순환 과잉실체화 과잉조명	1) 대상들의 운명 2) 통신의 엑스터시 3) 영사막으로서의 인식 4) 음란성 5) 시장/유혹 6) 기호/코드/체계 7) 에토스 없는 파토스 8) 가역적인 무한변모: 변모로서의 변화 9) 무한한 겉의 세계	의태모출(시뮬라시옹)/ 모출물(시뮬라크르) 전이(메타스타시스) 가역성의 원리 숙명의 전략 가현출의 법칙 다름 그 자체의 보존 탈영역화
이원론의 정향	내면현상과 초 월현상의 종말	정보통신사회에서의 정 신과 감성의 존립방식	정보통신사회에서의 정 신과 감성의 작동방식
정상인을 우위로 한 정상/비정상의 구도: 정신/ 육체의 이분법	새로운 비인간 적 노동조건으 로서의 불구상 태	육체현상의 종언	초실상에 대한 현실의 위성화

7 잠정평가

　후기자본주의 사회의 대중문화를 보는 관점이 상치됨에서 불구하고
대중문화의 틀 안에서 지금까지와는 전혀 다른 위상과 구조를 지닌 새
로운 감성형태가 축적되고, 궁극적으로는 이 새로운 감성형태가 어떤
방식으로든 사회의 경제적 기초까지 지배하리라는 것을 포착한 점에
서 하우크와 보드리야르는 전적으로 일치한다. 하우크는 이런 감성형
태를 〈아직은〉 가상으로서, 대중에 대한 자본측의 보다 교묘해진 경제
적 수탈방식으로 부각시킨다. 그 반면 보드리야르에게서 이런 감성은
〈이제 막〉 자본에의 침투부터 시작하여 전체 문화를 자기 쪽으로 매혹

하는 출발점에 서 있다. 이러한 견해 차이에도 불구하고 양자는 지금에 있어서조차도 이 현재 〈가상〉으로 나타난 것이 현실에 대해 단지 허상이 아니라 전례 없는 완벽성을 연출하고 있다는 역사적 특이성을 인정하고 있다. 그리고 동시에 이 가상이 가상으로서 완벽한 문화적 효과를 발휘하려면 경제적인 것, 그 가운데서도 생산력의 운용과 결부되지 않으면 안 된다는 지적도 마찬가지이다. 어느 경우에도 대중사회가 이제 단지 사회조작의 피동적인 대상이 아니라 그것이 돌이킬 수 없는 변혁이든 언제든지 되돌릴 수 있는 변모이든 규정적인 역할을 하리라는 예감과 전제 위에서 움직인다. 그러나 여기에서 필자는 이 두 사람이 각자의 논의기조를 유지하기 위해서는 다음과 같은 문제를 해결해야 한다고 생각한다.

(1) 가상적 감성방식에 대한 대안구상의 어려움이다. 대중문화의 일반적인 기조를 가상의 논리로 비판할 경우 그것이 단지 가상이라는 것을 지적하는 수준을 넘어 〈가상이 아닐 수 있는〉 감성의 존립형태를 대안적으로 기획할 부담은 대중문화비판론자들에게 떨어진다. 가상이 자본의 운동에 종속되어 있다는 정치경제학적 관점에서의 비판은 만약 그 자본운동조차 가상의 자립화 과정에서 종속변수로 작용할 뿐이라는 논증이 성공할 경우 비판의 준거점을 상실한다.

(2) 대중문화에서 형성되어 온 감성형태들을 초실상이라는 기호/코드/체계 아래 미래 사회 및 개인의 주도적 감성형태로 전폭 수용하여 거기에 보편적 위상을 부여할 경우 과연 그런 체계 안에서 모든 개인이 초실상의 수혜자가 될 수 있는지를 〈현실적으로〉 보장할 이론적 책임은 정부사회를 기축으로 한 탈현대주의자들의 부담으로 떨어진다. 이들은 초실상의 사이버공간 안에서는 모든 것이 가역적이기 때문에 돌이킬 수 없는 진보적 변혁을 추구할 경우에 나타나는 책임부담으로부터 전적으로 해방될 수 있는 것처럼 선전한다. 사실상 이것은 모든 개인 각자에게 자기 나름대로 마음껏 변화를 구상하면서도 일체의 결과에 대해 면책특권을 발부한 것이나 다름없다.

분명히 현재 진행되는 사회발전의 방향을 보면 대중소비 사회의 도래와 미디어 세계의 보편화로 삶의 내용 가운데 상당부분이 가역성의 혜택권으로 편입된 것이 사실이다. 그러나 (1) 가역성이 무한정 가능하게 관철될 수 있는지(가역성의 특정한계성), 그리고 (2) 가역성이 원천적으로 불가능한 영역(예를 들어 특히 〈개인〉 차원에서 벌어지는 신용카드상의 파산, 새로운 유형의 질병, 전지구적 환경파괴……)은 없는지를 정밀하게 고찰해야 한다.

동시에 정보사회를 가능하게 만든 기술발전은 그 자체 비가역적인 결과를 낼 만큼 파괴적인 성격의 기술발전도 내포하고 있다(유전자 공학). 핵기술에 의한 가시적인 대량파괴의 위험성은 사라졌다고 할지라도 기술발전에 잠재하는 내재적 파괴가능성은 점차 증폭되고 있으며 그 위기에 대한 대중적 인지도는 현격히 낙후되어 누구도 알지 못하는 사이에 전멸의 위기가 급습할 가능성도 점차 높아진다. 따라서 과학기술의 윤리학은 생명에 대한 책임상 여전히 강력하게 요청된다. 정보사회의 새로운 삶의 양식을 추구하는 데에 이성의 개입을 전적으로 배제할 수 있을까. 오히려 이성 자체의 형태변형이 얘기되어야 하지 않을까. 어떤 파토스도 이성적인 동의 없이는 국지적인 수준에서라도 보편화될 수 없기 때문이다.

【참고문헌】

김윤수 편집·해설(1976), 『예술의 창조』, 현대사상교양전집 8, 태극출판사.
장 보드리야르(1991), 『소비의 사회. 그 신화와 구조』, 이상률 옮김, 문예출판사, 1993.
_____(1992a), 『기호의 정치경제학 비판』, 이규현 옮김, 문학과지성사, 1995.
_____(1992b), 『시뮬라시옹. 포스트모던 사회이론』, 하태환 옮김, 민음사, 1996.
_____(1994), 『생산의 거울』, 배영달 옮김, 백의.
A. 카플란(1964), 「대중예술의 미학」, 최민 역, 김윤수(1976)에 수록.
아놀드 하우저(1959), 「통속예술론」, 김종철 역, 김윤수(1976)에 수록.
볼프강 F. 하우크(1991), 『상품미학비판』, 김문환 옮김, 이론과 실천, 1994.
하우크 외(1995), 『상품미학과 문화이론』, 미술비평연구회 대중매체연구분과 엮음, 눈빛.
홍윤기(1997), 「하버마스와 미학적 현대」, ≪21세기 문학≫, 1997년 봄호(창간호), 도서출
　　판 이수.
Th. W. Adorno(1949), "Kulturkritik und Gesellschaft," in ders., *Prismen. Kultur-
　　kritik und Gesellschaft*, Suhrkamp, Fr./M., 1976.
J. Baudrillard(1987a), *L'autre par lui-meme. Habilitation*, édition Galilée, Paris.
_____(1987b), *Das Andere selbst*, Passagen Verlag, Wien/Köln.
W. Benjamin(1963), *Das Kunstwerk im Zeitalter seiner technischen Reproduzier-
　　barkeit*, Suhrkamp, Fr./M, 2 Aufl., 1968.
S. Hall, et. al.(1980), *Culture, Media, Language. Working Papers in Cultural Stu-
　　dies*, 1972-1979, Center for Contemporary Cultural Studies, Univ. of Birming-
　　ham.
W. Fr. Haug(1971), *Kritik der Warenästhetik*, Suhrkamp, Fr./M.
_____(Hg.)(1975), *Warenästhetik. Beiträge zur Diskussion, Weiterentwicklung und
　　Vermnittlung ihrer Kritik*, Suhrkamp, Fr./M.
H. Helle(1988), "Kultur," in Drehsen et. al.(Hg.), *Wörterbuch des Christentums*,
　　Orbis Verlag, Düsseldorf, Sonderausgabe, 1995.
K. Marx(1859), *Zur Kritik der Politischen Ökonomie*, Vorwort, *MEGA* II/2, Berlin,
　　1980.
_____(1890), *Das Kapital. Kritik der politischen Ökonomie* 1, Bd. 4. *MEW* 23,
　　Dietz Verlag, Berlin, 1975.
Marx/Engels(1845/1846), *Die deutsche Ideologie*, *MEW*, Bd. 3, Dietz Verlag, Berlin,
　　1978.
W. Perpeet(1976), "Kultur, Kulturphilosophie," in J. Ritter(Hg.), *Historisches Wörter-
　　buch der Philosophie*, Bd. 4, Schwabe & Co. AG Verlag, Basel/Stuttgart,
　　1976.

제4장 성의 정치학

지배하는 이성과 배려하는 이성

김영숙

1 들어가는 말

우리가 살고 있는 시대를 단순히 급변하는 시대로 규정하는 것은 잘못된 것은 아닐지라도 그 의미가 상당히 축소된 것은 사실이다. 우리는 여기저기에서 전통이 흔들리고, 과거의 권위가 조롱당하고 있음에도 불구하고 뚜렷이 떠오르면서 자기윤곽을 잡아나가는 확실한 대안, 새로운 세계관이 부재한 시대의 전환기에 살고 있다. 소위 〈모던〉의 시대가 끝나가고, 〈포스트모던〉 시대가 진행되고 있다고 이야기되고 있는 것처럼, 앞으로 우리 앞에 열릴 새로운 시대는 마치 중세 봉건시대를 마감하고 근대라는 모던의 시대가 시작되었던 것과도 같이 과거와는 다른 어떤 질적인 차이를 갖는 시대가 아닌가 하는 추측까지 가능하게 해준다.

물론 〈포스트모던〉의 증후군은 매우 다양하다. 필자는 〈포스트모던〉의 증후군을 크게 저항적 의미를 갖는 것과 즉물적인 특징을 갖는 것으로 나눌 수 있다고 보는데, 바람직한 새로운 세계관의 형성을 위해 우리가 고려해야 할 것은 바로 저항적 의미의 포스트모던적 요소들이라고 생각한다.[1] 저항적 의미의 포스트모던적 요소들이란 다른 말로 하자면 과거 모던시대에는 간과되었던 비민주주의적 요소들에 대한 비판적 측면들을 말한다. 예컨대 이성만을 절대적으로 신뢰함으로써 인간의 감성과 욕구 및 육체를 경시하고, 중심만을 위주로 사유함으로써 주변에 대해 간과하고 일상의 제 문제를 다루지 않거나, 남성만을 인간주체의 대명사로 생각하고 여성을 배제한다든가, 원리와 추상적 규칙만을 다룰 뿐 구체성을 삭제한다던가, 또는 당만이 진리를 수호하는 지적 권위를 독점하고 대다수 민중을 허수아비로 무장해제시켜 놓는 것(바로 이런 점에서 발리바르는 앞으로의 사회는 〈지적 차이〉를 극소화시켜야 한다고 강조하고 있다) 등에 대한 포스트모던적 비판이 모두 여기에 속한다고 할 수 있다.

그런데 매우 흥미롭게도 다양한 포스트모던 문화운동 중에서도 가장 활발한 활동을 벌여왔던 페미니즘은 앞에서 언급한 저항적 의미의 포스트모던적 요소를 거의 다 갖추고 있다. 이 글에서 필자는 이전의 철학적 사유방식에 대한 페미니즘의 도전을 통해 미래를 준비하는 대안적 세계관으로서의 싹을 페미니즘 이론에서 찾아보고자 시도했다. (이러한 필자의 기본입장은 페미니즘을 단순히 여성의 권익을 신장하려고 하는 일종의 인권운동으로 보는 입장과는 다른 것이고, 여기에서 한걸음 더 나아간 것이다.) 그리고 페미니즘 이론이 새로운 대안적 세계관의 맹아로서 자리매김하는 데 있어서 가장 중추적인 역할을 페미니스트 철학이 담당하리라는 것은 매우 당연한 일이 될 것이다.

주지하는 바와 같이 페미니스트 철학은 가장 나이가 어린 철학의 한 분야라 할 수 있다. 페미니스트 철학은 겨우 1970년대 후반에서부터 전개되기 시작하여 철학의 거의 모든 분야를 망라하고 있는데, 〈페미니스트 철학〉이란 명칭이 공식적으로 언급되고 미국과 유럽 내에서 철학의 한 분야로 자리잡기 시작한 것도 불과 몇 년에 지나지 않는다.

---

1) 김영숙, 「포스트모더니즘, 어떻게 볼 것인가?」, 제10회 한국철학자연합대회 사회와 철학 연구회 분과 자유발표논문 참고.

우리나라에서는 1997년 봄에 〈한국여성철학회〉가 발족되어 본격적으로 활동을 시작하고 있는 실정이다.

이 글은 제일 먼저 페미니스트 철학의 모던적 인간관과 세계관에 대한 비판을 살펴보고, 두번째로 페미니스트 철학 내에서도 가장 왕성하게 연구성과를 내고 있는 페미니스트 윤리학을 다루게 될 것이다. 이때 필자는 페미니스트 윤리학의 입장에서 기존의 윤리학, 그중에서도 가장 대표적인 윤리학이라 할 수 있는 공리주의 윤리학, 칸트의 윤리학, 그리고 롤즈의 정의론을 하나하나 비판해 보고자 한다. 그리고 마지막으로 전통적인 윤리학에 대한 대안으로서의 페미니스트 윤리학을 〈배려하는 이성〉이라는 개념을 통해 구성해 볼 수 있지 않을까 제안해 보았다.

2 모던적 인간관과 세계관에 대한 도전

근대철학자들은 한결같이 자연에 대한 객관적 지식을 획득할 수 있는 인간의 이성능력을 높이 평가하고, 인간으로서의 본질을 이러한 이성능력에서 찾는다. 그리고 이러한 근대철학자들의 인간 이성능력에 대한 평가는 근대 자연과학의 이상, 즉 자연을 객관적으로 인식함으로써 통제한다고 하는 기본적 지향을 공유하는 것이다.

근대철학의 아버지로 알려져 있는 데카르트가 바라본 인간은 어디까지나 〈사유하는〉 존재, 즉 이성적 존재이다. 데카르트가 자기의 모든 육체적 감각을 기만적인 것으로 보고 오로지 이성적 사유에만 자아의 확실한 정체성을 부여했듯이 그가 파악하는 인간은 어디까지나 육체를 벗어나 탈육화된, 따라서 몰역사적인 것이며, 철두철미 이성에 의해 자율적이며 자유로운 존재이다. 그리고 이때 데카르트의 이성은 시공에 갇혀 있는, 육체를 포함한 물질을 벗어나 인간의 자유를 담보하는 것이기도 하다.

귀납법적인 자연과학 방법론을 보다 신뢰했던 베이컨에게서 우리는 보다 명료하게 근대철학자들의 암묵적 합의를 발견할 수 있다. 〈아는 것이 힘이다〉라는 베이컨의 유명한 말은 자연과학자들이 지향하는 바가 무엇인가를 그대로 보여주고 있다. 즉 객관성을 추구하는 자연과학적 인식은 궁극적으로 자연을 인식함으로써 자연을 지배하고 통제하기 위한 것이다. 뿐만 아니라 베이컨은 생생한 은유를 통해 성의 이데올로기를 직접적으로 반영하고 있다.[2] 〈정신과 자연의 순결하고 합법적인 결혼〉이라는 베이컨의 이상은 진리를 추구하는 정신인 신랑이 자연인 신부를 길들여서 지배하는 것을 의미한다.

이와 같은 근대 인간론과 인식론적 입장은 그대로 이원론적 세계관으로 이어진다. 그런데 정신과 물질, 주관과 객관, 이성과 감정, 영혼과 육체, 문화와 자연, 남성과 여성을 서로 완전히 이질적인 것으로 엄격하게 구분짓는 근대의 이원론적 세계관에 있어서 중심이 되는 것은 어디까지나 앞의 항목이다. 즉 이때 두 개의 항은 동등한 가치를 갖는 것이 아니라, 물질은 정신에 의해, 주관은 객관에 의해, 감정은 이성에 의해, 육체는 영혼에 의해, 자연은 문화에 의해, 여성은 남성에 의해, 인식되고, 정복되고, 길들여지고, 통제되고 지배되어야 한다. 왜냐하면 부자유롭고 혼돈되어 있으며 수동적인 질료로서의 물질이나 감정, 육체와 자연, 그리고 여성은, 자유롭고 자율적이며, 질서와 규율이 있으며, 능동적이고 창조적인 정신이나 이성, 영혼과 문화, 그리고 남성에 비해 가치가 없는 것이기 때문이다. 다시 말하자면 물질과 감정, 육체와 자연, 그리고 여성은 그 자체 독자적인 가치를 갖는 타자[B]로서가 아니라, 어디까지나 정신과 이성, 영혼과 문화, 그리고 남성의 지배와 통제에 의해 비로소 온전한 가치를 부여받을 수 있는 단순한 질료[Not A]로서 존재할 뿐이다.

---

2) Evelyn Fox Keller, *A Feeling for the Organism: The Life and Work of Barbara McClintock*(Freeman, 1983).

이와 같은 입장은 서양의 근대철학사에 있어서 매우 중요한 위치를 차지하고 있는 노동개념에서도 그대로 드러난다. 잘 알려진 바와 같이 로크는 사유재산의 근거를 노동에서 찾았는데, 노동의 대가를 우리가 소유할 수 있는 것은 노동이 바로 자기의 인격을 객관적인 대상세계, 즉 자연 속에 표현하는 것이라는 점, 따라서 노동의 결과는 자기인격의 연장물이라는 데에 있다. 그리고 이러한 노동개념은 애덤 스미스를 비롯하여, 헤겔, 마르크스에게로 그대로 이어지고 있다. 헤겔은 그 자신의 철학 전반에 걸쳐 핵심이 되는 자유라는 개념을 인간의 이성이 객관적인 대상세계 속에 실현되는 것으로 파악한다. 이처럼 로크나 애덤 스미스, 헤겔과 마르크스에게서 자연은 근본적으로 주체, 또는 인간의 이성이 자기를 실현하는 질료로서 존재할 뿐이다.

이와 같이 객관성과 보편타당성을 특징으로 하는 근대의 이성은 사실은 객관적 인식을 통해 대상세계를 지배하고 통제하기 위한 것이다. (푸코식으로 말하자면 대상세계를 지배하려는 권력에의 의지가 근대이성의 출발점이자 지향점이다.) 따라서 정신과 물질, 이성과 감정을 상호불가침적인 대립항으로 설정하는 이원론적 세계관은 곧바로 세계에 대한 도구주의적 입장으로 이어진다. 다시 말해 중심항인 정신과 이성, 영혼과 문화, 그리고 남성은 자기와 다른 타자[Not A]인 물질과 감정, 육체와 자연, 그리고 여성을 자기의 목적이나 의지, 또는 욕구를 충족시키기 위한 수단으로 삼는다. 그리하여 이제 도구주의는 이 세계를 목적의 왕국과 수단의 왕국으로 나누고, 수단의 왕국에 해당하는 대상세계를 최대한의 목적실현을 위해 유용한 정도, 즉 효율성의 기준에 따라 가치판단한다.

그리고 목적의 왕국에 속하는 정신과 이성, 영혼과 문화, 그리고 남성은 타자로부터 분리되어 있기 때문에 근대의 인간은 기본적으로 타자와의 본질적인 관계를 결여하고 있는 원자론적 개인이다. 근대의 인간은 자립적인 닫힌 체계로서(예컨대 라이프니츠의 모나드처럼) 자기와 다른 타자[Not A]를 무한한 자기욕구의 충족을 위한 수단으로 삼거나, 또는 자기와 다른 동등한 다른 타자[Another A]와는 오직 우연적으로만 관계를 맺을 뿐이다(예컨대 애덤 스미스의 〈보이지 않는 손〉의 작용처럼).

따라서 근대의 이원론적 세계관과 도구주의적 입장을 토대로 한 근대자유주의 사회에 있어서는 (결코 극복할 수 없는) 이기주의와 (결코 도달할 수 없는) 이타주의의 대립이 해소될 수 없다. 근대자유주의 사회에 있어서 인간의 지배적인 행위유형은 이기주의이며(공리주의 윤리학에서처럼), 이타주의는 단지 윤리적 당위로서 존재할 뿐이다(칸트의 윤리학에서처럼). 뿐만 아니라 공적 영역을 통해 자기의 정체성을 형성하는 남성에게는 이기주의가, 전통적으로 사적인 영역을 통해 자기의 정체성을 형성하는 여성에게는 이타주의가 각기 일면적으로 적용되거나 강요된다.

이러한 근대의 이원론적 세계관과 도구주의적 입장을 무너뜨리기 시작한 것은 페미니즘이라는 새로운 문화흐름이 아니라 우리가 살고 있는 환경의 새로운 변화이다. 과학기술의 끝없는 자기혁신과 이에 따른 자본주의의 무한한 생산력은 첫번째로, 우리가 살고 있는 세계를 하나의 지구촌 사회로 만들어놓았고, 두번째로 인류가 경험치 못했던 생태학적 위기를 발생시켜 놓았다. 먼저 생태학적 위기는 자연을 더 이상 지배하는 이성과 문화에 의해 무한히 정복가능한 대상으로 보지 못하게끔 못박아 놓았다. 그러니까 생태학적 위기는 자연을 더 이상 인간의 자기욕구 충족(또는 자기실현)의 대상으로만 보아서는 안 되고, 자연 그 자체의 독자적인 고유성을 갖는 것, 즉 진정한 타자[B]로 보아야 한다는 것, 주체[A]의 존속과 번영을 위해서 필요한 것은 바로 타자의 진정한 타자성이라는 것을 드러내주었다.

또한 하나의 지구촌 사회의 성립은 우리와 다른 타인들을 정복의 대상으로 삼아왔던 (이것이 최초의 인류사회에 있어서 부족 대 부족의 정복싸움이든, 근대의 식민지전쟁이든지 간에) 지금까지의 인류의 역사에 심각한 변화를 강요하고 있다. 각 나라가 정보에 의해 상호공개되

고, 시장에 의해 밀접히 연관된 지구촌 시대에 있어서 각자 나름대로
의 역사와 특수성을 갖고 버젓이 지구 위에 존립하고 있는 다른 국가
를 〈우리=선, 그들=악〉이라는 이전의 이분법적 도식을 갖고 정복하
려고 하는 모든 시도는 좌절할 수밖에 없다. 이러한 지구촌 시대에 있
어서 우리에게 도움이 되는 것은 타인을 정복하는 것이 아니라, 서로
의 특수한 고유성을 주고 받음으로써 서로를 풍부하게 하는 것이 될
것이다.

따라서 이제 이원론적 세계관과 도구주의적 입장은 더 이상 설득력
을 갖기가 어려울 것 같다. 생태계의 기본법칙은 〈모든 것은 모든 것
으로 연결되어 있다〉라는 순환성, 다양성, 그리고 연계성이다. 이 세계
는 각기 고유한 독자성을 갖는 다양한 것들(다원론)이 서로 연결되어
끊임없이 상호교류하면서 이루어진 것으로 보아야 한다(관계주의). 따
라서 자기를 타자와 분리시켜 그 자체로 완결된 존재로 파악하는 근
대의 원자론적 인간관은 더 이상 새로운 생태학적 세계에는 적합하지
않다.

근대의 원자론적 인간이 바로 남성의 자기중심주의를 반영하는 이
기적인 인간이었다면, 새로운 생태학적 세계의 인간은 다른 것들과의
관계 속에서 존재하는 관계적 자아로서 자기의 자체 완벽성을 가정하
지도 타인을 부정하지도 않는다. 근대의 닫힌 체계로서의 자아가 오로
지 자기 자신의 목적이나 의지, 욕구 충족에만 몰두하는 자아라면 생
태학적 자아는 자기의 가치뿐만 아니라 〈타자의 본래적 가치를 인식하
고, 타자를 그들의 목적에 맞게 돌보는 자아〉[3]이다. 따라서 근대의 이
기적 자아가 자기의 욕구충족의 극대화를 계산하는 효율성의 가치를
추구한다면 생태학적 자아는 〈자기를 돌보는 것과 타자들을 돌보는 것
간의 균형〉[4]을 모색한다.

---

3) V. Plumwood, "Ethics and the Instrumentalising Self," in *Feminism and
the Mastery of Nature*(Routhlege, 1993), 6장

4) Joan c. Tronto, "Beyond Gender Difference to a Theory of Care," in *An*

또한 근대의 이기적 자아가 독점적 소유를 욕구하는 남녀간의 배타적 사랑을 암암리에 전제한다면 생태학적 자아는 다면적 자아로서 독점적 소유를 극복한, 다양하게 열린 사랑에 상응한다고 보아야 할 것이다.

결론적으로 필자는 근대를 대변하는 정신이 〈지배하는 이성〉이었다면, 새로운 생태학적 세계를 대변하는 정신을 〈배려하는 이성〉으로 규정하고 싶다. 〈배려하는 이성〉을 좀더 잘 이해하기 위해서 우리는 먼저 근대윤리학에 대한 페미니스트 윤리학의 도전을 상세히 살펴보아야 할 것이다.

3 페미니스트 윤리학의 도전

여태까지의 인류역사를 통털어 남성이 자연을 정복하고, 국가와 사회의 질서를 세우는 사회적 노동을 통해 자기의 정체성을 형성해 온 것처럼, 여성은 자신의 주된 노동인 육아와 가사노동을 통해 자신의 정체성을 형성해 왔다. 따라서 역사의 주인공이었던 남성들은 그들의 사회적 노동이 요구하고, 또 이것을 통해 형성되는 용기, 절제, 냉철, 인내, 자립심, 합리성, 정의 등을 사회 전체의 주요덕목으로 높이 평가해 왔다(예컨대 플라톤이나 아리스토텔레스 윤리학에서 용기와 절제, 니체의 초인사상에서 용기와 자립심, 근대윤리학자들의 합리성과 정의 등).

그러나 여성들의 사적 노동이 요구하는 것, 또 이를 통해 형성되는 것은 가족의 다른 구성원들에 대한 관심과 배려, 이해와 포용 등의 윤리적 덕목들이다. 현대 페미니스트 윤리학자들은 전통적으로 철학사

Ethic of Care : Feminist and Interdisciplinary Perspectives(Larrabee, M., 1993), 143-156쪽.

속에서 관심과 배려, 이해와 포용 등과 같은 여성적 덕목들이 간과되고, 정의나 평등과 같은 남성적 덕목들만이 주로 다루어져 왔던 점, 아니 한걸음 더 나아가 〈정의의 관점〉에 윤리적 특권이 부여되어 왔던 점을 날카롭게 비판한다. 예컨대 페미니스트 이론의 역사에서 기념비적 저작에 속하는 길리건의 『다른 목소리로』는 로크나 칸트, 롤즈와 같은 자유주의 전통의 철학자들과 동일한 관점에서 도덕감의 최고단계를 보편적인 도덕법칙에 따르는 정의감으로 본 콜버그의 이론에 이론을 제기한다. 길리건은 소녀들과 여성들이 도덕적 문제에 소년들과 다르게 접근하는 것을 경험적으로 논증해 냄으로써 〈정의의 관점〉에 기초한 도덕발달의 정도측정이 남성편향적이라는 점을 밝혀내고, 이에 대비되는 〈배려의 관점〉을 제시하고 있다. 길리건이 이 저서에서 이야기하는 바는 윤리적 관점에는 남성 위주의 〈정의의 관점〉 이외에 적어도 이와 동등한 가치를 갖는 〈배려의 관점〉이 존재한다는 것이다.

이 글에서 필자는 여기에서 한걸음 더 나아가 〈배려의 관점〉이 중요한 몇몇 측면에서 전통적인 윤리학의 〈정의의 관점〉보다 윤리적으로 더 우월하다는 것을 공리주의와 칸트, 그리고 롤즈의 윤리학에 대한 페미니스트 관점에서의 비판을 통해 밝혀보려고 한다.

3-1 공리주의에 대한 페미니스트 윤리학의 도전

공리주의가 전제하고 있는 인간은 자기의 욕구를 무한히 추구하는 자기중심적 인간이다. 〈최대다수의 최대행복〉이라는 공리주의의 공식은 근본적으로 타인에게 무관심한 개개인들의 욕구충족의 최대치를 의미한다. 이것은 바로 공리주의가 오로지 〈경제적 이익〉을 위해 활동하고, 각자 자기의 이익을 위해 합리적 계약을 맺어나가는 자본주의 사회의 전형적인 윤리임을 보여준다.

그러나 페미니스트 윤리학은 올바른 행동이 개인의 이기적 만족을 극대화하는 데 있다고 보지 않는다. 합리적 계약의 당사자들에게 있어

서 기본적인 전제가 되는 것은 각자 자기이익의 극대화를 위한 효율성
을 계산할 수 있는 능력이지만, 페미니스트 윤리학이 바람직한 윤리의
전제로 삼는 것은 상대방을 배려할 줄 아는 능력이고, 자기와 상대방
과의 유대를 지속적으로 유지, 발전시켜 나가는 능력이다. 공리주의 윤
리학에서 타자는 나와 아무런 관련이 없는 자이거나 우연적으로만 관
계를 맺게 되는 존재이지만, 페미니스트 윤리학에서 타자는 나의 정체
성을 구성하는 적극적인 의미를 갖는 존재이다.

그러므로 공리주의 윤리학이 계약당사자의 자기권리를 중시하고 각
자의 권리의 침해를 배격하는 불간섭의 윤리를 추구한다면, 페미니스
트 윤리학은 타자의 필요에 응답함으로써 타자에 대해 기꺼이 책임을
지려는 적극적인 윤리를 추구한다. 페미니스트 윤리학에 따르면 〈타인
의 필요에 응답함으로써 타자에 대해 책임을 진다는 것은 자기행위의
범주를 제약하는 것이 아니라 오히려 확장하는 것이다. 다시 말해 누
구에 대해 책임을 진다는 것은 침범의 행위를 절제하는 것이 아니고
보살핌의 행위를 능동적으로 수행하는 것)[5]이다. 왜냐하면 페미니스트
적 자아는 기본적으로 타자와의 유대나 타자에 대한 보살핌의 기반 위
에서 자기행동을 선택하기 때문이다. 이처럼 페미니스트적 자아는 〈타
자의 본래적 가치를 인식하고, 타자를 그들의 목적에 맞게 돌보는〉 자
아이다.

일반적으로 여성들은 남성들에 비해 다른 사람들의 요구에 깊은 관
심을 가지며 보살핌의 의무를 기꺼이 젊어지는 특성이 있기 때문에,
자신과 견해를 달리하는 다른 사람의 견해에 귀를 기울이고, 자신의
관점에서가 아니라, 다른 관점들까지 포함하여 판단한다. 이처럼 여성
들은 〈인간관계들을 짜나가는 직조자〉로서의 역할을 담당하는데,[6] 페
미니스트 윤리학자들은 이러한 여성의 윤리적 특성이 바로 여성의 양

---

5) 캐롤 길리건, 『심리이론과 여성의 발달』, 허란주 옮김(철학과 현실사, 1995), 71쪽.
6) 같은 책, 37쪽.

육자, 보호자, 보조자로서의 역할수행에서 형성되어 온 것으로 보고, 여성의 모성적 특성에서 새로운 모델의 사회를 추구한다. 예컨대 버지니아 헬드는 상대적으로 독립된 부분들이 사회적 보살핌과 믿음에 의해 특징지어지는 사회관계의 광범위한 연결망 속에 끼워져 있는 사회를 그리고 있다.[7] 이러한 사회는 상호무개입의 동등한 권리가 법적으로 보장되어 있는 계약사회가 아니라, 감정적 연결이 기능적 연결을 대신하여 사회질서의 유대가 되는, 개인의 창조적 발전이 도구적 목적에 대한 추구를 대체하고, 공동체에 대한 공유된 감정이 자본주의 문화의 경쟁적 규범에 대신하는 사회이다. 결국 이러한 사회는 상호연결된 그물조직적 인간관계가 서열구조적 인간관계에 의해 대체되는 사회가 될 것이다.

3-2 칸트 윤리학에 대한 페미니스트 윤리학의 도전

칸트는 그 자체로서 선한 것을 〈단지 그것이 옳기 때문에 택하는〉 선의지로 보고, 절대적인 도덕법칙을 찾아내고자 시도한다. 그런데 칸트 윤리학에 있어서 절대적인 도덕법칙은 보편타당한 것이어야 하기 때문에 시공의 제약을 받는 모든 감성적인 요소를 배제한 이성의 명령으로서 존재한다.

그러나 페미니스트 윤리학에서 윤리적으로 선한 것은 타인의 필요에 응답하고, 타인을 배려하는 것이다. 다시 말해 칸트 윤리학에서 윤리적으로 옳은 행위의 기반이 되는 도덕법칙이 추상적인 이성에서 출발한다면, 페미니스트 윤리학에 있어서 윤리적으로 옳은 행위의 기반은 타인을 이해하고 배려하는 따뜻한 감성이다. 칸트의 도덕법칙(네 의지의 준칙이 항상 동시에 보편적 입법의 원리로서 타당하도록 행동하라)

---

7) Verginia Held, *Feminist Morality : Transforming Culture, Society, and Politics*(The Univ. of Chicago, 1993), 223쪽.

이 모든 경험적 요소가 배제된, 실질적인 행동지침으로는 부족한 형식적인 것이라면, 페미니스트 윤리학은 구체적인 맥락 위에서 이루어지는 윤리적 기준들을 제공해 준다.

페미니스트 윤리학은 갈등상황에 놓인 당사자들의 필요에 응답하려고 하기 때문에 행위자의 내적 동기만을 고려하는 칸트 윤리학과는 달리 해당행위가 미칠 현실적인 결과를 함께 고려한다. 이를 위해 페미니스트 윤리학은 특정 사회 안에서의 특정 행위자가 처해 있는 구체적인 맥락에서부터 출발하지 않을 수 없다. (예컨대 조안 트론토의 맥락적 윤리이론의 경우처럼) 다시 말해 페미니스트적 윤리적 자아는 칸트의 양심적 자아와는 달리 윤리적 법칙이나 원리만 갖고서는 이해될 수 없는 삶의 실질적 내용을 고려해야만 한다. 예컨대 페미니스트적 윤리적 자아는 자기가 지금 삶의 어떤 시점에 놓여 있느냐와 그가 어떤 상황에 처해 있는가를 동시에 고려하게 되는데, 이때 중요한 것은 윤리적 행위자의 도덕능력, 예컨대 직관과 동감, 인내력과 변별력, 도덕적 감수성과 도덕적 상상력 등이다.

보살핌 또는 배려의 윤리는 크게 보아 다음의 세 가지 요소를 갖고 있다. 배려의 윤리는 첫째, 보살피고자 하는 성향, 즉 타인을 이해하고 수용하려는 의지와 타인의 요구에 관심을 기울이는 마음, 둘째, 타인의 진정한 요구를 알고 이것을 충족시켜 줄 수 있는 나의 능력, 셋째, 나와 타인이 놓여져 있는 구체적인 맥락에 대한 인식 등이다.[8]

길리건의 경험적 연구에서 밝혀졌듯이 일반적으로 우리가 경험하는 도덕문제는 어떤 해결책을 선택하더라도 당사자들 중 어떤 한 사람의 욕구가 충족되지 못하는 갈등의 상황에서 일어나기 때문에, 그 문제의 해결책은 단순히 그렇다, 아니다로 대답할 수가 없는 훨씬 더 복잡한 것이다. 그러므로 도덕은 자기성실성에 반하는 것이거나(자기희생), 단

---

8) Rita Mannig는 앞의 두 요소를 강조하고, Gertrud Nunner-Winkler는 세번째 요소를 강조하고 있다.

지 합의의 이상에만 관련되어 있는 것이 아니라, 어떤 상황에서 중요하고 관련성 있는 모든 요소들을 고려한 다음 결정을 내리고, 그 결정에 대해 책임을 지는 일종의 자기성실성과 관련이 있는 것이다. 결국 페미니스트 윤리학에서 도덕적인 결정의 방법은 〈될 수 있는 한 많은 요소들을 고려하는 것〉이다.

이처럼 페미니스트 윤리학은 다른 사람들을 해하지 말라는 칸트식의 엄격한 명령이 아니라, 〈자아와 타아의 필요에 감응적으로 행위하여 인간관계를 유지하라는 명령〉으로 바뀌게 된다. 따라서 페미니스트 윤리학이 제시하는 도덕적으로 성숙한 사람은 자기의 모든 감성적 요소를 배제하고 이성의 법칙에 따르는 칸트식의 윤리적 자아가 아니라 자아와 타자 간의 필요를 조정하면서 자기를 돌보는 것과 타자들을 돌보는 것과의 균형을 이해하는 자이다.

3-3 롤즈 윤리학에 대한 페미니스트 윤리학의 도전

롤즈 윤리학에서 무지의 베일은 개인들간의 모든 차별적 특성들을 제거함으로써 모두가 동일한 가정들과 보편적인 관점으로부터 추리하게끔 의도한 것이다. 이리하여 롤즈의 정의, 또는 공정성 개념은 근원적으로 도덕주체의 특수성은 물론이거니와 도덕주체가 놓여져 있는 구체적 맥락을 초월한 것이다. 뿐만 아니라 롤즈의 윤리학에 따르면 원초적 입장에서 합리적 선택에 의해 합의에 도달하게 될 참가자들은 상호간에 무관심해야 한다. 따라서 롤즈의 윤리적 절차과정에 있어서 참여자들은 상대방의 욕구나 필요는 물론이거니와 그가 치해 있는 구체적 상황에 대해 무지하며, 한걸음 더 나아가 서로를 잘 이해하기 위한 표현전달과 의사소통 역시 배제된다.

이처럼 롤즈의 윤리학이 전제하고 있는 인간은 타인에 대한 관심이나 배려를 처음부터 배제시킨 이기적 인간이며, 롤즈의 윤리학이 제공하는 정의는 단지 이미 존재해 있는 사회질서 내에서의 합리적 합의,

즉 기존의 사회질서의 틀을 조금도 깨뜨리지 않은 상태에서의, 정당화
될 수 있는 공정한 효율성을 추구하는 합리적 계약의 결과물에 머물러
있다. 바로 이런 측면을 고려하여 아이리스 영 I. Young은 롤즈의 윤리
학에서 원리선택의 과정은 단지 모든 개인들이 자신들의 이해관계에
관해 사적으로 추론하는 흥정게임에 불과한 것일 뿐이라고 비판하고
있다.[9]

그러나 페미니스트 윤리학에 따르면 〈어디에도 없는 초월적 관점〉
을 추구하는 공정성의 이상은 실제로는 불가능한 것이며 허구적인 것
이다. 아무도 완전히 비개인적인, 그리고 어떠한 특수한 맥락이나 관여
로부터 철저히 벗어난 관점을 적용할 수 없다. 오히려 페미니스트 윤
리학은 어디에도 없는 견해인 공정성을 추구하기보다는, 당사자들의
처지와 그들의 필요와 요구 등을 고려하는 윤리적 태도를 더 중요시한
다. 따라서 롤즈의 윤리학이 〈합리적 선택〉을 위해 〈완전하고 충분한
정보를 갖고 자신의 선택의 결과를 생생하게 추론하고 예상할 수 있는
능력〉[10]을 요구한다면, 페미니스트 윤리학은 자신과 상대방이 처해 있
는 구체적 맥락과 그 사람의 요구에 대해 민감하게 반응하고 이해하고
감정이입할 수 있는 능력을 요구한다. 왜냐하면 페미니스트적인 윤리
적 태도는 상대방에 대한 관심을 배제시키고 냉철하게 합리적인 계산
을 하는 태도라기보다는 구체적인 갈등상황에 놓여 있는 상대방을 보
다 실질적으로 배려하고자 하는 태도이기 때문이다.

---

9) Iris Marion Young, *Justice and the Politics of Difference*(Princeton, 1990),
101쪽.
10) John Rawls, *A Theory of Justice*(Cambrige : Harvard University Press,
1977), 417쪽.

4 배려하는 이성

앞에서 언급했던 것처럼 근대의 세계관은 지배하는 주체로서의 정신과 이성, 영혼과 문화, 그리고 남성과 지배하는 주체의 자기실현을 위한 단순한 질료로서의 물질과 감정, 육체와 자연, 그리고 여성을 상호 완전히 이질적이고, 상호계층적으로 파악했던 이원론적이고 도구주의적 세계관이다. 이러한 세계관 아래에서 철학자들이 여성의 도덕적 덕목을 가치절하시킬 수밖에 없었음은 당연한 일이기도 하다. 루소(『에밀』)나 칸트(『미적인 것과 숭고한 것의 차이에 대하여』), 헤겔(『법철학』)과 같은 철학자들은 모두 여성의 이성능력이 남성의 능력과는 다르며 남성보다 열등하다고 본다. 뿐만 아니라 그들에 따르면 여성은 도덕적 자율성을 가질 능력이 없기 때문에 여성들의 장점은 복종과 침묵, 정절과 같은 여성적 미덕을 실천하는 것에 있다고 결론지었다. 이와 같은 그들의 견해는 공적인 삶으로부터 배제당하고 사적인 삶에서는 예속당해야 했던 여성들의 삶을 그대로 반영한 것이기도 하다.

서구 근대 시민사회에서 윤리학자들은 보편성을 추구하는 이성능력에 기반한 〈정의의 관점〉에서 윤리문제를 다루었다. 〈정의의 관점〉은 보편성을 추구하는 이성에 기반한 것이기 때문에 애초부터 남성보다 열등한 이성능력과 도덕적 자율성을 가진 여성을 배제시킨 공공영역에서의 공정성을 확립하기 위한 것이다. 그러니까 〈정의의 관점〉이란 여성을 제외한 남성들 사이의 합리적 계약을 맺어나가는 데 필요한 최소한의 공적 윤리를 반영한 것이다. 바로 이런 관점에서 로렌스 불룸 L. Blum은 정의의 윤리학을 남성들의 법적, 행정적 관심, 특히 전문석, 행정적 계급의 관심사를 반영한 것으로 파악한다.[11]

철학자들이 인정하고, 수많은 경험적 연구가 보여주었듯이 남성들은

---

11) L. Blum, "Kant's and Hegel's Moral Rationalism : A Feminist Perspective," in *Canadian Journal of Philosophy* 13, no. 2(June 1982), 287-302쪽.

여성들보다 더 합리적이고 냉철하고 보편적으로 사유하는 경향이 있고, 여성들은 남성들보다 더 뛰어난 감수성과 이해심, 공감과 상상력 등의 능력을 갖는 경향이 있다. 이러한 사실은 말할 것도 없이 남성들의 실제적 삶과 여성들의 일반적 삶의 성격차이에서 연유한 것이다. 공적인 삶을 영위하는 남성들에게 필요한 것은 바로 보편적인 법의 지배, 공정한 게임룰의 확립이며, 이때 요구되는 것이 보편적이고 합리적인 사유능력이다. 이에 반해 사적인 삶을 영위하는 여성들에게 필요한 것은 다른 가족구성원들의 필요와 욕구에 대한 민감한 이해와 공감 및 배려이며, 가사노동과 육아노동은 여성들에게 엄격한 자율성보다는 따뜻한 포용력을 더 요구한다.

이렇게 볼 때 공적인 영역에서는 〈정의의 관점〉이, 사적인 영역에서는 〈배려의 관점〉이 보다 우월한 윤리적 덕목이라고 보아야 할 것이다. 따라서 질적으로 보다 나은 사회의 성립과 사회구성원의 보다 충실한 자기완성을 위해서 필요한 것은 정의와 배려가 올바르게 결합된, 윤리적 차원일 수밖에 없으며, 바로 이러한 측면에서 필자는 〈배려하는 이성〉이라는 개념을 설정해 보았다. 보다 엄밀한 이론적 개념화가 필요하겠지만 거칠게 말해보자면 〈배려하는 이성〉은 타인의 사적인 필요와 욕구에 대해 민감하게 반응하고, 궁극적으로 타인의 행복과 선에 기여하고 싶어하는 배려하는 마음이 단지 사적인 사고의 영역에만 머물러 있지 않고, 공적인 차원, 즉 정의의 문제까지 고려할 줄 아는 이성의 능력을 구비한, 이성과 감성이 결합된 윤리적 상태를 의미한다.

그러니까 〈배려하는 이성에 따른 윤리적 행위〉란 바로 〈타인의 가치와 행복을 도모하고자 하는 배려하는 마음을 갖고, 도울 수 있는 나의 능력과 타인의 구체적인 상황을 고려함으로써, 그것이 나 자신을 포함한, 그 사회 전체의 공정성을 위반하지 않는 한에서의, 타자에게 실질적인 도움을 산출시키는 행위〉를 의미하는 것이다. 이러한 페미니스트적인 윤리적 행위는 이기주의적 개인의 욕구충족 행위를 윤리적인 행위로 보는 공리주의와는 다르게 어디까지나 타인의 가치와 행복

에 기여하는 행위를 의미한다. (그리고 이때 그 행위가 일방적인 자기희
생과는 다른 것이어야 하기 때문에 필자는 〈나 자신을 포함한, 그 사회 전
체의 공정성을 위반하지 않는 한에서의〉라는 단서를 넣었다.) 또한 페미
니스트적인 윤리적 행위는 〈보편적인 입법의 원리〉에 맞는 행위를 윤
리적 행위로 파악한 칸트의 윤리학과는 다르게 형식적 조건에 머무르
지 않고, 어디까지나 실질적인 도움을 산출하는 행위이어야 하며, 감정
이 결여된 의무감만으로 행해지는 행위가 아니라 감성적 배려로 부터
인도된 행위이어야 한다. 뿐만 아니라 페미니스트적인 윤리적 행위는
타인의 처지와 욕구에 대해 무지한 상태에서 정의의 원리를 도출시킨
롤즈의 윤리학과는 다르게 타인에 대해 가급적이면 충분한 정보를 갖
고서 타인을 배려하는 행위이다. 한편 몇몇 페미니스트들은 근대의 이
성개념이 갖고 있는 권력지향적인 성격 때문에 오로지 여성적인 배려
의 개념만을 갖고 새로운 페미니스트 윤리학을 구성하고자 한다. 예컨
대 넬 노딩스 N. Noddings는 배려의 윤리를 정의의 윤리와는 배타적인
것으로 보고 그 우위성을 주장한다. 노딩스의 윤리이론에 있어서 이상
적인 윤리적 주체는 자기의 에너지와 주의를 자기로부터 벗어나 타자
를 향해 쏟아붓는 사람이며, 이러한 윤리적 주체의 의식은 오로지 타
자의 관심과 현실로 채워져 있다. 이와 유사하게 사라 루딕 S. Ruddick
은 모성적 사고에서 새로운 윤리적 행위의 원천을 찾았다. 그러나 이
와 같은 배려의 윤리학은 여성 특유의 도덕적 실패라고 할 수 있는 자
기희생과 윤리적 덕목으로서의 배려를 엄밀하게 구별하지 못한다. 셰
일라 뮬렛 S. Mullet이 비판하고 있는 바와 같이 자기로부터 벗어나 타
자 속에 열중한다는 이상은 권력이 없는 자의 이상으로 밝혀졌다.[12] 지
금까지 여성들에게 강요되어 오고, 미화되어 왔던 자기희생이란 미덕
은 사실상 남성들에게 유리한 지배이데올로기의 한 부분이었음이 이

---

12) Sheila Mullet, "Shifting Perspective : A New Approach to Ethics," in
 Feminst Perspectives(University of Toronto, 1988), 114쪽.

를 잘 반증하고 있다.

　그러므로 우리는 경제적, 사회적, 심리학적으로 배려할 수밖에 없기 때문에 배려하는 사람을 진정으로 타자를 배려하는 윤리적인 인간으로 볼 수 없다. 바로 이러한 관점에서 로저마리 텅 R. Tong은 남성의 지배와 여성의 복종에 의해 특징지어지는 가부장적 조건 하에서는 진정한 배려가 발생할 수 없다고 보고, 성적 평등과 자유의 조건이 성취되지 않은 한 여성들은 자신에게 그들이 종사하는 배려의 종류가 어떤 것인지에 대해 조심스럽게 물어보아야 한다고 강조하고 있다.[13]

　바로 이러한 점에서 레스비언 윤리학자들은 모성적 배려의 윤리학을 〈여성에 대해 보수주의적인, 즉 여성의 억압에 기여하는 모성적 배려를 지지하는 것〉으로 판단한다.[14] 그렇다고 레스비언 윤리학자들이 배려를 과소평가하는 것은 아니다. 그들 역시 배려를 중요시하지만, 그들은 출구 없는 의무감의 늪에 빠져 있지 않는 배려, 즉 모성적 배려보다는 여성들간의 우정어린 배려에서 새로운 윤리적 싹을 찾는다.

　지금까지 살펴본 〈배려의 딜레마〉를 〈배려하는 이성〉이 상당 부분 해결해 줄 수 있다고 필자는 생각한다. 〈배려하는 이성〉은 〈나 자신을 포함한, 그 사회 전체의 공정성을 위반하지 않는 한에서의〉 배려이기 때문에 자기희생과 같은 일방적이고 비합리적인 배려를 배제시킨다. 뿐만 아니라 〈배려하는 이성〉은 순전히 감상적이고 사적인 배려나 도덕적으로 합당하지 않은 행동, 예컨대 과도하게 응석을 받아주는 것, 버릇을 나쁘게 하는 것, 지나친 상호의존 등을 배제시킴으로써, 엘리슨 재거 Alison M. Jaggar가 우려했던 합당한 배려와 합당하지 않은 배려가 혼동될 수 있는 가능성을 제거해 준다고 생각한다.[15] 뿐만 아니라

---

13) Rosermarie Tong, *Feminine and Feminist Ethics*(California : Wadsworth, 1993), 103쪽.
14) 같은 책, 207쪽.
15) 엘리슨 재거, 「최근 여성학의 쟁점과 여성주의 윤리학」, 이화여자대학교 아시아 여성학센터 초청강연회 발표논문(1996), 49쪽.

〈배려하는 이성〉의 윤리학은 남성들의 윤리적 가치가 사실상 여성들의 것만큼 좋은 것이 아니라고 보고 분리주의적 경향을 띠고 있는, 베처 Beecher와 길만 Gilman과 같은 일부 레스비언 윤리학자들과는 다르게 분리주의를 벗어날 수 있다. 〈배려하는 이성〉은 공정성이라는 남성들의 정의감을 포함시킨 개념이기 때문이다.

한편 이와는 정반대의 입장에서 여성의 배려가 약자의 윤리적 덕목이라는 이유에서 배려의 윤리학을 부정하는 페미니스트들도 존재한다. 이들에 따르면 배려의 덕목을 강조하는 것은 약자의 처지가 개선되지 않고 확대 재생산되고 양산되는 것을 의미한다. 그러나 우리가 지금까지 살펴본 바와 같이 배려라는 개념을 배제시키면 근대의 윤리를 지양하는 새로운 윤리를 제공하는 데 결정적인 한계에 부딪치게 된다. 〈배려하는 이성〉은 지금까지 역사를 지배해 왔던 〈지배하는 이성〉을 극복할 수 있으면서, 동시에 공정성을 포함한 개념이기 때문이다.

그러나 〈배려하는 이성〉이라는 인간의 고차원적인 윤리적 능력이 이론적 작업이나 당위적 선언에 의해서 획득될 수 있는 윤리적 덕목이 아님은 말할 것도 없다. 〈정의롭고 동시에 자비로운〉 사회를 가능케 하는, 〈배려하는 이성〉을 가진 사람들이 보다 많이 존재할 수 있기 위해서 필요한 것은 여성들이 〈공적인 영역〉에 참여하는 것과 남성들이 보다 많이 〈사적인 영역〉에 충실한, 실제적인 삶과 사회구조의 성립이다. 그리고 이러한 과정은 한편으로는 고정된 성차별적 관념을 비판하고 깨뜨리는 과정이면서(이데올로기적인 영역), 동시에 다른 한편으로는 여성들의 사회참여의 기회균등과 성에 무지한 공정성(남성의 기준에 맞춘 남녀병등)이 아니라 성에 민감한 공성성(여성의 특수성을 고려한 평등)이 사회질서로 확립되어 가는, 험난하고 기나긴 과정이 될 것이다.

여성해방론에서의 성차의 문제

이구슬

1 들어가는 말

여성해방론Feminism은 여성의 삶에 대한 관심에서 시작된다. 여성의 삶을 논의의 중심에 놓으면서 여성해방론은 여성이 가정이나 사회속에서 남성으로부터 지배받고 있으며, 남성에게 의존되어 있고 억압받고 있다는 주장을 편다. 여성해방론은 왜 여성이 억압된 삶을 살아가는지를 분석하고 그러한 억압으로부터 벗어날 수 있는 방안을 제시한다. 그러나 여러 여성해방론이 여성의 억압을 설명하고 해결책을 제시하는 데 동일한 관점을 보여주지 않는다. 그들은 이 문제를 서로 다른 관점에서 접근하고 서로 다른 해결책을 제시한다. 이렇게 서로 다른 관점을 갖게 된 이유는 그들이 성차(性差, sex differences)의 문제에 대해 서로 다른 견해를 갖기 때문이라고 생각된다.

성차란 남성과 여성의 차이점을 이른다. 여성해방론에서뿐만 아니라 심리학자들, 생물학자들에게서도 남성과 여성의 차이점이 무엇인지는 큰 관심거리일 것이다. 우리는 남성과 여성의 차이를 크게는 두 가지로 나눌 수 있다. 그 하나는 정신적 속성의 차이이고 또 다른 하나는 육체적 속성의 차이이다. 물론 한편으로는 이 두 가지를 엄밀하게 구분짓는 것이 힘들 수도 있을 것이다. 정신과 육체는 둘이 아닌 하나라는 관점에서 보면 정신적 속성이란 다름아닌 육체적 속성, 이를테면 뇌의 상태를 달리 표현한 것에 불과하다는 생각을 할 수 있기 때문이다. 이런 생각이 잘못일지라도 우리는 보통 한 사람의 정신적 속성이란 그의 육체적 속성과 밀접한 연관을 가지고 있다는 생각을 가지고 있다. 육체와 정신은 상호영향을 미치는 것으로 생각하기 때문이다. 그래서 육체와 정신이 불가분의 관계를 갖는 것이지만 여기서는 정신적 속성과 육체적 속성으로 나누어서 남녀의 차이를 살펴보고자 한다.

남성과 여성의 차이점으로서 가장 먼저 우리가 떠올리는 것은 아마도 남성의 강인한 신체와 여성의 연약한 신체일 것이다. 남성과 여성의 평균 신장과 몸무게는 그것을 뚜렷하게 보여주고 있다. 물론 우리 주위에는 남성보다 더 강인한 신체를 가진 여성도 있고 여성보다 더 허약한 신체를 가진 남성 또한 있다. 하지만 평균적으로 볼 때 남성은 여성보다 강인한 신체를 가지고 있다는 것은 부인할 수 없는 사실이다. 신체적 차이는 남녀 사이의 성차의 문제를 다룰 때 가장 먼저 우리가 언급해야 할 부분이라 생각한다. 하지만 신체적 차이를 언급하는 것만으로는 부족함이 있다. 우리는 더불어 남녀가 지닌 서로 다른 정신적 차이를 언급하지 않을 수 없다.

여성해방론에서 성차의 문제는 가장 중요하고 핵심적인 문제이다. 남성의 삶과 여성의 삶을 비교할 때 대부분의 사람들이 가장 먼저 떠올리는 것은 여성과 남성이 육체적으로나 정신적으로 서로 다르다는 것이다. 태어날 때 이미 육체적으로 다른 조건을 가지고 태어났기 때문에 서로 다르게 살 수밖에 없고, 육체적으로나 정신적으로 서로 다른 조건을 가진 여성과 남성을 똑같이 대우할 수 없다고 보는 것이다. 왜 현재 여성이 남성과 다른 삶을 이어가고 있고 사회에서 성에 따른 차별을 받는지를 설명하는 데 있어서 가장 근원에 있는 문제는 바로 남녀의 차이라고 볼 수 있다. 남성지배의 발단이 바로 남성과 여성의 차이에서 시작된다고 볼 수 있기 때문이다.

그런데 여성해방론자들, 여기서 주로 언급될 자유주의 여성해방론자와 급진주의 여성해방론자들은 육체적 차이와 정신적 차이, 즉 성차의 문제를 똑같은 관점에서 바라보지 않는다. 성차의 문제에 대한 서로 다른 견해는 여성해방론 내부에서 가장 중요한 문젯거리로서 보여진다. 이 문제에 대한 서로 다른 견해는 억압의 근원을 서로 다르게 설명하도록 만들고 억압으로부터 벗어날 수 있는 해결책을 제시하는 데 있어서도 서로 다른 길을 걷도록 만드는 것이다. 그래서 이 글에서는 여성이 남성과 어떤 점에서 차이가 있으며 이 문제를 여성해방론자들이 어떻게 다르게 접근하고 해결하는지를 살펴보고자 한다. 먼저 여성해방론에 반대하는 사람들의 논의를 살펴보기로 한다. 그들이 성차의 문제를 어떻게 보고 있으며 성차의 문제에 대한 이런 관점이 여성해방의 문제에 대해 어떤 태도를 취하게 만드는지를 살펴보기로 한다. 그 다음에 여성해방론 중 성차의 문제에 대해서 서로 확연하게 구분될 수 있는 견해를 보여주는 자유주의 여성해방론, 급진주의 여성해방론의 이론을 비교하고 문제점을 살펴봄으로써 바람직한 여성해방론의 방향을 모색하겠다.

2 반(反)여성해방론자의 견해

많은 사람들은 여성과 남성이 하는 일이 다르다는 것을 지극히 당연한 일로 생각한다. 즉 성에 따라 그의 역할이 다르다는 것을 자연스러운 이치로 받아들인다. 남성에게는 남성에게 알맞은 일이 있고 여성에게는 여성에게 어울리는 일이 있다는 것이다. 성역할 sex role이 고정되어 있다는 이러한 생각은 너무나 뿌리깊은 것이어서, 철저한 여성해방론자라 할지라도 자신의 일상생활에서 이러한 관념으로부터 완전히 벗어나서 사고하고 행동하기 힘들 것이라 여겨진다. 〈성역할 고정성〉의 관념은 우리의 문화 속에 너무나 깊이 자리잡고 있기 때문에 우리가 합리적으로 이것이 그릇된 관념이라는 판단을 아무리 내리더라도 사회 속에서 이 관념과 이에 따른 태도, 관행들은 쉽게 무너지지 않으리라 보여진다.

그래서 우리는 무엇이 사람들로 하여금 이렇게도 무너뜨리기 힘든 관념을 갖게 만들었는지를 묻게 된다. 이 물음에 대해 많은 사람들은 남성과 여성은 태어날 때 서로 다르게 태어났기 때문에 여성과 남성의 일과 역할이 다르고 그것은 어쩔 수 없는 것이라고 쉽게 답할 것이다. 여성해방론의 관점에서 본다면 성역할이 다르다는 것을 자연적인 것으로, 그리고 어찌할 수 없는 것으로 보는 이러한 생각이 바로 반여성해방론자들의 근본적인 입장이다. 우리는 프로이트 S. Freud의 〈해부학은 운명이다〉라는 말이 널리 인용되는 것을 본다. 이 말은 생물학적 조건이 바로 인간의 삶 전체를 결정한다는 말로 이해된다. 태어날 때 주어지는 남녀의 생물학적 차이, 즉 육체적 차이로부터 남성과 여성의 역할과 삶이 자연스럽게 결정된다는 주장이다. 이를 우리는 생물학적 결정론이라고 부른다. 이들이 성역할의 구분을 설명할 때 제시하는 근거는 바로 남녀의 육체적 조건의 차이이다.

반여성해방론의 논리를 대변하고 있는 골드버그 S. Goldberg는 〈남성을 좀더 공격적이게 만드는 호르몬 체계 이외에 남녀간의 차이란 있을 수 없다〉[1]고 말하면서 다름아닌 남성호르몬이 남성으로 하여금 여성보다 공격적으로 행동하도록 만들었고, 이 공격성이 오히려 남성이 사회 속에서 지배적인 위치에 설 수 있도록 만들었다고 주장하였다. 그에 따르면 결국 남녀간의 차이란 바로 호르몬의 차이이고 이것이 바로 남성과 여성의 사회적 역할을 다르게 만든다. 남성이 이 공격적인 호르몬 덕분에 사회 속에 과감히 나아가 많은 것들을 성취하는 반면 여성들은 수동적인 태도로 삶을 살아가고 남성들만큼 진취적인 삶을

---

1) 골드버그, 「가부장제의 불가피성」, 『여성해방의 이론체계』, P. 스트러, A. 제거 편저, 신인령 옮김(풀빛, 1983), 174쪽.

살아가지 못한다. 남성의 육체적 조건이 바로 남성이 지배하고 여성은 복종하는 가부장제 사회를 만든다는 것이다. 여기서 우리가 주목할 점은 남성과 여성의 사회적 역할이 다르다는 것을 자연스럽고 당연한 것으로 그리고 필연적인 것으로 보는 관점들은 한결같이 남성과 여성의 서로 다른 육체적 조건의 차이를 강조한다는 점이다. 그래서 생물학적 차이가 바로 모든 것을 결정한다는 생물학적 결정론이 반여성해방론의 보수주의 이론의 뿌리에 있는 핵심적인 주장이라고 볼 수 있다.

골드버그가 공격성이라는 말을 할 때 우리에게 가장 먼저 떠오르는 그림은 그 옛날 수렵시대에 남성이 밖으로 나가 동물들을 사냥하고 여성이 집에서 식사준비하고 아이를 키우는 모습이다. 즉 신체적 차이는 남성을 집 바깥 사람으로 여성을 집안 사람으로 만들었다는 것이다. 우리말 속에서 아직도 널리 쓰이는 단어 중에, 남편이 다른 사람한테 자기 아내를 지칭할 때 쓰는 〈집사람〉이라는 단어가 있다. 아내가 자기 남편을 다른 사람에게 지칭할 때 또한 〈바깥 양반〉이라는 단어를 사용하기도 한다. 지금 20세기의 우리의 언어생활 속에서도 〈집사람〉이라는 말은 흔하게 쓰이고 있는 것이다. 이것이 우리에게 말해주는 것은 먼 태곳적부터 사람들이 나누었던 남성과 여성의 영역구분이 아직도 유효하게 행해지고 있다는 것이다. 〈집안〉과 〈집 바깥〉이라는 여성의 활동무대와 남성의 활동무대의 구분이다.

집안에서 여성은 음식을 만들고 편안한 잠자리를 준비하고 깨끗한 옷과 따뜻한 집안분위기를 만들며 아이를 훌륭하게 키워내는 일을 한다. 남성은 집 바깥에서 아내와 자식들이 먹고 입고 편안하게 지낼 수 있도록 일을 한다. 많은 사람들은 여기서 남성과 여성의 삶이 아름다운 조화를 이루고 있다고 본다. 남성은 아버지로서 가족들을 위해서 바깥 세상에서 온 힘을 다해 땀흘려 일하고, 여성은 어머니로서 우리 삶에서 가장 기본적인 의식주을 해결해 주고 다음 세대를 따뜻하고 훌륭하게 키워내는 중요한 역할을 맡고 있는 것이다.

그 누구가 여성의 이 역할을 하찮은 것으로 무시할 수 있겠는가?

여성에게 보통 주어진 이 역할이 우리의 삶에서 너무나도 소중한 것이기 때문에 많은 사람들은 여성의 역할은 훌륭한 것이고 여성이 이 역할에 충실해야 하고 그 역할에 만족해야 한다고 가르친다. 가정과 사회는 이러한 여성의 역할에 적응하도록 여자아이들을 키운다. 생물학적 결정론자들의 보수주의적인 생각을 많은 사람들은 받아들이고 있다. 그들은 육체적 조건에 주목하면서 선천적으로 주어지는 남녀의 육체적 조건의 차이는 자연적인 것이고 자연에 근거한 남녀의 성역할 구분 나아가서 성에 따른 차별은 당연한 것이라고 생각한다.

성차의 문제를 다루는 데 있어 우리가 꼭 짚고 넘어가야 하는 문제는 태어날 때 주어지는 선천적 조건이 얼마만큼 그 이후의 아이의 능력이나 행동에 영향을 미치느냐이다. 보통 한 아이의 능력이나 행동을 결정하는 요인으로 유전적으로 그에게 주어지는 조건과 후천적으로 부모나 사회에 의해 키워지는 조건을 들 수 있다. 아이들의 수학능력을 예로 들어 생각해 보자. 남자아이들이 수학이라는 과목에서 여자아이들보다 우수한 성적을 보인다면, 이것이 남자아이들이 여자아이들보다 태어날 때부터 수학에 재능을 가지고 태어나기 때문인지 아니면 후천적으로 수학교육에 남자아이들이 좀더 힘을 쏟아서 두각을 나타내는지를 우리는 물을 수 있다. 또 다른 예로 남자아이들은 공격적인 놀이를 즐기는 경우가 많고, 여자아이들은 좀더 부드러운 놀이, 즉 소꿉놀이와 인형놀이에 몰두하는 것을 쉽게 볼 수 있는데, 놀이에 있어서 이러한 차이가 선천적인 조건들에 의해 그러한 것인지 아니면 그런 방식으로 키워졌기 때문인지 물을 수 있다.

이 문제에 대해 가장 균형잡힌 견해는 아마도 선천적 요인과 후천적 요인 둘 다를 인정하는 입장이라고 생각한다. 〈최근 여러 분야의 연구가 유전적 요인과 호르몬요인, 그리고 환경요인 사이의 복합적인 상호작용이 인간행동의 성차발달을 결정한다고 밝히고 있다.〉[2] 두 가

---

2) 데이비드 A. 햄버그·도널드 T. 런드, 「인간 행동의 성차 발달과 성 호르몬」,

지 요인이 어떻게 아이에게 작용하는지를 과학적으로 측정하기는 매우 어려운 일일 것이다. 우리는 태어날 때 한 아이에게 부여된 요인을 확인할 수 있는 방안이 별로 없다. 그래서 아이에게 원천적으로 주어진 속성이 무엇인지를 확인하기는 힘들다.

그러나 누군가의 말처럼 병원에서 남자아이에게 푸른색 옷이 입혀질 때부터 이미 〈사회화〉가 시작되었다고도 볼 수 있다. 우리가 신생아의 외부에 나타나는 성기를 확인하는 순간부터 그 아이를 여자로 또는 남자로 키우는 것이다. 보봐르 S. de Beauvoir의 말처럼 여성은 여성으로서 태어나는 것이 아니라 여성으로 키워지는 것이다. 아마 이 말은 여성이 가진 육체적 속성이 아니라 여성이 현재 지닌 정신적 속성을 겨냥하고 한 말일 것이다. 남녀의 육체적 차이는 부인할 수 없는 사실이다. 그러나 현재 남녀가 가진 정신적 속성의 차이는 분명 사회화과정 속에서 그렇게 형성된 것이라고 보는 관점이다.

보수주의적 반여성해방론자들은 바로 사회화의 영향을 과소평가하고 있다는 점에서 비판받아야 한다. 태어날 때 한 인간에게 주어진 속성만으로 우리는 모든 것을 설명할 수 없기 때문이다. 우리는 어린아이들이 부모에게서 얼마나 많은 것을 배우는지 쉽게 경험할 수 있다. 아이들은 부모의 말과 행동을 그대로 따라하고 부모의 생각을 그대로 배운다. 달리 말하면 알게 모르게 부모로부터 끊임없이 세뇌당하고 있는 것이다. 부모들은 어린아이를 남자아이로 또는 여자아이로 달리 키운다. 그들에 대한 기대 또한 다르다. 사회 속에서 그들의 역할이 다르다고 생각하기 때문에 그 역할에 잘 적응할 수 있도록 키우는 것이다. 남녀의 공격성과 수동성이 단지 호르몬의 차이로만 설명될 수 없는 이유가 여기에 있다.

그래서 출생시 나타나는 성차를 1차적 성차로 보고 그후에 성장과

『성차의 형성과정』, 일리노이 E. 매코비 편, 정세화·오은경 옮김(이화여자대학교 출판부, 1983), 11쪽.

정 속에서 나타나는 성차를 2차적 성차로 본다면 보통은 출생시에 타고나는 1차적 성차가 부모의 가르침이나 사회문화의 영향으로 더욱 강화되어 2차적 성차로 나타난다고 생각된다. 남자아이와 여자아이가 갓 태어났을 때 성차가 있을 수 있다. 육체적 차이뿐 아니라 지적인 면이나 정서적인 면에서 차이가 있을 수 있다는 것을 인정한다. 하지만 남자아이와 여자아이를 달리 키움으로써 이 차이는 더욱 심화되는 것이다. 즉 사회화 과정 속에서 이 차이는 더욱 벌어지게 된다는 것이다. 바람직한 인간의 모습보다는 바람직한 남성과 바람직한 여성의 모습을 가정과 사회가 끊임없이 아이에게 주입하기 때문에 아이는 사회가 요구하는 남녀의 역할에 자신을 맞추어나가지 않을 수 없다.

남성과 여성의 구분, 남성다움과 여성다움의 구분은 사회가 존속하는 한 완전히 사라지기 힘들 것이다. 예를들면 힘 있는 남성과 아름다운 여성이라는 이분법이 결코 아름다운 남성과 힘 있는 여성의 이분법으로 완전히 바뀌지는 않을 것이다. 힘 있고 아름다운 남성 또는 아름답고 힘 있는 여성으로 나아갈 수는 있을지라도 완전히 뒤바뀌는 것은 불가능하리라 보여진다. 그것이 무엇에 기인하겠는가? 아마도 남녀의 육체적 차이라고 생각된다. 여성의 몸이 갖는 아름다움을 남성은 영원히 가질 수 없고, 남성의 몸이 갖는 육체적 강인함을 여성이 가질 수 없다고 보기 때문이다. 앞으로 100년 후에도 프로야구나 축구에 남성과 여성의 혼성팀이 생겨나지는 않을 것이다. 그리고 남성이 임신하여 출산하는 일도 일어나지 않을 것이다. 이것이 우리가 뛰어넘을 수 없는 남녀의 육체적 차이라 생각된다.

하지만 뛰어넘을 수 없어보이는 남녀의 원천적인 차이 이외에 우리가 바꾸어볼 수 있는 많은 것들이 있다. 바꾸어볼 수 있는 많은 것들이 있음에도 불구하고 모든 것을 어찌해 볼 수 없는 운명으로 받아들이고 변화시키려 하지 않는다면 그것은 결코 용서할 수 없는 나태가 아닐까 생각된다. 잘못된 것이 있다면 올바르게 고쳐나가는 것이 인류의 발전 아닐까? 여성의 삶 속에서 변화시킬 수 있는 모든 것은 올바

른 방향으로 변화시키고 사회가 지닌 잘못된 남녀 성역할의 고정관념
에서 벗어나자고 부르짖는 입장이 바로 자유주의 여성해방론이다.

3 자유주의 여성해방론자들이 보는 성차의 문제

자유주의 여성해방론자들은 남녀의 차이가 무엇인가라는 물음에 대
해서 육체적 속성보다는 정신적 속성을 강조하고 주목한다. 아마도 그
들은 육체적 조건의 차이는 현실적으로 극복되기 힘든 것이기 때문에,
변화시킬 수 있는 정신적 조건에 주목하고 이에 관심을 기울인 것이
아닌가 생각된다. 남녀의 육체적 조건의 차이는 생식의 측면에서 보자
면 옛날이나 지금이나 근본적인 변화가 없다고 보여진다. 즉 남성과
여성의 생식기의 구조는 자연적으로 남녀에게 주어지는 것으로 오랜
세월이 지나도 인위적으로 남녀의 생식기능을 바꾸기는 힘들다. 성전
환 수술을 하더라도 이전에 남성이었던 여성이 여성의 생식기능까지
갖지는 못한다.

대표적인 자유주의 여성해방론자인 존 스튜어트 밀 J. S. Mill은 다음
과 같이 말한다 : 〈현재 여성의 본질이라 일컬어지는 것은 전적으로 인
위적인 것이다. 즉 어떤 방향으로는 강력히 억압하고, 또 다른 방향으
로는 부자연스러울 정도로 고무시킨 결과인 것이다. —— 양성간의 본질
적인 차이란 무엇인가라는 가장 난해한 문제에 대해서 현재의 사회상
태로는 완벽하고 정확한 지식을 얻을 수 없다〉.[3] 밀은 여기서 남녀의
육체적 차이는 언급하지 않고, 남녀가 태어날 때부터 이미 서로 다른
정신적 속성을 가지고 태어나는지 묻고 있다. 밀의 입장은 남녀에게
선천적으로 정신적 차이, 즉 본성의 차이가 주어지는지를 현재로서는
알 수 없고, 그래서 지금부터는 후천적으로 남녀의 정신적 속성이 어

---

3) 존 스튜어트 밀, 「여성의 예속」, 『여성해방의 이론체계』, 191쪽.

떻게 달리 형성되는지, 즉 사회화의 과정에 관심을 쏟아야 한다는 것이다.

우리가 흔히 남성적임, 남성다움이라 부르는 남성성과 여성적임, 여성다움이라 부르는 여성성을 구분짓는데 이제 이러한 남성과 여성의 심리적 속성의 차이를 자세하게 살펴보자. 보통 남성은 여성보다 더 합리적으로 사고하고 행동하며 자율적으로 스스로의 판단에 의해 행동하는 데 비해, 여성은 남성보다 감성이 더욱 발달되어 있고 합리성이 부족하며 의존적인 성격으로 무엇이든 스스로 판단하고 결정하고 행동하기보다는 남성에게 의존되어서 수동적으로 살아간다는 것이다. 우리는 남성의 속성을 아버지의 합리성, 자율성과 연결시키고 여성의 속성을 어머니의 자애로움, 편안함, 헌신적인 삶과 연결짓는다. 집안에서 남성과 여성은 아버지와 어머니로서 이렇게 서로 다른 성격을 가지고 조화롭게 가정을 이끌어나가고 아이들을 양육한다고 사람들은 생각한다.

여기서 주목할 점은, 보통 남성의 합리성은 남성들로 하여금 사회에서 우월한 지위에 오르도록 하는 가장 중요한 속성이라고 생각된다는 점이다. 왜 현재 여성이 남성보다 열등한 사회적 지위에 있는지를 따져볼 때 신체적 속성 다음에 거론되는 것이 다름아닌 합리성이다. 합리성이란 이성적으로 사고하고 행동하는 능력이다. 남성은 합리적인 존재이기 때문에 여성보다 우월하고 그래서 세상의 주도권을 가질 수 있다는 것이다. 합리성을 바탕으로 한 남성의 지배는 당연하고 필연적인 것이라고 생각되어진다.

이제 우리가 따져보아야 할 문제는 남성이 여성보다 더 합리적인가 하는 문제이다. 이에 대해 일찌기 월스톤크래프트 M. Wallstoncraft는 여성이 만일 현재 남성보다 합리성에서 뒤떨어진다면 그것은 여성이 남성과 동등한 교육을 받지 못했고 또한 가정이라는 좁은 영역에 묶여서 세상을 살았기 때문이며, 여성도 충분히 합리성을 발달시킬 잠재력이 있다고 주장하였다. 선천적으로 여성들이 합리성이 부족한 채로 태어났는지는 확인할 수 없는 일이고 우리가 따져볼 수 있는 것은 여성들이 후천적으로 가정과 사회 속에서 어떻게 키워졌고 이것이 합리성의 부족에 어떤 영향을 미쳤는지이다.

여성이 합리성이 부족하다면 이제부터 여성에게 합리성을 키워주는 교육과 사회문화적 분위기가 필요할 것이다. 합리적인 사고와 행동을 보여주는 여성을 높이 평가해 주고 합리성을 가진 여성을 남성과 마찬가지로 사회 속에서 우대해 준다면 여성들의 합리성은 놀라울 정도로 향상될 것이다. 자유주의 여성해방론자들의 주장은 여성이 남성과 가정과 사회 속에서 똑같이 교육받음으로써 남성과 동등한 사회적 위치을 얻을 수 있도록 의식을 변화시키고 제도적인 장치를 마련해야 한다는 것이다. 사회가 남성과 동등한 능력을 가진 여성을 남성과 동등하게 대우한다면 여성도 가정에서나 사회에서 남성으로부터의 지배와 억압으로부터 벗어나서 당당하게 살아갈 수 있을 것이라고 주장한다. 여성억압에 대한 그들의 분석은 여성이 남성만큼 지적으로 능력을 갖지 못하였기 때문에 경제적으로나 사회적으로 남성보다 열등한 지위에 있었는데, 이제는 여성도 남성과 동등한 교육을 받고 잠재된 능력을 계발하여 남성과 동등한 직업기회를 가지고 남성과 동등한 일을 하고 동등한 수입을 받는 것을 가능하게 만들어야 한다는 것이다.

자유주의 여성해방론자들은 남성성이라 여겨지는 합리성을 강조하면서 합리성을 가진 사람들이 사회 속에서 여러 가지 면에서 우월한 지위를 차지하는 것을 당연한 것으로 보는 듯하다. 그래서 그들은 여성도 남성과 마찬가지로 합리성을 키워서 경제적으로나 사회적으로 남성에게 뒤지지 않는 위치에 올라야 한다고 역설하는 것이다. 그리고 이 일에 사회가 적극적으로 나서서 여러 제도적 장치를 마련해 주어야 한다고 주장한다. 여성의 억압에 대한 분석에서 그들은 여성이 단지 가정 속에서 헌신하고 희생하는 어머니의 모습으로 키워지기 때문에 여성이 자신의 성역할에 묶여서 사회적으로 불리한 위치에 처하게 된다고 본다.

밀은 여성성에 대해 이렇게 말한다 : 〈모든 여성은 아주 어려서부터 그들의 이상적인 성격은 남성의 성격과 정반대되는 것, 즉 자기의지나 자제에 의한 통치가 아니라 굴복과 타인의 통제에 굴종하는 것이라는 신념으로 길러진다. 모든 도덕규범은 남을 위해 사는 것, 다시 말해서 철저히 자신을 부정하고 애정 이외의 모든 삶을 포기하는 것을 여성의 의무로 지적하고 있으며, 모든 통념들은 또한 그것을 여성의 본질이라고 말한다〉.[4] 19세기의 밀의 주장은 오늘날까지도 유효하다. 아직까지도 우리 사회에서는 남성의 속성과는 대비되는 속성들이 가장 여성적이고 아름다운 것으로 여겨지고 있다. 많은 사람들은 부드럽고 따뜻하게 배려하는 여성의 이런 모습이 여성으로서 가장 가치 있는 삶의 태도가 아니겠느냐고 말할 것이다. 그렇다. 여성의 인내하고 희생하는 모습은 분명 가치 있는 것이다. 자식을 위해 헌신하는 어머니를 향해 어머니 자신의 삶을 돌보지 않는다고 그 누가 비난할 수 있겠는가? 그래서 많은 이 땅의 아이들은 〈어머니〉라는 말만 떠올려도 가슴이 뭉클해짐을 느낀다고 한다. 그것은 어머니의 헌신적인 모습이 아이에게 가져다주는 감정이다. 어머니의 헌신을 경험하지 않은 아이들은 그런 감정을 느끼지 못할 것이다.

여기에 자유주의 여성해방론의 딜레마, 아니 여성해방론 전체의 딜레마가 있다고 생각된다. 우리는 가족들을 위해 자신의 삶을 포기하고 오로지 희생해 온 어머니들의 삶을 가치 없는 것으로 내몰 수 없다. 하지만 왜 여성이 남성에게 예속되어 있고 종속된 삶을 사는지를 분석해 보면 여성들의 삶이 가정이라는 영역에 제한되어 있는 것이 중요한 요인이라는 것을 쉽게 알게 된다. 가정이라는 영역 속에 맴돌면서 남편과 아이에게 안정되고 편안한 삶을 마련해 주기 위해 애쓰는 사이에 어머니는 자신의 잠재력을 키우고 능력을 발휘할 기회를 상실하게 되고 사회적으로 열등한 위치에 서게 되는 것이다. 집안에서 여성이 하

---

4) 같은 책, 186쪽.

는 일이 아무리 가치 있고 소중하다 하더라도 그에 대해 일정한 수입을 어머니가 얻는 것은 아니다. 많은 사람들은 가사에 대해 일정한 대가를 주는 것 자체를 가사에 대한 모독이라고 생각할지도 모른다. 왜냐하면 어머니의 집안일은 어머니 스스로 아이와 남편을 위해서, 즉 그들에 대한 사랑 또는 의무에서 행하는 것이기 때문에 그에 대해 경제적 대가가 일정하게 주어질 필요가 없는 것이고 대가가 주어지지 않기 때문에 그 일이 더욱 고귀한 것이라고 생각할 것이다.

이런 점에서 자유주의 여성해방론자들이 지나치게 합리성을 강조하면서 다른 측면을 충분히 평가해 주지 못한 것이 아닌가 생각된다. 전통적으로 여성들이 전념해 온 일들은 비록 사회적으로나 경제적으로 충분히 인정받지 못한 일들이지만 그 일이 매우 소중하고 없어서는 안되는 일이었다는 점을 인정해 주어야 한다고 생각된다. 그리고 여성들이 어머니로서 지닌 모습들, 즉 남에게 헌신하고 따뜻함을 베풀고 희생하는 모습들은 여전히 가치 있는 일이라고 생각된다. 또한 그와 더불어 여성들이 지닌 감수성은 합리성 못지않게 가치 있는 속성이라고 생각된다. 이성이 아닌 감성이 여성의 삶에서 중요한 부분을 차지하였다면 이성 못지않게 감성의 소중함을 우리가 인정해야 할 것이다.

하지만 나 자신은 여성이 이성이 아닌 감성만을 키우는 것을 바람직한 것으로 보지 않는다. 단지 여성에게나 남성에게나 감성적 능력역시 이성적 능력만큼 소중함을 말하고자 하는 것이다. 남성 역시 합리성과 더불어 감수성을 키우는 환경과 분위기가 주어져야 한다고 생각된다. 남성 역시 남을 배려하고 베풀고 헌신하고 희생할 줄 아는 인간으로서 키워져야 하지 않을까? 이것을 오로지 여성들만의 역할로 보지 않고 남성들 역시 합리성과 더불어 타인에 대해 따뜻한 감정을 가진 인간으로 키우는 것이 우리 사회가 지향해 나가야 할 대목이라는 것이다. 여자아이들에게서 합리성이 부족하다면 그것을 키워주는 교육이 필요하고 남자아이들에게 감수성이 부족하다면 그것을 키워주는 교육이 필요하다고 생각한다.

그런 점에서 나는 자유주의 여성해방론자들이 내세우는 〈양성적 인간〉을 바람직한 이상적인 인간유형으로 생각한다. 남녀의 성격을 확연하게 구분짓는 것보다 남녀에게 잠재된 속성들을 최대한 키워주는 것이 가정과 사회 또한 문화의 역할이라고 생각한다. 합리성이 키워진 여성과 남성이 똑같은 일을 하고 똑같은 경제적 대가를 받는 사회가 되어야 하고 또한 남성도 따뜻한 감정을 가지고 타인에 대해 배려하고 헌신할 수 있는 인간으로 키워져야 한다. 그런 점에서 어머니와 아버지가 된다는 생리적인 성역할의 구분말고 어떤 성역할의 구분도 없어져야 한다. 물론 남성이 갖는 신체적 강인함으로 인해 발생하는 일의 차이는 어쩔 수 없는 것으로 보이기 때문에 완전한 성역할의 폐지는 불가능할 것으로 보인다. 그런 점에서 성의 구별이 없는 사회란 존재할 수 없다. 그러나 고정된 성특성, 고정된 성역할이 점차적으로 사라진다면 우리는 억압에서 해방된 훨씬 자유로운 사회를 보게 될 것이다.

비록 육체적 조건의 중요성을 간과하는 면이 있지만, 자유주의 여성해방론은 억압의 분석과 해결책을 제시하는 데 있어서 중요한 점을 지적하였다고 생각된다. 그들은 〈사회화〉의 중요성을 지적한 점에서 높이 평가받을 만하다. 그리고 여성억압의 해결책으로 법적, 제도적 장치의 개선을 촉구한다는 점에서 이 이론이 여성의 해방에 현실적으로 크게 기여할 것이라고 생각된다. 이들이 제시하는 실천적 전략, 즉 여성도 남성과 마찬가지로 자신의 능력을 최대한 발휘하도록 교육받아야 하고 사회 속에서 동등한 직업기회를 가져야 하고 그에 대한 제도적 뒷받침이 주어져야 한다는 것은 상당히 설득력이 있다. 성역할의 구분과 성별에 따른 노동분업이 여성으로 하여금 경제적으로 사회적으로 낮은 지위에 처하게 만들었다는 점을 잘 지적하였다.

4 급진주의 여성해방론이 보는 성차의 문제

여성해방론 중 급진주의적 여성해방론자들이 바로 육체적 차이가
어떻게 남성과 여성의 삶을 달리 결정했는지를 뛰어나게 보여주고 있
다. 파이어스톤 S. Firestone의 저서 『성의 변증법』은 바로 이 점을 명
확하게 밝혀준 탁월한 작업이라 생각된다. 여성의 신체에 자연적으로
주어진 임신과 출산능력이야말로 여성을 특징짓는 가장 중요한 요소
이고 이것이 여성의 삶을 남성과는 다르게 만든다는 것이다. 남성과
여성의 서로 다른 사회적 경제적 지위는 다름아닌 여성이 갖는 신체적
조건에서 기인된 것이다. 아이를 임신하고 아이를 낳은 여자는 어쩔
수 없이 신체적 조건 때문에 그녀의 남편에게 생계를 의지할 수밖에
없고, 또한 어린아이들 역시 신체적 연약함으로 인해서 어머니에게 의
존할 수밖에 없는 형편이 된다. 여성이 어머니로서 갖는 모성애란 이
런 조건, 갓 태어난 아이들이 전적으로 어머니에게 의지할 수밖에 없
는 생존조건에서 비롯된 것이라 할 수 있겠다. 어린아이들은 어머니의
절대적인 보살핌을 요구하고 있다. 어머니로서의 여성의 존재는 바로
이런 신체적 조건들에 기인한 것으로 설명된다. 임신과 출산이라는 여
성의 조건, 어린아이들의 신체적 연약함은 결국 여성이 그의 남편에게
전적으로 의지할 수밖에 없는 종속을 낳는다는 것이다. 이러한 가정에
서의 종속은 그대로 사회 속으로 연장되어 나타난다. 왜냐하면 그녀는
아이들을 키우고 살림에 열중하면서 사회 속에서 일을 해낼 능력을 서
서히 상실하게 되는 것이다.

파이어스톤의 이러한 분석은 왜 에나 지금이나 변함없이 여성들이
가부장제라는 사회구조 속에서 살고 있는지를 잘 보여주고 있다. 여성
들의 사회진출이 부쩍 늘어난 서구사회에서도 여성은 여전히 가정 속
에서 아내로서 어머니로서 그 역할을 충실히 해야 하는 존재로 여겨지
고 있고, 남성은 여전히 집안의 가장으로서 아이들은 아버지의 성을
물려받고 아버지의 자손으로서 키워지고 있는 것이다. 그래서 이들은

여성의 위치가 시대의 변화에도 불구하고 근본적으로 바뀌지 않았다
고 부르짖는다. 그것은 근본적으로 가부장제가 전복되지 않았음을 주
장하는 것이다. 가부장제의 근원은 역시 남녀의 신체적 조건의 차이에
있다고 보는 것이다.

또한 대부분의 사회에서 발생하고 있는 남성의 여성에 대한 성폭력
의 문제에 있어서도 마찬가지이다. 급진주의 여성해방론자들은 여성이
남성과는 다른 신체적 조건을 가졌기 때문에 남성이 여성에게 강간과
같은 성적인 폭력을 행사할 수 있음을 지적하였다. 강간을 바로 남성
이 여성에게 가하는 〈억압적 정치행위〉라고 보는 것은 남성이 그가 지
닌 신체적 조건을 내세워 여성을 힘으로 억누르고 지배하려 한다는 점
을 지적한 것이다. 남성의 성기는 그런 점에서 여성에게 힘을 사용하
는 무기가 될 수 있다.[5] 이 역시 여성과 남성이 서로 다른 신체적 조건
을 가지고 있어서 일어나는 남성의 여성에 대한 지배이다. 급진주의
여성해방론자들이 보기에 사회 속의 남녀 불평등의 근원은 결국 남녀
의 서로 다른 육체에 있다. 이들은 자유주의 여성해방론자들이 무시한
조건, 즉 신체적 조건의 중요성을 우리에게 일깨워 주었다고 생각된다.
인간은 정신뿐 아니라 신체를 지닌 존재이다. 신체적 조건이란 우리가
그리 쉽게 무시할 수 없는 조건이다. 이를테면 여성이 갖는 모성애란
것도 여성이 갖는 신체적 조건, 즉 출산과 밀접한 관계가 있다고 보아
야 할 것이다. 신체적 속성이 바로 그의 정신적 속성들을 결정하기 때
문이다. 물론 신체적 조건의 차이로 모든 것을 설명할 수는 없다. 그리
고 현재의 남녀 불평등을 오로지 신체적 조건의 차이의 탓으로만 돌린
다면 우리는 남녀 불평등의 문제에 조금의 진전도 이루어내지 못할 것
이다. 보수주의적 반여성해방론자들이 바로 남녀의 신체적 차이를 들
어 남녀의 서로 다른 삶의 형태를 정당화하려고 한 것을 잊어서는 안

---

5) 앨리슨 재거, 『여성해방론과 인간본성』, 지역여성연구회 공미혜·이한옥 옮김
   (이론과실천, 1992), 300-301쪽 참고.

된다. 신체적 차이가 어떻게 남녀의 삶을 달리 결정하였는지 주목해 볼 필요가 있지만 여기에 머물러서는 결코 안 된다고 생각된다.

그런 점에서 파이어스톤이 여성의 억압이 어떻게 일어났는지를 날카롭게 파헤쳤지만, 억압으로부터 어떻게 벗어날 수 있는지 그 해결책을 우리에게 제시하는 데는 성공하지 못했다고 생각된다. 파이어스톤은 다음과 같이 말하고 있다 : 〈권력의 성적 불균형이 생물학적 기초에 연유한다는 것을 인정한다고 해서 우리의 문제가 없어지지는 않는다. 우리는 더 이상 단순한 동물이 아니다. 그리고 자연의 세계가 절대적으로 지배하지도 않는다. …… 자연적인 것이 반드시 인간적 가치는 아니다. 인간성은 자연을 벗어나기 시작했으며 우리는 더 이상 자연에 그 기원을 둔 차별적 성계급 체계의 유지를 정당화할 수는 없다〉.[6] 그러나 그녀가 제시한 〈시험관아기〉와 같은 과학적 방법에 의한 인간의 재생산은 사람들의 공감과 지지를 얻는 데 실패했다고 생각된다. 대부분의 여성들은 임신과 출산이라는 사건을 거부하기보다는 여성에게 일어나는 자연스러운 사건으로 받아들이기를 원한다. 여성의 생물학적 조건이 여성의 억압을 불러왔다는 점을 인정한다 할지라도 여성이 지닌 자연의 기능을 거부할 수는 없다고 생각한다. 또 다른 여성들은 임신과 출산이야말로 여성만이 가진 특권으로서 받아들이려 할 것이다. 남성이 갖지 못한 여성만의 능력으로서 이것이야말로 남성에 대한 여성의 우월성을 보장해 주는 조건으로서 생각하기 때문이다.

또한 번취 C. Bunch 같은 급진적 여성해방론자는 남녀 사이의 성관계가 근본적으로 남녀의 힘의 불균형을 가져온다고 보고 남녀의 성관계가 아닌 여성끼리의 성관계를 주장하고 있다 : 〈레스비언은 님성의 성적, 정치적 지배를 거부한다. 즉 그녀는 남성의 세계, 남성적 사회조직, 남성적 이데올로기 그리고 여성은 열등하다는 식의 정의를 무시한다. 레스비어니즘은 남성의 우월을 천명하는 사회에서 여성을 최우선

---

6) 슐라미스 파이어스톤, 「성의 변증법」, 『여성해방의 이론체계』, 229-230쪽.

으로 간주한다).[7] 레스비어니즘은, 남녀 관계는 영원히 힘에 있어서 남성이 우위에 있을 수밖에 없기 때문에 남성과 더불어 사는 것을 거부하고 그 대신 여성들끼리 함께 힘을 합쳐 남성지배로부터 벗어나서 살자는 주장이다.

진정한 여성해방을 위해 레스비언이 되어야 한다는 주장은 파이어스톤이 여성에게 주어진 임신과 출산이라는 〈자연적〉 기능을 거부하여야 한다는 주장과 일맥상통하는 점이 있다. 남성지배로부터 벗어나기 위해서 레스비언이 되는 것도 바로 남녀 사이의 성관계라는 〈자연〉을 거부하는 것이기 때문이다. 물론 일부의 여성들에게는 여성과의 성관계가 더욱 자연스러운 관계일 수도 있다. 그들이 여성에게서 성적 욕구를 느끼고 그 관계를 희망한다면 그것은 자연을 거부하는 것이 아닐 수도 있다. 그러나 대부분의 여성이 남성지배로부터 벗어나기 위해서 여성과의 성관계를 택한다면 그것은 자연스러운 욕구를 거부하는 것으로 볼 수 있다.

남성지배로부터 벗어나기 위해서 이렇게 임신과 출산이라는 자연적 기능을 거부하고, 남녀의 자연스러운 성관계를 거부한다면 이것이 많은 남성과 여성의 지지를 얻어낼 수 있을지 의문이다. 여성해방을 위해 여성뿐 아니라 남성들도 함께 노력해야 된다고 생각되는데, 만약 여성해방을 위해 여성들이 레스비언이 되어야 한다면 남성들은 어떻게 여성해방에 기여할 수 있겠는가? 남성 여성해방론자들이 할 수 있는 일들이 없어질 것이다. 우리 여성들이 인류의 반인 남성들과 분리된 채로 여성들만의 영역을 구축하고 그 속에서 아무런 지배를 받지 않고 살려 한다면 이 또한 우물 안의 개구리 식으로 편협한 발상이 아닐까? 남성과 더불어 살고 우리의 2세들을 평등하게 키우면서 남녀 불평등의 해소를 위해서 남성들과 투쟁하고 남성들을 설득하는 적극적

---

7) 샬롯테 번치, 「반항하는 레스비언들」, 『여성해방의 이론체계』, P. 스트러·A. 제거 편저, 신인령 옮김(1983, 풀빛), 232쪽.

자세를 취해야 하지 않을까 생각한다. 그런 점에서 급진주의 여성해방론자들이 여성억압의 뿌리깊은 원인들을 잘 파헤쳤다고 보지만 그들이 제시하는 여성해방을 위한 해결책들은 우리에게 설득력을 주지 못한다고 생각한다. 여성과 남성이 함께 살면서 이 문제를 풀어나가려는 노력이 필요하지 않을까? 비록 그 길에 너무나 많은 걸림돌이 있을지라도 남성과 여성이 완전히 결별하는 것보다는 훌륭한 선택이라고 보여진다.

5 나가는 말

그 옛날 우리의 어머니들은 얼마나 많은 아이를 낳고 키웠는가? 그녀들에게 평생 동안 주어진 일은 아이를 낳고 키우고 집안살림하는 것 아니면 논밭에 나아서 농사짓는 일이었을 것이다. 극소수의 여성만이 글을 읽고 자신의 삶에 대해 사색할 수 있는 여유가 주어졌을 것이다. 그런 점에서 피임과 산아제한이 여성의 삶을 사회적으로 크게 변모시킨 것이 아닐까 생각된다. 평생 동안의 출산과 육아라는 굴레에서 벗어난 여성들은 이제서야 자신들의 삶을 돌아보고 어머니만이 아닌 한 인간으로서 자신의 삶을 모색하게 된 것이다. 여성해방론은 아마도 이러한 사회적 조건의 변화로부터 발생하지 않았나 보여진다. 물론 이러한 사회적 환경의 변화 이전에 이미 소수의 사람들은 여성의 삶에 대해 깊은 관심을 가졌지만 말이다.

지금까지 반여성해방론, 자유주의 여성해방론, 급진주의 여성해방론이 성차의 문제를 어떻게 보는지 살펴보았다. 자유주의 여성해방론은 육체적 속성보다는 정신적 속성을 중요시하면서, 사회화의 과정을 통해서 어떻게 남녀의 정신적 속성이 달리 형성될 수 있는지에 대해 집중적인 관심을 보여준다. 그런 점에서 선천적으로 주어지는 것보다는 후천적으로 가정과 사회 속에서 어떻게 길러지는지가 더욱 중요한 점이라고 강조하는 것이다. 하지만 그들은 육체의 문제를 너무 소홀하게 다루었다는 점을 지적할 수 있다. 여성의 억압을 설명하는 데 있어서 남녀가 가진 서로 다른 육체적 조건은 그리 쉽게 무시할 수 있는 조건이 아니다. 육체적 조건이란 인간의 삶에 엄청나게 영향을 미치기 때문이다. 우리는 일상생활 속에서 자신의 육체적 상태가 자신의 삶을 얼마나 제약하는지 쉽게 경험할 수 있다. 여성들이 가진 육체적 특성은 여성의 삶을 엄청나게 제한한다. 이 점을 자유주의 여성해방론은 간과하고 있다고 생각된다.

하지만 자유주의자들은 양성적 인간, 양성적 사회를 주장하면서 여성해방론이 나아가야 할 길을 분명하게 제시하였다는 점에서 여성해방에 크게 기여하였다고 생각한다. 성에 따른 특성의 차이, 역할의 차이를 우리 사회가 철폐하는 것이 여성해방을 위한 지름길이라고 생각하기 때문이다. 물론 그것이 완전하게 철폐되지 않더라고 할 수 있는 한에서 역할의 차이를 최소화하는 것이 절대적으로 필요하다고 생각된다. 다름아닌 역할의 차이가 바로 남녀의 사회적 차별을 불러일으키는 것이기 때문이다. 그런 점에서 〈양성성〉보다는 여성을 남성과 구별시켜 주는 특성인 여성성을 강조해야 한다고 주장하는 일부 여성해방론자들[8]의 입장에 찬성할 수 없다. 왜냐하면 오로지 〈여성성〉만을 강조하다 보면, 여성은 자신의 특성과 역할이 고정된 채로 영원히 자신의 영역 속에 갇혀 남성과 동등하게 세상을 이끌어나가는 주체가 되지 못할 것이기 때문이다.

급진주의 여성해방론자인 파이어스톤은 여성억압의 설명에 있어서 자유주의 여성해방론이 간과한 육체적 조건의 중요성을 우리에게 일깨워주었다. 여성억압을 설명하는 데 있어서 남녀의 육체적 차이를 무

---

8) 리치 Adrienne Rich는 양성성이 남녀의 차이, 즉 이질성을 구별하는 데 실패했다고 주장한다. 투쟁의 대상이 남성이기 때문에 남성의 특성을 비판하고 여성의 특성을 내세우면서 그것이 지닌 장점을 강조해야 한다는 주장이다(앨리슨 재거, 『여성해방론과 인간본성』, 100쪽 참조).

시할 수 없다. 바로 육체적 차이에서 남녀의 차별이 시작되었다고 볼수 있기 때문이다. 여성은 임신과 출산을 겪으면서 남편인 남성에게 의존하지 않을 수 없고 게다가 절대적 보살핌을 요구하는 어린아이를 키우느라 남성에게 의지하게 된다. 파이어스톤 이외의 급진주의 여성해방론자들 역시 여성의 육체적 조건이 어떻게 여성을 억압하고 있는지 강간과 같은 예를 통해서 뛰어나게 설명해 주었다. 그들은 육체적 조건이 바로 남녀의 삶을 어떻게 달리 결정짓는지를 탁월하게 설명해 내었다.

그러나 파이어스톤은 자연적 생식과 출산을 거부하는 극단적인 결론에 도달하고 만다. 그녀의 이러한 결론은 같은 급진주의자들에게도 동의를 얻어내지 못했다. 안타깝게도 급진주의 여성해방론자들은 우리에게 단일하고 확고한 여성해방의 전략을 제시하지 못하였다. 그들이 각기 제시하는 시험관아기, 레스비어니즘, 여성문화 건설 같은 길은 많은 사람들의 동의를 얻어내기 힘든 방침이다. 좀더 많은 여성과 남성들의 공감을 얻을 수 있는 여성해방의 방법을 제시할 수 있어야 한다. 그런 점에서 급진주의 여성해방론이 억압에 대한 분석에서 자유주의 여성해방론자들이 미치지 못한 중요한 점을 파헤쳐주었지만 해방의 전략을 단일하게 도출해 내지 못한 점이 역시 아쉬운 점으로 남는다.

결론적으로 보자면 성차의 문제를 다루는 데 있어서 자유주의 여성해방론과 급진주의 여성해방론은 서로 부족한 점을 보완해 주는 입장에 있다고 볼 수 있다. 인간의 정신적 속성과 육체적 속성에 각기 주목하면서 두 여성해방론은 우리에게 여성억압이 어떻게 발생하였는지 또한 그것을 어떻게 넘어설 수 있는지에 대해 많은 교훈을 주고 있다. 앞으로 사회는 계속 변화해 나갈 것이다. 그 변화의 방향이 여성의 해방을 점진적으로 이루어나가는 방향이 된다는 것은 분명하다. 근본적인 변화가 오지 않을 것이라고 단정하면서 우리 생활 속에서 우리 스스로 이루어낼 수 있는 조그마한 변화를 시도하지 않는다면 그것은 크나큰 잘못이라고 생각된다. 여성이 남성과 완전히 동등해지는 사회를 만들 수 없다고 해서 우리가 아무것도 할 수 없을 것이라고 변화를 포기해 버린다면 그것은 용서받을 수 없는 나태라고 생각한다.

【참고문헌】

엘리슨 재거, 『여성해방론과 인간본성』, 지역여성연구회 공미혜·이한옥 옮김, 이론과 실천, 1992.
P. 스트러·A. 제거 편저, 『여성해방의 이론체계』, 신인령 옮김, 풀빛, 1983.
일리노이 E. 매코비 편, 『성차의 형성과정』, 정세화·오은경 옮김, 이화여자대학교 출판부, 1983.

온라인 포르노그라피의 현황과 문제점

구영모

1

포르노그라피 pornography의 역사는 장구하다. 그림이 인류문화의 일부로 자리잡자 동서양을 막론하고 포르노그라피가 공공연히 그려졌고, 사진기술이 개발되자 포르노그라피는 유럽 전역으로 확산되었다. 그후 포르노그라피 업계는 영화라는 매체를 적극적으로 수용했다. 포르노비디오에 대한 일반인들의 호기심은 VCR의 보급을 확산시키는 데 크게 기여하기도 했다. 1990년대는 컴퓨터 포르노그라피의 시대이다. 오늘날 전세계의 컴퓨터 사용자들 사이에서 컴퓨터 네트워크를 통해 포르노그라피를 주고받는 것은 최고의 인기를 누리고 있다. 예를 들어, 미국의 한 대학의 경우 대학생들이 가장 자주 접속하는 40개 뉴스그룹newsgroup들 중 13개가 포르노그라피들이 주로 저장되어 있는 곳으로 알려졌다.[1]

근대적인 의미의 포르노그라피는 음란물을 (여성과 하층민들은 빼고) 자신들의 전유물로 만드는 데 관심을 쏟았던 신사계급에 의하여 창안

---

1) *TIME* July 3, 1995, vol. 146, no. 1.

되었다. 지식이 보급되고 문맹이 줄어들자 읽을 줄 아는 사람이면 누구나 포르노그라피를 즐길 수 있게 되었다. 그러던 것이 오늘날에는 컴퓨터와 모뎀을 가진 사람이면 누구나 컴퓨터 네트워크에서 포르노그라피를 접할 수 있게 되었다. 그뿐만이 아니다. 이제는 배포할 수 있게까지 된 것이다.

편의상 이 글에서 필자는 컴퓨터 포르노그라피를 두 가지 의미로 나누어서 이해하겠다. 첫째, 넓은 의미의 컴퓨터 포르노그라피란 음란한 사진과 비디오 등을 컴퓨터에서 볼 수 있도록 프로그램 파일로 바꾸어 놓은 것뿐만 아니라 음란게임,[2] 컴퓨터 네트워크 등의 가상공간 cyberspace에서 구현되는 대화방(채팅), 그리고 전화 등을 광범위하게 지칭한다. 이러한 컴퓨터 포르노그라피는 컴퓨터를 이용해서 보기 때문에 기존의 포르노잡지나 포르노비디오처럼 뚜렷한 외형을 가지고 있지 않다는 데 그 특징이 있다. 또한, 컴퓨터 포르노그라피가 디스켓이나 시디롬 CD-ROM에 저장되어 있는 경우 컴퓨터를 켜서 확인하기 전에는 그 내용을 알 수 없다. 이와 같이 외형적으로 구별되지 않는다는 특징 이외에도, 컴퓨터 포르노그라피는 다음과 같은 점에서 기존의 포르노그라피와 구별된다. 우선, 한꺼번에 많은 양의 컴퓨터 포르노그라피들을 구할 수 있다. 예를 들어, 시디롬 한 장에 수천 장의 포르노 사진을 저장할 수 있다. 그리고, 간단하게 기하급수적으로 복제할 수

---

2) 롤플레잉 role playing과 시뮬레이션 simulation, 액션 action 방식의 게임 등 성인용으로 만들어진 게임들이 여기에 해당한다. 이들 중 최근 일본 대중문화 수입 개방 결정과 관련하여 필자의 관심을 끄는 것은 컴퓨터 사용자가 주인공이 되어 스토리를 완성해 가는 이른바 미소녀 게임이라는 롤플레잉 게임이다. 미소녀 게임은 일본에서 제작된 성인용 소프트웨어로서 선정성과 오락성이 가미되어 국내 컴퓨터 사용자들 사이에서도 이미 그 인기가 확인된 바 있었다. 하지만, 일본 성인용 게임은 주인공이 등장하는 여자들을 변태적으로 괴롭히고 학대하고 굴복시켜 성관계를 맺는 내용의 것들이 많다. 그리고 그 상대가 여자 친구나 어린 소녀, 간호사, 심지어는 교사, 유부녀, 수녀와 성관계를 갖도록 설정되어 있다. 특히 근친상간이나 윤간하는 내용의 게임은 우리나라의 정서와 맞지 않아 그 폐해가 우려된다.

있다. 더군다나, 컴퓨터 포르노그라피는 복제하더라도 화질이 전혀 떨어지지 않는다는 장점이 있다. 끝으로, 컴퓨터 네트워크를 이용하여 국내외를 막론하고 컴퓨터 포르노그라피를 주고받을 수 있을 뿐만 아니라, 컴맹computer illiterate인 사람들(예를 들어, 부모)은 사용자(예를 들어, 자녀)의 컴퓨터 포르노그라피 접근을 통제할 수 없다.

둘째, 좁은 의미의 컴퓨터 포르노그라피는 컴퓨터 네트워크에서 유통되는 컴퓨터 포르노그라피로서, 컴퓨터 포르노그라피에 관한 이 글의 논의의 초점은 주로 여기에 맞추어진다. 이것을 다른 말로 온라인 포르노그라피라고 부를 수 있을 것이다. 온라인 포르노그라피는 인터넷이나 국내 컴퓨터 통신업체의 망 등 컴퓨터 네트워크를 통해 유통되는 컴퓨터 포르노그라피를 포함한다. 월드와이드웹World Wide Web (WWW), 유즈넷Usenet 등의 인터넷상에서 포르노그라피를 상품으로서 광고하는 업자들의 숫자는 엄청나며 지금 이 시각에도 늘고 있다. 이들 업자들은 정교한 컴퓨터장치들을 사용하여 고객들이 어떤 이미지들을 가장 많이 전송받는지를 알아내고는 그 방향으로 시장을 넓혀가고 있다.

인터넷 포르노그라피 관련 사이트 접속에 있어서 우리나라가 세계 제6위라고 한다.[3] 한국은 1995년 10월 10위로 시작해 꾸준히 접속이 늘어 1996년 7월에는 4위로 올라섰다. 그후 5개월간 꾸준히 4위를 고수하다가 마침내 1997년 1월 독일과 호주에 밀려 6위로 하락했다. 인구대비 접속비율에 있어서도 한국의 위치는 두드러진다. 이 부문에서는 미국이 1267명마다 1회 꼴로 접속했고, 캐나다와 호주, 일본에 이어 한국은 5563명당 1회 접속으로 세계 5위를 차지했다.

포르노그라피의 유통에는 국내 컴퓨터 통신도 한몫을 하고 있다. 컴퓨터 이용자들은 하이텔, 천리안, 나우누리 등 국내 컴퓨터 통신업체의

---

3) 어기준, 『컴퓨터 음란물 어떻게 대처할 것인가』(사이언스북스, 1997), 18, 43쪽. 미국 21만 회, 일본 5만 5천 회, 캐나다 1만 6천 회, 독일 1만 회, 호주 9900회, 한국 8100회.

자료실에서 모뎀을 통해 다양한 포르노그라피 이미지들을 전송받을
수 있다. 국내 컴퓨터 통신업체들은 통신망 관리의 소홀과 수익 우선
적인 운영으로 말미암아 컴퓨터 포르노그라피 유통의 중계자라는 오
명을 벗기 어렵게 되었다. 자료실 게시판은 컴퓨터 통신 사용자들이
가장 많이 이용하는 게시판들 중의 하나인데, 컴퓨터 활용에 필요한
프로그램들이 이곳에 올려져 있다. 그래픽 데이터, 멀티미디어 데이터
들 사이사이에 포르노그라피 이미지들을 올리고, 다른 사용자들이 이
를 전송받는 방식으로 확산되고 있다. 성인자료실은 성 관련 정보, 성
인만화, 누드사진, 스트립쇼 동영상 자료, 섹스숍, 성클리닉 등 성인들
을 위한 전자게시판이다. 1996년 게시판이 개설된 후 1997년 2월 현재
천리안 15만 명, 하이텔 6만 5천 명, 나우누리에 9만 4천 명의 회원들
이 가입했는데, 월 평균 20% 이상 가입자가 늘고 있다. 접속횟수와 양
이 많아 컴퓨터 통신업체와 정보제공 업체의 커다란 수입원이 되고 있
다. 한 조사에 따르면, 국내의 고등학교 남녀학생들 중 36%가 (국내
컴퓨터 통신망을 통해) 컴퓨터 네트워크에서 온라인 포르노그라피를 접
한 경험이 있다고 한다.[4]

온라인 포르노그라피가 최근 들어 인기를 끌고는 이유들로 대략 다
음의 다섯 가지 요인들이 지적된다.[5] 첫째, 소비자들은 컴퓨터 네트워
크상에서 상당한 프라이버시를 즐길 수 있으며, 성인용품 가게에 직접
들어가서 포르노그라피를 구입할 때의 무안함 등을 겪지 않아도 된다.
사실, 이 점은 사람들이 통신판매를 통해 성인용품을 구매할 때 가지
는 동기와 유사하다. 둘째, 컴퓨터 네트워크에서 소비자들은 그들이 성
적으로 끌린다고 느끼는 이미지들만을 선택적으로 전송받을 수 있다.
성인용 비디오나 잡지들의 경우 설령 소비자들이 그 안의 몇 장면만을

---

4) 정보통신윤리위원회, 「정보통신윤리의식에 대한 실태조사」, ≪월간 정보화 사
회≫, 1996년 3월호, 40-47쪽.

5) Rimm, Marty, "Marketing Pornography on the Information Superhighway,"
(Carnegie Mellon Univ., 1995) ; http : //TRFN.pgh.pa.us/guest/ mrstudy.html.

원한다고 할지라도 전체를 다 사야만 하는 것에 비교한다면 이것은 장점임에 틀림없다. 셋째, 컴퓨터 포르노그라피 이미지들은 용이하게 컴퓨터에 분산, 저장될 수 있으므로 가족이나 친구들, 또는 동료들에게 쉽사리 들키지 않기 때문에 프라이버시 보호에 유리하다. 넷째, 미국의 경우 후천성면역결핍증 AIDS 등 성적 접촉에 의한 전염병이 만연되고 이에 대한 공포심이 확산되자, 이를 틈타 업자들이 온라인 포르노그라피가 실제 성행위에 비하여 훨씬 더 안전한 대안이라고 선전해 대고 있다. 끝으로, 컴퓨터 기술의 발전을 들 수 있다. 매우 빠른 속도로 발전하고 있는 컴퓨터 기술이 이 분야에 신속하게 응용되는 바람에 오늘날 유례없이 많은 사람들이 온라인 포르노그라피를 접하고 있다.

2

비록 이 글의 목적이 온라인 포르노그라피에 관한 기술적인 측면을 논의하는 데 있지는 않지만, 몇 가지 용어들에 대해 간략히 살펴보는 것이 필요할 것 같다. 인터넷은 4만 개 이상의 독립 컴퓨터 네트워크들이 국제적으로 서로 연결되어 있는 또 하나의 컴퓨터 네트워크이다. 인터넷은 한 개인이 운영하는 컴퓨터 통신망이 아니라 수많은 컴퓨터 통신망이 연결된 상태로서 정확한 소유자가 없으므로 누구나 사용할 수 있는 컴퓨터 통신망이다. 따라서 인터넷을 전체로서 관리하는 기관이 별도로 없고, 모든 것이 자율적으로 움직이며, 자료와 정보도 규제 받지 않는다. 이미 널리 알려진 바와 같이, 인터넷의 개념은 1969년 미국 국방성에 의하여 최초로 도입되었다. 핵전쟁 발발시 소련의 핵공격으로 미국의 중앙통제 컴퓨터의 기능이 마비되는 경우에 대비하기 위하여 대학과 정부의 컴퓨터 네트워크를 연결하는 사업이 시작되었다. 얼마 전까지만 해도 인터넷의 초점은 데이터 정보를 교환할 목적으로 주로 전세계 수천 개의 대학 및 정부의 컴퓨터 네트워크들을 하나의 공통된 시스템으로 연결하는 데 맞추어져 있었다. 그러나 최근 들어 인터넷은 상업적으로 활발하게 이용되고 있다.

인터넷에서 포르노그라피는 천지사방에 깔려 있다. 인터넷은 마치 요지경 속 같다. 인터넷은 포르노그라피를 제공하고 그 대가로 월 이용료를 챙기는 업자들의 온상인가 하면, 유료 포르노그라피 사이트의 비밀번호를 제공하는 또 다른 사이트가 성업하는 공간이기도 하다. 하지만 이들 양자가 (서로 다른 방식으로) 온라인 포르노그라피의 확산에 기여하고 있다는 점에서 둘 사이에는 공통점이 있다고도 말할 수 있겠다. 불과 10년 전만 하더라도 인터넷을 통해 포르노그라피를 저장하거나 주고받을 수 있는 기술을 가진 이용자들은 극소수에 불과했다. 그러나 최근 몇 년 사이에 컴퓨터 네트워크를 활용하여 포르노그라피를 주고받을 수 있는 방법들이 미국을 중심으로 빠른 속도로 발전했다. 한 연구에 의하면, 성인용 상업적 전자게시판Commercial Bulletin Board System(BBS)에서 포르노그라피를 전송받는 이용자들이 미국 내 50개 주의 2천여 개 도시에 걸쳐 있고, 전세계적으로 40여 개 국가에 이른다고 한다.[6] 미국내 성인용 전자게시판의 운영자들은 인터넷의 특성을 악용하여 중국, 사우디아라비아, 말레이시아, 터키 등 포르노그라피가 전통적으로 금지된 나라들에 대해서조차도 그들의 시장을 넓혀가고 있다. 물론, 우리나라도 예외가 아니다.

유즈넷 Usenet은 미국과 전세계의 사용자들에 의해 만들어지고 관리되는 만 4천 개 이상의 관심분야별 뉴스그룹들의 집합체이다. 유즈넷 뉴스그룹들은 게시판의 형태를 취하고 있다. 유즈넷은 뉴스그룹들이 메시지를 서로 주고받는 장(場)이다. 유즈넷 메시지들은 인터넷과 전화선을 통해 전송된다. 따라서, 유즈넷은 인터넷과 공유하는 부분이 있지만, 둘 중 어느 하나도 나머지 하나를 완전히 포함하지는 않는다. 한편, 유즈넷에는 여러 개의 우편 출입구mail gateway들이 있어서 이

---

6) 같은 책, 같은 곳.

들을 통해 사용자들은 유즈넷에 직접 접속함이 없이 전자우편 계정만
으로 유즈넷 뉴스그룹들에 메시지를 보내거나 거기에 공고된 메시지
들을 읽을 수 있도록 되어 있다. 여기서 유즈넷 뉴스그룹의 이름들의
분류에 관해 알아둘 필요가 있겠다. 가령 〈sci.*〉은 자연과학에 속하는
뉴스그룹을, 〈biz.*〉는 사업에 관련된 뉴스그룹을 나타낸다. 포르노그
라피와 관련된 뉴스그룹들은 〈alt.*〉(alternative를 의미)로 분류되어 있
는데, 이것은 특정 뉴스그룹에 속하기를 거부하는 별도의 뉴스그룹이
다. 〈alt.*〉 분류를 제외한 모든 분류그룹들은 새로운 뉴스그룹을 만들
때 규정된 절차에 따라야 한다. 하지만, 〈alt.*〉은 그러한 절차가 원래
부터 불필요한 분류그룹이기 때문에, 이 분류그룹에는 이론상 누구나
어느 때나 새로운 뉴스그룹을 만들 수 있다. 유즈넷 뉴스그룹들 중 (디
지털화된) 포르노그라피 이미지들이 가장 발견되는 몇 군데를 나열하
자면 다음과 같다.

alt.binaries.pictures.erotica ; alt.binaries.pictures.bestiality ;
alt.sex.fetish.watersports ; alt.binaries.pictures.female ;
alt.binaries.pictures.tasteless ; alt.binaries.pictures.anime

30여 개의 〈alt.binaries〉 뉴스그룹 중 절반 이상의 뉴스그룹에서
포르노그라피 이미지들이 발견된다. 비포르노그라피 뉴스그룹들의
활동에 비해 포르노그라피 뉴스그룹의 활동은 매우 활발하다. 1994년
부터 1995년에 걸쳐 18개월 동안 미국에서 수행된 〈Carnegie Mellon
Study〉에 의하면, 조사된 917,410개의 포르노그라피 중 83.5%가 유즈
넷 뉴스그룹의 포르노그라피였다.[7] 앞으로 유즈넷 포르노그라피는 계
속 증가할 것으로 예상된다. 왜냐하면, 텍스트, 음향, 그리고 동영상 그

---

7) 1994년의 어느 일주일간 비포르노그라피 뉴스그룹들에 올려진 이미지들이 827개
인 데 비하여, 같은 기간 포르노그라피 뉴스그룹들에 올려진 이미지들은 4206개
에 달했다. 이는 전체 이미지 개수의 83.5%를 차지하는 것이다.

래픽들을 하나로 결합시키는 멀티미디어 응용프로그램들이 속속 개발
되고 있기 때문이다.

이제 상업용 전자게시판 BBS에 대해 간략히 살펴보자. 1978년 미국
에서 최초의 상업용 전자게시판이 만들어진 이래 개인용 컴퓨터 및
상업적 전자게시판용 소프트웨어의 출현과 함께 수천 개의 상업적·
비상업적 전자게시판들이 미국 전역에 걸쳐 우후죽순처럼 생겨났다.
전자게시판은 다음 두 가지 점에서 유즈넷과 구별된다. 첫째, 유즈넷
뉴스그룹들이 세계 도처에 산재되어 있는 반면, 사설 전자게시판은 한
곳을 중심으로 운영되는 것이 보통이다. 전자게시판이 한 곳에서 운영
되기 때문에 전자게시판에서 제공되는 파일들에는 요금이 붙고, 바로
이러한 이유 때문에 수많은 업자들이 성인용 전자게시판을 개설하여
돈벌이에 이용하고 있다. 이것이 두번째 차이점이다. 즉, 유즈넷상의
파일들에 접속하는 것은 무료인 반면에, 상업용 전자게시판 파일들에
접속하기 위해서 이용자는 요금을 내야만 한다. 국내의 경우 초기의
사설 전자게시판들은 유익한 정보를 교환하기 위해 개설되었지만, 지
금은 컴퓨터 포르노그라피와 프로그램의 불법복제, 그리고 컴퓨터 바
이러스 확산의 온상이 되고 있다. 대부분 영세한 규모를 면치 못하는
것으로 알려져 있다. 국내 사설 전자게시판들은 수시로 생겨났다가 없
어지므로 이에 대한 정확한 통계는 없지만, 현재 대략 천여 개가 운영
중인 것으로 추산된다.[8] 회비를 받는 것을 원칙으로 하고 있으며, 회원
의 확보와 운영비 조달을 목적으로 컴퓨터 포르노그라피가 많이 올려
진다. 주로 어린 청소년들이 컴퓨터 포르노그라피를 접촉하고 있어 컴
퓨터 포르노그라피 확산에 가장 문제가 되는 곳이기도 하다.

다음은 월드와이드웹의 포르노그라피이다. 인터넷 전체에 포르노그
라피 이미지들이 얼마나 존재하느냐에 대해서 정확하게 말하기 어렵
다. 왜냐하면, 인터넷이란 네트워크들 사이의 네트워크인 까닭에 인접

---

8) 어기준, 앞의 책, 40쪽.

기관간의 통행이 단지 지역 네트워크들 내에서만 이루어지는 것이 아니기 때문이다.[9] 하지만, 날이 갈수록 월드와이드웹이 인터넷 전체 통행량에서 차지하는 비중이 커지고 있다. 1995년 4월 현재 그 수치는 26.25%에 달한다. 1998년 5월 현재 그 수치는 훨씬 더 커졌을 뿐만 아니라 앞으로도 더욱 증가할 것으로 예상된다.[10] 월드와이드웹 사이트는 매시간 변하고 있기 때문에, 어떤 연구도 월드와이드웹 사이트들을 모두 다 완전하게 다룰 수 없다. 성인용 월드와이드웹 사이트들의 주목적은 섹스관련 사업의 광고에 있는 것으로 보인다. 가령, ≪플레이보이≫, ≪펜트하우스≫와 같은 성인용 잡지들은 자신들의 홈페이지 (http://www.playboy.com ; http://www.penthousemag.com)를 공들여 꾸며놓고서 고객들에게 자신들이 제공하는 상품들(온라인 잡지, 비디오 테이프, 시디롬, 폰섹스 등)을 선전하고 있다. 이들 신분확인 및 거래를 위해 사용자들에게 신용카드 번호를 요구하고 있다. 요금은 이용하는 서비스에 따라 차이가 있지만, 대략 한 달에 미화 20-60달러 정도이다. 온라인 잡지 구독의 경우, 일단 독자로 등록이 되면 개인용 계정번호와 비밀번호를 부여받게 된다. 구독자는 그 번호들을 가지고 정

---

9) Rimm, Marty, "Marketing Pornography on the Information Superhighway" (Carnegie Mellon University, 1995)에 따르면, 오직 유즈넷 포르노그라피 분석 수치만이 신뢰성을 가지고 있다고 한다. (유즈넷은 인터넷 전체 통행량의 11.5%를 차지한다. 이 11.5% 중 포르노그라피 이미지들이 차지하는 비중은 메시지 수로는 3%, 바이트 수로는 22.5%, 즉 인터넷 전체 통행량의 2.5%에 이른다. 왜냐하면, 대부분의 이미지 파일들이 바이트 수치에 있어서 크기 때문이다.) 그러므로, 유즈넷과 상업적 성인용 전자게시판에 대한 연구만이 컴퓨터 네트워크상의 포르노그라피에 대해 정확한 정보를 제공해 준다고 한다.

10) 월드와이드웹과 유즈넷은 오로지 프로토콜에 있어서 차이가 날 뿐이다. 참고적으로, 유즈넷의 프로토콜은 nntp인 반면 월드와이드웹의 그것은 http이다. 월드와이드웹에서는 데이터의 이동이 서버와 서버 간, 서버와 사용자 간에 이루어지는 데 비하여 유즈넷에서는 오직 서버와 서버 간에서만 데이터의 이동이 이루어진다. 그러나 최근 발달된 웹브라우저(예를 들어, 넷스케이프나 인터넷 익스플로러) 덕택에 이용자들은 월드와이드웹과 유즈넷의 구분 없이 온라인 인터넷 포르노그라피에 접할 수 있게 되었다.

해진 서비스 기간 내 온라인 잡지에 무제한으로 접속하는 것이 허용되며, 이때 잡지 내의 포르노그라피 이미지들을 자신의 개인용 컴퓨터로 직접 전송받을 수도 있다. ≪플레이보이≫ 홈페이지는 최고의 접속기록을 가지고 있다. 인터넷에서 스미소니언 연구소 접속자가 190만 명을 기록하는 데 7주가 걸렸던 반면, ≪플레이보이≫에 접속한 이용자는 불과 7일만에 470만 명을 돌파한 바 있다.

인터넷 포르노그라피 사이트는 인터넷을 이용한 사업 중 가장 성공적인 사례로 꼽히고 있다. 정보의 자유로운 교환을 표방하는 인터넷의 본성상 내용에 대한 규제가 없기 때문에, 미국이나 일본, 유럽 국가들의 포르노그라피 관련 사이트는 우리나라를 포함, 전세계의 성인과 청소년들 사이에서 인기가 높다. 처음에는 무료로 보여주다가 유료로 전환하거나, 일부의 내용을 맛보기로 보여주고 자극적인 내용은 돈을 받는 방식 등이 흔히 사용되고 있다. 포르노그라피 관련 유즈넷 뉴스그룹들 중 약 70%가 성인용 전자게시판 업자들에 의해 운영되고 있는 것으로 밝혀졌다. 미국의 경우 이런 성인용 전자게시판들이 전국에 걸쳐 수천 개나 존재하는데, 이들 중 다섯 군데는 이미 1995년에 연간 수입이 백만 달러를 넘어섰다고 한다.

컴퓨터 네트워크에는 여자의 나체사진들만 돌아다니는 것이 아니다. 예를 들어, 미국의 경우 악성 hard-core 포르노그라피들이 워낙 만연되어 있기 때문에, 성인용 전자게시판을 찾는 (남성) 고객들은 성인용 잡지에서 찾아볼 수 없는 포르노그라피들을 보기 원한다. 이에 따라, 여성의 나체사진 이외의 것들에 대한 수요가 생겨난다. 가령, 아이들이나 청소년들의 나체사진(pedophilia, hebephilia), 끈에 묶여 있는 여자의 나체사진, 새디즘-매조키즘 sadomasochism 장면, 소변보는 장면, 배변 장면, 수간(獸姦, bestiality) 장면 등등. 그러나 성인용 전자게시판에 의해서 제공되는 포르노그라피의 상당수는 이미 출판된 성인용 잡지들의 사진을 (스캐너를 사용해) 도둑질해 온 것이다. 노골적인 포르노그라피가 사회적으로 문제가 되자, 미국 상원은 온라인 포르노그라피 금지법안을 통과시켰다. 1995년 상반기 미국 상원의원 액슨 Exon 이 제안한 법안이 84대16으로 미국 상원을 통과했다. 이 법안에 따르 면, 정부는 컴퓨터 네트워크상의 포르노그라피 이미지들을 검열할 수 있다. 재야의 자유지상주의자들은 법안통과에 격분했고 이는 곧 법률 논쟁으로 이어졌다. 1995년 6월 실시된 TIME/CNN 여론 조사에서 컴 퓨터 네트워크상의 포르노그라피에 대한 미국인의 의견은 정부에 의 한 검열찬성 42%, 검열반대 48%로 양분된 것으로 나타났다. 그후 액 슨 법안은 공화당의 보수주의자들 내부로부터 지적과 자유지상주의자 들의 반격을 받아 그 영향력이 반감되었다. 한편, 미국 정부(법무성)는 새로운 반포르노그라피 입법을 요청하지 않고 있다. 미국의 현행법상 아동 포르노그라피 child pornography가 엄격히 금지되어 있다. 미연방 수사국 FBI 등 미국의 수사기관에서는 아동 포르노그라피를 감시하기 위한 사이버 순찰을 계속 하고 있는 것으로 알려져 있으며, 이에 따라 아동 포르노그라피 배포혐의로 체포되는 사람들이 간혹 생겨나고 있 다. 하지만, 이러한 법집행에는 한계가 있기 마련이다. 왜냐하면, 인터 넷은 국경을 넘어 전 지구에 걸쳐 뻗어있는 데 반해, 법은 오직 해당 국가 국경 내에서만 집행되기 때문이다.

3

이번 절에서는 온라인 포르노그라피의 문제점과 그에 대한 대처방 안에 관해 논의해 보기로 한다. 우선, 온라인 포르노그라피는 개인의 프라이버시와 관련하여 문제를 일으킬 수 있다. 왜냐하면, 영리한 시스 템 운영자라면 사용자들이 포르노그라피 이미지들에 접속할 때 남기 는 개인적인 정보들을 모으고 활용할 수 있기 때문이다. 이것은 포르 노그라피의 소비자인 사용자들에게는 대단히 언짢은 일이다. 브랜스콤 A. Branscomb은 다음과 같이 말한다.

우리가 매우 소중하다고 여기는 사적인 정보들, 예를 들어 성명, 전화번호, 기혼여부, 학력, 직업이력, 신용거래기록, 더군다나 의료·치과·정신과 기록들 따위가 돈벌이에 사용되기 위해 지금 이 순간 팔려나가고 있다. 이러한 거래들은 보통 우리가 모르는 사이 우리들의 승낙도 받지 않은 채 이루어진다.[11]

만약 내가 〈alt.sex.bestiality〉 또는 〈alt.sex.fetish.watersports〉 등을 구독하고 있다는 것이 일반에 알려진다면, 그건 매우 민망스러운 일이 될 것이다. 내가 어떤 파일들에 접속했는지에 대해서 비록 내 동료들은 알 수 없을지라도, 만약 시스템 운영자가 그 흔적을 추적할 수 있다면 이것은 나에게 여전히 중요한 문제가 될 수 있다. 대부분의 사용자들은 시스템 운영자가 이것을 알아낼 수 있다는 점 자체를 모르고 있다. 시스템 사용자들은 사용자들 각자가 접속한 내력에 대한 상세한 정보(구매 습관, 성적 관심 등)들을 모아서 제3자에게 팔 수 있다. 그리고 이러한 일들이 실제로 행해지고 있다. 가령, 온라인 성인용 잡지를 구독하고 그 대금을 신용카드로 결제한다면 유사한 성인용 잡지들로부터 엄청난 양의 구독광고 우편물들을 받게된다. 혹시라도 어느날 누군가로부터 당신이 성인용 온라인 잡지를 구독하고 있다는 사실을 폭로하겠다는 공갈편지가 날아들지 누가 알겠는가?

둘째, 인터넷 포르노그라피의 고객들의 절대다수가 남성들이다. 미국의 성인용 전자게시판 운영자들이 밝힌 바에 따르자면, 그들 고객의 거의 모두인 98.9%가 남성들이다. 나머지 1.1%의 여성들 중에서 상당수는 남성 고객들을 즐겁게 해주기 위하여 돈을 받고 채팅(chatting —— 대화방) 등에 참여하고 있다는 증거들이 발견되고 있다.[12] 이것은

---

11) Anne Wells Branscomb(1994), *Who Owns Information?*, 3-4쪽. Rimm, Marty(1995)에서 재인용.

12) 아닌게 아니라 전세계 인터넷 계정보유자 중 90%가 남성이고 나머지 10%만이 여성들이라고 한다. 이것만 보더라도 인터넷에서의 성적 불균형이 심각함을 알

인터넷 우편계정 보유자의 90%가 남성들이라는 사실과 함께 인터넷
에서의 남녀간 불균형이 극심함을 보여주는 예이다.

셋째, 아이들이 염려된다는 점이다. 초·중·고생 자녀들이 (어떤 종
류의 것이건 간에) 포르노그라피 이미지를 보게 되면 어쩌나 하는 것은
모든 부모들의 한결같은 걱정거리이다. 왜냐하면, 이 아이들은 아직 그
런 것들을 보았을 때 소화해 낼 수 있을 만큼 감정적으로 성숙되어 있
지않기 때문이다. 미국 뉴욕에 사는 10살 박이 앤더스는 아메리카 온
라인(America Online ── 미국의 대표적인 상업적 컴퓨터 네트워크)의
아이들 전용 채팅룸에서 시간을 보내고 있던 중 알지 못하는 어떤 사
람으로부터 전자우편 한 통을 받았다. 설명에 따라 실행해 보니 앤더
스의 컴퓨터 스크린에 열 개의 손톱 만한 이미지들이 나타났다. 그것
들은 남녀간, 동성간의 다양한 성행위 장면을 담고 있었다. 하지만, 이
러한 컴퓨터 네트워크상의 치한들이 아이들에게 현존하는 명백한 위
험이 된다는 증거는 아직 발견되지 않았다. 미국의 경우, 연간 80만 명
이상의 어린이들이 실종되는 반면에, 컴퓨터 네트워크 치한에 의한 범
죄는 1994년 한 해 10-12건에 불과했다고 한다[13].

끝으로, 온라인 포르노그라피에 대한 페미니스트들의 견해와 반론에
귀를 기울여보자. 페미니스트인 드워킨 A. Dworkin은 〈포르노그라피는
순전히 여성들에게 상처를 주기 위한 것〉이라고 주장한다. 맥키넌 C.
Mackinnon은 여기에 한술 더 뜬다. 포르노그라피가 제작되는 과정에
서 여성들의 권리는 일차적으로 침해당하고, 포르노그라피가 소비될
때마다 여성들은 폭력에 노출되어진다는 것이다. 그녀는 말하기를,
〈사이버스페이스에 있어서의 포르노그라피 문제는 사이버스페이스 밖
에서 포르노그라피가 야기하는 문제와 전적으로 동일하다, 즉 포르노
그라피에 대해서 어떤 조치가 취해질 수 있는가의 여부이다〉. 하지만,

수 있다.
13) *TIME*, July 3, 1995, vol. 146, no. 1.

모든 여권신장론자들이 포르노그라피에 반대하는 것은 아니다. 가령, 스트로센 N. Strossen은 포르노그라피를 옹호한다. 그녀는 성적 표현을 검열하는 것이 여성들에게 이득보다는 해가 될 것이고, 여성들의 평등, 자율성, 그리고 자유에 손상을 가져올 것이라고 주장한다.

한편, 온라인 포르노그라피를 비롯한 컴퓨터 포르노그라피가 사회적으로 문제가 되자 이에 대응하는 컴퓨터 소프트웨어 및 하드웨어가 속속 개발되고 있다. 우선 넷내니 Net Nanny, 서프와치 Surf Watch 등의 인터넷 차단 소프트웨어를 들 수 있다. 이 소프트웨어는 인터넷에서 컴퓨터 포르노그라피를 접하는 것이 문제가 되자 그 대안으로 소프트웨어 업체들에 의해 개발된 프로그램이다. 국내에서도 한국전산원(http: //www.nca.or.kr)이 인터넷 음란 사이트의 접근을 막는 국산 인터넷 차단 소프트웨어인 NCApatrol을 발표한 바 있다. 이런 프로그램들은 네스케이프, 인터넷 익스플로러 등의 인터넷 브라우저 프로그램과 연계해서 작동한다. 이 프로그램은 미리 입력한 인터넷의 음란 사이트에 사용자가 접속하려고 하면 연결을 차단시키거나, 〈sex〉, 〈adult〉 등 입력된 특정 단어가 인터넷 사이트 접속 중에 전송되어 오면 연결을 차단시키는 기능을 가지고 있다. 하지만, 이 소프트웨어를 사용할 경우 차단하려는 사이트 목록을 정기적으로 전송받아야만 한다는 단점이 있다. 하루에 생겨나는 인터넷 사이트가 5백여 개나 된다는 점을 고려할 때, 이 소프트웨어를 이용하여 온라인 포르노그라피를 완벽하게 차단하는 것은 기술적으로 불가능하다.[14]

인터넷 차단 프로그램의 이와 같은 단점은 컴퓨터 음란물 검색 프로그램에 의하여 보완될 수 있다. 인터넷 차단 소프트웨어가 인터넷과

---

14) 인터넷 차단 소프트웨어는 인터넷의 해당업체 사이트에 연결해 구매할 수 있다. Net Nanny(http: //www.netnanny.com) ; Cyber Patrol(http: //www.cyber-patrol.com) ; Cyber City(http: //www.solidoak.com) ; Surf Watch(http: //surfwatch.com) Safe Search (http: //safesearch.com) ; Cyber Snoop(http: //www.pearlsw.com) ; Xstop(http: //www.xstop.com)

연결되어 있을 때 온라인 포르노그라피의 접근을 차단하는 데 비하여, 컴퓨터 음란물 검색 프로그램은 컴퓨터의 하드디스크와 시디롬, 그리고 디스켓에 들어 있는 컴퓨터 음란물을 검색하는 소프트웨어이다. 이것은 인터넷 차단 소프트웨어와 상호보완적인 기능을 가지고 있기 때문에, 두 가지 소프트웨어를 병용한다면, 컴퓨터 포르노그라피에 효과적으로 대응할 수 있다. 이 밖에도 온라인 포르노그라피 대처방안으로서 음란 전자우편 차단 소프트웨어[15]나 자녀감시용 컴퓨터[16] 등을 꼽을 수 있겠다.

4

포르노그라피의 영향력은 막강하다. 포르노그라피에 대한 수요가 있는 한 공급 또한 멈추지 않을 것이다. 새로운 소프트웨어의 개발에 의해 온라인 포르노그라피의 소비를 줄여갈 수 있을는지 몰라도, 컴퓨터 네트워크상에서 포르노그라피를 완전히 없애버릴 수 있는 길이란 아마도 존재하지 않을 것이다. 사실, 자유롭게 표현할 수 있다는 것은 인터넷과 민주주의에 있어서 커다란 장점이다. 그렇다면, 온라인 포르노그라피의 소통을 원천적으로 제한한다는 것은 기술적으로 가능하지 않을 뿐만 아니라, 바람직하지도 않을 터이다. 하지만, 오늘날 온라인

15) 미국 ConnectSoft사(http://www.connectsoft.com)에서 1996년 하반기에 개발된 〈Email for Kids〉는 어린이용 전자우편 프로그램이다. 컴퓨터에 이 프로그램을 설치한 후 〈sex〉, 〈adult〉 등 문제성이 있는 단어를 등록시키면, 이 단어들이 포함된 전자우편물들을 받아볼 수 없다.
16) 국내 업체인 S컴퓨터는 부모들이 자녀를 감시할 수 있는 컴퓨터를 주문제작 방식으로 출시하고 있다고 한다. 신형 드림시스 97 컴퓨터에는 컴퓨터의 모니터 화면을 TV 신호로 바꾸어 무선으로 전송해 주는 모선 모듈 RF이 장착되어 있어서 이 기능을 이용하면 부모들이 거실에 앉아서 TV를 보다가 리모컨을 조작해 공부방에 있는 자녀의 컴퓨터 화면을 TV로 볼 수 있다. 물론, 이 방법에도 단점은 있다. 부모가 모두 잠든 심야에는 전혀 통제가 안 된다는 점이다.

포르노그라피를 비롯한 컴퓨터 포르노그라피가 우리나라를 포함하여 전세계적으로 (특히, 청소년들에게) 심각한 문제가 되고 있음은 분명하다. 여기서 우리는 오늘날 유통되고 있는 거의 모든 컴퓨터 포르노그라피가 악성 포르노그라피라는 점에 유의할 필요가 있다. 1985년 미국의 미즈 위원회 Attorney General's Commission on Pornography에 의해서 밝혀졌던 바와 같이, 악성 포르노그라피는 강간 신화 rape myth를 조장하며, 성범죄와의 사이에 인과관계가 있다는 점이 인정된다. 따라서, 컴퓨터 포르노그라피가 사회에 끼치는 해악을 방지하기 위해서는, 컴퓨터 사용자들 스스로 오늘날 컴퓨터 포르노그라피의 주류를 이루는 악성 포르노그라피의 해악을 깨닫는 것이 중요하다.

현실적인 하나의 대안은 사용자들, 특히 청소년들이 컴퓨터 포르노그라피를 접지지 못하도록 하는 효과적인 방법을 찾아내는 것이다. 첫째로, 컴퓨터 포르노그라피 차단 및 검색 소프트웨어의 개발이 장려되어야 겠다. 일단 그러한 프로그램들이 개발되면 그것이 널리 활용되도록 국가나 민간기관이 지원해야 할 것이다. 아울러, 각 가정에서 부모들이 컴퓨터를 다룰 줄 알아야 하겠다. 부모들이 스스로 컴퓨터를 배우고, 자녀들에게 컴퓨터 사용방법에 관하여 자주 질문을 하며, 자녀가 보는 앞에서 컴퓨터를 가끔 사용해야 한다. 왜냐하면, 이렇게 하는 것은 부모의 입장에서 자녀에 대한 경고가 될 수 있기 때문이다. 가령, 만약 부모가 자녀에게 컴퓨터로 그림을 보는 방법에 대해 배우고 싶다고 예고한 뒤 실제로 사용방법에 대하여 배우게 된다면, 그것은 포르노그라피를 컴퓨터에 저장하고 있는 자녀로 하여금 포르노그라피를 스스로 지우도록 유도하는 하나의 방법이 될 수 있을 것이다. 둘째, (자녀감시용 컴퓨터처럼) 사용자의 컴퓨터 사용을 통제할 수 있는 새로운 방식의 하드웨어의 개발이 요청된다. 셋째, 컴퓨터 포르노그라피의 전파를 감시하는 시민단체들이 조직될 필요가 있다. 이들 단체들은 정부가 법을 엄격하게 집행하도록 정부측에 요구할 수 있을 뿐만 아니라, 컴퓨터 포르노그라피에 반대하는 시민운동을 전개할 수도 있을 것이다. EFF(Electronic Frontier Foundation)의 공동창설자이자 어린 세 딸의 아버지인 발로우 P. Barlow의 말과 함께 이 글을 맺는다[17].

만약 당신의 자녀가 지저분한 음담패설에 붙잡혀 있기를 원치 않는다면, 당신 자녀가 포르노그라피는 정떨어지는 것이라는 것을 알게끔 그들을 양육하는 게 좋을 것이다. 그러려면 당신 자신이 먼저 포르노그라피가 정떨어지는 것이라는 점을 깨달아야만 한다. 물론, 그렇게 하는 것이 쉽지는 않겠지만.[18]

---

17) 미국 〈자녀와 가족보호를 위한 국민연합〉의 컴퓨터 포르노그라피 대처방안 : 컴퓨터는 집안의 가족 공동공간에 놓고 사용합니다 ; 가족이 함께 활용합니다 ; 문제가 있는 정보서비스 제공자에게 적극적으로 항의합니다 ; 포르노그라피가 어떻게 컴퓨터에 전달되는지, 그리고 포르노그라피 파일이 어떤 것인지 이해하도록 노력합니다 ; 자녀들이 컴퓨터를 통해 포르노그라피를 처음부터 접하지 못하도록 정부에 압력을 가합니다.
　〈한국컴퓨터생활연구소〉의 컴퓨터 포르노그라피 대처방안 : 컴퓨터를 거실에 놓습니다 ; 부모님이 컴퓨터를 배웁니다 ; 신용카드를 자녀에게 주지 않습니다 ; 컴퓨터 외에 다른 취미활동을 권합니다(어기준, 앞의 책, 50-52쪽).
18) *TIME*, July 3, 1995, vol. 146, no. 1.

【참고문헌】

김영환 외,『음란물의 법적 규제 및 대책에 관한 연구』, 한국형사정책연구원, 1992.

김준호 외,『음란물의 유해성과 그 규제실태에 관한 연구』, 한국형사정책연구원, 1994.

김준호 외,『음란물과 청소년 비행과의 관계에 관한 연구』, 한국형사정책연구원, 1994.

드보라 존슨,『컴퓨터윤리학』, 추병완 외 옮김, 한울아카데미, 1997.

린 헌트 엮음,『포르노그라피의 발명』, 조한욱 옮김, 책세상, 1996.

박정순,「정보통신 문화와 도덕의 정체성 문제」, 한국철학회, 1997년 춘계학술대회 발표논문.

안드레아 드워킨,『포르노그래피』, 동문선, 1996.

어기준,『컴퓨터 음란물 어떻게 대처할 것인가』, 사이언스북스, 1997.

정보화정책연구실,「온라인상의 음란물 유통방지를 위한 정책방안」, 정보통신정책연구원, 1997.

정보통신윤리위원회, ≪월간 정보화 사회≫, 1996년 3월호, 40-47쪽.

한국청소년문화연구소,『정보화 사회에서의 건전 청소년 문화 육성 방안』, 문화체육부, 1995.

Adams, Carol J., "This Is Not Our Father's Pornography : Sex, Lies, and Computers," in *Philosophical perspectives on computer-mediated communication*, ed. Charles Ess, State University of New York, Albany, 1996.

Dworkin, Andrea, *Pornography : Men Possessing Women*, New York, Perigee, 1981.

Elmer-Dewitt, Philip, "On a Screen Near You : Cyberporn," *TIME* July 3, 1995, vol. 146, no. 1.

MacKinnon, Catharine, *Toward a Feminist Theory of State*, Harvard University Press, 1989.

Rimm, Marty, "Marketing Pornography on the Information Superhighway," Carnegie Mellon University, 1995.

필자약력

구영모 미국 캘리포니아 대학(산타바바라)에서 철학박사 학위를 받았으며, 현재 서울대 철학과 강사 및 서울의대 박사후과정에 있다. 주요 논문으로는 "On the Moral Relevance of the Distinction between Killing and Letting Die,"「죽임과 죽게 내버려둠에 관하여 —— 케이건과 푸트의 논증 비판」,「장기이식의 분배정의에 관한 연구」 등이 있다.

김광식 서울대 철학과 석사과정을 마치고 현재 독일 베를린 자유 대학에서 유학중에 있다. 논문으로는 「본질과 현상의 범주를 통해 본 인식들 사이의 모순의 문제」, 역서로는 『마르크스 정치경제학의 변증법적 방법』 I · II(공역)이 있다.

김기현 미국 애리조나 대학에서 철학박사 학위를 받았으며, 현재 서울시립대 철학과 교수로 재직하고 있다. 주요 저서 및 논문으로는 『현대 인식론』,「인식정당성에 관한 한 이론」,「철학에서 본 인지과학」, "Internalism and Externalism in Epistemology" 등이 있다.

김상환 프랑스 파리 제4대학에서 철학박사 학위를 받았으며, 현재 서울대 철학과 교수로 재직하고 있다. 주요 저서 및 논문으로는 『해체론 시대의 철학』,「데카르트석 코기토와 비데카르트적 코기토」,「데카르트의 '형이상학'」,「시와 현명한 관념론의 길 : 아리스토텔레스 시학 연구」 등이 있다.

김성동 서울대에서 철학박사 학위를 받았으며, 현재 호서대 철학과 교수로 재직하고 있다. 주요 논문으로는 「Scheler와 Heidegger에서의 인간의 문제」,「상호주관성 이론의 재구성」 등이 있다.

437

김영숙   서울대에서 철학박사 학위를 받았으며, 현재 건양대학교에 출강하
고 있다. 주요 저서 및 논문으로는 『현대 독일철학과 인간』, 「포스
트모더니즘, 어떻게 볼 것인가」, 「한국사회 이데올로기의 새 양상」,
「레온티에프의 인간에 대한 문화」 등이 있다.

김영정   미국 브라운 대학에서 철학박사 학위를 받았으며, 현재 서울대 철
학과 교수로 재직하고 있다. 주요 저서 및 논문으로는 『인지과학과
심리철학』, 『언어·논리·존재』, 「감정의 합리성에 대한 철학적 분
석」, 「흄의 인간동일성 분석」 등이 있다.

김재현   서울대에서 철학박사 학위를 받았으며, 현재 경남대 철학과 교수로
재직하고 있다. 주요 논문으로는 「주체와 구조 —— 알튀세르의 이
데올로기론을 중심으로」, 「하버마스의 해방론」 등이 있다.

김홍우   미국 조지아 대학에서 정치학박사 학위를 받았으며, 현재 서울대
정치학과 교수로 재직하고 있다. 주요 논문으로는 「레오스트라우
스에 대한 현상학 비판」, 「Merleau-Ponty 유기체론 —— 행동의 구
조를 중심으로」, 「현상학과 정치학 그리고 한국정치」 등이 있다.

문성원   서울대에서 철학박사 학위를 받았으며, 현재 서울시립대, 경기대에
출강하고 있다. 주요 논문으로는 「L. Althusser의 맑스주의 철학
—— 그의 헤겔 비판을 중심으로」, 「현대성과 진보의 문제」, 「현대
성과 보편성(1) —— 인권, 자유주의, '배제의 배제'」, 「현대성과 보편
성(2) —— 자유주의와 공동체주의」 등이 있다.

박정순   미국 에모리 대학에서 철학박사 학위를 받았으며, 현재 연세대 철
학과 교수로 재직하고 있다. 주요 저서 및 논문으로는 *Con-
tractarian Liberal Ethics and the Theory of Rational Choice*,
「자유주의 정의론의 철학적 오딧세이: 롤즈 정의론의 최근 면모와
그 해석논쟁」, 「감정의 윤리학적 사활」, 「정보통신문화와 도덕의
정체성 문제」 등이 있다.

박찬국   독일 뷔르츠부르크 대학에서 철학박사 학위를 받았으며, 현재 호서
대학교 철학과 교수로 재직하고 있다. 주요 논문으로는 「하이데거

에 있어서 니힐리즘의 극복과 존재물음」, 「현대 기술문명의 본질과 위기에 대한 하이데거의 사상」 등이 있고, 역서로는 『헤겔 철학과 현대의 위기』, 『니체와 니힐리즘』 등이 있다.

백종현 독일 프라이부르크 대학에서 철학박사 학위를 받았으며, 현재 서울대 철학과 교수로 재직하고 있다. 주요 저서 및 논문으로는 『칸트 '실천이성비판' 논고』, 「개인과 인간 주체 개념의 형성」, 「칸트 : 현상의 존재론」, 「보편적 이성과 인간의 이상」 등이 있고, 역서로는 『칸트 비판철학의 형성과정과 체계』가 있다.

서도식 서울대 철학과 박사과정을 수료했으며, 현재 서울시립대, 경기대에 출강하고 있다. 주요 논문으로는 「유기적 전체 모델에 따른 마르크스 역사관의 재해석」, 「하버마스 사회 이론에서 사물화 문제」 등이 있다.

서유석 서울대에서 철학박사 학위를 받았으며, 현재 호원대학교 교양학과 교수로 재직하고 있다. 주요 논문으로는 「Jon Elster의 '개체론적 마르크스주의'에 대한 비판적 고찰」, 「마르크스주의와 방법론적 개체론」 등이 있다.

선우현 서울대에서 철학박사 학위를 받았으며, 현재 경기대, 서울대에 출강하고 있다. 주요 논문으로는 「루소의 평등주의적 정치철학」, 「노동 패러다임과 상호작용 패러다임의 상호보완성」, 「합리성 이론으로서 하버마스의 비판적 사회이론」 등이 있고, 역서로는 『하버마스 —— 철학과 사회이론』이 있다.

이구슬 서울대에서 철학박사 학위를 받았으며, 현재 경성대에 출강하고 있다. 주요 논문으로는 「전통과 비판 —— 가다머와 하버마스의 해석학 논쟁」, 「가다머에 있어서 역사이해의 문제」, 「하버마스의 진리합의론」 등이 있다.

이기현 프랑스 파리 제7대학 사회학박사 학위를 받았으며, 현재 한국방송개발원 선임연구원으로 있으면서, 서울대, 한양대에 출강하고 있다. 주요 저서와 논문으로는 『현대사회의 이해』(공저), 『탈현대 사회사상의 궤적』(공저), 『매체의 철학』(공저), 「매체의 신화, 문화의 야만」, 「하버마스와 프랑스 후기구조주의」, 「정보사회와 매체문화」 등이 있다.

이남인 독일 부퍼탈 대학에서 철학박사 학위를 받았으며, 현재 서울대 철학과 교수로 재직하고 있다. 주요 저서 및 논문으로는 *Edmund Husserl's Phänomenologie der Instinkte*, 「선험적 현상학과 탈현대」, "Edmund Husserl's Phenomenology of Mood," 「후설의 발생적 현상학과 하이데거의 해석학적 현상학」 등이 있다.

이상훈 서울대에서 철학박사 학위를 받았으며, 현재 대진대 철학과 교수로 재직하고 있다. 주요 논문으로는 「뉴미디어와 사회구조」, 「역사이행 일반이론」, 「역사에서 사회구조와 실천」, 「해방과 실천」 등이 있다.

이성백 독일 베를린 자유 대학에서 철학박사 학위를 받았으며, 현재 서울시립대 철학과 교수로 재직하고 있다. 주요 저서와 논문으로는 *Erneuerungsversuch und Ende der Sowjetphilosophie in der Spätphase der Perestroika*, 「'구성체'에서 '문명'에로의 이행 —— 후공산주의 시대 러시아 철학의 주요 쟁점」 등이 있다.

이한구 서울대에서 철학박사 학위를 받았으며, 현재 성균관대 철학과 교수로 재직하고 있다. 주요 저서 및 논문으로는 『역사주의와 역사철학』, 「역사관의 인식론적 근거와 타당성」, 「역사의 현재주의적 접근과 역사적 지식의 객관성」, 역서로는 『열린사회와 그 적들』, 『칸트의 역사철학』 등이 있다.

장은주 서울대 철학과 박사과정을 수료하고 현재 독일 프랑크푸르트 대학에 유학중에 있다. 주요 저서와 논문으로는 『큰 물음, 작은 철학』, 「역사법칙의 인식가능성에 대한 연구」, 「하버마스의 생산패러다임 비판과 비판 사회이론의 새로운 정초」, 역서로는 『의사소통의 사회이론』이 있다.

장춘익 독일 프라이부르크 대학에서 철학박사 학위를 받았으며, 현재 한림대 철학과 교수로 재직하고 있다. 주요 논문으로는「하버마스의 근대성 이론」,「법과 실천적 합리성」등이 있다.

정윤석 서울대 철학과 박사과정을 수료했으며, 현재 서울대, 산업대에 출강하고 있다. 주요 논문으로는「마르크스의 사유 속에서 소외범주가 갖는 의미와 역할」, 역서로는『마르크스 정치경제학의 변증법적 방법』I·II(공역)이 있다.

정호근 독일 프라이부르크 대학에서 철학박사 학위를 받았으며, 현재 목포대학교 윤리교육과 교수로 재직하고 있다. 주요 저서와 논문으로는『하버마스: 이성적 사회의 기획. 그 논리와 윤리』(공저),『매체의 철학』(공저),「정보통신혁명과 사회구조의 변동」등이 있다.

홍윤기 독일 베를린 자유 대학에서 철학박사 학위를 받았으며, 현재 서울대학교 철학연구소 특별연구원으로 있으면서, 이대, 서울대에 출강하고 있다. 주요 저서 및 논문으로는 *Dialektik-Kritik und Dialektik-Entwurf*,「비판이론에서의 헤겔 사회철학 수용의 이론과 쟁점」,「하버마스 법철학에 대한 소고」,「1990년대에 대한 역사철학적 성찰」등이 있다.

황경식 서울대에서 철학박사 학위를 받았으며, 미국 하버드 대학 철학과 객원연구원을 역임하였고, 현재 서울대 철학과 교수로 재직하고 있다. 주요 저서로는『철학 속의 논리』,『사회정의의 철학적 기초』,『개방사회의 사회윤리』,『이론과 실천』,『시민공동체를 향하여』등이 있다.

(가나다 순)

사회철학대계 5

현대문화와 사회철학

1판 1쇄 찍음 1998년 9월 5일
1판 1쇄 펴냄 1998년 9월 10일

지은이 백종현 외
펴낸이 朴孟浩
펴낸곳 (주)민음사

출판등록 1966년 5월 19일(제16-490호)
서울시 강남구 신사동 506 강남출판문화센터 5층
대표전화 515-2000 / 팩시밀리 515-2007

ⓒ 백종현, 1998. Printed in Seoul, Korea.

ISBN 89-374-2413-4 94160
89-374-2143-7 (세트)
값 18,000원